U0786210

国家自然科学基金青年项目
“过去 300 年中国县级政区调整的时空格局与演化机理”
（项目编号：42301269）

空间视角下的县制

清代县级政区调整机制研究

赵逸才　著

科学出版社
北京

内 容 简 介

本书以清代县级政区的调整过程为研究对象，综合运用历史学与地理学研究方法，揭示有清一代县级政区调整的时空格局。书稿立足空间视角探究县制，目标是丰富和完善历史政区地理的阐释框架与理论建构。书中作者逐一梳理清代县级政区调整的程序、主要模式与侧重，分析县级政区调整的模式选择；选取典型案例，剖析不同调整模式对县级政区层级规范、边界厘定、幅员塑造、行政中心定位等方面的作用机理；综合 ArcGIS 统计和空间分析，归纳清代县级政区调整的时空演化特征及其形成机制；分析县级政区设置与变动的触发条件，总结清代县级政区调整的理念、成效和经验，深化政区地理研究应打破古今界限的认识。每章都有新意，具有较高的学术价值。

本书可供中国古代史和人文地理学专业研究人员、学生，以及对历史地理学感兴趣的社会人士阅读参考。

审图号：GS（2025）1307 号

图书在版编目（CIP）数据

空间视角下的县制 ：清代县级政区调整机制研究 / 赵逸才著. -- 北京 ：科学出版社, 2025. 5. -- ISBN 978-7-03-081929-1

Ⅰ. D691.2

中国国家版本馆 CIP 数据核字第 2025GD1314 号

责任编辑：李春伶　李秉乾 / 责任校对：张亚丹
责任印制：肖　兴 / 封面设计：有道文化

科学出版社 出版
北京东黄城根北街 16 号
邮政编码：100717
http://www.sciencep.com
北京中科印刷有限公司印刷
科学出版社发行　各地新华书店经销
*
2025 年 5 月第　一　版　开本：880×1230　1/32
2025 年 5 月第一次印刷　印张：14
字数：310 000
定价：98.00 元
（如有印装质量问题，我社负责调换）

“中国政区通名研究丛书”总序

刘君德
（华东师范大学终身教授、中国行政区划研究中心创始主任）

中国的行政区划历史悠久，如果从春秋产生“县”“郡”算起，已经绵延两千五百年。秦始皇统一六国，全面推广郡县制，是行政区划史上划时代的大事。秦汉以来的政区，经历了郡县制、州郡县制、州县制、道路制、行省制的变迁，至今仍沿用着金末元明清以来的行省制。因此，中国历代政区演化的内容十分丰厚，我以为这是我国“文化自信”的重要源泉之一。

关于政区的研究，改革开放以来，地理学、历史学、政治学、区域经济学、公共管理学等以及政界都有积极参与，许多论著问世。或研究沿革地理，或研究现实问题；或研究某个区域，或研究某个要素；或提出相关理论（如层级理论、行政区经济理论、基层政区的行政区-社区体系论等），或提出政区改革意见，乃至提出分省改革方案，成果异彩纷呈。这种多学科、多视角对政区的总结、提炼、讨论与改革实践，使中国政区的研究上升到一个新的高度，初步建立了中国政区地理学新学科体系，也为我国行政区划改革的顶层设计提供了决策参考。

然而，一个值得注意的问题是，当今学科的划分还是过于细碎，学科之间隔行如隔山，都守着自己的“一亩三分地”，各说各话，缺乏有效的深层次沟通，严重影响科研成果的经世致用。为此，华林甫教授倡导集合学术界力量撰写一套“中国政区通名研究丛书”，打通古、今限隔，是一个很好的设想。

华林甫毕业于历史地理学专业，在二十年前跟随我从事博士后研究工作，他的出站报告《中国政区通名改革研究》，获得评审专家们充分肯定。那时，他已经发现政区通名研究是一座学术富矿，值得系统地专门研究。这套丛书，计划就“州”“郡”“道”“路”“省”“府”“厅”“军”“监”“县”“市”等这些历史上真实存在过的政区通名展开贯通古与今的研究，每个通名撰写成一部学术专著，组成为一套完整的丛书。

本套丛书的探索是一个创新，将取得丰硕的学术成果，既有学术意义也有现实价值。谈古论今，古为今用，期望这套丛书对推进中国政区通名的学术研究和改革实际工作发挥积极作用。

2020 年 4 月

序

古人云："知古不知今，谓之陆沉"；"知今不知古，谓之盲瞽"（王充《论衡·谢短篇》）。政区研究要进行古今无缝对接，而政区通名的研究尤其应该如此。

中国历代政区变迁，表面上看似纷繁复杂，实则有内在理路可循。无论州、郡、道、路，抑或府、厅、州、县，或者省与市，这些政区通名的产生都有源头，而发展过程各有不同，历代更迭，如今仍在使用的省、市、县是历史上大浪淘沙的结果。唯其如此，追溯政区通名源头、对通名进行全面研究、针对通名的古与今状况进行通代研究，显得尤为必要。

"县"是最早产生的政区通名，大约诞生于春秋时代，一直是基层政区，沿用至今。"郡"也产生于春秋战国之世，一直是统县政区，唐代中期废止。"州"在两汉时期完成了从监察区到政区的演变，历史上扮演过高层政区、统县政区、县级政区的角色，曾有直隶州、属州、散州之别，民国年间暂时消失，如今已改造为少数民族地方自治政区"自治州"。"道"，历代含义不一，秦汉时期是以少数民族为主的县级政区，唐朝是监察区、实际政区，元、明、清为虚级政区，民国前期作为省与县之间的承转机构存在，1928 年废。"路"，在晚唐五代逐渐产生，宋、金、元大行于世，明初改造为“府”。作为政区的“府”，始于唐开元元年，止于民国元年，主要以统县政区的地位存在了近 1200 年。“军”与“监”主要存在于晚唐五代和宋元时期，数量不多。“行省”源头可追溯到魏、晋、隋、唐，作为高层政区产生于金朝末年，从元、明、清沿用至今。“厅”是清朝特有的政区通名，一般设置于边远地区、新开发地区和海疆等区域，1912 年废。“设治局”是民国年间拟设县治的地方政区通名，二十世纪五十年代消失。“市”是清末城乡分治之后的产物，先是属于县的，民国年间逐渐产生了以市管县的层级，如今已成为主要的统县政区。

从政区通名的产生和演变可以看出，“县”是唯一自春秋时期诞生而一直沿用至今的。“县”作为中国最稳定的基层政区与地方治理的核心单元，至今已延续两千余年。历代县级政区的数量，秦朝约有一千来个，西汉末有一千五百八十七个，汉以后长期都是一千几百个，约民国年间才突破二千个大关，现在也不过二千八百多个。历代县级政区增加的原因，最主要的是疆域的扩展（西汉时全国土地面积有四五百万平方千米，而如今国土陆地总面积已约有九百六十万平方千米），同时，这也是历代地方开发与治理程度加深的体现。

“县”作为基层政区，历朝历代是逐年增长的，数量在各种政区类别中是最多的。因此，要一次性对“县”进行穷尽式的通代研究，几乎是不可能的。由于在中国人民大学清史研究所工作，赵逸才先选择有清一代的“县”作为研究对象，易于入手、便于把握全局。

赵逸才在东北师范大学读本科时即立志学习历史地理学，2014 年保研到笔者名下读研，硕士学位论文研究“附郭县”，在评议、答辩过程中获得评委们一致好评，于是继续在笔者名下读博，继续研究清代的“县”。博士毕业后，他到中国科学院地理科学与资源研究所陈田研究员、王开泳研究员课题组从事博士后研究，2023 年博士后出站回到母校中国人民大学工作。赵逸才科研成果突出，是历史地理学界的后起之秀。这部《空间视角下的县制：清代县级政区调整机制研究》书稿，以他的博士论文《清代县级政区的结构体系与演变机制研究》为主，融合了硕士论文《中国附郭县沿革考论》、博士后出站报告《清代县级政区调整的时空格局与演化机制》部分重要研究成果，是一部内容丰富、新见迭出的学术专著。

这部书稿以长时段视角研究历代县级政区时空演化过程为开端，继而切入清代行政区划体系下的县级政区总体沿革，深入研究了清代县级政区调整的程序与模式、析分与界线划定、设治理念与治所迁移、清代附郭县体系及其两种特殊形态，以及清代县级政区调整的时空演变格局和形成机制，每一章都有新意，学术价值颇高。书稿最后探索了清代县级政区调整机制的现实启示，对于当今政区改革也有参考意义。

与同类选题的论著相比，这部书稿的特征很明显。第一，论题全覆盖，既聚焦于政区调整，也关注政区体系的稳定性，并研究了作为政区通名“县”的各种地理要素。第二，学术创新丰富，在理念、方法、史料上均寻求突破，系统地爬梳了中国第一历史档案馆藏关涉清代政区地理的各种档案等一手史料。在发挥沿革地理考证之长处的同时，书稿注重揭示县级政区发展演变的区域差异，并通过 ArcGIS 对考证的结果予以统计、绘图和诠释。第三，历史研究与地理研究结合得比较好，既提出历史学议题，又以地理学方法解决问题，并且在可视化表达方面站在了学术前沿。

中国人民大学历史地理学科研团队，最近十多年来承担了国家社科基金重大项目《清史地图集》研究工作，我们不仅要画出康熙二十四年、乾隆六十年、道光二十年、光绪二十年、宣统三年全国所有的县级政区，而且还要复原出宣统三年全国的大部分县界，工作量超大，赵逸才在研制地图的县级政区方面做出了很多颇具成效的工作。这也验证了业师邹逸麟教授提倡的科研项目“既出成果也出人才”的理念。

作为这部书稿成书过程的见证者，笔者认为这个阶段性成果很有学术价值，也具有重大的现实意义，故建议纳入“中国政区通名研究丛书”。刘君德教授是当今研究政区的学界泰斗，他提出本土的“行政区经济”理论至今泽被学界，感谢他为这套丛书撰写总序。今后，希望能见到更多“县”的通代研究专著，以实现当初规划选题的宏大愿景。

以上推介与期望，与赵逸才博士和学术界共勉。

华林甫 谨序

2025 年 4 月 20 日

目　　录

图 目 录

表目录

绪　论

由行政区划与地方行政组织共同构成的地方行政制度，是国家形态发展到一定程度以后的产物。所谓“体国经野”与“设官分职”，除了极小国家外，世界上任何国家的行政治理，都需要通过划分行政区域和设官施政来得以实现。公元前221年，秦王嬴政采纳李斯“海内为郡县，法令由一统”之议，在全国建立起了“以郡统县”的政区体系，同时自定称号为“始皇帝”。从此，“中央集权”与“皇权专制”成为传统中国政治发展的两大主线。宋元以后，二者进一步强化，明清时期达到巅峰，元代以后的中国再未出现大分裂的局面。中国分区施政的管理模式，始终是以郡县制为基础，尽管历代高层政区、统县政区的形态时有更改，但“县制中国”的底色却从未改变，要了解中国之治的逻辑密码，必须读懂县制。

一、中国的“县”与县制

“中央”与“地方”是两个相对立的概念。商周时期，商代实行“内外服”制度，西周则实行基于宗法制的分封制。商王、周王仅直接管辖中央地区，即“王畿”所在，而地方上的方国、诸侯国的行政事务与天子无涉，因此这时还不存在中央与地方的行政关系，地方上的区域划分也尚不具备“行政区划”的特征。春秋以后，随着生产力的发展，郡县制开始出现。“县和郡在初出现时，性质还比较模糊，后来就逐步演变为具有一定地域范围的行政区。”[①]中国的行政区划和行政组织由此产生，即中国的地方行政制度起源于春秋时代的县制。[②]春秋后期，晋国最早开始有了郡的设置。晋惠公元年（前650），晋献公死后，公子夷吾急于返国即位，私下对秦公子挚说：“君实有郡县，且入河外列城五。”[③]晋定公十九年（前493）赵简子率师伐齐，在其出征誓词中说：“克敌者，上大夫受县，下大夫受郡。”[④]可见，当时晋郡不如县，这不是因为县大郡小，而是因郡多在边

① 周振鹤：《中国地方行政制度史》，上海：上海人民出版社，2005年，第14页。

② 关于中国县制起源的研究，成果众多，基本达成了起源于春秋，形成于战国，全面推行于秦统一天下后的共识。笔者认为这方面的总结，周振鹤“县鄙之县、县邑之县与郡县之县”三阶段说最为清晰和深刻，详见周振鹤：《县制起源三阶段说》，《中国历史地理论丛》1997年第3辑。

③ （战国）左丘明著，（三国吴）韦昭注：《国语》，上海：上海古籍出版社，2015年，第206页。

④ 杨伯峻注：“春秋以前，县大于郡，战国时，则郡大于县。”杨伯峻编著：《春秋左传注》（四），北京：中华书局，2009年，第1614页。

地近敌所在之处，地远而荒陋；县则由“邑鄙”演化而来，地近而富庶，二者也就有了好坏之别。到了战国时期，边地逐渐繁荣，也就在郡下分设若干县，产生了郡、县两级的地方组织。①战国时期，随着郡与县的发展，二者关系也逐渐明晰起来。战国的郡已大于县，逐渐形成了以郡统辖县的两级行政区划制度。据杨宽先生考证，这种“郡下统县”的模式，最早出现于三晋，谭其骧、周振鹤、李晓杰等学者也基本认同这一观点。

此后，随着秦始皇正式废除“分土封侯”与“世卿世袭”，广置郡县，县制推行至全国，地方政权尤其是兵权统一集中到朝廷，中央集权的政治体制建立起来。“百县之治一形，则从迂者不敢更其制，过而废者不能匿其举（秦本作‘匿其过举’）。过举不匿，则官无邪人。迂者不饰，代者不更，则官属少而民不劳。官无邪，则民不敖。民不敖，则业不败。官属少，征不烦。民不劳，则农多日。农多日，征不烦，业不败，则草必垦矣。”②整齐划一的县制，使地方权力牢固掌握在中央政府手中。虽然汉、晋两代又有部分“封建制”的恢复，但分裂动乱的教训使隋唐以后的历代统治者都摒弃了“封建制”，天下实土统归皇帝一人，“普天之下莫非王土”得以真正实现。

县制的确立过程及其意义虽然是极其重要的问题，但学术界研究成果众多，笔者无意再对此做更多阐释。从县制萌芽的春秋时期算起，直至今日，以“县”作为基层区划的地方管理

---

① 杨宽：《战国史》（增订本），上海：上海人民出版社，1998年，第227—228页。
② 《商君书新校正》卷一《垦令第二》，清严可均钞本，第4a页。

模式已经延续了2500年，县制的稳定性及其在中国政区体系中的地位可见一斑。作为“分民而治”的基层载体，一县之域承载着土地、人口、山川、植被等各类资源，又会在自然条件、人文文化两方面都表现出一定的地域性差异。从政区结构体系来看，一个县级政区的结构生成，至少应具备明确的地理位置、管辖界线、一定的幅员、行政中心驻地、专有的名称五大基本要素，随着历代政区层级演变与县级政区增多，层级与等第（分等管理）两大要素也充实到县的政区结构体系内。政区结构体系的明晰化，一直是中国县制发展的一大趋势，具体表现在边界的精细与法定化、治所选址的稳定化以及县名音义的专有化等方面。这也促使历代史官、学人以“县”作为政区考证的基本单元，更加有章可循，中国“沿革地理”的研究范式得以形成。

在县的职能定位上，县一直是中央治权所及的最主要单位，具备完善的组织结构与治理功能，可以承担全责，因此县的长官也一直有所谓“父母官”“亲民官”的称呼。而更重要的是，县之所及，代表着政府具有治理“合法性”层面的意义。①

作为中国最稳定的基层行政区划，县自“建置之始，或以版籍之蕃庶，或以讼诉之浩穰，或以防寇盗之变，或以示形势之重，

---

① 范今朝、斯灵芝、蒋瑶璐：《试论“地方（政区）”的文化意蕴与“合法性”意义——以“县”在中国政区体系中的地位和作用为例》，《科学·经济·社会》2011年第4期。

皆有意谓，不徒置也”[①]。因此，综观中国历代政区体制的发展与演变，更多是集中于高层政区与统县政区层面，县级政区一直保持相对稳定。秦朝在全国设有900—1000个县，至清末宣统三年（1911），全国共设有县1382个，随着疆域变迁与地方治理的细化，历代设县呈现稳中有升的态势。从纵向层级上看，历代政区大致经历了郡县二级制、州郡县三级制、州县二级制、道路制、行省制等阶段[②]，县的基层地位始终不变。统县政区经历了从秦汉的郡，到隋唐五代宋辽金的州，到元代的路、府、州，到明清的府、直隶厅、直隶州，再到民国初期的道的变迁过程。统县政区少则只管一县，多则统辖数十县，其变化较为频繁，有的统县政区之间还可能有统属关系。[③]而不直接辖县的高层政区，自魏晋南北朝时期出现了高于郡、王国的州，由唐代的道，宋代的路，向元明清与民国的省不断演变（表0-1）。

---

① （宋）吕陶撰：《净德集》卷四《奉使回奏十事状》，见《景印文渊阁四库全书》集部第1098册，台北：商务印书馆，1986年，第36页。

② 关于中国历代政区的演变过程，谭其骧总结为郡县、州郡县、州县、道州县、路州县、行省六个时期；邹逸麟归纳为郡县、州郡县、道路、行省四个阶段；周振鹤提出了“两千年三循环”的观点；华林甫将中国政区变化提炼为从两级制到多级制、再到两级制的两次历史大循环。

③ 例如：辽代高层政区道以下领府（州）、县，但府有直属县，又统辖领县的州；元代高层政区省以下有路、府、州、县四级政区，采取了复式统辖关系（详见周振鹤：《中国地方行政制度史》，上海：上海人民出版社，2005年，第205页）；而明代高层政区布政使司（省）以下领府州、县，府可直接统县，也可经过属州再统县。

表 0-1　中国历代政区层级的变迁

<table>
<tr><th>时期</th><th>高层政区</th><th colspan="3">统县政区[1]</th><th>县级政区（基层政区）</th><th>政区层级变迁[2]</th></tr>
<tr><td>秦</td><td>—</td><td colspan="3">郡</td><td>县、道</td><td rowspan="3">从两级制到三级制，又回复到两级制</td></tr>
<tr><td>汉</td><td>—</td><td colspan="3" rowspan="2">郡、王国</td><td>县、道、邑、侯国</td></tr>
<tr><td>魏晋南北朝</td><td>州</td><td>县、侯国</td></tr>
<tr><td>隋、唐前期</td><td>—</td><td colspan="3" rowspan="2">府、州（郡）</td><td rowspan="3">县</td><td>从两级制到三级制，又回复到两级制</td></tr>
<tr><td>唐后期、五代</td><td rowspan="2">道</td><td rowspan="8">从两级制到多级制，又回复到省县两级制</td></tr>
<tr><td>辽</td><td colspan="2">府、节度州</td><td>州</td></tr>
<tr><td>宋</td><td rowspan="2">路</td><td colspan="3">府、州、军、监</td><td>县、军、监</td></tr>
<tr><td>金</td><td colspan="3">府、州</td><td rowspan="3">县</td></tr>
<tr><td>元</td><td rowspan="4">省</td><td>路</td><td>府</td><td>州</td></tr>
<tr><td>明</td><td colspan="2">府、直隶州</td><td>州</td></tr>
<tr><td>清</td><td colspan="3">府、直隶厅、直隶州</td><td>厅、州、县</td></tr>
<tr><td>民国初</td><td colspan="3">—</td><td>县</td></tr>
</table>

注：[1]辽、元、明三代的统县政区中用竖线将不同类型隔开，表示它们在直接统县之外，相互之间还可能存在统属关系，实行的是“复式三级制”。做法参考周振鹤：《中国地方行政制度史》，上海：上海人民出版社，2005 年，第 81 页表格

[2]“从《国语·晋语二》中‘郡县’首次连称（约公元前 650 年）算起，到隋开皇九年全国回复到两级制，历时 1239 年。从隋开皇九年平陈把州县两级制推广到全国开始，到 1912 年回复到省县两级制，历时 1323 年。”是为两大循环。详见华林甫：《中国政区层级演变之两大循环说》，《江汉论坛》2014 年第 1 期

总的来说，除了稳中有升的少量增置与特殊情况下的裁县外，县的调整主要局限于政区结构体系内部，对等第（官缺）、边界、治所、名称等要素进行局部修正，不像统县政区、高层政区的调整那样大动干戈。不过明清时期，边疆和民族地区“改土归流”政策的推行，以及民国时期裁撤府（厅、州）改为县，并设置新县（或为设县做准备的带有过渡性质的“设治局”，与

县同级），使县级政区数量有了较大幅度的增长。尤其是清代，更新、充实了县制体系，新设了182个与县平级的散厅、散州，但主要集中在边远地区，原来的县仍保持相对稳定。宏观上，中国传统时期的县制满足了如下三大基本条件而趋于定型：其一，牢牢控制在中央集权的体制之下；其二，具有比较明确的边界和稳定的幅员（管辖范围）；其三，皇帝任命县官并具有健全的组织机构和管理职能。[①]明清以后，随着政区分等（官缺）、选官制度、乡绅组织的不断完善，“县制”被赋予了更多内涵，清代县下次一级政区与佐杂制度的发展，使中央集权与皇权专制的“毛细血管”得以进一步扩充。

二、为什么系统研究清代县级政区

理论上而言，通史性的中国行政区划研究有三个维度：其一，以朝代、时间为线索，归纳历代行政区划变迁的历史脉络，周振鹤主编的《中国行政区划通史》十三卷本[②]，已经做了完整的探索。其二，以东北、黄淮海平原、长江流域等特定区域范围，探索区域内行政区划的演变过程。这有利于更直观地认识历代对不同地域管理体制的侧重与差异，不过要区分好历史区域与现代区域范围认识的出入。其三，以历代政区通名为线索研究中国历代行政区划变迁。例如省、郡、道、路、府、厅、州、县等，中国人民大学历史地理学师生团队已经较系统地对

① 按：县的长官具有食禄而不食邑、临民而不领土、流动而不世袭的特点。详见周振鹤：《中国地方行政制度史》，上海：上海人民出版社，2005年，第29页。

② 周振鹤主编：《中国行政区划通史》，上海：复旦大学出版社，2017年。

其中的省、道、府、厅、县辖政区等进行了探索。[①]显然，政区通名是研究历代政区变革的一条清晰线索，但各种通名历史上存在过的时长、地域范围差别很大，因此研究内容的体量不均。其中“县”不仅体量庞大，而且县制延续至今仍在地方行政管理中发挥着基础作用，极为重要。

控制研究的体量、聚焦问题并在具有雄厚基础的县制研究中推陈出新，并非易事。也正因此，既往对清代地方政区制度的整体研究，更多集中于高层政区和统县政区层面。例如，林涓的博士学位论文《清代行政区划变迁研究》是较早系统归纳有清一代地方行政区划与总体变迁的成果，但作者界定出“本课题所研究的清代行政区划，只是‘内地十八省’的正式政区……对于‘内地十八省’的行政区划，也只就县级以上的总督、巡抚、省、道以及府、直隶州、直隶厅等各级行政区划的变迁及其辖区范围进行讨论，县级以下即不列入。但由于县级政区的数量比较庞大，限于篇幅，县一级（包括县、散厅、散州）的辖区范围本文暂不展开讨论”[②]。然而构建完整的清代“行政区划变迁研究”，当然不能忽视基层县级政区的基础性地位，因此有必要在这一问题上展开进一步探索。

---

① 详见华林甫等：《中国省制演进与未来》，南京：东南大学出版社，2016 年；卢祥亮：《清代道的制度变革与地理要素研究》，中国人民大学博士学位论文，2013 年；高茂兵：《府的沿革地理研究》，桂林：广西师范大学出版社，2020 年；胡恒：《厅制起源及其在清代的演变》，《文史》2013 年第 2 辑；胡恒：《皇权不下县？——清代县辖政区与基层社会治理》，北京：北京师范大学出版社，2015 年。

② 林涓：《清代行政区划变迁研究》，复旦大学博士学位论文，2004 年。

（一）研究对象

本书选题的着眼点是以县为核心的县级政区，研究对象是行政区划，具体内容紧紧围绕着这两个核心展开。中国县制绵延两千余年至今，是最稳定的政区形式，是一个对象宏观、视角多元、种类繁多、体量超大的问题。清代连通古今、承上启下，各种制度发展皆承古今之变，从中既可探究其对传统县制的传承与变通，又能揭示对当代发展可资借鉴的现实价值。从清兵入关，建立全国性政权（顺治元年，1644）算起，清朝历史共计 268 年。1644—1682 年，全国共有 100 个县级政区进行了 122 次调整，以四川（35 个）、云南（16 个）、贵州（9 个）和盛京（9 个）最多，主要源于清初西南地区县级政区的裁并。比如明代后期四川人口约 500 万人，清初因连年战乱仅剩 50 万人左右，因“地广人稀、政事简少”，顺治至康熙年间裁并了一批州县。但随着招抚移民，四川人口规模逐步恢复，撤并的州县也随之陆续恢复，仅雍正七年（1729）就一次性恢复双流、崇宁等 14 县。而盛京（奉天）作为清朝“龙兴之地”，入关后新设了辽阳、开原、铁岭等 9 个县级政区，为东北地区的开发奠定了基础。总体上，顺治年间与康熙前期，全国调整的县级政区主要包括裁并和分设两种类型，分布比较集中。顺治十六年（1659），清朝才拥有各直省，康熙初年江南、陕西、湖广分省后奠定了 18 省体制，康熙二十二年（1683）澎湖海战清军歼灭明郑，收复澎湖、台湾，统一中国领土，次年（1684）设置台湾府后全国的行政区划建置才进入相对稳定状态。清初近 40 年的疆域版图尚未稳定，清与南明政权又处于交替期，为了统一标准，使行政区划调整情况有更好的可比性，本书研究的时间范围主要从康熙二十二年

（1683）起，止于清朝末年（宣统三年，1911）。因此，本书中出现的“清代”“清朝”“有清一代”一般是指1683—1911年总共229年的清朝历史时段。

县制是一个极其复杂的综合体，以县级政区为基本研究对象，关涉历史学、地理学、政治学、社会学、经济学等多门学科。在历史地理学的学科视角下，关注县制的聚焦点在于其作为一种政区形式的本质，而历史政区研究的成熟范式则需要紧紧围绕着政区的地理要素展开。因此，本书重点关注清代县级政区的地理要素，既要归纳各要素的特点与关联，又要揭示整个县制地理演变的时空特征。地理要素（不含自然地理要素）主要是指传统沿革地理的核心内容，包括县的地理位置、等第、界线、幅员（形状）、治所（附郭县）、名称。[①]此外，本书讨论的问题还包括清代置县地域扩展、政区一体化的进程，以及阐释清代同级政区（散厅和散州）不置县的情况与功能差异。目的是探究清代县制的演变规律与时代特征，落脚点是解释为什么清末政区剧变，以及在政区古今演替的历史潮流下为什么县制能够稳定至今。本书的探索只是第一步，把清代县级政区研究清楚，历史上作为政区通名的“县”的地理要素就清晰一大半。有了这个基础，向上可以实现追根溯源，向下则便于古今衔接。

本书研究空间范围的主体，紧紧围绕谭其骧先生的经典论断，“清朝完成统一以后，帝国主义侵入中国以前的清朝版图，

① 关于政区地理的要素，邹逸麟曾提出层次、幅员、治所、边界四大要素说（邹逸麟主编：《中国历史人文地理》，北京：科学出版社，2001年，第54页）；周振鹤曾提出层级、幅员、边界、形状、地理区域、地理位置六大要素说（《行政区划史研究的基本概念与学术用语刍议》，《复旦学报（社会科学版）》2001年第3期）。

具体说，就是从 18 世纪 50 年代到 19 世纪 40 年代鸦片战争以前这个时期的中国版图作为我们历史时期中国的范围”[①]，主要是在历史上的中国内设置“郡县之县”的地域分布范围。本书以内地诸省的县制演变情况为核心，更关注新疆、东北等清代推广县制的地域。对南明政权（1644—1662）、太平天国（1851—1864）的行政区划以及清末若干奏而未行的行政区划调整事项，不作探讨。

政区地理之“沿”为承袭，“革”则是改造，承袭是中国县制体系绵延不绝的基础，改造则是历代县制体系调适、完善的动态过程。从侧重点上来说，笔者重点关注清代县级政区地理要素“革”的部分。

在思考过程中，笔者的考量围绕“为什么”与“怎样做”展开。作为诸多学科领域都涉及的基础性问题，有关县制的既往研究成果数不胜数，其中沿革地理要素的相关研究亦不在少数，或通论，或以要素分，或以断代分，或以区域分。笔者以回答“为什么”与“怎样做”为线索，在此基础上将思考过程中对笔者产生直接影响和启发的成果择要评述。

本书的研究对象“县级政区”在传统沿革地理研究中具有基础性地位。中国真正意义上的地方行政制度起源于“分土而治”向“分民而治”的转变。[②]可以说，县制和郡制的产生尤其是郡下统县模式的确立标志着中国地方行政制度的成型。对于郡县制的起源，从明嘉靖年间田汝成到明末清初顾炎武，再到顾颉刚、增渊龙夫（日本学者）、杨宽、谭其骧、邹逸麟等都

---

① 谭其骧：《历史上的中国和中国历代疆域》，《中国边疆史地研究》1991 年第 1 期。
② 周振鹤：《中国地方行政制度史》，上海：上海人民出版社，2005 年。

提出过疑问和观点。由于文献有阙，尚不能具体定论，但认为县制起源于春秋，形成于战国，全面推行于秦统一之后是无疑的。自县制推行以来，历代县级政区的整体面貌一直是传统沿革地理的核心骨架。从真正意义上的行政区划产生以来，政区沿革史就逐渐成了中国传统发达的历史学之下的重要方面。《左传》《史记》已经开始出现关于郡国置废分合的记载，班固修《汉书·地理志》开始对全国整体行政区划格局进行归纳，隋唐以后出现的地理总志以及宋代以后逐渐成熟的地方志，又大大充实了行政区划史的文献资源。不过，长期依附于史学之下的政区研究与地理志书，还主要停留于排列、梳理阶段。

对传统沿革地理的发展阶段，周振鹤曾有过经典论断，他认为沿革地理依据研究内容的发展可分为史料编纂、考证订讹、整体复原的研究阶段，传统的政区沿革主要着重于政区的历时变化。[①]长期以来，沿革地理的最大短板就是选取正史地理志记载的标准年代，大多只能复原以县制为基础的历史政区大势。即使是沿革地理之集大成者杨守敬《历代舆地图》与谭其骧主编的《中国历史地图集》，政区变迁的复原基本上还处于历代大势的水平，却也很难超越，可见历史政区地理并非容易的学问。除此之外，历史政区考证、复原的成果虽有实用价值，但却因不能真正完整体现政区时空演变的动态过程，也就降低了研究的现实意义，难与其他学科产生呼应。

当然，许多学者也已经意识到了问题的症结，愈发重视断代政区地理研究。周振鹤《中国地方行政制度史》一书便以专

---

① 周振鹤：《范式的转换——沿革地理—政区地理—政治地理的进程》，《华中师范大学学报（人文社会科学版）》2013 年第 1 期。

题形式阐释了中国历代地方行政制度的变化过程并揭示了可变性与稳定性的总体特点，为传统沿革地理研究提供了新视角。县与统县政区的行政机构互动关系演变是全书的线索之一。[①]在此学术思想指导下，周振鹤主编，李晓杰、胡阿祥、孔祥军、徐成、郭声波、郭红、任玉雪、林涓、靳润成、傅林祥、郑宝恒、王卫东等撰写各卷的“中国行政区划通史”丛书[②]问世并修订再版，按朝代顺序将历代政区沿革、领属关系、治所变迁、境域盈缩以及置废并析等情形作了尽可能详尽的复原。不过各卷详略不一，其中清代卷[③]还大有拓展的空间。该卷分上、下两编，上编宏观论述了清代地方行政制度，下编则分省列举了各级政区有清一代的基本沿革，并未充分体现政区各地理要素演变的动态过程和规律。此外华林甫提出了编绘《清史地图集》与建设“清代地理信息系统”（Qing Dynasty Geographic Information System，QDGIS）的构想并已付诸实施[④]，是为中国断代历史地图集与数据库建设之首创。在此基础上，系统研究清代县制地理的条件和基础越来越好，也愈发迫切。

目前学界对中国行政区划本身关注最多的来自地理学与历史学界，也充分体现了政区研究的学科交叉性、综合性以及中国政区体系的传承性。然而，学科壁垒使学界有关政区研究的

---

① 参考周振鹤：《中国地方行政制度史》，上海：上海人民出版社，2005 年，第 205 页。

② 周振鹤主编：《中国行政区划通史》，上海：复旦大学出版社，2017 年。

③ 傅林祥、林涓、任玉雪，等：《中国行政区划通史·清代卷》，上海：复旦大学出版社，2017 年。

④ 华林甫：《关于编绘〈清史地图集〉的建议》，见陕西师范大学中国历史地理研究所西北历史环境与经济社会发展中心编：《历史地理学研究的新探索与新动向（004）》，西安：三秦出版社，2008 年。

对话长期不畅。在地理学科视角下，吴传钧、刘君德、陆大道、刘毅、陈田、樊杰、方创琳、孙斌栋、王开泳等学者活跃于区域规划、行政管理与政区改革领域，对现当代及未来政区发展提出过若干参考意义较大的观点。而历史学科中，顾颉刚、谭其骧、史念海、邹逸麟、周振鹤、郭声波、靳润成、华林甫、傅林祥、胡恒等是对政区沿革地理下功夫最深、着力最多的学者，研究涉及政区地理的各个要素，使脱胎于沿革地理的历史政区地理研究有了成熟的研究范式。地理学界关注当代政区常常需要追根溯源，拷问制度源流与变迁过程以使当代研究的根基更加稳固；历史学界关注政区的目的也不应停留在历史状况的复原，而应为当代政区研究提供历史参照，使政区改革少走弯路。清代行政区划体系具有承上启下、呈现古今之变的独特价值，从这个意义上讲，系统研究清代县制地理也具有重要的学术意义。

此外，行政制度史研究必须基于准确、完整的行政区划复原，反过来对行政组织的合理阐释也有利于理解历代行政区划设置与调整的深层原因，二者相辅相成。制度史、职官史一直是史学研究的显学，关于清代基层地方行政组织与治理的成果亦层出不穷。例如瞿同祖的《清代地方政府》①、毕建宏的《清代州县行政研究》②、郑秦的《清代县制研究》③、魏光奇的《有法与无法：清代的州县制度及其运作》④等都影响较大，对清代州县政府、官员组织、行政职能等都有过系统论述。但遗憾

① 瞿同祖：《清代地方政府》，范忠信等译，北京：法律出版社，2003 年。

② 毕建宏：《清代州县行政研究》，《中国史研究》1991 年第 3 期。

③ 郑秦：《清代县制研究》，《清史研究》1996 年第 4 期。

④ 魏光奇：《有法与无法：清代的州县制度及其运作》，北京：商务印书馆，2010 年。

的是其中对行政区划类型与数目的基本梳理还有不少讹误[①]，因此有必要对学界如此关切的清代政区体系进行系统研究，以避免基于此之上的各类研究成为无根之水、无本之木。

行政区划一直被视为国家地方治理的工具和实现国家行政管理的手段，是大政国基。历代中央政府对政区的设置、调整都深刻体现着统治者的大政方针和施政理念，长时段观测下，中国历代政区层级与格局呈现循环的规律性特征。[②]但始终稳定不变的是基层政区[③]体系的县制，历代置县地域的扩展实质上就是中央集权和行政管理不断辐射落实的过程。到了清代，县制的推广与政区一体化进程大大促进了中国国家疆域的奠定与版图观念的形成。[④]

近年来，党和国家治国理政进程中愈发重视行政区划尤其是基层县级政区在地方治理、区域发展中的基础性作用，“行政区划本身也是一种重要资源”的认识逐渐深入人心。地理学界对此充分关注并加以阐释，王开泳等指出：“行政区划作为上层建筑，是国家政治结构在空间上的投影，拥有空间、权力、行政和政策等多重资源属性，是一类潜在的人文社会

---

① 例如瞿同祖：《清代地方政府》，范忠信等译，北京：法律出版社，2003 年，第 9—10 页的表格。

② 华林甫：《中国政区层级演变之两大循环说》，《江汉论坛》2014 年第 1 期。

③ 按：根据《中华人民共和国宪法》（以下简称《宪法》）和地方组织法规定，当前中国的基层政权包括农村基层政权和城市基层政权两部分。基层政权已经向下到乡镇一级。而清代及其以前的传统时代，乡村社会处于一种相对自治的状态，县下各类基层组织尚未进入职官系统，故“基层政区”一般指县级政区。

④ 邹逸麟：《论清一代关于疆土版图观念的嬗变》，见中国地理学会历史地理专业委员会《历史地理》编辑委员会编：《历史地理》第二十四辑，上海：上海人民出版社，2010 年。

资源。”[①]并从空间、权力、组织、政策四种资源属性对行政区划的优化加以解读。中国县制本身具有明显的传承性，行政区划亦有显著的历史继承特征。因此无论古今，从地理资源的角度认识行政区划的属性与作用，都可为研究政区地理、加深对政区演变的理解提供启发。历史学界同样从国家战略的高度呼吁加强基层行政区划研究，张海鹏指出：“关于清代府县制度，一些研究者是从行政区划角度论述府县的变化，这个很有必要……当前，我们正在努力推进国家治理体系和治理能力现代化，深入研究清代府县，把这一学术课题研究深研究透，才能做到以史为鉴。”[②]

笔者认为，行政区划作为一种国家治理观念上的虚体资源，空间内承载的是土地资源、矿产资源、水资源等实体资源，不论在传统还是当代社会，这些资源的分配都密切影响着地方治理的效力。因此，历代置县地理位置的选择与置县地域的扩展本身就是一种国家不断分配、调度资源的历史过程。尤其是清代，新设的县级政区有 432 个之多，边疆建省、改土归流加上内地的局部调适使县制演变呈现突出的时代特征，这种演变特点、规律与原因都值得深入探讨。

（二）研究具备的可行性

首先，清代丰富可靠的文献材料可为研究这一问题提供支

① 王开泳、陈田、刘毅：《“行政区划本身也是一种重要资源”的理论创新与应用》，《地理研究》2019 年第 2 期。

② 张海鹏：《清代府县历史研究大有可为》，《人民日报》2017 年 1 月 11 日，第 7 版。

持和保障。史料来源主要包括《清会典》、《清实录》、《起居注》、六部《则例》、《清朝文献通考》、《清朝续文献通考》、《清国史·地理志》、《清史稿·地理志》等，当然也包括《大清一统志》《读史方舆纪要》《乾隆府厅州县图志》等地理志书以及清代海量的地方志、乡土志、清人文集等。

本书以邹逸麟主编的国家清史纂修工程《清史·地理志》（待刊）对全国县级政区的考证结果为参考，并予以逐条验证。此外，华林甫多年来收集了大量海外庋藏的清代县级舆图，描绘精细，尤其是华北地区以及东北吉林等地的县级舆图，为研究提供了重要的舆图史料。其中有关县级政区的幅员、界线等要素以及县下政区的分布形态，舆图具有文字史料无法比拟的直观的可视化功能。在上述基础上，华林甫主编的《清史地图集》已绘出带有府界与所有县级政区的四幅清代全国图与绘出县界的清末各省域图，对考察清代政区的治所、形状、管辖幅度具有指导性作用。此外，中国第一历史档案馆藏大量的清代关涉地理的各类奏折档案影印件，为更好地阐释县级政区调整与演变的过程和原因提供了宝贵的第一手材料。

有清一代，全国出现过的县级政区（包含置废沿革的全部情况）共有 1790 个，探讨它们的演变过程，工作量庞大，而且稍有差池就可能降低研究结论的准确性和科学性。不过现代学科工具（ArcGIS 等）可以为大规模的数据统计和空间分析提供诸多便利，使清代县级政区各地理要素的数据分析更加准确直观（数据可视化、信息地图化），更好地展现有清一代县级政区的演变规律和区域特征。

三、怎样探索清代县级政区的调整机制

（一）两个维度

笔者认为，研究清代县级政区的演变，可以从横向与纵向两个维度来理解和入手。横向维度是基础，指的是县级政区本身的地理要素，包括前面提到的地理位置、等第、界线、幅员、治所、名称等。既往研究对其中的要素也有所涉及，但不成系统。其中关于清代县级政区等第的探讨最多①，基本考证清楚了清代政区分等的理念与实践，政区等第与官缺以及官员的空间流动，也成为近年来量化史学的研究热点②，本书不再专门阐述。不过县级政区等第与其他地理要素是否存在规律性关联还有待今后继续探讨。考订边界是复原政区幅员、形状的基础，从现有成果来看，学界更多关注的是高层政区的勘界、划界问

① 代表性成果有周振鹤：《赤畿望紧上中下——行政区划的等第变化》，见《体国经野之道——中国行政区划沿革》，上海：上海书店出版社，2009年，第124—135页；刘铮云：《“冲、繁、疲、难”：清代道、府、厅、州、县等级初探》，《“中央研究院”历史语言研究所集刊》第六十四本，第一分，1993年，第175—204页；张振国：《清代道、府、厅、州、县等级制度的确定》，见朱诚如、王天有主编：《明清论丛》第十一辑，北京：故宫出版社，2011年，第162—174页；张振国：《论清代“冲繁疲难”制度之调整》，《安徽史学》2014年第3期；张振国：《论清代官不久任与“冲繁疲难”缺分之调整——以乾隆十二年为中心》，见朱诚如、徐凯主编：《明清论丛》第十五辑，北京：故宫出版社，2015年，第162—174页；靳生禾、师道刚：《中国古地理文献中地方等第刍议》，见中国地理学历史地理专业委员会《历史地理》编辑委员会编：《历史地理》第十辑，上海：上海人民出版社，1992年，第310—323页；董枫：《清代府县级行政单位划等问题的再审视——以乾嘉时期浙江省县级单位划等情况的探讨为例》，见中国地理学历史地理专业委员会《历史地理》编辑委员会编：《历史地理》第二十五辑，上海：上海人民出版社，2011年，第99—107页；等等。

② 详见胡恒：《清代政区分等与官僚资源调配的量化分析》，《近代史研究》2019年第3期；胡恒、陈必佳、康文林：《清代知府选任的空间与量化分析——以政区分等、〈缙绅录〉数据库为中心》，（香港）《新亚学报》2020年第37卷。

题[①]，对统县政区和县级政区边界演变关注不多。近年来历史地图编纂的热潮逐渐兴起，西南大学蓝勇、杨光华，中国人民大学华林甫等指导学生完成了若干考订清代县界和幅员的学位论文，并在此基础上尝试探讨了清代政区边界管理的理念。而治所方面，仅见许鹏从整体上对清代各级政区治所迁徙的频次与原因进行了初步研究[②]，对治所在地理要素系统中的核心作用仍有待挖掘。总体上，目前学界对清代县制地理要素的探究很不均匀，也缺乏系统性的总论成果。

相比历史学科，地理学对行政区划地理要素的讨论更强调空间属性，注重呈现其演变的动态过程，揭示行政区划格局演变的驱动因素。政区的规模和等级、驻地、边界、管辖幅度等要素都是着重探讨的对象[③]，且以区域性、小尺度地理单元的居多。

---

① 例如黄盛璋：《清代四川西北省界及其引起的黄河流经四川问题》，《四川大学学报（社会科学版）》1957 年第 1 期；韩光辉：《清雍正年间的政区勘界》，《中国方域：行政区划与地名》1997 年第 4 期；王晗：《界的动与静：清至民国时期蒙陕边界的形成过程研究》，见中国地理学历史地理专业委员会《历史地理》编辑委员会编：《历史地理》第二十五辑，上海：上海人民出版社，2011 年；冯玉新：《界域变动与地方社会——以明清民国时期黄河上游农牧交错带为中心》，陕西师范大学博士学位论文，2011 年；冯玉新：《清代阿拉善蒙古与甘州、凉州二府的划界纷争及边界调整》，《中国历史地理论丛》2012 年第 4 辑；徐建平：《湖滩争夺与省界成型——以皖北青冢湖为例》，《中国历史地理论丛》2008 年第 3 辑；李凤珍：《清朝对西藏与四川、青海、云南行政分界的勘定》，《西藏研究》2001 年第 1 期；胡英泽：《河道变动与界的表达——以清代至民国的山、陕滩案为中心》，《中国社会历史评论》2006 年刊；胡英泽：《流动的土地——明清以来黄河小北干流区域社会研究》，北京：北京大学出版社，2012 年；郭声波、王开队：《由虚到实：唐宋以来川云贵交界区犬牙相入政区格局的形成》，《江汉论坛》2008 年第 1 期；等等。

② 许鹏：《清代政区治所迁徙的初步研究》，《中国历史地理论丛》2006 年第 2 辑。

③ 王开泳、陈田：《行政区划研究的地理学支撑与展望》，《地理学报》2018 年第 4 期。

朱建华等曾总结了改革开放以来中国行政区划演变的五种主要模式，即建制变更、政区拆分、政区合并、建制升格与新设政区，其中以建制变更为最主要的模式，政区拆分与合并也经常出现，建制升格和新设政区比较少见。[①]这其实也是清代县级政区调整的主要类型，除了时间断限的差别，历史与现代政区研究的空间和对象是相通的。

而纵向维度则将县级政区置于行政区划层级的体系中，阐释其演变与高层政区、统县政区的关联。比如清代高层政区与统县政区数量相比明代有所增加，辖县数量（管辖幅度）却有所下降。明万历十年（1582）全国有统县政区162个，领县1179个，平均每省领县约78.6个，每一统县政区领县约7.3个。清末全国有统县政区358个，县级政区1617个，平均每省领县（散厅、散州）约73.5个，每一府（直隶厅、直隶州）领县（散厅、散州）约4.5个。从表0-2可见，清代各省领县级政区数量以明之陕西、南京、湖广以及四川、广西、贵州、云南地区增加较多，主要受高层政区调整（分省）与统县政区调整（改土归流）的影响。

表0-2　明清内地各省领县级政区数量对比表

时期	各省领县级政区数量														
明	京师 116	山东 89	山西 78	河南 96	陕西 96	南京 96	湖广 110	浙江 75	福建 57	江西 77	广东 77	四川 107	广西 51	贵州 14	云南 31
清	直隶 145	山东 104	山西 91	河南 101	陕西 86+ 甘肃 61	江苏 68+ 安徽 55	湖北 67+ 湖南 69	浙江 78	福建 60	江西 80	广东 84	四川 143	广西 72	贵州 59	云南 82

注：明代为万历十年（1582），清代为宣统三年（1911）。明代数据来源于《明史·地理志》与牛平汉编著《明代政区沿革综表》

① 朱建华、陈田、王开泳，等：《改革开放以来中国行政区划格局演变与驱动力分析》，《地理研究》2015年第2期。

研究清代县级政区演变，不能不考虑与之纵向相关的上级政区调整的影响，尤其是政权初期与衰落时期调整变动最大，可直接从宏观上改变政区体系的层级并造成县级政区发生速变。例如傅林祥阐释了清初直隶州的推广过程，雍正末、乾隆初，官方认为州县之间象征性的隶属关系已经结束，直隶州的增加促进了行政层级的简化①；华林甫对清前期的“属州”进行了全面梳理，重点考证了雍正年间属州大量消失的方式与原因②；华林甫等揭示了清末民初政区剧变的过程，包括清末附郭县的裁撤问题③。以上种种，都是纵向上行政区划的调整，对县级政区在数量、分布、隶属关系等方面的演变产生了直接影响。

在具体操作上，笔者首先系统列出清代229年（1683—1911）县级政区沿革动态的表格，并加以统计分析。在梳理县级政区“沿”的基础上，重点阐释“革”，因此县级行政区划的调整过程需要清晰地在表格中予以体现，这也是笔者寻找规律、归纳特征的重要依据。凡是清代出现过的县级政区，不论存在时间长短都在笔者做基础统计的范围内。探究清代县级政区的调整频率是讨论政区稳定性和适应性的重要基础，笔者将县级政区的调整分为九种类型：析分、合并、同级变更、升级、改隶、迁治、专名变更、新设、裁撤。虽然工作量较大，但对上述范围内县级政区的梳理和考证是可以实现的，工作过程表格的基本样式如表0-3所示。

① 傅林祥：《清初直隶州的推广与行政层级的简化》，《历史档案》2010年第4期。

② 华林甫：《清前期“属州”考》，见刘凤云、董建中、刘文鹏编：《清代政治与国家认同》上册，北京：社会科学文献出版社，2012年。

③ 华林甫、高茂兵、卢祥亮：《论清末民初政区剧变及其现实意义》，见中国人民大学清史研究所：《清帝逊位与民国肇建一百周年国际学术研讨会论文集》，2012年。

表 0-3　清代县级政区地理沿革总表（样式）

省份	年份	康熙二十二年	康熙二十三年	康熙二十四年	康熙二十五年	康熙二十六年	康熙二十七年	康熙二十八年	康熙二十九年	康熙三十年	康熙三十一年	康熙三十二年	康熙三十三年	康熙三十四年	康熙三十五年	康熙三十六年	康熙三十七年	康熙三十八年	康熙三十九年	……	宣统三年
贵州	县级政区																				
	贵筑					8								2							
	修文					8															
	长寨厅																				
	罗斛厅																				
	玉屏																				
	青溪																				
	安化																				
	婺川																				
	印江																				
	镇远																				
	施秉																				
	清江厅																				
	台拱厅																				
	天柱																				
	黄平州					6															
	铜仁																				
	松桃厅																				
	永从																				
	五开																				
	铜鼓																				
	古州厅																				
	下江厅																				
	镇宁州																				
	永宁州																				
	普安州																				
	普安	6																			
	普定																				
	清镇					8															
	安平					8															
	安南					8															
	南笼厅					8															
	……																				

注：1 析分；2 合并；3 同级变更；4 升级；5 改隶；6 迁治；7 专名变更；8 新设；9 裁撤

梳理过后，需要统计出清代各朝县级政区演变与调整的阶段性特征，同时计算不同区域对县级政区各要素调整频率的差异，并考察背后的影响因素。笔者主要调用 Excel 的 COUNT、COUNTA、COUNTIF、COUNTIFS 函数，赋以时段、区域、调整类型等不同限定条件，统计有清一代县级政区演变的时空特征。

清代行政区划调整始于京畿与陪都地区，顺治朝主要调整顺天府、盛京将军辖区附近的县制；康熙朝则调整直隶、云南（改土归流）较多；雍正到乾隆朝向全国扩展，山东、山西、甘肃、四川、贵州等都是县级政区频繁调整的地区。自乾隆至光绪中前期政区体系基本保持稳定，多为局部修补；光绪中后期至宣统时期，新疆、东北建省与清末新政又使县级政区大量增置、调整明显加速。另外，还有必要专门归纳出有清一代新设与裁撤县级政区的数量和具体情形，尤其是边疆地区县级政区析分、新设的具体模式，设县或厅还是州的考量与结果，以及一些县级政区调整出现反复的情况。

在既往有关清代县级政区分并、裁撤的研究中，谭其骧、谢湜、胡恒等学者的研究视角对笔者有较大启发。谭其骧曾对浙江历代行政区划的形成与演变进行了考察，清晰地展现了浙江历代县制的析置由来，图、表、史兼具，其思路已成为区域性历史政区地理研究的经典。[①]谢湜则对雍正时期十分复杂的江南苏松常三府分县、并县情况进行了细密考察，颇具代表性。[②]而

① 谭其骧：《浙江省历代行政区域——兼论浙江各地区的开发过程》，《长水集》（上册），北京：人民出版社，2011 年，第 398—416 页。

② 谢湜：《清代江南苏松常三府的分县和并县研究》，见中国地理学会历史地理专业委员会《历史地理》编辑委员会编：《历史地理》第二十二辑，上海：上海人民出版社，2007 年。

胡恒曾细致地梳理过清代山西裁撤清源、平顺、马邑、乐平四县的行政运作过程，提示我们在考察基层政区裁撤的过程中，于官方叙事和决策群体的考量之外，也应注意基层民众的诉求。[①] 笔者希望在借鉴区域性研究成果的基础上，以全国视野探究清代县制地理的全貌与特殊性。

（二）研究方法

本书的研究视角与内在逻辑立足于历史政区地理，以历史学和地理学的研究方法为基础，并借助现代学科工具，尝试对清代县制地理进行整体复原与阐释。当然，在探讨县制地理演变的驱动因素时，还可能涉及政治学、经济学与社会学等学科的视角，需要利用相关学科理论加以阐释。

1. 历史学的研究方法

传统史学的实证方法仍是研究的重要基础，主要包括考据法、文献研究法和历史定量分析法等。首先要立足于清代文献本身，包含文字史料与舆图史料，搜集与本研究核心问题密切相关的信息，在小心核对、认真鉴别的基础上加以利用。然后通过历史定量分析法对史料梳理出的数据进行分类，以地理要素为线索加以案例和实证分析。

2. 地理学的研究方法

主要包括人文地理学中的地图方法、数量统计分析法，地图方法是分析地理问题的重要手段，本书通过地图绘制，直观地展现了清代县级政区的动态演变和区域差异。需要说明的是，由于清代调整的县级政区均分布于现今中国版图范围内，故地

① 胡恒：《关于清代县的裁撤的考察——以山西四县为中心》，《清史研究》2011年第2期。

图底图均来自中华人民共和国自然资源部提供的标准地图服务，底图反映的国界、省界与重要城市均为现今状况。同时，通过数量统计分析法，设定合理的参数标准，针对地理要素的空间属性，寻求诸要素之间的关联性，科学地统计出清代县级政区调整的频率与特征。

（三）如何在历史政区地理学科领域中创新

历史政区地理具有成熟的研究范式，是历史地理学中最具传承性、最能彰显学科特色的领域。在此学科领域下，本书希望在理念、方法、史料上寻求突破与创新。以往的历史政区地理研究，考证着力很大，“史”做得很扎实，但没能很好地进行可视化表达，空间感往往显得不足。周振鹤曾指出，地理学的成果一般都需要表现在地图之上，历史政区地理研究也不例外，其最终成果应该表现为文字的叙述与图表的编撰并存才算完备。事实上在清代中期沿革地理研究中，有许多是由历史学者完成的，这些研究者中，有的只是进行纯粹的文献考证，并不顾及考证结果是否符合地理要素。结果从考证过程看来似乎无误，但却解决不了地理上的变迁问题。[①]以乾嘉学派为代表的地理考据方法对历史政区地理研究可谓影响至深，其中的实证精神当然应该传承，基本史实必须保证准确性，因为任何空间规律与理论的阐发都并非万丈高楼平地起。笔者希望在发挥沿革地理考证之长处的同时，注重揭示县级政区发展演变的区域差异。因此研究必须实现方法上的创新，在史学实证方法的基础上，笔者采用现代学科技术，对考证的结果予以统计、绘

① 周振鹤：《范式的转换——沿革地理－政区地理－政治地理的进程》，《华中师范大学学报（人文社会科学版）》2013 年第 1 期。

图和诠释。

历史政区地理研究结论的表现形式有史、志、图、表等多种。“史”指以文字叙述为主的专门史，“志”指地理志，“图”指历史地图，“表”指沿革表。完整的政区变迁史应由文字的叙述论证、沿革表和历史地图共同组成。[①]显然，清代是最有条件完整呈现政区变迁过程的断代，史、志、图、表皆可实现。本书力图在国家清史纂修工程《清史·地理志》（邹逸麟主编，待刊）的基础上，完善史、图、表三方面的内容，以进一步推进断代政区地理研究。在这个过程中，笔者对《清史·地理志》并非拿来就用，而是根据清实录、会典、一统志、地方志、舆图等，加之中国第一历史档案馆藏清代关涉地理的各类奏折档案，逐条验证《清史·地理志》的内容后再加以利用。这样既可订正地理志可能出现的疏误，又在研究清代县制地理的过程中，较为系统地爬梳了第一手史料。

在内容结构上，本书共分为九章。首先，从总体上复原中国县制的长期地理演进过程，归纳清代的行政区划体系以及县级政区基本沿革，厘清在清代政区一体化进程中县制扩展、充实疆域版图的幅度。其次，阐明清代县级政区调整的核心枢纽与具体程序，归纳县级政区调整的九大模式。再次，对县级政区的核心地理要素进行考量，重点考察的是政区边界划定的理念、置县的治所区位以及附郭县体系。最后，揭示有清一代县级政区调整的频率与时空特征，总论清代县制地理的演变机制，并从历史政区演变规律与清代的县级政区管理理念出发，对当今政区层级设计与管辖幅度调适、空间结构优化、政区通名规

① 周振鹤：《范式的转换——沿革地理－政区地理－政治地理的进程》，《华中师范大学学报（人文社会科学版）》2013 年第 1 期。

范等方面提出若干思考。

要言之，本书要解决的核心问题包括四个方面：其一，考察清代县级政区的体系、总体沿革、调整程序与模式；其二，揭示清代县级政区结构体系中边界、幅员、治所等核心地理要素的特征与演变规律；其三，梳理清代县级政区的各类调整模式的时空分布特征；其四，复原清代县级政区的变动频率与演变过程。

第一章

长时段视域下县级政区设置的时空演化过程

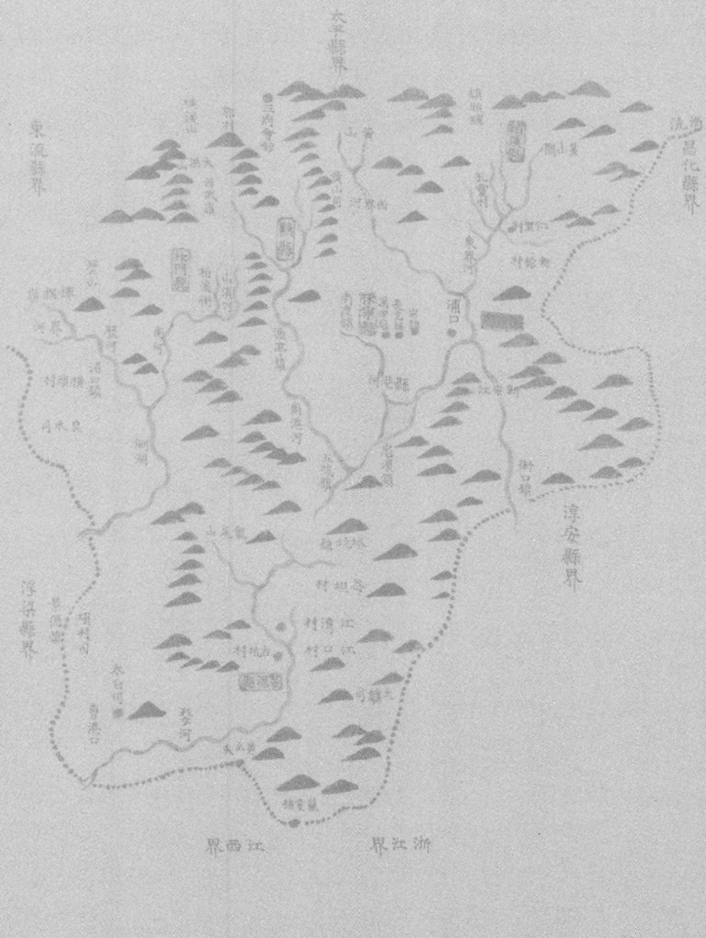

从秦始皇在全国推行郡县制，奠定基层行政区划的基础以来的2200余年，县级政区总体上不断增设，数量持续上升，呈现一个逐渐填充疆域版图、加密地方行政管理、强化地方开发力度的动态过程。尤其是清代以后，随着疆土版图观念的奠定和近代民族国家意识的觉醒，县级政区的数量持续增加。在传统的行政区划体系下，历代增设的县级政区大多是从内地向边疆渐次扩展，表现出显著的"边疆外溢属性"。随着政区设置及其管理效用的发挥，中央与地方的关系也愈发紧密。在"政区设置-地区开发"解释模式的基础上，历代政区变迁表现出显著的阶段性和多元性。探讨长时段下县级政区设置的时空过程，是理解中国地方开发进程的绝佳视角。《中国历史地图集》以及曹尔琴的系列相关论文，可以初步反映各历史断代政区的设置和分布情形，不过尚缺乏长时段的整体分析视角；郭照启曾在沿革地理的框架下研究了中国历代置县地域的扩展问题，初步将历代县治点在地图上，但缺乏空间分析，在可视化呈现和规律性总结方面还有较大的提升空间。因此，本章详细梳理了历史文献，从历史地理学视角客观界定历代"县级政区"的范围，以历代正史地理志及相关文献为基础，从原始史料提炼数据，从长时段视角，综合复原并分析过去2200年县级政区设置的时空过程与格局。

第一节　时空范围与资料方法

从时间跨度来看，本章以秦代设立之初的公元前221年为起始点，以2021年为下限，各历史断代选取政局相对稳定的朝代。空间范围上同样遵从谭其骧“历史上的中国”的范围。但需要说明的是，中国作为一个统一的多民族国家，自秦以来就重视采取适当的民族政策，在边疆少数民族地区实行与中原内地不同的地方行政制度，以利于国家巩固与民族团结。从秦到宋，基本上执行的都是羁縻政策；元代以后改行土司制度，明代中后期又逐渐实行改土归流，经过四五百年的调整，清朝以后才把少数民族地区的地方行政制度基本纳入郡县制之中。谭其骧曾客观阐述了是否设置过“郡县”不能作为衡量“历史上的中国”范围的标准之一，因为历史上有的边区从未设过郡县，而把羁縻州县也算郡县，把它看作正式的地方行政区划，也是违反历史事实的。[①]羁縻府州和正式府州虽然不同，但这些边区和少数民族地区仍然是“历史上的中国”不可或缺的组成部分。这些边区的特殊行政单位在政治上隶属中央王朝、在经济上有朝贡义务，不过考证其地理方位十分困难，因其自然地理环境和习俗的差异，其领地范围悬殊，而且文献记载很不清楚，不像内地正式州县在正史中均有一脉相承的沿革叙述。因此，本章研究的“县级政区”，主要局限在郡县制框架下的县级政区，是历代中原王朝的中央行政系统直接管辖、由中央直接派官设

---

① 谭其骧：《历史上的中国和中国历代疆域》，《中国边疆史地研究》1991年第1期。

职的理民政区，未包含都司卫所等军事系统，以及羁縻州县、土州、土县等少数民族地区设置的“类县级政区”。“县级政区”中，“县”是主体，各历史时期还包括道、侯国、军、城、监、散厅、散州、设治局8种形式，中华人民共和国还包括市辖区、县级市、自治县、旗、自治旗、林区、特区7种形式。

本章选取的各历史时期的具体时间，主要是历代正史地理志的资料年份。同时，广泛参考了《中国行政区划通史》各卷、《中国历史地图集》以及其他相关资料；民国时期的资料来源于1947年“内政部方域司”编制的《中华民国行政区域简表》①，当前政区数据根据《中华人民共和国乡镇行政区划简册2021》②统计。具体情况如表1-1所示。

表1-1 各历史时期标准年份与资料来源

时期	标准年份	资料来源
秦	始皇二十六年（前221）	《中国历史地图集》
西汉	成帝元延绥和年间（公元前12—前7）	《汉书·地理志》
东汉	永和五年（140）	《续汉书·郡国志》
西晋	太康二年（281）	《晋书·地理志》《中国历史地图集》
隋	大业五年（609）	《隋书·地理志》《中国行政区划通史·隋代卷》
唐	天宝十三载（754）	《新唐书·地理志》《中国行政区划通史·唐代卷》
辽、北宋	辽天庆三年、北宋政和三年（1113）	《宋史·地理志》《辽史·地理志》《中国行政区划通史·辽金卷》《中国行政区划通史·宋西夏卷》《中国历史地图集》
金、南宋	金泰和八年、南宋嘉定元年（1208）	《金史·地理志》《中国行政区划通史·辽金卷》《中国行政区划通史·宋西夏卷》《中国历史地图集》

① 内政部编：《中华民国行政区域简表》，上海：商务印书馆，1947年。

② 中华人民共和国民政部编：《中华人民共和国乡镇行政区划简册2021》，北京：中国社会出版社，2021年。

续表

时期	标准年份	资料来源
元	至顺元年（1330）	《元史·地理志》《中国行政区划通史·元代卷》
明	万历十年（1582）	《明史·地理志》《中国历史地图集》
清	宣统三年（1911）	国家清史纂修工程《清史·地理志》（待刊）
民国	民国三十六年（1947）	《中华民国行政区域简表》
中华人民共和国	2021 年	《中华人民共和国乡镇行政区划简册 2021》

在数据处理方法上，本章基于系统整理和构建的全国历代县级政区沿革动态表，古今贯通。沿革动态表内容包括：标准年份、县级政区名称、对应今地、经度、纬度。首先根据历代正史地理志等史料，列出历代县级政区名称，然后考证其对应的今地，并通过天地图数据落实经纬度，最后通过 ArcGIS10.2 软件进行矢量化，确定其空间分布格局。本章在立足正史地理志、地理总志等历史文献本身，充分进行数据挖掘和统一处理的基础上，依托地理空间分析方法作为支撑。具体如下：

标准差椭圆模型。据此可获取地理要素的空间特征，包括中心趋势、离散和方向趋势，其构成要素包括转角（θ）、沿长轴（主轴）的标准差和沿短轴（辅轴）的标准差。转角（θ）是指在笛卡尔坐标系下 x 轴和 y 轴按照点集分布的地理方位沿一定角度旋转后，正北方向与顺时针旋转的主轴之间的夹角。其计算公式如下：

$$\tan\theta=\frac{\left(\sum_{i=1}^{n}x_i'^2-\sum_{i=1}^{n}y_i'^2\right)+\sqrt{\left(\sum_{i=1}^{n}x_i'^2-\sum_{i=1}^{n}y_i'^2\right)^2+4\left(\sum_{i=1}^{n}x_i'y_i'\right)^2}}{2\sum_{i=1}^{n}x_i'y_i'} \tag{1}$$

$$\sigma_x=\sqrt{\sum_{i=1}^{n}\left(x_i'\cos i-y_i'\sin i\right)^2/n} \tag{2}$$

$$\sigma_y = \sqrt{\sum_{i=1}^{n}\left(x_i'\sin i - y_i'\cos i\right)^2 / n} \quad (3)$$

式中 x_i' 和 y_i' 为各特征时点县级行政区几何中心距离区域重心的相对坐标；σ_x 和 σ_y 分别为沿 x 轴和沿 y 轴的标准差。椭圆的长半轴表示的是数据分布的方向，短半轴表示的是数据分布的范围，长短半轴的值差距越大（扁率越大），表示数据的方向性越明显。反之，长短半轴越接近，表示方向性越不明显。长短半轴完全相等，表示没有方向特征。短半轴表示数据分布的范围，短半轴越短，表示数据呈现的向心力越明显；反之，短半轴越长，表示数据的离散程度越大。短半轴与长半轴完全相等，表示数据没有任何分布特征。

核密度估计法（Kernel Density Estimation）。该法主要是借助一个移动的单元格（相当于窗口）对点或线格局的密度进行估计。一般而言，对于数据集（x_1，x_2，x_3，…，x_n），固定带宽的核密度估计函数公式为：

$$f_h(x)=\frac{1}{nh}\sum_{i=1}^{n}k\left(\frac{x-x_j}{h}\right) \quad (4)$$

式中函数 $K(*)$表示权重，满足 $K\geqslant 0$，$K(x)=K(-x)$，和 $\int K(x)\mathrm{d}x=1$。其中 h 为正数，称为带宽或平滑参数，h 值越大，平滑度越大。本章“设县密度”指标是根据 ArcGIS10.2 地理信息系统 Spatial Analyst Tools（空间分析工具）→Density（密度分析）→Kernel Density（核密度分析）模块自动测算的。“高密度区”是在核密度分析结果生成后，根据自然裂点分级法（Natural Breaks Classification，NBC）将栅格图由“拉伸”状态转为“已分类”状态，将分类值设为 5，并将最低的三类估计值去掉，剩下的两类为“高密度区”，并提取出高密度区的空间范围。

第二节　历代县级政区设置的变动过程

（一）秦汉至西晋时期

秦代实行郡县制，以郡统县，而秦县见于记载者极少。据谭其骧考证，秦代有47个统县政区（含内史辖区）；里耶秦简问世后又新见14个县。县的数目史书没有记载，据学者推算，总数在1000个左右。[①]按1000个县计，每郡平均辖县21.3个。此外，据《汉书·百官公卿表》，秦代设道来管理少数民族，道是县一级的行政单位，其具体管理方式与数量今已不明。

汉代推行郡国并行制。在汉朝建立之初，侯国直属中央王朝管辖，相当于县，而王国管辖郡，介于中央与郡之间。由于汉郡比秦郡的管辖幅度小、数量多，武帝元封五年（前106）设立了13个刺史部，监察地方各郡国。总体来看，西汉的县级政区包括县、道、国、邑四种类型。据《汉书·百官公卿表》："凡县、道、国、邑千五百八十七。"[②]《汉书·地理志下》载："讫于孝平，凡郡国一百三，县邑千三百一十四，道三十二，侯国二百四十一。"[③]可见，西汉末年郡国共103个，县级政区共1587个，每郡（国）平均辖县15.4个。

东汉基本沿袭了西汉的行政区划制度，经过了多次的撤并整合，至建武十一年（35）后，天下郡国分属于13个刺史部，即13个监察区。据《续汉书·郡国志》记载，顺帝永和五年

① 张信通：《秦汉里治研究》，北京：中国社会科学出版社，2019年。
② 《汉书》卷十九上《百官公卿表》，北京：中华书局，1962年，第742—743页。
③ 《汉书》卷二十八下《地理志》，北京：中华书局，1962年，第1639—1640页。

（140），共 105 个郡国，1180 个县级政区，每郡（国）平均辖县 11.2 个。与西汉时期相比，郡国数量相差不大，但各郡平均辖县数量减少了 4 个左右，主要因为光武帝时期撤并县邑较多。在正式的郡国政区之外，汉武帝开始在新拓疆土的西域地区设置军政合一的西域都护，其地位相当于郡，但所辖的不是县，而是以军事监护的方式管理 50 个左右小国；在青海地区置护羌校尉，以安抚与汉民族生产生活方式相异的游牧民族；东汉改西域都护为西域校尉，性质相同。

东汉末年黄巾起义爆发，为加强地方绥靖和治理能力，朝廷派九卿出任州牧，授以军、民、财政大权，逐步形成了“州—郡—县”三级管理体制。州逐渐确立起高层政区的地位后，郡降格为统县政区。太康元年（280）三分归晋，天下共 19 州。太康二年（281）19 州下领郡国 171 个，郡国下又有县、邑、侯国等县级政区 1232 个，每个统县政区平均辖县 7.2 个。

西晋短暂统一即瓦解，晋王室南迁建康而占据了半壁江山，大兴元年（318）司马睿称帝建立东晋，至元熙二年（420）禅位于宋。这段时间里，各分裂政权的疆域政区错综复杂、变化频繁，加之东晋实行侨州郡县制度，其政区沿革难以一一考证清晰。从东晋十六国到魏晋南北朝的大分裂时期，中国政区的发展不是循序渐进的，而是多为“突变”。[①]这一时期郡县的急剧膨胀往往徒有虚名，许多州郡并无户口土地之实。至隋统一南北，政区设置才回到良性发展的轨道上来。

---

① 薛亚玲、华林甫：《渐变与突变：中国历史上高层政区演变的分析》，《开发研究》2016 年第 2 期。

（二）隋唐至辽宋金时期

开皇元年（581），隋“罢天下诸郡”，行政区划回到“州—县”两级制。隋炀帝大业三年（607）撤并州县，随后改州为郡。至大业五年（609），平定吐谷浑，全国“大凡郡一百九十，县一千二百五十五”[①]。经此调整，高层政区与统县政区比魏晋南北朝时期精简不少。大业五年（609），共有郡190个，县1255个，每郡平均辖县6.6个。

唐武德初年，将隋郡改为州；贞观以后，撤并了许多州郡；天宝元年（742），玄宗又改州为郡，肃宗后来又改郡为州。虽然州郡之名有过几次反复，但总体上唐代统县政区称州的时段为多。据《旧唐书·地理志》：“（天宝十一载）凡郡府三百二十有八，县千五百七十有三。羁縻州郡，不在此数。”[②]《新唐书·地理志》所载郡（府）、县的数量与《旧志》相同。《通典·职官典》载：“天宝中，通计天下凡上州一百九，中州二十九，下州一百八十九，总三百二十七州也。”[③]天宝十三载（754），设郡（府）327个，郡（府）辖县共1613个，每郡（府）平均辖县4.9个。唐代边区先后有突厥、回纥、吐蕃、渤海、南诏五大政权，其管理方式差异很大，渤海境内的府州县以及南诏境内的赕、府、州、郡等因设置年代不同、记载阙略，难以考证齐全。为了安置边境地区内附的少数民族部落，贞观四年（630）李大亮首先提出羁縻政策，贞观末年大规模设置，其行政管理制度逐渐完善。

---

① 《隋书》卷二十九《地理志上》，北京：中华书局，1973年，第808页。

② 《旧唐书》卷三十八《地理志一》，北京：中华书局，1975年，第1393页。

③ （唐）杜佑撰，王文锦、王永兴、刘俊文，等点校：《通典·职官典》，北京：中华书局，1988年，第909页。

从 10 世纪后期到 12 世纪初期的 100 多年间，北宋与辽南北对峙。在统县政区的设置方面，辽的府、州大致同级，府有京府、藩府之分，可直接领县，也可以统辖领县的州；而州有节度州、观察州、防御州、刺史州等，节度州除了可以直接领县，也可以统辖领县的州。所以府与节度州兼有统县政区与高层政区的性质。辽天庆三年（1113）辖县的府、州有 99 个，辖县共 199 个，平均每府（州）辖县约 2 个。据《宋史 • 地理志》记载："宣和四年，又置燕山府及云中府路，天下分路二十六，京府四，府三十，州二百五十四，监六十三，县一千二百三十四。"[①]北宋政和三年（1113），除去燕山府路与云中府路及其所领之县，辖县的府、州有 308 个，共辖县 1203 个，平均辖县 3.9 个。把辽与北宋的数量相加，全国统县政区共 407 个，共辖县 1402 个，平均辖县 3.4 个。

12 世纪初至 13 世纪初的百年间，金与南宋呈相持状态。南宋行政建制大多沿袭北宋，嘉定元年（1208），南宋共十五路，统县政区 191 个，辖县共 711 个，平均辖县 3.7 个。据《金史 •地理志》记载："建五京，置十四总管府，是为十九路。其间散府九，节镇三十六，防御郡二十二，刺史郡七十三，军十有六，县六百三十二。后复尽升军为州，或升城堡寨镇为县，是以金之京府州凡百七十九，县加于旧五十一，城寨堡关百二十二，镇四百八十八。"[②]泰和八年（1208）金设统县的府州 184 个，共领 691 个县，平均辖县 3.8 个。把南宋与金的数量相加，全国统县政区共 375 个，共辖县 1402 个，平均辖县 3.7 个。与辽、北宋时期相比，呈现较强的稳定性和继承性。两宋时期，西南边区以

① 《宋史》卷八十五《地理志》，北京：中华书局，1977 年，第 2095 页。
② 《金史》卷二十四《地理志上》，北京：中华书局，1975 年，第 549—550 页。

当地部族首领为世袭长官设置羁縻州、县、峒等，西夏、大理、吐蕃等政权的行政制度各异，西夏、大理政权设有一些府州。

（三）元明清时期

元代行政区划的层级，尤其是统县政区，复杂多样，周振鹤称其为“多级复合制”。[①]省以下有路、府、州、县四级行政区划，统县政区路、府、州之间可能互有统辖关系，府、州之下又有不辖县的情况，十分繁复，最多有“省—路—府—州—县”五级制的情况。据《元史·地理志》，至顺元年（1330）立中书省与十一行省，共管辖“路一百八十五，府三十三，州三百五十九，军四，安抚司十五，县一千一百二十七”[②]。其中实际辖县的统县政区共347个，辖县1127个，平均辖县3.2个。

明清时期，中国地方行政设置和管理制度进入定型期。《明史·地理志》载：“为直隶者二……为布政使司者十三……其分统之府百有四十，州百九十有三，县千一百三十有八。羁縻之府十有九，州四十有七，县六。”[③]据《明史·地理志》并参考相关资料，万历十年（1582）统县政区共162个，辖县1179个，平均辖县7.3个。

清代将明代的一些直隶州升为府、属州升为直隶州或降为散州，使地方行政制度恢复为单式的三级制，不再是元明的复式三级制。总体上，实行“省—府（直隶厅、直隶州）—县（散厅、散州）”三级制，府、直隶州下辖县，直隶厅一般不领辖县

① 周振鹤：《体国经野之道——新角度下的中国行政区划沿革史》，香港：中华书局，1990年。

② 《元史》卷五十八《地理志一》，北京：中华书局，1976年，第1346页。

③ 《明史》卷四十《地理志一》，北京：中华书局，1974年，第882页。

级政区。据国家清史纂修工程《清史·地理志》（待刊），至宣统三年（1911），全国共23个省，设219个府、60个直隶厅、79个直隶州，共358个统县政区；设89个散厅、146个散州、1382个县，共1617个县级政区，每省平均辖县70.3个，每一统县政区平均辖县4.5个。

（四）民国以来

民国三十六年（1947），除西藏地区未设省外，全国共35个省级行政单位，2245个县级行政单位，其中包括2016个县，57个与县同级的省辖市，40个与县同级的设治局（在设县条件未成熟的地方进行设置），132个旗盟（主要在蒙古地区）。[①]国民政府推行“省—县”二级制，政区层级又简化为二级制。因此，民国时期每省所领县级政区的数量很多，平均每省管辖县级政区数量达64个。因管辖幅度过大，国民政府在江西省首先分区设置行政督察专员，不久各省照此办理，实际上形成了“省—专区—县”的虚三级制。

中华人民共和国成立后，20世纪50年代初期，县的设置主要有以下几方面的变化：一是旗县合并，先后撤销12个县合并于旗；二是撤并各根据地临时设置的小县；三是撤设治局改设县，先后将34个设治局改为县（自治县）或并入邻县；四是设置一些经济建设需要的县；五是根据人口、幅员、经济规模等指标调整县域。政区层级上继承了民国时期的虚三级制，后又将专区改为地区，改革开放以后，地区逐步变更为地级市，地级市管县的行政管理体制逐步确立。但不论是专区、地区还是地级市，均不

① 内政部编：《中华民国行政区域简表》，上海：商务印书馆，1947年。

是法定的任何一级正式政区。从1980年到1997年底，全国新设县级市459个。[①]在工业化和城市化浪潮下，县级市、市辖区逐年增长，县数不断下降，中国县级政区体系正发生着历史巨变。截至2021年底，全国有地级政区333个（293个地级市、7个地区、30个自治州，3个盟），县级政区2843个（1302个县、976个市辖区、394个县级市、117个自治县、49个旗、3个自治旗、1个特区、1个林区），每一地级政区平均辖县8.5个。

第三节　历代县级政区的空间扩展与变动格局

（一）秦汉至西晋时期

限于文献资料，秦代设县的具体数量难以确切考证。据周振鹤推测，其总数在1000个左右。[②]综合《中国历史地图集·秦时期》《秦代政区地理》[③]的考证结果，可见秦代的设县地域主要集中在今关中、河南及山东地区，秦岭淮河以南地区设县数量较少且分布稀疏，呈现较大的南北差异。就区域分布密集度而言，秦代县级政区分布密集的地区集中在华北平原，尤其是今河南地区设县分布最为密集[图1-1（a）]。此外，在若干主要河流的流经区域，县级政区的地域分布也较密集，今渭河、汾河、汉江等流域，在空间分布格局上沿河流呈带状分布。可

① 何显明：《省管县改革——绩效预期与路径选择：基于浙江的个案研究》，上海：学林出版社，2009年。

② 周振鹤：《中国地方行政制度史》，上海：上海人民出版社，2005年。

③ 后晓荣：《秦代政区地理》，北京：社会科学文献出版社，2009年。

见，在早期社会发展中，水源、地势等自然因素对县级政区的分布影响较大。

与秦代相比，西汉县级政区的分布有很大扩展。因西汉击退匈奴至阴山以北，县级政区的设置已扩展至长城到阴山及河套平原附近。此外，汉武帝平南越，在今两广及越南地区设置了南海、苍梧、交趾等郡，并在海南岛设置了珠崖、儋耳二郡。虽然到了西汉末期，海南岛上的郡县被撤销，但其设县地域在南方的分布仍较秦代向南扩展许多。就西北而言，西汉增置了武威、酒泉、张掖、敦煌四郡，县级政区的设置和秦代相比，与设郡同步向西北方向深入；就西南而言，因西汉在今云南、贵州及四川东部地区皆增置郡县，故设县地域在西南方向较秦代也有扩展；就东北而言，扩展最突出的是设置了乐浪、玄菟、临屯、真番四郡；就东南而言，增置了武陵、零陵、桂阳等郡，其辖县数量的增加使设县地域的扩展集中在今湖南及广西东部。东汉时期沿袭西汉行政建置较多，两汉县级政区的空间分布情况差别不大。县级政区在分布密度上，两汉时期都主要集中在关中及黄河下游附近，其他地区县级政区大多沿河流零星分布。总体上，两汉时期因南北方经济、人口及政治等因素差异，县级政区的分布密度呈北密南疏的特征[图 1-1（a）]。

与两汉相比，因西晋疆域有所收缩，故其设县地域的分布也向内缩进。表现最明显的是北方地区，西晋设县地域分布向南收缩至长城以南地区[图 1-1（a）]。而南方县级政区的分布呈不断密集增加的状态，因这一时期北方地区动荡不安，相对安定的南方地区得到较大开发。与东汉相比，西晋在今江西、浙江及四川盆地县级政区的设置和空间分布均有所增加[图 1-1（a）]。在分布密度上，分布最集中的地区在今华北平原，中南地区县级政区的空间分布较均匀，而东南及西南县级政区的分布较稀疏，今福建南部与广东东部地区，因开发程度较低且人口稀少，基本无州县设置。

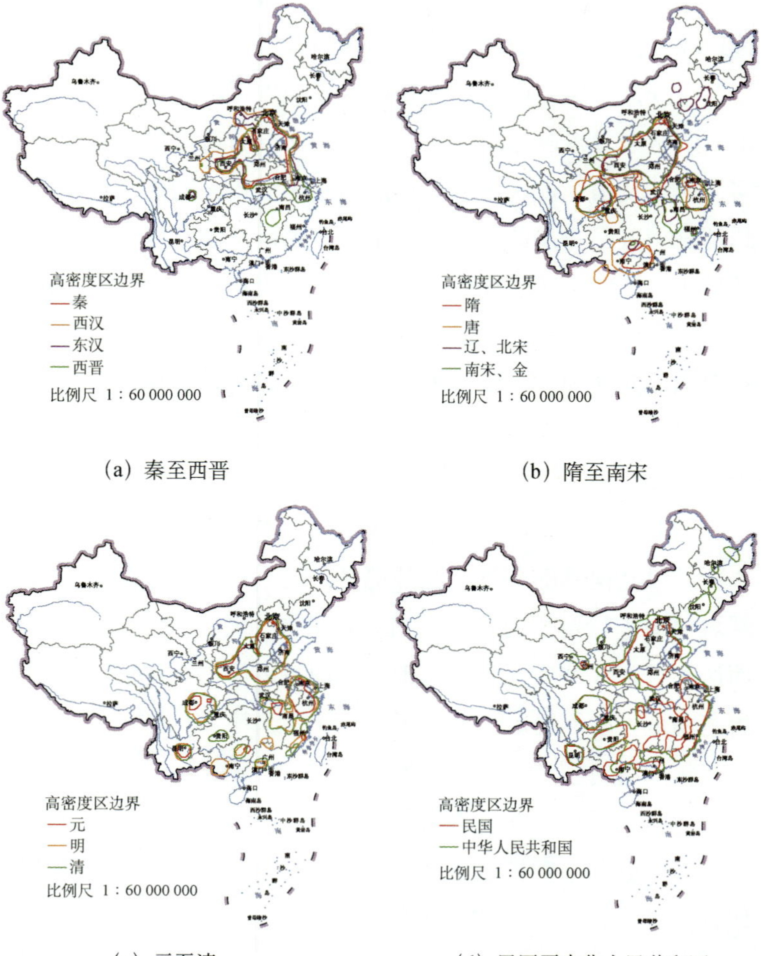

(a) 秦至西晋　(b) 隋至南宋

(c) 元至清　(d) 民国至中华人民共和国

图 1-1　中国历代县级政区高密度区分布对比（组图）

（二）隋唐至辽宋金时期

与西晋相比，隋代设县地域的分布变化最大的在北部及西南，因隋代对突厥的大力出击，北部疆域有所扩展，故设县地域较西晋向北又有所扩展。而西南地区，因当地少数民族势力长久经营，中原王朝的实际管理较难深入，隋之设县地域在西南收缩至今云贵高原东部。县级政区在分布密度上，今河南、河北南部及山东地区最为密集，福建、贵州、湖南及甘肃较稀疏［图 1-1（b）］。此外，四川东部、山西南部及陕西中部与南部县级政区的分布也较为密集，主要是受自然因素影响。四川东部地处成都平原，地势平坦；山西南部因汾水流经，有水资源保障；陕西中部与南部处于关中盆地与汉水谷地，渭水、洛水等河流流经；而秦岭横亘，导致陕西中部与南部间县级政区设置出现空白区。

与隋代相比，唐代县级政区的向外扩展主要集中在西北的今新疆以及南部的今越南北部地区。据《隋书·地理志》，隋代疆域“东南皆至于海，西至且末，北至五原”[①]。隋代疆域最西达到且末（今新疆且末）地区，而《新唐书·地理志》载盛唐之疆域“东至安东，西至安西，南至日南，北至单于府”[②]，天宝年间盛唐疆域最西达到安西都护府。相比隋代，唐代设县地域在今新疆地区向北有所扩展。天宝十三载（754）此地设有安西与北庭两个都护府，北庭都护府下辖有县，地理位置比隋代且末更北、更西。《隋书·地理志》只提到“东南皆至于海”，

① 《隋书》卷二十九《地理志上》，北京：中华书局，1973 年，第 808 页。
② 《新唐书》卷三十七《地理志一》，北京：中华书局，1975 年，第 960 页。

并无具体说明。唐代在其最南部的县级政区分布比隋代狭长状且布局更为密集，隋代在这一地区设交趾等6郡36县，唐代则设置了安南都护府，领9郡43县。内地县级政区设置的扩展则表现在今浙江、广西及贵州东北部[图1-1（b）]。县级政区在分布密度上，与隋代相差不大，今河北南部、河南、山西及四川东部分布密集，湖南、江西等地的分布较稀疏。

辽宋金时期，除了辽、北宋与金、南宋先后南北对峙，还有西夏、回鹘、大理及吐蕃等政权环伺，因此总体上这一时期县级政区的空间分布较唐代有所内缩。与唐相比，辽、北宋时期设县地域内缩最突出的是在西北，唐代在今新疆地区设置的都护府及相关郡县，因辽、北宋时期喀喇汗、回鹘等政权的崛起而尽数失去。但因西夏也有县级政区设置，故西北部向内缩进至今甘肃地区。南部由于安南独立，县级政区的分布在南段向北内缩到今两广地区。不过，县级政区在东北有所扩展，辽代发祥地在今西拉木伦河流域，随着辽代对东北地区开发力度的加强，设置了诸多州县[图1-1（b）]。此外，与唐相比，北宋在东部增置了许多州县，东部县级政区的分布比唐代密集得多。总体而言，辽、北宋与金、南宋时期县级政区的空间分布格局变化不大。从分布密度看，两个时期的密集区均在今华北平原，西南地区较稀疏。

（三）元明清时期

与金、南宋时期相比，元代疆域虽然空前扩展，但元代行政区划制度较为杂乱，县级政区的地域分布较金、南宋时期并无大规模扩展。岭北行省实行蒙古汗国时期游牧部落的管理模式，设省后仍袭之，无领县；甘肃行省领七路、二直隶州、五属州，亦无领县。就局部变化地区而言，县级政区设置的地域扩展最明显的是西南，云南行省的设置使这一地区结束之前诸多政权轮番管理的不稳定局面，正式成为中央政区直辖之地。东北地区，虽然辽阳行省地域范围比金代更大，但其下领县较少，县级政区在东北地区的分布较前朝稀疏并缩进了许多。从县级政区的分布密度看，黄河中下游地区县级政区的空间分布较为集中，淮河以南地区县级政区的分布较为均匀［图 1-1（c）］。

与元代相比，明代县级政区的分布向外扩展较少，主要变化集中在内地两京十三布政使司中，表现为各布政使司县级政区的分布密度增加。明代在今广西西部、四川东部、江西北部与福建西部等地区县级政区的分布密度都有所增加［图 1-1（c）］。北直隶、河南布政使司县级政区的设置最为密集，贵州、云南两布政使司县级政区的分布则较稀疏。此外，各布政使司辖域内的县级政区分布，最不均匀的是四川，四川辖有的 107 个县绝大部分集中在成都平原及周边。在沿袭前代建置的基础上，明代对川西并无过多开发，且川西地处高原、山川纵横，县级政区设置较少。

与明相比，清代县级政区向外扩展的地区主要集中在今新疆、东北、青海及甘肃地区。明代这些地区有的不归中央直接管辖，有的只设了羁縻都司卫所，并无州县，清代则在这些地区建省设县。内地县级政区的增设主要集中在西南及台湾，明代云贵川三个布政使司共管辖 152 个县级政区，而清代云贵川三省则管辖 284 个县级政区，增长近 1 倍。此外，明代在台湾无府县设置，清代则先后在此设台湾府、台湾省，下辖若干增设的县级政区。清朝从收复台湾（1683）到清末（1911）的229年间，共增设432个县级政区，是历代力度最大的。从县级政区的分布密度看，直隶、河南、江浙，以及成都平原、陕西关中盆地、山西汾河流域等地最为密集[图1-1（c）]。

（四）民国以来

与清代相比，民国时期县级政区的设置又进一步向边疆地区扩展，主要集中在今内蒙古、新疆及东北地区。长城以北县级政区设置的空间扩展明显，原因为清代前期在内、外蒙古及西藏等地区实行少数民族的管理体制，如在外蒙古地区设定边左副将军（乌里雅苏台将军），西藏地区采取驻藏大臣与班禅、达赖共同管理等，无州县建置。民国时期，随着内蒙古地区内绥远省及辽北、热河等省的建立，设县数量有所增加。就内地县级政区的空间扩展而言，主要集中在今四川西部、西藏东部及云南南部，原因在于行政建置的增加，如四川西部设西康省，下辖48县及4个设治局。从县级政区的分布密度看，民国时期县级政区分布最密集地区是今河北、河南两省，成都平原、关中盆地及长江三角洲地区，西藏、青海及内蒙古的空间分布最稀疏，湖南中部及湖北西北地区山脉及林区较多，县级政区设置也较稀疏[图1-1（d）]。中华人民共和国成立后，1960年1月7日经国务院批准，西藏自治区改相当于县一级的宗和谿卡为县，填补了中国陆地最后一块未设县的省级空白区域。

第四节　历代县级政区设置的时空特征与规律

（一）长时段时序规律

纵观中国行政区划变迁史，不论历代高层政区、统县政区如何演化，“县”从设立至今未被撤销过，表现出极强的稳定性。县级政区层面，“县”始终占据主体地位。不管历代县级政区的名目如何繁多，“县”在县级政区中的比例长期保持在80%以上，居于绝对主体地位，隋朝、明朝还达到100%。由图1-2可见，历代县级政区数量总体上呈增长趋势，西晋到隋与元明时期是县级政区数量变动的两个小波谷，波谷正处于中国政区层级发生历史循环的转折期。[①]明清以后，尤其是清代以来，随着疆域版图的扩展以及边疆、内地边缘区的不断开发，县级政区数量快速增长。

明清时期，因人口快速增长并向山区流动，地方“争地”的现象频增，一直到雍正年间，中央才大规模地在广西、云南、贵州等地推进改土归流，广泛推行府厅州县的管理体制，至今也还不到300年。东北、新疆、台湾的县制推广，晚清以后才逐渐开始，而1928年以后，内蒙古、宁夏、青海等地才逐步建省并开始广泛推行县制。西藏则一直到20世纪60年代才实行以县制为主体的地方治理模式。自秦代开始确立的“郡县制的国家管理体制”，一直持续到1965年才真正完成。郡县制在中国的推广从秦代一直持续到现代，其所体现的以中央集权为特色的“中央—地方”关系，对当下中国的国家治理体系仍发挥着根本性作用。而从统县政区的管辖幅度（辖县数量）来看，

① 周振鹤：《中国地方行政制度史》，上海：上海人民出版社，2005年。

历史时期基本呈下降趋势，如图 1-3 所示。这符合历代统县政区的幅员范围逐渐缩小的规律，也表明历史上中央集权在对地方的控制上，力度在持续加强。

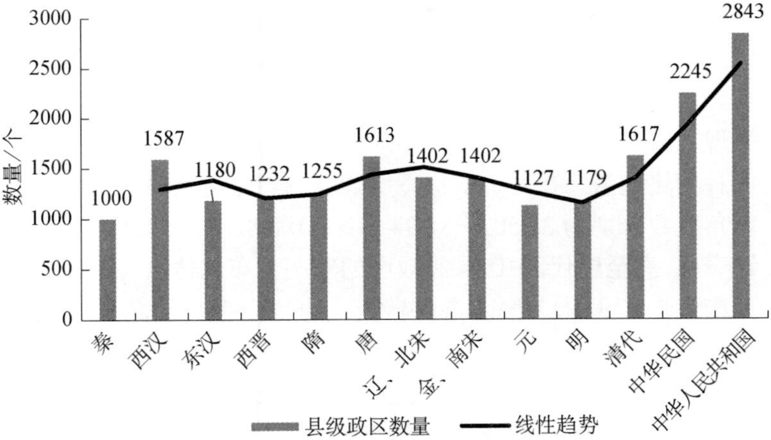

图 1-2　历代县级政区数量变化趋势

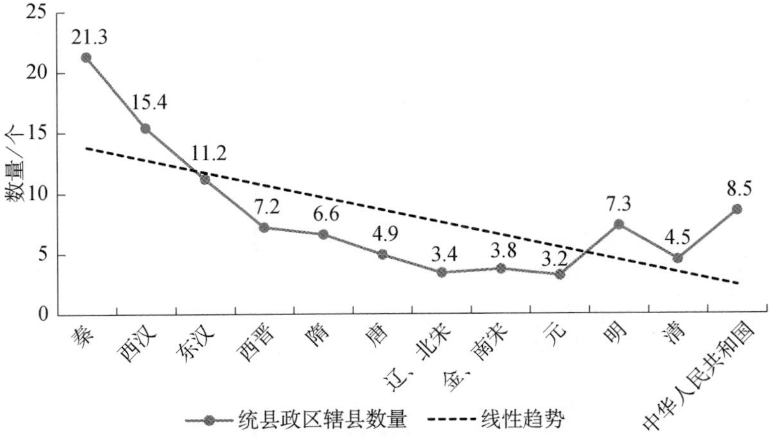

图 1-3　历代统县政区平均辖县数量变化趋势

（二）空间扩展规律

在长时段视域下，中国县级政区的设置是以黄河中下游地区为中心起点逐渐向外扩展，各区域内部县级政区的分布密度逐渐增加的空间过程。本章采用标准差椭圆模型，确定正北方（12 点方向）为 0 度，顺时针旋转，对椭圆转角（θ）进行测算。由表 1-2 可见，标准差椭圆转角表现出以唐代为分界点，总体呈现“减小—增大—减小”（68%）和“减小—增大”（95%）两种变化趋势，在两种情况下唐代均为转角度数最小的朝代，转角度数分别为 33.50°—81.94°（68%）和 8.37°—51.71°（95%）。这表明，秦至唐代，中国县级政区的空间分布总体呈现由东北—西南走向朝偏北—偏南走向转变；唐代至今，转角 θ 增加了 40.16°（68%）和 43.34°（95%），县级政区的空间分布逐渐朝偏东—偏西方向转变。这一过程，与过去 2000 年中国经济重心的迁移趋向以及中国经济的空间分异过程基本相符。[①]

表 1-2　历代县级政区空间分布的标准差椭圆参数

时期	转角 θ（68%）	转角 θ（95%）	x 轴标准差（68%）	y 轴标准差（68%）	x 轴标准差（95%）	y 轴标准差（95%）
秦	59.12	24.62	479	596	958	1192
西汉	58.19	36.14	567	822	1134	1644
东汉	59.78	36.72	608	839	1216	1678
西晋	58.09	33.64	644	860	1288	1720
隋	42.67	16.81	596	799	1192	1597
唐	**33.50**	**8.37**	660	878	1320	1757
辽、北宋	41.17	18.92	602	898	1203	1795
金、南宋	53.85	14.80	623	841	1341	1682
元	62.37	14.31	594	841	1449	1682
明	**81.94**	38.13	624	843	1420	1837
清	66.00	34.71	814	999	1627	1998
中华民国	76.47	41.70	1014	1148	2096	2298
中华人民共和国	73.66	**51.71**	1021	1229	2042	2458

① 龚胜生、肖克梅：《两千年来中国经济重心变迁的量化分析——基于人口和城市数据的代用分析》，《地理科学》2021 年第 9 期。

从主辅轴之比来看，辽、北宋时期的主辅轴之比最大，在68%和95%集聚水平下均为1.49，并且秦代到辽、北宋时期，主辅轴之比呈逐步增大的特征，表明该阶段县级政区空间分布在主轴上的聚集趋势强于辅轴上的集聚；民国时期的主辅轴之比最小，分别为1.13（68%）和1.20（95%），且辽、北宋至今，主辅轴之比呈减小趋势，表明该阶段县级政区空间分布在辅轴上的聚集趋势强于主轴上的集聚。同时说明该阶段中国县级政区空间分布已趋向于圆形结构[图1-4（d）、图1-5（d）]，体现了县级政区逐渐完全充实中国疆域版图的过程。

总体上，秦代以来中国县级政区的标准差椭圆覆盖范围逐渐增大，中国县级政区的区域分布呈现不断向外扩展的总态势。具体而言，秦代县级政区集中分布在今河南、山东、山西、陕西、河北等黄河中下游地带[图1-4（a）]，秦至西晋，设县区域逐步向西南扩展[图1-4（a）、图1-5（a）]。隋代开始，设县区域同时向北方和西南扩展，辽、北宋时期向北方扩展最为明显，而唐代在西南地区的设县范围明显高于之前的朝代[图1-4（b）、图1-5（b）]。元代以来，县级政区的分布范围进一步扩展，集中在北方，东北和西北表现得都很显著，明清时期县级政区在偏东—偏西方向上的空间分布继续扩展[图1-4（c）、图1-5（c）]。而边疆大量县级政区的设置，是清朝尤其是近代（民国）以来才真正推进的，标准差椭圆面积显著增大[图1-4（d）、图1-5（d）]。这和清朝以后向西北西南地区开疆拓土、加大东北开发力度、民国边疆建省直接相关，同时和内地人口规模扩大、治理繁重而析分设县有一定关系。总之，在各个朝代中，县级政区一直发挥着实施基层治理和维护社会稳定的重要作用。

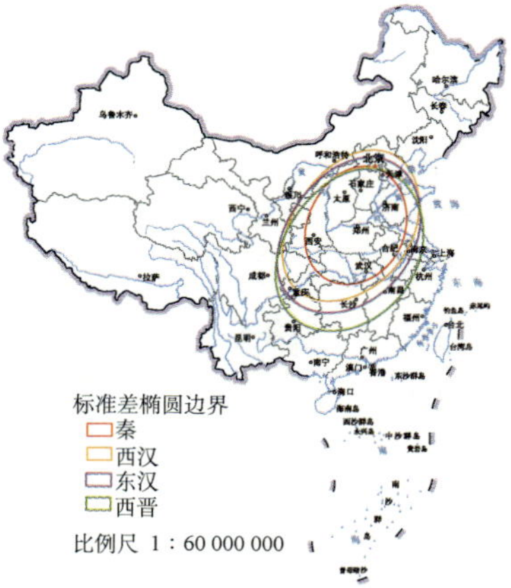

(a) 秦至西晋（68%）

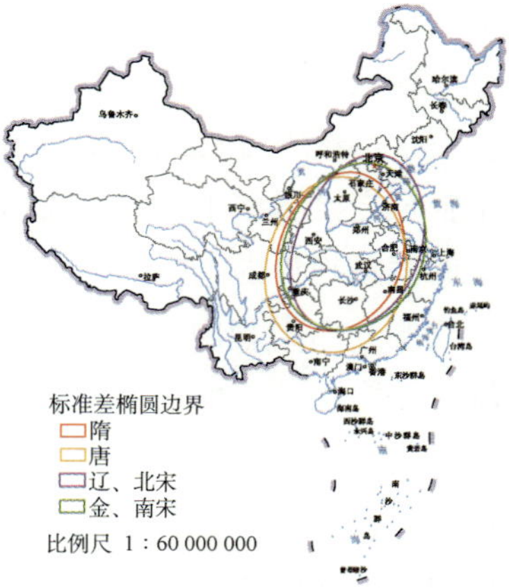

(b) 隋至南宋（68%）

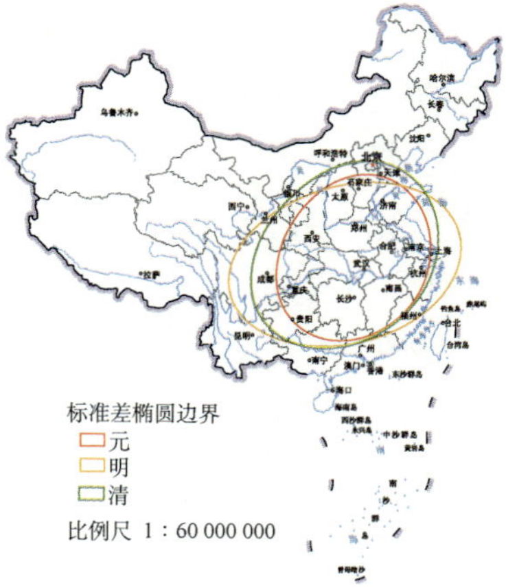

(c) 元至清（68%）

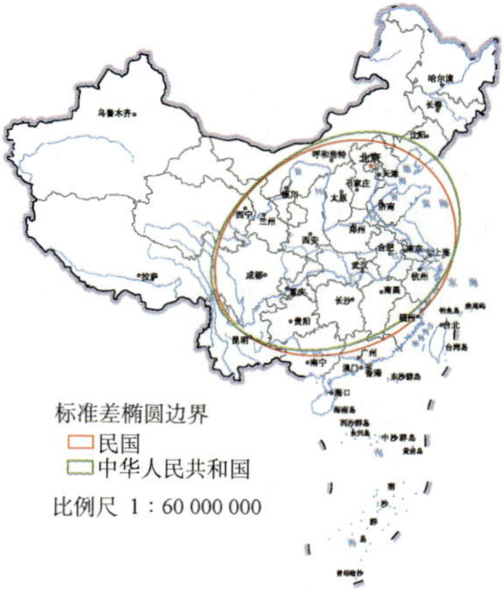

(d) 民国至中华人民共和国（68%）

图 1-4　中国历代县级政区空间分布的标准差椭圆（68%）分析（组图）

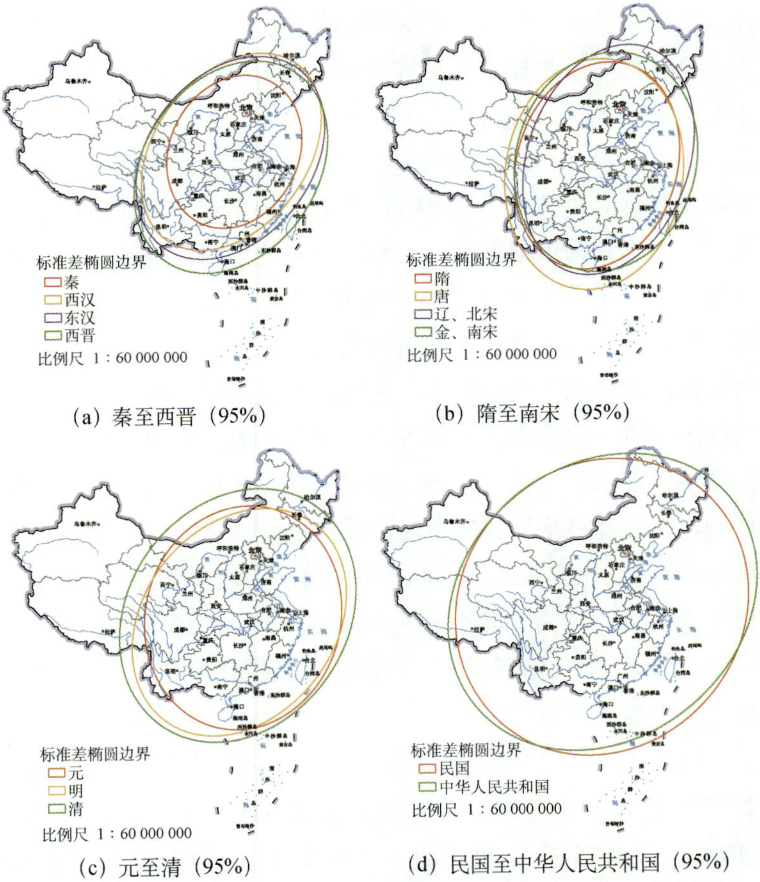

(a) 秦至西晋（95%）　(b) 隋至南宋（95%）

(c) 元至清（95%）　(d) 民国至中华人民共和国（95%）

图 1-5　中国历代县级政区空间分布的标准差椭圆（95%）分析（组图）

（三）与社会经济格局的耦合性

过去 2200 余年，中国县级政区设置的时空过程可以很好地体现“创建县治”与地区开发程度的关系，也是反映人口/经济重心变化的重要指标。西汉末期，中国南北方人口分布仍极不平衡，关东地区（北自渤海湾沿燕山山脉，西以太行山、中条山为界，南自豫西山区循淮水，东抵海滨）以占全国（不含西域都护辖区、海南岛）面积 11.4%的土地承载了全国 60.6%的人口，而人口密度最低的若干郡国大多位于南方地区，北方县级行政建置的分布密度远高于南方。[①]随着南方社会经济的逐渐发展，尤其是永嘉之乱使黄河流域遭受重创，大批北方人民侨居淮河以南的“地广野丰”之地，促进了南方的开发与县级政区的设置。隋代南北方的人口已相差不多，安史之乱前，南方经济发展水平已接近北方。而后，安史之乱使北方经济再受重创，南北经济格局发生逆转，再次掀起了北民南移的浪潮。唐元和年间，北方关内、河东、河南、河北四道户数约 86 万户，而南方山南、剑南、江南、岭南四道户数为 150 余万户[②]，人口分布重心已转移到南方，南方经济发展超过北方，成为财政赋税的主要来源地。

通过计算不同时期中国县治分布的标准差椭圆重心发现，秦代以来中国县级政区设置的重心在 111.19°E—113.73°E、31.09°N—34.75°N 之间变动。相对于 2021 年中国几何中心（103°E、36°N），在东西方向上，辽、北宋时期偏离程度最大，

---

① 葛剑雄：《中国人口史》第一卷《导论、先秦至南北朝时期》，上海：复旦大学出版社，2002 年，第 487—490 页。

② 王育民：《论唐代南北方户口分布比重的消长》，《上海师范大学学报（哲学社会科学版）》1992 年第 4 期。

偏离量为向东 10.73°；在南北方向上，明朝的偏离程度最大，偏离量为向南 4.91°。这表明辽、北宋时期，东部沿海地区的开发程度显著提高，而元明以后，南方社会经济进一步发展，与北方差距持续拉大，明代南直隶赋税为北直隶的近 10 倍，占全国赋税的近 1/3。长时段观测下，中国历代县级政区设置的重心均位于当前几何中心东南方向，东西方向距离几何中心的偏离量呈现“减小—增大—减小”的趋势，南北方向则呈现“减小—增大—减小—增大”的循环交替趋势。人口/经济重心的移动过程客观地反映在了行政区划的空间分布及其演变过程上。[①]目前，“胡焕庸线”东南部地区县级政区数量约占全国的 80%。

同时，县级政区设置的时空过程也在一定程度上反映了历代政治格局和军事形势的变化。行政区划作为一种政治统治和地方治理的手段，统治者通过设治实现安民、拱卫边疆等治理目标的例证很多。历代京畿地区州县较密集，等第也高；边疆地区因地缘政治不稳定，军事形势复杂，成为历代县级政区设置摇摆伸缩频繁的地带。像西汉郡国的增设与划小、王莽改制、魏晋南北朝州的滥置、唐代岭南道州县的增设、辽金北方州县的增设等，是统治者运用政治手段集中、大规模地调整县级政区设置的情形，造成了行政区划格局的“突变”。[②]此外，历代县级政区的设置，尤其是早期社会，人们倾向于逐水而居、平地开垦，县级政区的分布体现了区域自

---

① 龚胜生、肖克梅：《两千年来中国经济重心变迁的量化分析——基于人口和城市数据的代用分析》，《地理科学》2021 年第 9 期。

② 薛亚玲、华林甫：《渐变与突变：中国历史上高层政区演变的分析》，《开发研究》2016 年第 2 期。

然地理（地形地势、水源等）条件的分异。历史上也不乏因自然条件变化（如自然灾害）而导致撤县、政区迁治的情况，政区的设置与调整是探讨不同历史时期人地关系变化的一个重要切入口。

第五节　县制的稳定性与生命力

作为基层政区，县级政区是中国历代最稳定的政区层级。过去 2200 余年中国政区在二级制与三级制往复循环的过程中，高层政区与统县政区的幅员、数目及统辖关系变化均有较大变化，而县级政区的数目及其幅员、边界、治所等地理要素均变化很小，表现出很强的稳定性与历史继承性。如果从春秋时县制出现、战国时形成开始，其历史已逾 2500 年，至今仍作为一级政区而稳定存在，显示出旺盛的生命力。在数量上，历代县级政区总体呈波动性增长趋势。唐代与清代县级政区设置的数量较多，达到两个历史峰值。清代以后，尤其是近代以来，县级政区数量持续快速增长。百余年间，东北、内蒙古、青海、西藏、台湾等既往未设县的地区，县级政区设置迅速扩展，短时间内即完成了县制填满中国疆域版图的历史进程，可见有清一代在中国疆域版图奠定和政区体系转型过程中的重大贡献。

当然，不能忽视的是，在“历史上的中国”的空间范围内，由于设置年代不一、数据缺失、考证难以齐全，本章的关注范围，除辽、金以外，目前仅限于历代中原王朝设置的县级政区，未能将唐代南诏、宋代大理、西夏以及明清西藏、内蒙古等地的类同于县级政区的管理模式全部纳入。“历史上的中国”范围内所有民族与政权因俗而治、因地制宜的行政设置，都应该是中国政治地理过程的有机组成部分，有待于今后继续改进与深入研究。

从历史演变来看，县制的设置是中央与地方权力分割与转换的一种表现。疆域的辽阔以及政情的复杂，决定了中央政府不可能独揽从中央到地方的一切政务，所以必须有从中央到地方的适当分权，这是保证整个国家集中统一、上下协调、灵活运转的基本需要。这个基本需要的实现有一个关键所在，就是中央与地方在权力分割中应该把握合理的“度”。地方权力过大，容易造成诸侯割据；中央把权力统得过死，又会压抑地方政府的机动灵活，容易延误甚至妨碍地方政务的处理。从中国古代政治制度史的情况来看，统治者大多是重中央、轻地方，对地方行政加以严格管控和限制，正如顾炎武所感叹的：“郡县之失，其专在上。”从秦汉到明清，随着历史的推移，县级地方政府的权力呈现逐渐被削弱的趋势。

时至今日，地大物博、人口众多依然是中国的基本国情。县的设置不是一种权宜或任意的措施，而是基于中国经济、政治、人口、文化等因素综合考虑的长久之计。县域，经过两千多年历史的演进，已经成为中国在政治、经济、文化各个方面都具有基础性作用和稳定地位的社会场域。从长时段设县的演进史实，表现出如下三大显著特征。

第一，置县地域随中华文明的统一而逐渐由中心扩展至边远地区，成为中华文明统一性的重要标识。秦汉时期，中原地区置县数量最多；魏晋南北朝时期至两宋时期，南方开发逐步深入，南方地区置县级政区的数量与密度都逐渐上升，北部虽然出现了众多游牧民族政权，但是这些政权的形成也促进了北部与东北部县级政区的设置；元明清至当代，疆域相较于前代，获得了进一步扩展，边疆内地化程度一步步推进，云南、贵州、奉天、吉林、黑龙江、新疆、台湾等高层政区的增设进一步促进了当地发展与县级政区增设。可见，县数的增加与边疆的开拓、发展密切相关，呈现由中心向外扩展的趋势。县制也随着中华文明的发展，其覆盖的地域范围逐步扩大，这是长期的历史趋势。

第二，置县地域的扩展往往是循序渐进的，并非一蹴而就。在边疆地区的内地化过程中，这一规律表现得尤为明显。乾隆年间在察哈尔（今河北北部、山西北部地区）设置了张家口厅、独石口厅和多伦诺尔厅管理当地蒙民、旗民相关事务，光绪年间又在这一地区增设丰镇厅、宁远厅、陶林厅、兴和厅。1914 年设置了丰镇县、张北县、独石县、多伦县、兴和县与陶林县，这些县是在清代厅的基础上设置的，另外新设设治局，如集宁招垦设治局等。1928 年设置了宣化、赤城、万全等 10 县，至 1952 年察哈尔省被撤销，此地区共辖 29 县。可以看出，历代王朝在边远地区新置县的过程当中，往往根据地区发展形势而调整行政建置，在地区开发臻于成熟之后才设置县，一旦设县，就代表当地内地化的历史进程达到较高的程度，这样的县也会比较稳定。时至今日，县仍未覆盖所有国土，从历史长河看置县地域现象仍处于扩展过程中。

第三，县级政区类型多样，因地制宜，适应不同地区的治理特点。除了县以外，其他县级政区的通名，适应了不同形态、不同地区的治理需求，保持了充分的多样性与灵活性。例如，在盐铁官营的背景下，唐宋时期经济繁荣发展，进而在有矿藏的地区设置了县级政区“监”，宋代还设置了场、院、井、务等掌管矾、金、盐、茶等一系列经济事务的县级政区。中华人民共和国成立以来，曾设置过21个县级特区，如南岳特区、七台河特区、长山岛特区、攀枝花特区、嵊泗特区等。在这21个县级特区中，10个特区被改成9个市（其中的2个特区合并为1个市），3个特区被改成县，4个特区被撤销，3个特区被改成市辖区，如今只剩下1个县级“特区”——位于贵州西部的六枝特区。六枝特区是20世纪60年代因国家划定煤炭基地、开发煤炭资源、修建铁路和支援“三线建设”而设立。同样，新中国曾建立过许多专门以发展工农业为目的的县级“矿区”“工矿区”“工农区”“盐区”“林区”，相当一部分已被改置为市、县、市辖区，另一部分则被撤销，如今仅剩下湖北的“神农架林区”1处。神农架林区的设置体现了中国对于原始森林资源的保护与重视。这一现象是历史时期长期延续下来的传统，从历代县级政区的其他形态可以明显看出这一点。

第二章

清代行政区划体系与县级政区总体沿革

中国传统的行政区划体系以郡县制为核心，历史上的“郡县”与“封建”之争不休，唐宋以后甚至把这两种制度的纷争归纳为儒法之争、路线之争。秦汉创制之初，甚至有人将秦二世之亡归咎于秦始皇推行郡县制。其实，对这两种制度的讨论，本质上是对中央集权和地方自治权力轻重的权衡。在漫长的中国历史演进过程中，以郡县制为基础，历代中央政权对地方社会实现了有效管控，中国的郡县制可谓中华文明一项超前的制度创新。在郡县制的框架下，历朝历代又因时因地制宜，对统县政区与县级政区进行了诸多制度性探索。时至清代，县级政区的类型与体系再次实现了更新。

第一节　清代行政区划与县制体系

一个规模庞大的国家，各地域单元往往呈现鲜明的特性，中央政权的组织和治理不得不围绕着地域特性展开。自秦始皇统一中国以来，国家规模空前扩大，大量具有不同特性的地域融入国家整体。对超大规模国家如何进行有效的地域联结，形成规范国家整体与部分、中央与地方关系的制度，便成为一道迫在眉睫的重大难题。[①]今天我们依历史大势评价，往往认为秦始皇推行郡县制是成功的。尽管历史上国家分合不断，但每一次“合久必分”后的“分久必合”实质上都拉近了中央政权与边疆民族地域的关联。尤其是到了清代，王朝疆域达到了历史上空前辽阔的范围，在内外双重因素的促使下，国家疆土版图观念发生嬗变，直至产生了近代民族国家疆域观念。[②]可以肯定的是，郡县制框架下的传统行政区划体系有着巨大功劳，它对各地域单元的有效管理和内在调适，适应了中国大一统疆域奠定的历史进程，使多元民族构成、体量超大的国家在同一套制度体系中形成了一个稳固的政治共同体。

综观中国古代地方行政管理体制的发展历程，有两次具有历史阶段性意义的飞跃：一是秦始皇推行郡县制；二是宋代推行的“路—州—县”三级行政体制，最终消除了地方藩镇势力

① 徐勇：《“郡县制”“封建制”的历史纠缠与斗争：以关系叠加为视角》，《南国学术》2020 年第 2 期。

② 邹逸麟：《论清一代关于疆土版图观念的嬗变》，见中国地理学会历史地理专业委员会《历史地理》编辑委员会编：《历史地理》第二十四辑，上海：上海人民出版社，2010 年。

公开分裂割据的风险，进一步巩固了中央集权大一统国家。①清代贯彻基于县制的三级建置管理的思路，历史上这两大具有标志性意义的地方行政管理模式，被清人运用得更加游刃有余。

清代的行政区划体系，从全国的横向维度上看，内地推行的是省制管辖下的“府厅州县”制，西北、西南边疆部分地区推行土司制，北部边疆以将军制为主，青藏地区是朝廷管辖的政教合一体制，而内蒙古辖属于理藩院。有清一代，边疆地区的治理体制呈现不断向内地靠拢划一的趋势：纵向维度上贯彻分级管理的思路，总体上推行三级制。顺治朝，把明朝的两京十三布政使司改为十五省；康熙初，江南、湖广、陕西三省各一分为二，形成十八省；至乾隆末将元朝以来的“属州”悉数改掉，总体上形成了整齐划一的省、府、县三级制度（其中直隶厅、直隶州相当于府，散厅、散州相当于县）。需要说明的是，据李大海阐释，《清史稿·职官志》言“属州视县，直隶州视府”，是指属州知州虽领有知县，但因尚隶于知府，故所掌州政主要面向本州亲领编户，从牧民之官的角度可视与知县相埒；而直隶州知州因径隶于布政使，故州政主要是对所领知县的巡查管辖，从牧官之官的角度当与知府相仿。②在分级管理的思路下，云南、广西等西南边疆省下划分出土府、土州、土县的层级，蒙古草原上也有盟、旗的层级划分。光绪年间，从福建析出台湾省，伊犁、盛京、吉林、黑龙江四将军辖地分别改制为新疆省、奉天省、吉林省、黑龙江省，省下又新置诸多州县，层级

① 郑世刚：《略论宋代“路州县”三级行政体制》，《上海师范大学学报（哲学社会科学版）》1990 年第 1 期。

② 李大海：《“属州视县，直隶州视府”：明清州制新解》，《清史研究》2017 年第 2 期。

分明，进一步加强了对沿海和边疆的治理。

从中央到地方，清人在继承、总结前代有效经验的基础上，为这套行政区划体系搭配了层次更为复杂的行政组织。从官员设置来看，清代有督抚、布政使/按察使、道员、知府、知县五级。省级政区对应了两级政府：一级是总督巡抚，一级是布政使/按察使等。而省级政区与统县政区之间，又有道员一级组织发挥上传下达的作用。除守、巡道外，清代还设有诸多粮道、驿传道、盐法道、河道等专职道员。如此一来，三级行政区划对应着五级行政组织，改变了清代以前地方官员层次必与政区层级相对应的规律。[①]关于清代州县的行政组织、治理结构与具体运作，前人已经做了颇为周详的总结[②]，本书研究的重点在于县级行政制度的第一个层面——行政区划。不过在阐释地方政区设置、调整的时空差异时，不得不从地方政府的治理观念与思路着手，探究清代是如何将一个规模庞大的国家管理得井井有条的。

我们该怎样定义并认识一个县或县级政区？这看似简单却不易回答。就政区结构而言，只有具备了层级、边界、幅员三个最基本的要素，一个地域单元才有政区的意义。深入地方社会，一个县的人口聚落、钱粮赋税、河工水利等，都是认识地域开发与基层治理的重要方面。因此，县制问题一直是传统沿革地理和历史政治地理关注的基本问题，县的置废更迭是研究历代地方行政制度变迁的重要切入点。对此，谭其骧院士曾有一番经典论断：

---

① 周振鹤：《中国地方行政制度史》，上海：上海人民出版社，2005 年，第 194 页。

② 瞿同祖：《清代地方政府》，范忠信等译，北京：法律出版社，2003 年；魏光奇：《有法与无法：清代的州县制度及其运作》，北京：商务印书馆，2010 年。

> 县乃历代地方行政区划之基本单位。州郡置罢，分并无常，境界盈缩不恒，县则大致与时俱增，置后少有罢并，比较稳定……后世的道、路、行省，初创时皆辖境极广，历久而逐渐缩小，略如州郡之比。县则历代标准大致相似，虚置滥设者较少。一地方至于创建县治，大致即可以表示该地开发已臻成熟；而其设县以前所隶属之县，又大致即为开发此县动力所自来。故研求各县之设治时代及其析置所自，骤视之似为一琐碎乏味的工作，但就全国或某一区域内各县作一综合的观察，则不失为一部简要的地方开发史。①

中国传统的行政区划体系发展到清代，县制的稳定性得以进一步巩固。不论历史上政区层级的大势是二级制、三级制还是元代出现过的五级制，县级政区作为基层区划的地位都未变。从行政区划本身而言，历代县以上的高层政区、统县政区形式多样、变动频繁，尤其是高层政区最不稳定。就地方政府而言，县以上行政组织与县以下自治性质的地方组织变化也很大。相较之，县级政区始终稳定。不过，清代更加懂得“因地制宜”，确立了厅制。在县级政区层面，单独划割一些府辖紧要之区域，设若干散厅，由同知或通判主领其事，稳定了地方官员的数量，尤以在边疆少数民族地区设置为多。此外，在县级政区中，经雍正、乾隆大规模调整明代遗留的“属州”后，存有若干不再领县的散州，也与县同级。

相比明代布政使司之下设有“府州县”，雍正、乾隆年间推

① 谭其骧：《浙江省历代行政区域——兼论浙江各地区的开发过程》，《长水集》（上册），北京：人民出版社，2011 年，第 422 页。

广的厅制进一步充实了县级政区的体系，“府厅州县”构成了清代地方制度的基本架构。“乃经天下之疆理，凡尹与总督、巡抚所统曰府厅州县，府厅州县统以总督、巡抚，领以布政司。府领厅州县，亦有亲辖地方者。直隶厅、直隶州皆亲辖地方，亦领县。惟京畿四路厅领州县而无亲辖。厅州县皆分辖地方。”①清人洪亮吉有感于“大一统之书，内三馆所绘秘图，则流传匪易，鸿编则家有为难”②，因此撰著《乾隆府厅州县图志》50卷，便携观览。此书初经乾隆五十三年（1788）刊刻，但未及一半，因斧资难继而中断，后在友人于宗林的协助下于嘉庆七年（1802）刊梓，今流传版本有嘉庆七年《洪北江集》本、光绪五年授经堂刊《洪北江遗集》本及光绪二十三年新化陈氏三味书室本。虽然《高宗实录》《东华续录》《光绪山西通志》等一些清代文献亦偶有“府州厅县”的记载，但“府厅州县”更为常见。乾隆年间，“府厅州县”制度已成清代定制。

笔者认为，宏观上的“县制”，应当包括以县级政区为纽带的三级政区体系及其相应的政府或自治组织：统县政区—县级政区—县下政区。在这个层级体系中，县级政区本身及其与统县政区和县下佐杂、保甲组织的纵向关联，都是“县制”的组成部分。而沿革地理框架中的“县制”，是指以“县”为主体的县级行政区划体系，清代的这个体系由县、散厅、散州三种政区形式构成。

“天下治始乎县，县之治本乎令”③，清代更加重视县级政

① 嘉庆《清会典》卷十《户部·尚书侍郎职掌一》，《五朝大清会典》本，第2a页。

② （清）洪亮吉撰：《乾隆府厅州县图志·序》，清光绪五年授经堂重刻本，第3a页。

③ （清）贺长龄、魏源等编：《清经世文编》卷二三《张望乡治》，北京：中华书局，1992年，第592页。

区在国家治理体系中的基础性作用。中国古代社会，国家的行政力量牢牢把控着水、土地、森林、矿产等自然资源以及利用各种自然资源转化来的财赋资源。清代的土地、财赋、人口资源都达到历史上空前丰富的程度，统治者不断探索着如何通过政区设置、调整的手段使人地相宜、合理调控分配资源，进而达到巩固大一统中央集权的目的。县制体系作为一种稳定中伴随常态化调整的机制，实质上也可以理解为一种空间资源，新设县、调整县的过程其实也是国家对空间资源的调控和地方权力的再分配。

第二节　清代县级及以上政区沿革总况

清朝兴起后，基本继承了明代既有的行政区划体系。从历代政区大势来看，清初对明代行政区划的改革，是历史上改朝换代时调整最小的，故常有“清承明制”之说。顺治元年（1644），清军入关，击败李自成并定都北京，占领直隶地区。次年（1645），攻下江南，清军势力迅速向全国扩展。顺治末，全国形成了十五省的局面。随后的十余年，南明势力被肃清。康熙六年（1667）七月，江南、湖广、陕西三省分省，内地十八省形成。[①]而后，从康熙六年（1667）到光绪十年（1884）的218年，省制体系保持稳定，可谓历代稳定时间最长的高层政区体系，中国“内

① 按：雍正二年（1724）十二月，直隶设布按两司，官缺设置与各省相同。傅林祥以此作为直隶实行省制、内地十八省正式形成的标志。详见傅林祥、林涓、任玉雪，等：《中国行政区划通史·清代卷》，上海：复旦大学出版社，2017年，第31页。

地十八省”的概念由此形成。

时至康熙二十二年（1683），台湾郑氏政权降清，次年（1684）设置台湾府，隶属福建省。光绪十年（1884）新疆建省，光绪十一年（1885）台湾建省。光绪三十三年（1907）东北三省建省，有清一代高层政区为二十三省的格局最终奠定。统县政区层面，清代因袭明代府制，雍正帝即位之初即谕知府曰：“国家亲民之官，莫先于守令。盖州县官与民最亲，而知府又与州县官最亲。凡州县兴利除弊之事，皆于知府有专责焉。是知府一官，分寄督抚、监司之耳目，而为州牧、县令之表率，承流于上，宣化于下，所系綦重矣。”[①]可见，府在政区体系中起着上传下达、承上启下的纽带作用。雍正乾隆年间，又确立了直隶厅制度，明确了直隶州制度，在保证“府”主体地位的基础上，又充实了统县政区的管理体系。清代对统县政区的整体制度设计，主要在雍正朝[②]，调整的高峰则有两个：雍正朝以及光绪、宣统朝。雍正朝的调整主要体现在两个方面：一是增加府数，划小府域；二是把 69 个属州升级为直隶州。地域上，主要在卫所、土司分布较多的西北、西南地区，以及属州较多的直隶、江南、山西、山东、河南、陕西等省。而光绪、宣统朝的调整，也主要体现在两个方面：一是增置或改置了 38 个直隶厅；二是增置或改置了 37 个府。地域上，主要在关外、口外地区以及光绪年间新建的五省，都是新开垦的区域。

---

① 《世宗实录》卷 3，“雍正元年正月辛巳”条，《清实录》，第 7 册，第 77 页。

② 李尚英：《雍正行政区域的变化》，见商鸿逵教授逝世十周年纪念论文集编委会编：《商鸿逵教授逝世十周年纪念论文集》，北京：北京大学出版社，1995 年；华国樑：《论雍正年间的政区变动》，《苏州大学学报（哲学社会科学版）》1991 年第 3 期。

而县级政区层面，县、散厅、散州都呈现递增态势，以新设为主，少有裁撤。新设县，也以雍正朝以及光绪、宣统朝为两大高峰期。中央政府对政区的设置、调整体现着历代统治者的大政方针和施政理念，县制作为中国长期稳定不变的基层政区体系，从长时段观测，历史上置县地域的扩展实质上体现了中央集权和行政管理不断辐散、落实的过程。历代置县地域扩展的张力，体现在四个具有标志意义的时间点：一是秦代置县地域由关中地区向黄河流域以及秦岭淮河以南的初步扩展；二是两汉置县地域向南扩展到今越南地区；三是唐代置县地域向西北扩展到今新疆地区；四是清代置县地域向东北扩展至今黑龙江地区、东南扩展至台湾岛。与明代置县地域的分布相比，其边疆向外扩展地区主要集中在今新疆、东三省、台湾、青海及甘肃地区。而既往的行省地带，置县分布的增加主要集中在西南三省，明代云贵川三个布政使司共领 152 个县级政区，清末云贵川三省则领 283 个县级政区，增长近一倍。就置县分布的密度而言，直隶南部、河南中部、江苏南部、成都平原、关中盆地以及汾河流域置县最为密集，都是人口稠密、开发较为成熟的地带。

关于清代地方行政制度的研究，已经比较丰富，尤以瞿同祖《清代地方政府》影响深远，他根据清代五朝会典，统计了清代各级政区的数量，具体如表 2-1 所示。后来有关清代地方行政的研究成果，对此列目多有引用。当然，《清代地方政府》的研究重心在于地方行政组织，阐释清代地方政府的治理结构与运作模式，对行政区划的具体数目，并不需要有太高的精度要求。而对于清代行政区划的沿革，赵泉澄《清代地理沿革表》

是较为系统的工具书[①]；牛平汉主编的《清代政区沿革综表》不仅订正了赵著的若干错讹，还增补了各省道的建置。[②]目前最为系统复原清代政区沿革的，则当属傅林祥等著《中国行政区划通史·清代卷》，该书包含对土司、东北八旗驻防、太平天国政权的政区变迁。不过，既往成果主要是通过政区列目的形式，在每一政区条目下述其沿革，对于清代庞大的行政区划体系和具体的各级政区数量分布与演变，读者难以形成整体的量化概念。此外，对一些具体政区的性质、沿革的过程，也有值得商榷之处。

表 2-1　《清代地方政府》中地方行政单元统计数目 单位：个

时期	府	直隶厅	散厅	直隶州	散州	县
康熙	177	—	—	—	267	1261
雍正	167	—	—	65	149	1211
乾隆	187	—	—	67	154	1282
嘉庆	182	22	74	67	147	1293
光绪	185	45	75	72	145	1303

资料来源：瞿同祖：《清代地方政府》，范忠信等译，北京：法律出版社，2003年，第9页

这里有一点需要说明，就是关于清代“属州”的认识。上述的既往研究，《清代地方政府》《清代地理沿革表》《清代政区沿革综表》皆忽略了“属州”或将其与“散州”画等号，《中国行政区划通史·清代卷》也对属州、散州没有明确区分。[③]华林甫最早对清代“属州”进行了系统考证，并明确指出其与直隶州、散州之别：“属州为明清时期府之下领县的州，与直隶州

① 赵泉澄：《清代地理沿革表》，北京：中华书局，1955年。

② 牛平汉主编：《清代政区沿革综表》，北京：中国地图出版社，1990年。

③ 傅林祥、林涓、任玉雪，等：《中国行政区划通史·清代卷》，上海：复旦大学出版社，2017年，第64页。

不同的是它属于府，与散州不同的是它又领县。”[①]其实，“属州”一词在唐代文献中已有记载，如元和年间《朝阳楼记》载：“岭南属州以百数，韶州为大。其地高，其气清，南北之所同，贡朝之所途。”[②]不过，州制体系下的属州制度应形成于元代，元代开始，“属州”大量出现，路、散府所领州皆称为“属州”，但“散州”一词的文献记载却很零星，明代亦然。《元史·地理志》明确说元代的州依其隶属关系可分为“直隶省（或行省、宣慰司）之州”和“属州”两类，不过书中也零星记载了11处“散州”：济州、金州、英德州、梅州、南恩州、封州、新州、桂阳州、连州、循州、融州，其中8处都是“路总管府降为散州”的情形，是否“散州”之名已包含某种局限意义？而朱江琳认为“散州”是元代州的泛称[③]，还有待更多验证。可以确定的是，明代以后直隶州制度定型，“属州”已演变为府下领县之州，清初州制由此而来。总体上，清代州制的演变，一是属州于乾隆年间全部消失，二是增置大量直隶州（领县）、散州（不领县），其中就有不少是由属州之升降而来。属州是清代“省—直隶州—散州”三级明晰化之前广泛存在的政区形式，虽然它领县但又是“虚辖”（还存在16个无领县的属州），而且后来调整中有70个属州升为直隶州或府[④]，占近一半，故笔者

① 华林甫：《清前期“属州”考》，见刘凤云、董建中、刘文鹏编：《清代政治与国家认同》上册，北京：社会科学文献出版社，2012年，第170页。

② （唐）皇甫湜撰：《皇甫持正文集》卷五，“朝阳楼记”条，四部丛刊景宋本，第1a页。

③ 朱江琳：《元代“散州”名实考》，《中国历史地理论丛》2014年第2辑。

④ 华林甫：《清前期“属州”考》，见刘凤云、董建中、刘文鹏编：《清代政治与国家认同》上册，北京：社会科学文献出版社，2012年，第174—198页。按：据笔者统计，升级的属州有70个，其中1个升为府、69个升为直隶州；119个属州降为散州、县或被裁撤。

统计政区升级的数目时，计入属州升级的情形。

近年来，随着国家清史纂修工程的推进，邹逸麟组织团队编纂的《清史·地理志》已进入最终校改阶段，清史地理研究的前景更加广阔、大有可为。根据《清实录》《清会典》以及各类清代档案、地方志、清人文集等，《清史·地理志》对清代全国各级政区进行了详细的考证复原。笔者在逐条检验《清史·地理志》考证结果的基础上，对其中各级政区的数量进行了量化统计。以康熙二十四年（1685）、道光二十年（1840）、宣统三年（1911）作为三个清代前、中、末期的标准年代，分省统计的府厅州县数目如表 2-2、表 2-3、表 2-4 所示。

表 2-2　康熙二十四年（1685）全国政区数量统计　单位：个

省	府	县	属州	厅		州	
				直隶厅	散厅	直隶州	散州
直隶	8	112	18	—	0	2	—
盛京将军	2	7	2	—	0	0	—
江苏	7	46	6	—	0	1	—
安徽	7	50	7	—	0	3	—
山西	5	78	16	—	0	3	—
山东	6	89	15	—	0	0	—
河南	8	95	11	—	0	1	—
陕西	4	67	11	—	0	1	—
甘肃	4	28	9	—	0	0	—
浙江	11	75	1	—	0	0	—
福建	9	60	0	—	0	1	—
江西	13	77	1	—	0	0	—
湖北	8	52	8	—	0	0	—
湖南	7	57	6	—	0	2	—

续表

省	府	县	属州	厅		州	
				直隶厅	散厅	直隶州	散州
广东	10	78	8	—	0	1	—
广西	11	46	15	—	0	0	—
四川	12	91	16	—	1	6	—
云南	17	26	29	—	0	0	—
贵州	12	19	11	—	0	0	—
合计	161	1153	190	—	1	21	—

表 2-3　道光二十年（1840）全国政区数量统计　单位：个

省	府	县	厅		州	
			直隶厅	散厅	直隶州	散州
直隶	11	123	0	3	6	17
盛京将军	2	8	0	4	0	4
吉林将军	0	0	0	3	0	0
江苏	8	62	1	2	3	3
安徽	8	50	0	0	5	4
山西	9	85	0	7	10	6
山东	10	96	0	0	2	9
河南	9	96	0	1	4	6
陕西	7	73	0	8	5	5
甘肃	9	50	1	9	6	7
浙江	11	76	0	1	0	1
福建	10	62	0	5	2	0
江西	13	75	0	2	1	1
湖北	10	61	0	0	1	6
湖南	9	64	4	1	4	3
广东	9	78	2	1	4	7
广西	11	47	0	5	1	16
四川	12	112	5	7	8	11
云南	14	39	4	12	3	26
贵州	12	33	3	11	1	13
合计	184	1290	20	82	66	145

表 2-4　宣统三年（1911）全国政区数量统计　　单位：个

省	府	县	厅		州	
			直隶厅	散厅	直隶州	散州
直隶	12	127	3	1	7	17
奉天	8	33	5	3	0	6
吉林[1]	11	18	1	4	1	2
黑龙江	7	7	6	0	0	1
江苏	8	62	1	4	3	3
安徽	8	51	0	0	5	4
山西	9	85	12	0	10	6
山东	10	96	0	0	3	8
河南	9	96	1	0	5	5
陕西	7	73	0	8	5	5
甘肃	8	47	1	8	6	6
浙江	11	75	1	2	0	1
福建	9	58	0	2	2	0
台湾	3	11	0	3	1	0
江西	13	75	0	5	1	1
湖北	10	60	1	1	1	6
湖南	9	64	5	2	4	3
广东	9	79	3	1	7	4
广西	11	49	2	8	2	15
四川	15	120	4	9	9	13
云南	14	42	5	14	4	26
贵州	12	33	1	13	1	13
新疆	6	21	8	1	2	1
合计	219	1382	60	89	79	146

注：表 2-2、表 2-3、表 2-4 省域排序的原则依据国家清史纂修工程《清史·地理志》（待刊）；华林甫：《清代“直隶”省级政区沿革考——〈清史·地理志〉直隶省叙》，见华林甫主编：《新时代、新技术、新思维——2018 年中国历史地理学术研讨会论文集》，济南：齐鲁书社，2020 年，第 185 页

[1]吉林省下，西南路道、西北路道、东南路道、东北路道这 4 个道级政区本身未计入，其下辖政区都已计入

可见，有清一代，除了前一章论及的置县地域扩展的总体趋势及州制调整外，厅制也发生了明显变化。雍正年间，厅制正处于形成阶段。乾隆续编《大清一统志》中的直隶厅已单独编排成卷，《高宗实录》（乾隆二十五年十月丁丑）、嘉庆《清会典》则是实录、会典中最早明确记载“直隶厅”的，与散厅有别。乾嘉、光宣时期是清代设厅的两大高峰期，至清末时，厅的分布已遍布全国，不仅设置于边疆地带，内地“紧要之地”也多设厅专管，仅安徽、山东两省无厅。在省域结构与面积基本稳定的前提下，统县政区（府、直隶厅[①]、直隶州）与所辖县级政区的数量变迁，如图 2-1 所示。

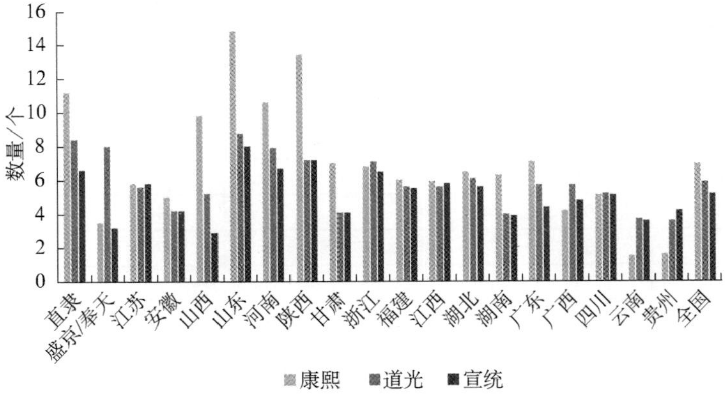

图 2-1 清代各省统县政区平均领县数量的演变

注：“统县政区”，直隶厅亦计入

从全国尺度来看，除了吉林、黑龙江、台湾、新疆四省，各省统县政区的管辖幅度呈递减态势。每个统县政区领县 5 个左右，应该是比较理想的管理半径，也是各省地方政区调整的方向。从

① 按：清代直隶厅大多不领县，有亲辖地，但也有四路厅、兴京厅、凤凰厅、叙永厅、百色厅、吐鲁番厅六个领县的特例。

省域上看，康熙年间直隶、山西、山东、河南、陕西的统县政区领县多，云南、贵州的统县政区领县少。主要是清初这七省属州较多，介于府、县之间的属州既没有计入统县政区，也没有计入县级政区中。这种复式层次的政区结构，源于元代，明代仍有残余，清初因之。[①]道光年间，清代的州制早已定型，各省统县政区的管辖幅度已经比较规整，到清末时，管辖幅度进一步缩小。相对而言，江苏、安徽、浙江、福建、江西、湖北、四川七省统县政区的管辖幅度最为稳定，其中安徽、浙江、福建、江西、湖北是由于各级政区少有置废或升降；而江苏、四川是因为统县政区与县级政区的增加的频率与幅度相近。道光年间奉天（盛京）统县政区领县数量较多，是源于之前属州降级使县级政区增多，但统县政区仍只有奉天、锦州二府。自光绪二十八年（1902）起，奉天（盛京）开始频繁地调整政区，散厅升府、新设府与直隶厅等，使清末时奉天统县政区的管辖幅度又大幅缩小。

《清史地图集》项目组在总体规划下，选取了康熙二十四年（1685）、乾隆六十年（1795）、道光二十年（1840）、光绪二十年（1894）、宣统三年（1911）五个标准年份，绘制了清初直省府厅州县图、全国图（一）、全国图（二）、全国图（三）、全国图（四），基本反映了有清一代疆域变迁与全部县级以上政区的沿革变化。[②]华林甫曾简要阐释选取上述标准年代的原因，我们大致可以从中把握清代疆域变迁、政区变革的五个重要时间节点。其一，康熙二十四年（1685）。顺治末消灭南明小朝廷等政权，形成十五省，康熙初年江南、湖广、陕西三省分省后形成十八省，康熙二十二年（1683）收复台湾。康熙年间，“属州”设置

① 周振鹤：《中国地方行政制度史》，上海：上海人民出版社，2005年，第291页。
② 华林甫主编：《清史地图集》，北京：中国地图出版社，2024年。

较为普遍，北方省份尤其多。其二，乾隆六十年（1795）。康熙二十八年（1689）清朝与俄罗斯签订《尼布楚条约》，二十九年（1690）康熙皇帝亲征噶尔丹、次年（1691）多伦会盟，将喀尔喀蒙古收入版图；雍正年间集中调整统县政区，乾隆前中期彻底平定准噶尔叛乱、平定回疆，天山南北重新收入版图，加上乾隆帝打败廓尔喀入侵，使乾隆年间疆域版图达到中国历史上的极盛。其三，道光二十年（1840）。乾嘉时期的政区调整业已完成，鸦片战争爆发，一般认为是中国古代史、近代史的分界点。其四，光绪二十年（1894）。咸丰同治年间东北、西北失去了150多万平方千米国土，光绪初期新疆、台湾建省，东北也已设立诸多新的府厅州县。其五，宣统三年（1911）。光绪末期奉天、吉林、黑龙江建省，有清一代疆域、政区格局最终奠定。[①]依据国家清史纂修工程《清史·地理志》（待刊），上述五个标准年代全国县级及其以上的政区数目，如表2-5所示。

表2-5　清代全国各级政区数量变迁　　单位：个

项目	省	府	厅		州		县	备注
			直隶厅	散厅	直隶州	散州		
康熙二十四年	18	161	0	1	21	0	1153	属州190个
乾隆六十年	18	185	11	68	66	148	1294	还有盟、旗、土司、宗溪等，暂无统计
道光二十年	18	184	20	82	66	145	1290	
光绪二十年	20	190	52	70	73	144	1312	
宣统三年	23	219	60	89	79	146	1382	盟10个、旗175个。土司、宗溪等，暂无统计

注：宣统三年统计含台湾省，台湾省政区为光绪二十年（1894）数据（府三、直隶州一、散厅三、县十一）

① 华林甫：《清朝政区边界复原与清史地理再现——〈清史地图集〉的编绘实践》，《清史研究》2020年第5期。

根据表 2-5，不妨依政区层级对清代地方管理的理念做一梳理。总体上，各级政区总数都呈现增长的趋势，一是因为疆域拓展、派官设治的客观需求；二是内地省下治理的细化与职能明确化，府厅州县得以增加，总的目标都是加强中央集权。首先，省级层面上，康熙六年（1667）以后，各省布政司只设一员布政使，江南、陕西、湖广三省分省完成。大多省份不再设守巡道，由省级机关直接管理府级政区，进一步加强了省对府与直隶州的控制。光绪、宣统年间，清廷又颁布了《各省官制通则》，对省级官缺、督抚司道的设置与职能做了法律上的规定，总督的权责更加专门化，督抚司道衙门的职能则更加细化。[①]此外，光绪年间新建五省，使省制空前扩展。

其次，在统县政区层面上，清代府制基本沿袭明制，但清朝有意识地划小府域，将边疆与民族地区的军民府、土府向内地府制靠拢，并将诸多治理繁重、区位重要的直隶州升府，使清末府数较明末清初增加了 36%。同时，创建厅制、调整州制，使府、直隶厅、直隶州因地制宜，管理有别，加强了地方治理的针对性。

最后，在县级政区上，县制向边疆大幅扩展，清末设县数量较清初增加了 229 个。同时，118 个属州降为散州，不再领县。又在府下紧要之区设置了许多散厅，由与知府同城事简的同知或通判管理。但与散州、县不同的是，厅的稳定性不强，调整十分灵活。清代前后共设过 152 个散厅，而后有 20 个散厅同级变更为州县，还有 46 个散厅升级为府级政区。到清末时，散厅只剩 89 个。不过，在制度上，清代已经将地方行政层级塑

① 故宫博物院明清档案部编：《清末筹备立宪档案史料》，北京：中华书局，1979 年，第 506 页。

造成规整的三级制，在各级政区体系内，也体现了因地制宜、通过不同政区形式与官员区分管理的理念。在人口大量增加的情况下，清代还通过佐贰官的分辖体制与设立县辖政区来缓解知县、知州等正印官的管理压力。[①]

总之，从省到府州再到县，清朝逐渐构建起层次分明、权力通达的地方治理体系，相比明代及以前的地方行政，表现出了更强的秩序性，特别是随着改土归流的完成，对于边疆地区的控制力达到了历史时期的最佳水平。

① 胡恒：《厅制起源及其在清代的演变》，《文史》2013 年第 2 辑。

第三章

清代县级政区调整的程序与模式

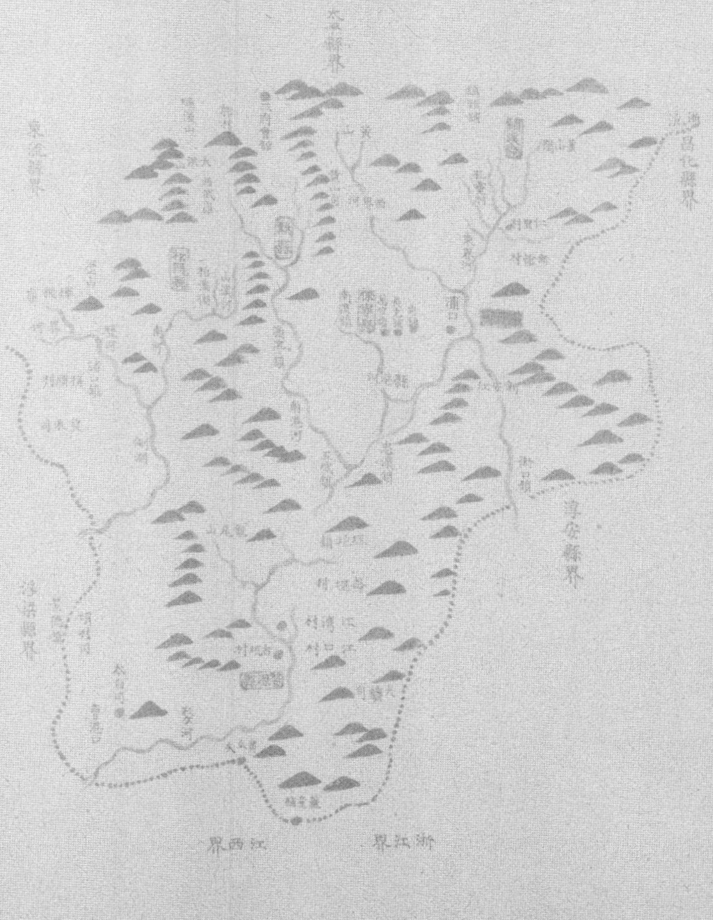

行政区划作为上层建筑,是国家政治结构在空间上的投影,拥有空间、权力、行政和政策等多重资源属性,是一类潜在的人文社会资源。以往学界在对行政区划本身的认识上存在一定的片面性,即基于其政治性,认为它是政府治理的工具,属于上层建筑范畴。而在中国传统社会,国家权力往往凌驾于经济体系的运作功能之上,因此作为国家行政手段之一的行政区划设置,有时对经济基础具有一种强大的反作用力,甚至对生产劳动力等经济资源的配置起决定性作用。前面已述及县级政区在中国行政区划体系中的基础性作用和稳定地位,清代的县亦是行政区划体系中的关键一环。统县政区和高层政区的幅员广大,不直接理民,而很多县下的保甲组织、乡里组织等尚不成熟,不具备全面的治理功能,因此“县”是权力架构的基本单位,也成为矛盾较为集中、摩擦较为频繁的政区单元。

第一节　清代县级政区调整的程序

行政区划有它的继承性、延续性，在相对稳定的发展过程中，也表现出明显的创新性与再变性。行政驻地的选择及行政层级、行政管辖幅度与行政边界的确定，都是在长期的自然地理格局和历史发展过程中形成的。无论是高层政区、统县政区抑或是县级政区的变更，都源于政区要素的调整。这种调整有大有小，小则局限于政区单元内部，大可波及其上下层级，甚至牵一发而动全身。

政区调整属于行政体制改革的一个重要方面，一般要依托稳定的权力组织和成熟的运作模式方能顺利实施。就清代而言，县级及其以上政区调整的核心枢纽是总督和巡抚的提议权，布政使、按察使偶有提议情况，但亦会回转总督巡抚。可以说，清代的督抚体制是地方政区调整不断推进的制度保障，督抚体制成熟后，清朝把政区的常态化调整作为一种调适地方治理的行政手段，运用得愈发纯熟。因此，在督抚介入之前，清代县级政区调整的频次很少，新置州县的数量也极少。顺治年间，主要有奉天府及所辖辽阳等县的设置，内地几乎没有设县，裁撤的州县也屈指可数。

清初受明代旧制影响，省与巡抚的辖区不一致，一省可设有多个巡抚。[①]到康熙四年（1665），清廷裁撤凤阳、南赣、宁夏三巡抚，巡抚与省的辖区范围走向一致，全国形成了一省一

① 例如，直隶省有保定、顺天、天津、宣府四巡抚；山东有山东、登莱二巡抚；陕西有陕西、绥延二巡抚；江西有江西、南赣二巡抚；等等。

巡抚的总体格局。与巡抚相互协作又相互牵制的总督，则两省或三省设一人，督抚同驻省城。康熙四年（1665）以后，全国共有 18 巡抚 9 总督，督抚体制基本稳定下来。一些省份的督抚在官制上是上下级关系，起初总督更偏重军务与司法管理，巡抚职能更偏重行政性事务，随着顺治十八年（1661）总督全部移驻省城，督抚职能在具体运作中区分并不明确，多为二者共有，其中最重要的权责即为"奏折咨请权"，有关各种必要性的地方事务，督抚均可奏请裁可，或咨请朝廷各部院。同时，省辖州县官员的委署和题调、奖励和处分、考绩和批假，都是督抚的权责范围。在督抚体制下，明洪武年间以来的"三司"地位有所下降。起初布政使、按察使尚保留奏折咨请权，但从雍正末期开始，布政使、按察使一般不再就地方事务单独上奏。因此，清代督抚的奏议与决策就直接影响着政区管理和人事调配的成效，尤其是随着康雍时期内阁制度、奏折制度的完善①，督抚奏议在地方行政制度运作中发挥着更加核心的作用，成为加强中央集权、稳定地方治理的关键环节。

清朝中央朝廷，并无专门负责政区调整的机构。州县政区调整一般皆经由地方督抚提议奏请，通过内阁研拟，有时也会参考户部和吏部的意见，重要或级别较高的政区设置与调整亦会由军机大臣邀请相关机构负责人合署研究，最终由皇帝亲自批复。按照清朝惯例，地方政务的处理须由督抚题请办理，朝廷才会安排讨论决定是否采纳。根据笔者对中国第一历史档案馆藏雍正至宣统年间录副奏折的梳理，督抚事关清代县级政区调整的题请，通过率较高。

① 张一弛：《内阁制度与清前期政治》，中国人民大学博士学位论文，2020 年。

遵义府的改隶，是清代前中期一次较为重大的地方政区调整，影响深远，府级政区及其所属的全部县级政区（一州四县）一并由四川省改隶贵州省。时值雍正初期，清朝对政区设置、调整与改革的运作正处于较为关键的探索阶段，是清代地方政区调整走向常态化、制度化的重要转折。笔者以遵义府的改隶为例，说明清代县级以上政区调整的运作流程。

遵义府明代属播州宣慰司地，万历二十八年（1600）明朝平播之役结束，播州土司杨应龙自尽。依川贵桂总督李化龙之议，明朝以三渡关（今遵义市红花岗区三渡镇）为界将播州析分为二：三渡关西北地方设遵义军民府，隶四川省；三渡关东南地方设平越军民府，隶贵州省。“三十一年，播州余逆吴洪、卢文秀等叛，总兵李应祥等讨平之。分播地为二，属蜀者曰遵义府，属黔者为平越府。”[①]依李化龙提议：

> 播州白田坝，沃壤数百里，即播州遵义县故地，当复府治，设县附焉。桐梓当綦南之冲，走川贵道也，旧为夜郎县故地，当复一县。望草南接婺、思，北达真、涪，为绥阳县故地，当复一县。仁怀滨播枕永，襟合带泸，为怀阳县故地，当复一县。真州即古珍州，川原平衍，商贩周游，应复一州。以上俱隶川省统辖。黄平为川贵要区，旧设抚苗通判一员，列衔重庆，驻镇彼中，其与播势相控驭，并为重地，应设一府。湄潭、龙泉，地里广邈，各应建设一县。瓮水、重安，合设一县。余庆、白泥合设一县。并草塘、容山二司，应割隶各县。以上地方去黔甚迩，相应

① 《明史》卷三百十二《四川土司二》，北京：中华书局，1974年，第8049页。

改隶贵州统辖。总计增府二、州一、县八。[①]

播州地分二府后，四川遵义府设四县一州，贵州平越府则设四县。明朝在李化龙提议的基础上，又因地制宜，在黄平设黄平州，府州同地。清初沿明制，直至康熙十年（1671），裁平越卫，置附郭平越县，裁黄平所入黄平州。康熙二十六年（1687），裁兴隆卫入黄平州，徙州治于卫城。康熙中期，遵义、平越二府行政区划与空间格局如图 3-1 所示。

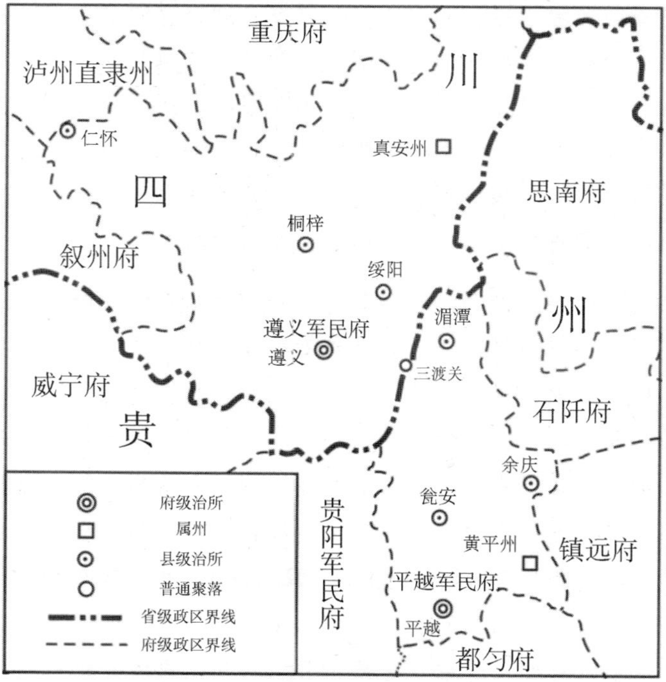

图 3-1　遵义、平越二府行政区划与空间格局

注：据华林甫主编的《清史地图集·清初直省府厅州县》改绘，标准年份为康熙二十四年（1685）

① （明）李化龙撰：《平播全书》卷六，清光绪畿辅丛书本，第 3b、4a—4b 页。

遵义、平越分属川黔二省之前，播州宣慰司地呈瓯脱之势，是两省间一块明显的插花地。即便清初平越府划归贵州省后，四川遵义府地明显凸入贵州省内。就管理半径而言，相较四川成都府城，遵义府距贵州省城贵阳城也近得多。关于遵义府改隶贵州的主要原因，应置于雍正年间集中改土归流的大背景中考量。要解决边疆插花地容易滋生匪患和引发土地矛盾的隐患，遵义府整体改隶贵州不失为良策。此外，进一步开发苗疆腹地、平衡贵州赋税收支、补充贵州兵备兵源等，也是清朝推行遵义府改隶过程中所期望达到的成效。[①]

遵义府及其辖县改隶贵州的具体时间，因文献记载不一，学界曾有讨论。[②]不过此问题具有一定典型性，可借此说明清代地方政区发生调整的认定标准、正当程序和时效问题。遵义府的改隶时间，文献至少有雍正四年（1726）、五年（1727）、六年（1728）、七年（1729）四种不同的记载。雍正四年（1726）的记载，仅见乾隆《贵州通志》卷十八："遵义府原隶四川，雍正四年割归贵州。"[③]但同书卷三《建置》和卷一一《户口》中皆记载雍正五年（1727）遵义府改隶，前后矛盾。雍正五年（1727）的记载较多，乾隆《贵州通志》、嘉庆《仁怀县草志》、道光《仁怀直隶厅志》、道光《遵义府志》、嘉庆《正安厅志》、《清史稿·地理志》、光绪增修《仁怀厅志》、《滇黔志略》等皆

① 彭文萍：《遵义改隶贵州的原因及其影响研究》，贵州师范大学硕士学位论文，2019年。

② 例如，文海：《遵义从四川改属贵州时间考》，《戏剧之家》2017年第9期；郗玉松：《遵义府划归贵州时间考》，《中国史研究》2019年第2期；彭文萍：《遵义改隶贵州的原因及其影响研究》，贵州师范大学硕士学位论文，2019年。

③ （清）鄂尔泰等修，（清）靖道谟等纂：乾隆《贵州通志》卷十八《职官》，清乾隆六年刻嘉庆修补本，第42b页。

持此说。关于川黔省界与地方管理的问题，鄂尔泰秉承着“不论隔省隔府，隔州隔县，通令查勘明确，就近改并，以图归画一”[①]的思想。雍正五年（1727），蓝鼎元、张广泗、鄂尔泰等多名官员提议改隶遵义府。[②]其中，蓝鼎元雍正元年（1723）被荐辟，以拔贡选入京分修《大清一统志》。雍正五年（1727）相国朱轼荐引他朝见雍正帝，蓝鼎元奏陈经治台湾、河漕、黔蜀封疆等六事。同年秋他被任命为广东普宁知县，是冬又兼代潮阳知县政务。按清朝奏议制度，蓝鼎元有幸面圣，陈述遵义宜划归贵州之由已是破例。而张广泗于雍正五年（1727）十月由黎平府知府擢升署理贵州按察使，十一月实授。[③]应在此之后，朝廷才会受理按察使张广泗的提议。而且事关地方府县政区调整，按照规制，此事还应回转时任云贵总督鄂尔泰，由他具题请旨，朝廷才能最终决定。因此，即使鄂尔泰于当年具体请旨，时间也已至年底，奏折上报朝廷，经过朝廷审议、皇帝裁决等环节，雍正五年（1727）年内完成调整的可能性不大。

雍正六年（1728）的记载，主要来源于《清实录》，“改四川遵义、桐梓、绥阳、仁怀四县，正安一州及遵义协官兵，俱隶贵州管辖。从云贵总督鄂尔泰请也”[④]。此外，《清会典事例》卷153载，雍正六年（1728）“改四川遵义府隶贵州省，仍领正安州一，遵义（附郭）、桐梓、绥阳、仁怀等县四”[⑤]。嘉庆《四川通志》载：“顺治二年讨平之，仍置四川布政使司。康熙四

① 《皇朝经世汇编》“正疆界定流土疏”，见（清）魏源：《魏源全集》，长沙：岳麓书社，2004年，第703页。

② 郗玉松：《遵义府划归贵州时间考》，《中国史研究》2019年第2期。

③ 《世宗实录》卷63，“雍正五年十一月庚辰”条，《清实录》，第7册，第976页。

④ 《世宗实录》卷71，“雍正六年七月戊寅”条，《清实录》，第7册，第1072页。

⑤ 《清会典事例》第二册，北京：中华书局，1991年，第949页。

年，以乌撒隶贵州；雍正六年，以东川、乌蒙、镇雄隶云南，遵义隶贵州，并马湖入叙州，改建昌卫为宁远府，升绵、茂、达三州及资县并为直隶州。”[①]县级以上政区调整属上报朝廷的地方大事，就文献本身而言，载“雍正五年”的多为地方志，实录、会典的可信度更高。对于地方州县调整的时间，《清实录》记载的时间最详细，具体到日，往往有“从……督抚请也”，以示皇帝正式批复的时间。

而雍正七年（1729）的记载，主要是《大清一统志》：“七年，以遵义府来隶。旧隶四川，至是来隶。”[②]谭其骧也认为“今遵义、绥阳、正安、桐梓、仁怀、赤水、鳛水旧属四川，雍正七年改隶”[③]。笔者推测谭先生主要依据《大清一统志》作此结论。雍正七年（1729）时，有多种文献可说明遵义府已隶属贵州的事实，此时遵义府及其所辖州县之额征杂税已在贵州缴纳，土地、学额等资源也已由贵州配置。[④]说明遵义府改隶已完成了从朝廷决议到地方贯彻、正式划拨的全过程。大体上，是云贵总督鄂尔泰意识到遵义府地离四川远、距贵州近，应把遵义划归贵州管辖，而后上奏朝廷；经朝廷讨论，雍正六年七月戊寅（1728 年 9 月 3 日）同意鄂尔泰的意见，改遵义府归贵州；雍正七年（1729）已交接完毕。遵义府及其辖县改隶贵州后，减少了川黔边界的动乱，保障了“苗疆腹地”改土归流所

---

① （清）常明等修，（清）杨芳灿等纂：嘉庆《四川通志》卷二《舆地・沿革》，清嘉庆二十一年刻本，第 24b 页。

② （乾隆）《大清一统志》卷三九〇《贵州统部》，文渊阁《四库全书》本，第 483 册，第 214 页。

③ 谭其骧：《贵州释名》，《长水集》（上册），北京：人民出版社，2011 年，第 413 页。

④ 郗玉松：《遵义府划归贵州时间考》，《中国史研究》2019 年第 2 期。

需的各种资源，促进了西南边疆的稳定。至乾隆十一年（1746），广西庆远府南丹土州的总王、拉岜两村划入都匀府荔波县[①]，清代贵州省域基本奠定。不同于贵州长期实行土司制度而导致后来知府直接管理土司而形成的亲辖地，遵义府早有附郭遵义县，成为贵州省唯一一个无亲辖地之府。乾隆二十六年（1761）三月十九日："又遵义府属之遵义县，附郭首邑，原定冲繁兼二中缺……向隶川省，自改归黔辖以来，以货络绎，流寓益众，且民情刁诈，命盗奸拐重案甲于全省……仰恳圣恩……将遵义县改为冲、繁、难兼三要缺。"[②]遵义县成为在川黔之间发挥重要作用的县级政区。

一般情况下，清代州县地方的文书须先申府，府申道，道转布按，布按再呈督抚。督抚奏章送达朝廷后，要奉旨部议，部议后还要请旨定夺，最后由皇帝裁决。如川云贵等较遥远的边疆地区，整个流程需要三四个月。为此，清代通过建设以驿站、驿路、驿马为基础的驿传系统，保证信息渠道通达，维持地方治理的秩序的基础。同光以后，清朝的有线电报系统迅速扩展，从驿传系统到电报系统，又使清代的信息传递速率更加高效。正因为此，光绪东北、新疆建省后的大规模州县增置、政区集中调整，才高效率地在地方得以贯彻。

此外，清代还有一些州县的调整，周期很长，从地方提议到实际推行要历时良久。例如江西吉安府莲花厅的设置，前后经历了康、雍、乾三代皇帝。莲花厅原为永新县、安福县之砦

① 《高宗实录》卷261，"乾隆十一年三月甲午"条，《清实录》，第12册，第388页。

② 中国第一历史档案馆藏：录副奏折《贵州巡抚周人骥奏为地方事务繁简情形今昔有异酌请更定事》，档号：03-0103，件号：03-0103-080，缩微号：007-1216。

西乡、上西乡地，这两乡距县城甚远，崇山峻岭且地形复杂，匪患滋生，不易治理，故“康熙三十九年永新县令有设员弹压之请。举部议设分防专司管东，乃各任相沿，视同传舍，或间月一至，或终年在郡，遂令抗粮拒捕之风牢不可破，而安福之上西一乡，其刁顽亦不下砻西，素称难治”[①]。雍正五年（1727），时任两江总督范时绎正式上奏：

> 前臣接奉钦发原任江西安福县知县刘学愉奏请分县一折，奉朱批谕旨：有人条奏此事，尔可徐徐察明，应行与否，密议奏闻。钦此。臣随悉心详查得江西之安福、永新两县地方，皆傍大山，绵亘通联，俱有上西乡二处，地名相同，地方相连，中有分水亭，为两县分界之处。因地方僻在山陬，去城甚远，蛮野性成，每当征收之时，差役不能制服，是以历来两县钱粮旧欠未清，新征不足。揆厥所由，皆缘去官既远，化导未周，征收不便之故也。臣今查两处上西乡地方课赋合计约有一万四千余两，居民散处，恃远刁悍，兼有流寓棚民杂处于荒山穷谷之间，该县令实有瞻顾不及之虞。若将两处归并，专设一县，自能就近治理。查永新县之连化地方，旧有同知空署，可以改设县治。……臣谨将地势民情备细查明，密议奏闻，仰候皇上睿鉴施行。[②]

而后，雍正帝朱批“再加细访，确议，具疏题奏。将饬发

① （清）李其昌纂修：乾隆《莲花厅志》卷二《舆地志·沿革》，乾隆二十五年刻本，第3a页。

② 《世宗宪皇帝朱批谕旨》卷一上，见《景印文渊阁四库全书》史部第416册，台北：商务印书馆，1986年，第19a—20b页。

条陈缘由，疏内不必叙入”而搁置。直到乾隆八年（1743）十月，朝廷才正式批复。[①]“援照湖南乾州州同、凤凰营通判管理民事之例，复请拨两乡民屯钱漕及刑名事件，分设一厅专辖。”[②]政区的正式调整看似是一个简单的特定时间点，但在此之前经历的从州县到督抚再上报朝廷的过程，也常有出现反复讨论、耗时较长的诸多情形。

需要说明的是，清代县级政区最多时达1600多个（宣统年间），朝廷和皇帝不可能谙熟每一个州县的地理幅员与管理状况，因此政区有必要调整之时，各省督抚的奏章就成为统治者进行决策最重要的依据。除非较大规模、涉及多个府县的调整朝廷可能要多次合署研究，一般督抚奏议的县级政区内部调整，皇帝通过率较高。由于数量庞大，许多实际发生的县级及其以上政区调整，目前尚未找到督抚题本、提议奏折和皇帝朱批奏折等原始档案，这是一个具有普遍性的问题。这种情况，笔者一般遵从实录的记载，而政区调整的时间，则一般以实录中记载的朝廷批准时间为准。

第二节　县级政区调整的九种模式

政区是一个复杂的综合体，各种要素在其中相互作用，不论整体还是局部调整，都可以理解为对政区层级、边界、幅员

① 《高宗实录》卷203，“乾隆八年十月甲戌”条，《清实录》，第12册，第617页。
② （清）李其昌纂修：《莲花厅志》卷二《舆地志・沿革》，乾隆二十五年刻本，第5a页。

等基本要素的重组。周振鹤曾指出，行政区划往往不是一次性的行为，而是一再进行的根据需要不断调整的常时性的工作。所谓调整，就是重新划分，这一形式往往是局部性的，但是有的时候也有全局性的。调整变更的内容非常丰富，有建制方面的，如置、废、并、省或层级的升降格，此外还有行政中心变迁、边界的改划、幅员的伸缩、隶属关系变迁、政区名称的改动等。[①]

清代的县级政区调整模式，可谓涵盖了周振鹤谈及的全部方面。考察清代如此之多的县级政区调整，大多都要经过琐碎、微观的考证和统计，因此需要有一定的史料标准。作为复原政区调整过程的中心枢纽，督抚奏章和皇帝朱批奏折是最原始、可信的史料。在此基础上，实录、会典、一统志等官方文献亦有较大权威性，是笔者统计中的主要依据。次之，地方省府厅州县各级的地方志、乡土志、清人文集亦有一定参考价值。实在凭据不足之时，可能适当地参考民国以后地方志等文献的记载。需要说明的是，笔者对清代县级政区调整的统计范围，限于有明确史料记载的正式调整。在地方社会中，州县边界偶尔存有一些悬而未决的局部纠纷，相邻州县间甚至可能长期存有一些错壤未得官方厘正[②]，则不在笔者考察政区变动的范围内。此外，一些奏而未准和奏准未行或缓行的政区调整，亦不在笔者统计范围内。这种情况主要集中于光宣时期东北、新疆、四川等边疆地区。例如，光绪三十四年（1908）五月，黑龙江省

① 周振鹤：《行政区划史研究的基本概念与学术用语刍议》，《复旦学报（社会科学版）》2001 年第 3 期。

② 冯贤亮：《明清江南的州县行政与地方社会研究》，上海：上海古籍出版社，2015 年，第 178—181 页。

有林甸县、铁骊县等一批奏准但缓设的府厅县，直至清帝逊位也未及设治。[①]再如宣统元年（1909），东三省总督徐世昌、吉林巡抚陈昭常上奏在吉林东北路道增设一州二县（宝清州、勃利县、临湖县），亦属于未设和缓设之列。[②]当时的实际情况是：

> 兹于其南境桦皮川置桦川县。东境古勃利州地，置勃利县。大通县向置江北，已划归黑龙江省，今移置于江之南岸方正泡，曰方正县，而益以附近之宾州地。蜜山府以蜂蜜山得名，系宁古塔及三姓地，光绪三十四年添设，兹又于东北饶河之南置饶河县，其北宝清河之西置宝清州。虎林厅抚民同知治蜜山府属之七虎林，由呢吗厅分防同知改设。临江府亦三姓地，东界乌苏里江，由临江州升改。其西境之富锦县，由富克锦分防巡检升改。其东境之绥远州，由乌苏里附近地方增设。此东北路之三府一厅二州五县也。至五站所设之大通县，汤旺河所设之汤源县，以地连黑龙江省，先后划归该省，原议设蜜山府，东南临兴凯湖之临湖县，以人烟稀少，未设，均不列。以上各地方，除勃利、宝清尚在缓设之列外，均已实行建置。此外之应

① 《德宗实录》卷592，“光绪三十四年五月甲辰”条，《清实录》，第59册，第824页；《黑龙江行省总督徐世昌、巡抚周树模为饬知江省添设民官增改道府厅县办法折已奉准札》（光绪三十四年七月三十日），见黑龙江省档案馆编：《黑龙江设治》，内部发行，1985年，第55页；《黑龙江志略》卷1，见《清代黑龙江孤本方志四种》，哈尔滨：黑龙江人民出版社，1989年，第149页。

② 《宣统政纪》卷12“宣统元年四月”条载宝清州和舒兰、阿城、勃利、饶河四县为“缓设”，据《黑龙江设治》（内部发行，1985年）载，阿城、饶河县，在宣统元年（1909）年底均已派员设治；据《宣统政纪》卷33“宣统二年三月壬戌”条、卷52“宣统三年四月壬午”条，舒兰县也已设治派官。

随时添设者，犹未可限，此又近日添改之情形也。[①]

临湖县因人烟稀少而不设，勃利县、宝清州仍是“缓设”。《清史稿·地理志》“吉林密山府”条，最末有“附志”表示此三处实际未设的县级政区。[②]光绪宣统年间，黑龙江、吉林等地的州县调整尤其是增置非常频繁，笔者认定的调整是以武昌起义（辛亥年八月十九日，1911 年 10 月 10 日）之前实际发生的县级政区变动为准。

根据笔者归纳，有清一代县级政区调整的模式可分为析分、合并、同级变更、升级、改隶、迁治、专名变更、新设、裁撤九个方面，也可以说是县级政区发生变动的九种情形。其中县级政区析分 222 次，县级政区合并 31 次，同级变更 36 次，升级 161 次，改隶 390 次，迁治 83 次，专名变更 46 次，新设 435 次，裁撤 52 次，合计 1456 次。以下着重阐述此九种情形的含义、典型案例及部分特殊情况。

（1）析分，是指某县级政区分划出若干地域由其他政区管辖的情形。例如，最典型的雍正二年（1724）九月，苏州府分县：“苏州府长洲分县曰元和，吴江分县曰震泽，常熟分县曰昭文，昆山分县曰新阳。”[③]一般发生“析分”后，本县的幅员缩小，划分出的地域有三个去向：一是直接整块析置为新县，如上述长洲县析置元和县之例。二是划分出的地域与其他县的部分地域组合而置新县，如乾隆六年（1741）五月，广东潮州府

① （清）沈兆褆撰：《吉林纪事诗》卷一《舆地》，见钱仲联主编：《清诗纪事·光绪宣统朝卷》，南京：凤凰出版社，2004 年，第 3189 页。

② 《清史稿》卷五十六《地理志三·吉林·密山府》，北京：中华书局，1977 年，第 1961 页。

③ 《世宗实录》卷 24，“雍正二年九月甲辰”条，《清实录》，第 7 册，第 379 页。

的丰顺县是以海阳县的县下政区丰政都为主，加上由揭阳、大埔、嘉应县划分出的若干县下都图而设。“原任两广总督马尔泰疏言，潮州添设丰顺县。”[①]乾隆七年（1742），调整已经完成。[②]三是划分出的地域可新设为府级政区（一般为不领县的直隶厅），如嘉庆十六年（1811），分广州府清远县之吉河乡与韶州府英德县之白石、独石、迳头、观音、虎山、高台六乡地，置佛冈直隶厅。[③]再如宣统元年（1909）三月，分奉天府海城县西南三乡与盖平县北部一乡地，增置营口直隶厅。[④]

（2）合并，是指某县级政区地域合并入其他县级政区的情形。一般发生“合并”后，并县的县，幅员会扩大。清代文献一般记载某某县级政区“并入……”或“裁入……”，“入”之对象即为发生“并县”的县级政区。例如保定府新安县，“道光十二年，裁所属之新安县并安州”[⑤]。安州即为并县的县级政区。由于并县必然以裁撤旧县为前提，因此“合并”与“裁撤”的过程往往是同时出现的。清代大部分的县级政区“合并”为

① 《高宗实录》卷143，“乾隆六年五月甲申”条，《清实录》，第10册，第1057页。

② 中国第一历史档案馆编：《乾隆朝上谕档》第一册：“乾隆七年十二月十五日，内阁奉上谕，广东潮州府属新设丰顺一县……于黄冈、潮阳二协营抽拨兵丁二百名前赴丰顺驻防。”（桂林：广西师范大学出版社，2008年，第824页）

③ 《嘉庆重修一统志》卷440，四部丛刊本。《清会典事例》卷153载，嘉庆十六年（1811）“改嘉应府为直隶州，省程乡县。又改翁源县隶江西南安府。又置佛冈厅”。见《清会典事例》第二册，北京：中华书局，1991年，第945页。中国第一历史档案馆藏：录副奏折《两广总督松筠、广东巡抚韩崶奏为吉河大埔坪佛岗地方拟设直隶同知及守备文武员弁事》，档号：03-1539，件号：03-1539-083，缩微号：106-0097。

④ 《宣统政纪》卷11，“宣统元年三月乙亥”条，《清实录》第60册，第235页。

⑤ 刘锦藻：《清朝续文献通考》卷305《舆地考一》，民国景十通本，上海：商务印书馆，1936年。

“整县吞并”，即将邻近的县级政区整体裁并入该县，不用再重新划定县界、学额、田赋等，影响最小。当然，也有县级政区裁撤后，划分给多个县级政区“并县”的情形。例如直隶大名府魏县，乾隆二十三年（1758）六月被裁撤，其地并入元城、大名二县。[①]这种情况就要考量“并县”的多个县如何划分裁县的地域，如何妥善分配裁县的行政资源。仍举魏县、元城、大名之例：

> 窃照大名府管理漳河县丞原属魏县所辖，大名县旧治在郡城之南缘。乾隆二十二年卫河水溢，浸损城垣，而魏县城郭于是年被漳水冲塌，经前督臣方观承奏准将魏县裁汰，分归大名元城二县管辖，并将大名县移治郡城，与元城县同为附郭所有，魏县之丞系管理漳河之务仍驻扎魏县旧治，归于大名县所属，其关防改铸“大名县管理漳河县丞”字样。[②]

可见，魏县保留了原来的县丞建置，治所仍为魏县旧治，并将其改名为大名县管理漳河县丞。在新合并的大名县境内，实际保留了原魏县的大部分职能。[③]对于县境划分，同治《续修元城县志》载：“（乾隆）二十三年戊寅春裁魏县，其地十之九归大名，一归元城。”[④]之所以归并大名者远过于元城，其主

① 《高宗实录》卷565，“乾隆二十三年六月甲戌”条，《清实录》，第16册，第162页。

② 中国第一历史档案馆藏：录副奏折《直隶总督梁肯堂奏请酌改县丞分防事》，乾隆五十九年七月八日，档号：03-0269，件号：03-0269-012，缩微号：018-0519。

③ 李诚：《置县存废下的博弈与妥协——以清代以来魏县、大名、元城三县行政关系为例》，《中国地方志》2018年第2期。

④ （清）吴大镛修，（清）王仲甡纂：《续修元城县志》卷一《舆地志・年纪》，同治十一年刻本，第3b页。

要原因是此次划分辖区是依照漳河走向划分，主要是依照里距和地形而划。[①]

（3）同级变更，是指县与散厅、散州之间的相互调整转换而保持层级为县级不变的情形。例如道光二十三年（1843），盛京将军禧恩上奏将奉天府宁海县改为金州厅。[②]再如雍正四年（1726），以岳州府桑植安抚司地置桑植厅，雍正七年（1729）改桑植厅为桑植县，并改隶永顺府。[③]同级变更的情况在整个清代为数不多。随着清末以来地方自治思潮的影响，加之西方地方行政制度的渗透，辛亥革命后，全国开始了大规模的府厅州改县，“府”“厅”“州”作为政区通名逐渐淡出了历史舞台。仅就县级政区的同级变更而言，自 1912 年 1 月江苏、广西等地开始厅（州）改县到 1914 年 6 月四川越巂厅、峨边厅、马边厅、雷波厅改厅为县，两年半间全国共 252 个散厅/州撤改为县。[④]

（4）升级，是指县级政区（含清初的属州）升级为统县政区的情形。这种情况，以属州、散州升直隶州，散厅升直隶厅

---

① 胡恒：《皇权不下县？——清代县辖政区与基层社会治理》，北京：北京师范大学出版社，2015 年。

② 中国第一历史档案馆藏：录副奏折《盛京将军禧恩等奏请宁海县知县改为金州海防同知、岫岩凤凰城通判改为岫岩凤凰城海防同知事》，道光二十三年五月初七日，档号：03-2924，件号：03-2924-036，缩微号：206-1274。

③ 《清史稿·地理志》记载永顺府桑植县：“雍正四年，改流官置厅，隶岳州府。七年改为县。”岳州府未有记载。按：《清会典事例》卷 152 载：“雍正四年置……桑植厅，隶岳州府。……七年，置永顺府。改永顺、保靖、桑植三厅为县，并龙山县，均隶府治。”《嘉庆重修一统志》卷 372 载：“雍正四年，设永顺、保靖二同知隶辰州府。桑植同知隶岳州府。”佟佳江《清史稿订误》（长春：吉林大学出版社，1991 年，第 91 页）载：“据《世宗实录》卷 81，雍正七年五月，设置桑植县，改隶永顺府。《岳阳府》条下遗漏桑植之设置及改隶。”

④ 高茂兵：《府的沿革地理研究》，桂林：广西师范大学出版社，2020 年，第 299—307 页。

居多。尤其是雍正年间调整属州，据华林甫统计，有 68 个属州升为直隶州，2 个属州升为府。[①]也有较少的县升级为直隶厅、直隶州的情况，而以县直接升府，整个清代仅有光绪二十九年（1903）直隶朝阳县升为朝阳府之一例。[②]有清一代，共有 21 个县级政区有两次升级，主要为以下分两种情况。

第一次升级为直隶厅/州，第二次升为府。虽然就政区层级本身而言，府、直隶厅、直隶州同为统县政区，但在行政组织和实际管理中，府要高于直隶厅和直隶州。清初知府为正四品，乾隆二十八年（1763）后改为从四品。[③]直隶厅同知为正五品、通判为正六品；清初直隶州知州为从五品，乾隆三十二年（1767）后改为正五品。[④]乾隆认为，“知府为亲民最要之官，各省同知及直隶州知州内，在任已过三年能胜知府之任者，该督抚秉公保荐”[⑤]。由此可见府在统县政区中具有更重要的地位，因此，清代文献常有直隶厅/州“升为府”的记载。例如凤阳府颍州，清初沿明制为属州，雍正二年（1724）九月升为直隶州。雍正十三年（1735）七月，颍州直隶州又升为颍州府，并置附郭阜阳县：

> 颍州、亳州向俱为直隶州，查颍州界接豫省，地方辽阔，请升为颍州府，设知府一员，粮捕通判一员，经历兼

---

① 华林甫：《清前期“属州”考》，见刘凤云、董建中、刘文鹏编：《清代政治与国家认同》上册，北京：社会科学文献出版社，2012 年，第 200—201 页。

② 《德宗实录》卷 514，“光绪二十九年四月甲午”条，《清实录》，第 58 册，第 792 页。

③ 《高宗实录》卷 691，“乾隆二十八年七月壬申”条，《清实录》，第 17 册，第 740 页。

④ 傅林祥：《清初直隶州的推广与行政层级的简化》，《历史档案》2010 年第 4 期。

⑤ 《高宗实录》卷 428，“乾隆十七年十二月戊子”条，《清实录》，第 14 册，第 592 页。

管司狱事一员，附郭增置一县，设知县、县丞、典史各一员。将亳州裁去直隶州名目，与所属之蒙城、太和并旧属颍州之颍上、霍邱共一州五县，俱隶颍州府管辖。应如所请。从之。[①]

第一次升级后又降级，而后再次升级，经历了调整的反复。例如开封府郑州，清初因明制为属州，雍正二年（1724）八月升为直隶州，雍正十二年（1734）八月又降为散州，复归开封府管辖，“直隶郑州，并所属荥泽、荥阳、汜水、河阴四县，请改归开封府管辖”[②]。至光绪三十年（1904）十一月，河南巡抚陈夔龙又奏请：

郑州一缺，原隶开封。现值卢汉铁路南北将次衔接，开洛支路亦已兴工，郑州适当其冲。拟请改为直隶州知州，就近控制，即以荥泽、荥阳、汜水三县拨归州属，径隶开归陈许道统辖，以裨治理。下所司议。寻奏：应如所请办理，并改开归陈许道为开归陈许郑道。依议行。[③]

因郑州地处卢汉铁路要道，再次升为直隶州。

（5）改隶，是指改变县级政区隶属关系的情形。清代最集中的县级政区改隶发生在雍正年间，主要是雍正朝大规模调整属州导致的。据华林甫研究，属州包括升、降、改、废，雍正年间调整的数量占清代总数的58.1%，雍正年间平均每年改掉的属州多达7.4个，从长时段来看，不得不说是一种“突

① 《世宗实录》卷158，“雍正十三年七月己酉”条，《清实录》，第8册，第936页。
② 《世宗实录》卷146，“雍正十二年八月辛酉”条，《清实录》，第8册，第821页。
③ 《德宗实录》卷537，“光绪三十年十一月甲辰”条，《清实录》，第59册，第143页。

变”。[①]清初辖县的属州有150个之多，它们的调整必然带来辖县隶属关系的变化，因此清代县级政区的改隶多集中于雍正时期。就升、降、废三种情形而言，清代仅有一例属州被废，即成都府威州，雍正六年（1728）被废入其管辖的保县，不涉及辖县隶属关系的变化；而属州升级为直隶州或府，其原辖县的隶属关系可能不变，但属州降为散州，原辖县的隶属关系必然会发生变化。属州调整后，其原来辖县的隶属关系变化，如图3-2所示。

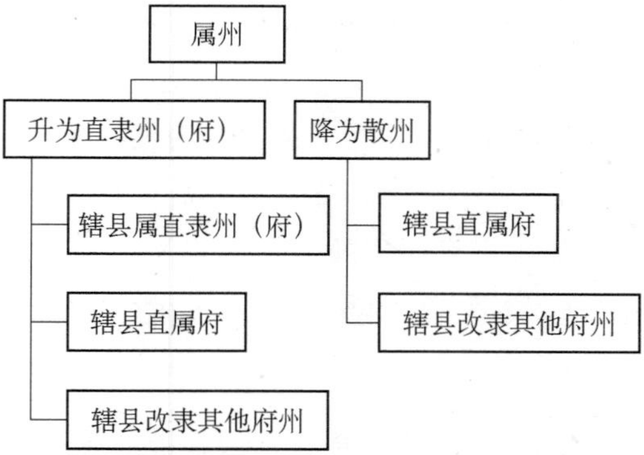

图3-2　属州调整后原辖县的“去向”示意图

此外，县级政区可能不止发生一次改隶。例如安徽太和县、蒙城县，清初皆属颍州。由于雍正二年（1724）九月，凤阳府亳州升直隶州，无辖县不合常制，故改太和、蒙城二县隶属亳州直隶州。雍正十三年（1735）七月，亳州直隶州又降为散州，太和、蒙城二县遂往属颍州府。[②]这样太和、蒙城二县就经历了两次改隶。清代还有13个县级政区前后共改隶了三次，以直隶、山东、河南三省居多，如直隶武清、东光两县都有过三次

① 华林甫：《清前期“属州”考》，见刘凤云、董建中、刘文鹏编：《清代政治与国家认同》上册，北京：社会科学文献出版社，2012年。

② 《世宗实录》卷158，“雍正十三年七月己酉”条，《清实录》，第8册，第936页。

改隶。出现多次改隶的情况，多与统县政区的调整密切相关，如东光初属景州，雍正二年（1724）景州降为散州后，东光改直属于河间府，[①]雍正七年（1729）因沧州升为直隶州，东光往属之。[②]雍正九年（1731）二月，沧州直隶州降为散州，东光又还属于河间府。[③]可见东光的后两次改隶都源于对沧州的调整。

从康熙二十二年（1683）至清末，全国仅有一例县级政区改隶四次，是为肇庆府恩平县。恩平清初属肇庆府，同治六年（1867）四月，阳江县升为直隶州，恩平与开平、阳春一并往属。同治九年（1870）六月，阳江直隶州改为直隶厅，恩平等三县又还属于肇庆府。[④]光绪三十二年（1906）五月，经两广总督岑春煊奏议，阳江直隶厅复改为州，恩平再次往属阳江直隶州。[⑤]但这次改隶不久后，起居注官恽毓鼎提出异议，并详细陈明缘由：

> 臣前阅邸钞，两广督臣岑春煊奏请以肇庆府属之阳春、恩平两县改归阳江厅管辖。随经议覆：奉旨依议，钦此……臣复详加考察，实有不能不为圣主缕晰言之。查恩平水陆行期两日可达肇庆府，其与阳江名为接壤，仅西南一小隅耳，山岭横亘，道路崎岖，河流不通，难航一苇，此形势

① （清）周植瀛修，（清）吴浔源纂：《东光县志》卷一《舆地志上·沿革表》："国初仍分隶景州，自雍正辛亥分河间东半为天津府，而东光于是径属河间，其景州亦降为散州矣。"清光绪十四年刻本，第10a页。

② 《世宗实录》卷84，"雍正七年闰七月辛卯"条，《清实录》，第8册，第125页。

③ 《世宗实录》卷103，"雍正九年二月丙辰"条，《清实录》，第8册，第368页。

④ 《穆宗实录》卷284，"同治九年六月丙申"条，《清实录》，第50册，第922页。

⑤ 《德宗实录》卷560，"光绪三十二年五月戊戌"条，《清实录》，第59册，第415页。

不便者一也。肇庆府道同城，县属相距二百余里，尚改隶阳江便归高阳道管辖，道途迂远，往返需时，呼吸不灵，鞭长莫及，此吏治不便者二也。县境东北与鹤山、开平、新兴毗连，颇称繁盛，而匪穴多在鹤山。外匪勾结土匪，扰害腹地，幸今办理清乡，由肇庆道府统制四邑，会剿严札。鹤、开、新三县堵截界地，匪党渐次就擒。近来恩南阳江地方那龙合山等处因山川险僻，盗贼盘踞，时劫行旅，由恩抵阳必经此路。一旦改隶，则由县上府常有戒心，道府骤更，皆易生手，征调不易，兜截亦难，此捕务不便者三也。县属风土语言素与阳江迥别，性质既殊，易生龃龉，道途修阻，控诉艰难，诚恐事起细微，遂至酿成大祸，此舆情不便者四也。肇郡原有书院，书院系由十二属公款集成，新设府中学堂，县人肄业已二年于兹，今既改隶阳江，学生必当拨回，若再集款在阳江设立而县属奇瘠，旧出之款无收，新派之款又绌，此学务不便者五也。凡此多端窒碍，皆属实在情形，是以前抚臣蒋益澧曾奏请奏改隶阳江，旋改旋复，诚因事势不宜，故遂还仍旧制。若使商民交便，何待今日而始更张哉！伏乞饬下政治馆熟权利害，妥议覆奏，仍归旧治，地方幸甚。臣既有所知，难安缄默，谨附片上陈。伏乞皇太后、皇上圣鉴。谨奏！[①]

至宣统二年（1910）九月，因距离较远、不利控制、学务

① 中国第一历史档案馆藏：录副奏折《日讲起居注官恽毓鼎奏为敬陈阳春、恩平两县改归阳江厅管辖管见事》，光绪三十二年十一月初七日，档号：03-5469，件号：03-5469-042，缩微号：413-2242。

不便等，又经时任两广总督袁树勋奏议，恩平又还属肇庆府[①]，前后总计四次改隶。

（6）迁治，是指县级政区主要行政机构的衙署、行政中心地理位置发生迁移。[②]清代对县治的调整非常务实，如非必要，不会迁治，总体上治所体系十分稳定。许鹏曾将清代政区治所迁移的原因归纳为十大类[③]，十分详细，笔者不再赘述。县级政区迁治的原因亦如此，其中自然灾害尤其是洪水灾害、战争动乱、政治需要、位置偏远与交通不便等是导致县治迁移的主要原因。据笔者统计，1683—1911 年，全国前后共有 74 个县级政区迁治，其中有 7 个县级政区迁治两次，1 个县级政区迁治三次，即江苏沛县。沛县前两次迁治皆缘于黄河决口，第三次则因为清军与太平天国捻军战争。乾隆四十六年（1781）八月，黄河决口，沛县迁治戚山（一作“栖山”）；咸丰元年（1851）

① 《宣统政纪》卷 42，“宣统二年九月甲寅”条，《清实录》，第 60 册，第 758 页。民国《恩平县志》卷一《沿革》载：“清为广东省肇庆府恩平县，按顺治五年析县属东北长居都地立开平县，余即现时邑地……光绪三十二年总督岑春煊奏改阳江厅为直隶州，以恩平、阳春属之，归高雷廉道管辖，邑人以改隶窒碍向咨议局请愿力争，嗣由袁督奏请仍隶肇庆府，宣统二年十月二十四日奉旨依议。”见余丕承等修，桂坫等纂：《恩平县志》，民国二十三年铅印本，第 4a 页。

② 下列各种情况不在统计之列：治所公署在同一城市小范围内改建；各级行政机构中贰职长官的迁移、分驻；行政中心的临时寄治；新设县级政区治所的确定等。此种标准同许鹏之研究范围，参见许鹏：《清代政区治所迁徙的初步研究》，《中国历史地理论丛》2006 年第 2 辑。

③ 许鹏：《清代政区治所迁徙的初步研究》，《中国历史地理论丛》2006 年第 2 辑。

闰八月，黄河再次决口，又迁治夏镇[①]；咸丰十一年（1861），“三月捻匪陷夏镇，人民死伤极惨。十一月，复结联东匪盘踞邑中，四出掠夺，村庄尽成灰烬。是年复还旧治”[②]。

（7）专名变更，是指县级政区专名改变的情况，不包括县级政区升级、同级变更导致的通名变化，但包含县级政区同级变更后的专名变化。如光绪十二年（1886）年八月，广西小镇安厅改县，名为镇边县[③]，这种情形列入统计。总体而言，清代的县名体系十分稳定，共有 44 个县级政区发生过更名。县名更改的原因比较多元，大致可分为五类：一是合并、迁治等政区调整导致县名更易，如河南兰阳县并入仪封厅而改名兰仪县、四川永宁县迁治古蔺场而改名古蔺县、吉林大通县迁治方正泡而改名方正县等；二是地名避讳，如直隶任丘县改名任邱县、江苏仪真县改名仪征县等；三是改少数民族语言音译地名为汉语地名，如直隶喀喇河屯厅改名滦平县、乌兰哈达厅改名赤峰县等；四是地名雅化，如直隶塔子沟厅改名建昌县、八沟厅改名平泉州等；五是表示美愿，如直隶四旗厅改名丰宁县，台湾诸罗县改名嘉义县等。有清一代，只有两个县级政区有过两次更名，分别为前文举例提及的河南兰阳县与江苏仪真县。其中

---

① 《嘉庆重修一统志》卷一百一《徐州府二・古迹》载：“沛县故城……本朝乾隆四十八年避湖水，徙治戚山下。”《清史稿・地理志》记载沛县：“乾隆四十六年河决，县没，徙此。四十七年建城。咸丰元年河决，城复没，迁夏镇。十一年仍还旧治。”《清国史・地理志》记载沛县：“七山在县西南三十里，旧为七山集，有馆廨。乾隆四十六年河决，旧县没于水，移治此。四十七年即建县城。咸丰元年丰工河决，城复没于水，又移治今。有栖山圩。”

② 于书云修，赵锡藩纂：《沛县志》卷二《沿革纪事表》，民国九年铅印本，第 31b 页。

③ 《德宗实录》卷 231，“光绪十二年八月丙子”条，《清实录》，第 55 册，第 119 页。

兰阳是县级政区合并加避讳的原因二度更名，仪真则是由于雍正、宣统年间两次避讳。

（8）新设，是指清代新设立、增置的县级政区。增置新县与县级政区析分的关联密切，常常同时出现，当然也有多种在原先县制未及之处直接设县的情形。笔者统计的“新设”，也包含清代裁撤或变更后而复设的县级政区。例如直隶热河厅，雍正元年（1723）十月首次“新设”，雍正十一年（1733）废厅置承德直隶州，乾隆七年（1742）二月，又复设热河厅。①于是，清代热河厅的“新设”计为两次。据胡恒统计，清代（含顺治、康熙朝）裁县而又复设的县级政区共26个，其中四川最多，共21处。这主要是因为明末清初长时期战乱使四川人口大量减少，明代设置的县份因人口稀少，不得不合并州县，以节民费，以纾民困。待到康熙、雍正年间，经济恢复、人口增长，加上移民因素的影响，又陆续加以恢复。②从时间上而言，这26处中废于顺治年间的7处、废于康熙年间的18处，顺治年间复设的1处、康熙年间复设的8处、雍正年间复设的16处。因此，笔者统计的康熙二十二年（1683）以后“新设”的县级政区，其中有多处是在康雍年间复设的，这也是导致清代全国新设县级政区以四川省为最多的一个重要因素。例如雍正七年（1729）

① （清）李鸿章等修，（清）黄彭年等纂：《同治畿辅通志》卷十六《沿革一·国朝》载，“承德府为列圣清暑驻跸之地，雍正元年设热河厅，十一年置承德州直隶布政使司，乾隆四十三年升为府，隶热河道，领州一县五”。宣统二年刊本重印，台北：华文书局，1967年；《高宗实录》卷160，“乾隆七年二月癸巳”条，《清实录》，第11册，第18页。

② 胡恒：《皇权不下县？——清代县辖政区与基层社会治理》，北京：北京师范大学出版社，2015年，第282—283页。

十月，一次性复设了双流、崇宁、彭县、彰明、罗江、大足、壁山、定远、大宁、新宁、安岳、彭山、青神、威远十四个县。据四川巡抚宪德疏言，“川省州县，先因地广人稀、政事简少，将双流等县裁并。今生聚日繁，应复设县治，照旧分理。成都府复设双流县、崇宁县、彭县；绵州复设彰明县、罗江县；重庆府复设大足县、壁山县、定远县；夔州府复设大宁县、新宁县；潼川州复设安岳县；眉州复设彭山县、青神县；嘉定州复设威宁县。各设知县一员、典史一员”[①]。

总结起来，清代新设县级政区的类型有如下6类：①普通设县[②]；②前面提到的县级政区裁撤或变更后而复设；③府下增置附郭县；④卫所改县；⑤改土归流设县；⑥县辖政区（佐杂）升置为县。每一种类型呈现显著的时空分布特征，在时间、空间两个维度上很好地体现了清代变革地方政区的理念和侧重点。

（9）裁撤，是指废除县级政区的情形。一县被裁撤后，其管辖地域、行政资源会被邻近政区吞并或重新划分，最常见的两种情形：一是被其他县级政区“合并”，如前面“（2）合并”条所述。二是裁撤入府州，成为统县政区的亲辖地。例如宣统三年（1911）三月，奉天府承德县、锦州府锦县皆裁撤入府，成为府的亲辖地，至清末，奉天全省各府均有亲辖地而无附郭

① 《世宗实录》卷87，“雍正七年十月己酉”条，《清实录》，第7册，第162页；《世宗实录》卷103，“雍正九年二月庚戌”条，“吏部议覆。四川巡抚宪德疏言，川省复设双流等一十四县”。

② 按：指的是在历代县制扩展的大趋势中设置的普通县级政区，设县的地域来源主要有二：一是边疆沿海的无县地域，如设置开鲁县、玉环厅等；二是析分其他县级政区，如设置本溪县、盘山厅等。

县。“东三省总督锡良奏查昌图府等七处各级审判厅，并开原、盖平、本溪三县城治审判厅，均须于本年成立，提前赶办。经费骤增，亟须腾出的款，以资接济。应请将奉天府之承德县、锦州府之锦县即行裁并，一切事宜均归该府直辖管理。复查审判厅既经成立，各属旧有管狱等官，几同骈枝，亦请一并裁撤，再各项教职缺分，拟请援照吉林成案。”[①]除了顺治、康熙年间大部分集中于四川的若干裁而复设的县级政区外，清代的裁县一般是一次性行为，直至清末不再恢复。不过也有特例，如广东保昌县与程乡县，曾经历二度裁撤，它们的命运系于其所属统县政区的性质。清初保昌为南雄府附郭县，嘉庆十一年（1806）六月，南雄府降为直隶州。依清制，直隶州下不设附郭县，故裁撤保昌县入南雄州。[②]嘉庆十七年（1812）四月，南雄州复

① 《宣统政纪》卷50，“宣统三年三月辛丑”条，《清实录》，第60册，第891页。中国第一历史档案馆藏军机处录副奏折553号，7440-20，宣统三年三月初三日，《裁撤知县佐职各缺清单》：“承德县知县一缺应裁；锦县知县一缺应裁”；中国第一历史档案馆藏军机处录副奏折553号，440-19，宣统三年三月初三日，《东三省总督锡良奏为裁缺知县各缺》载：“应请将奉天府之承德县、锦州府之锦县即行裁并，一切事宜均归该府直辖管理”；内阁印铸局编：《宣统三年冬季职官录》之《奉天省·职官》已不载承德县、锦县，见沈云龙编：《近代中国史料丛刊》第29辑，台北：文海出版社，1966年，第560页。

② 中国第一历史档案馆藏：录副奏折《两广总督吴熊光、广东巡抚孙玉庭奏请潮州嘉应等改建州府以符名实事》，嘉庆十一年六月十五日：“至南雄府自古为南雄州，元时改为南雄路，明初改路为府，仅辖保昌、始兴二县，原其所以改府之故，以庾岭在保昌境内，系自江入粤之冲途，第知府为方面大员，乃所辖仅止二县，较之嘉应州之自理一县，管辖四县者繁简悬殊，且现在地方民情视嘉应州较为宁谧，应请裁去保昌县而以南雄府仍复为南雄直隶州，辖始兴一县。”档号：03-1465，件号：03-1465-008，缩微号：100-0357。

升为府，再设附郭保昌县。[①]同年九月，保昌县遂被二度裁撤，“复广东南雄府为州，并裁复设保昌一县”[②]。而程乡县原属潮州府，因距府遥远，雍正十一年（1733）三月被裁撤，成为新设之嘉应直隶州的亲辖地。[③]嘉庆十一年（1806）六月，嘉应州升府，置附郭程乡县，以合府制。[④]嘉庆十七年（1812）四月，嘉应府降为直隶州，二度裁撤程乡县，仍入州为亲辖地。

关于清代裁县的原因，大致可归纳为4类：①人口稀少；②地域狭小；③同城二县合并；④自然灾害。[⑤]具体情形请参见后文。

---

① （清）吴宗焯等修，（清）温仲和纂：光绪《嘉应州志》卷二《沿革》：“十六年八月，总督松巡抚韩奏请将嘉应府复为直隶州，南雄州复为南雄府，官制俱仍其旧。十七年四月奉部覆准。案：南雄府后改为直隶州。”民国二十二年刻本，第13b页。

② 《仁宗实录》卷261，“嘉庆十七年九月丙戌”条，《清实录》，第31册，第539页。

③ 《世宗实录》卷129，“雍正十一年三月丁酉”条，《清实录》，第8册，第680页。

④ 中国第一历史档案馆藏：录副奏折《两广总督吴熊光、广东巡抚孙玉庭奏请潮州嘉应等改建州府以符名实事》，嘉庆十一年六月十五日：“查嘉应州原系程乡县旧治，应即设复程乡县而以嘉应州升为嘉应府，辖程乡及原辖之兴、长、平、镇四县，则一府五县合于潮、惠之间，五县之事统归知府核转钤束。”档号：03-1465，件号：03-1465-008，缩微号：100-0357。

⑤ 据胡恒研究，还有一类情况：因“迁界令”裁县，不久旋即复设，共新安、澄海两例。广州府新安县康熙五年（1666）裁入东莞县，康熙八年（1669）展界后即复设；潮州府澄海县康熙五年（1666）裁入海阳县，康熙八年（1669）展界后即复设。由于不在本书研究时间范围内，不作具体探讨。详见胡恒：《皇权不下县？——清代县辖政区与基层社会治理》，北京：北京师范大学出版社，2015年，第286页。

第三节　县级政区调整后的空间影响

从政区的地理形态和空间结构而言，县级政区最基本的地理要素有六种：地理位置、层级、边界、幅员、治所、名称。上述九类县级政区的调整模式，都会对这六种要素产生直接或间接的影响。其中，“新设”是政区结构体系塑造成型的过程，而“裁撤”是政区结构体系解体消失的过程，因此就直接影响而言，这两种情形发生后产生直接变化的地理要素最多；“同级变更”必然产生的直接影响仅有政区通名更改，“专名变更”必然产生的直接影响仅有政区专名更改；而单纯的“改隶”，县级政区本身的地理要素无须有任何更迭。具体关系，如表 3-1 所示。

表 3-1　县级政区调整后产生直接变化的地理要素

受影响要素 / 调整模式	地理位置	层级	边界	幅员	治所	名称
析分	✓		✓	✓		
合并	✓		✓	✓		
同级变更						✓
升级		✓				✓
改隶						
迁治	✓				✓	
专名变更						✓
新设	✓		✓	✓	✓	✓
裁撤	✓		✓	✓	✓	✓

在现当代行政区划领域，改革开放以后，中国行政区划演变的模式更加多元，频次也更加密集。朱建华等曾总结了改革

开放以来中国行政区划演变的五种最主要的模式：建制变更、政区拆分、政区合并、建制升格与新设政区。[1]实际上，上一节述及的清代县级政区调整的九种情形，与当代中国行政区划演变的五种模式含义相通。如果也从县级政区层面对照，当代政区演变的模式与历史时期县级政区调整模式呈如下对应关系（图3-3）。

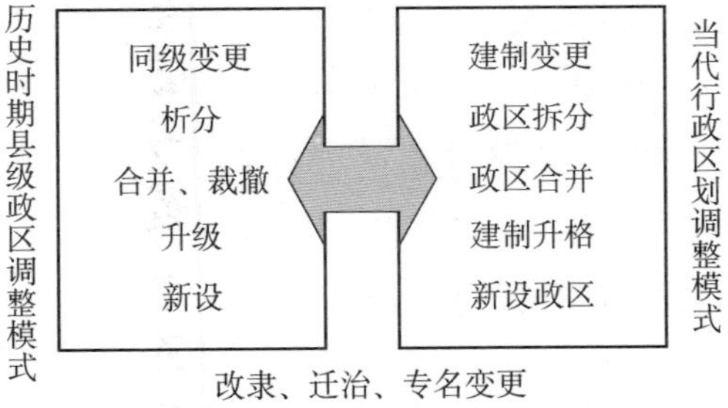

图3-3　历史时期与当代政区调整模式的对应关系

研究政区地理，传统社会与当代国家政区的空间和对象本质上相通的，应该在认识历史规律和把握时代特征的基础上打破时间断限上的隔膜。就当代中国而言，含县级政区在内的政区主要调整模式是建制变更，其次为政区拆分与政区合并，而建制升格和新设政区比较少见。此外，各级政区的隶属关系、行政驻地与地名已经十分稳定，极少变更。[2]清代的情况与此却差别很大，清代县级政区最主要的调整模式是新设和改隶，其次为分县（政区拆分）与升级（建制升格），而同级变更（建制变更）和并县（政区合并）比较少见，与当代情况基本呈相

① 朱建华、陈田、王开泳，等：《改革开放以来中国行政区划格局演变与驱动力分析》，《地理研究》2015年第2期。

② 按：当代地名变更绝大部分是撤县设市、撤县（市）改区等建制变更而导致的通名改变。

反态势。此外，改隶、迁治、更名也都是清代县级政区调整为数不少的重要方面。

不论古今，行政区划调整都不仅仅是简单的政区撤并和划分问题，更是影响到国家治理架构和区域社会稳定发展的重要因素。如果从清代229年的较长时段衡量，从1978年到2013年的36年间[①]，中国县级以上政区调整的频率已经非常密集，涉及的政区数量十分庞大。这当然与当代城市化进程加快、人口增长、生产方式转变、经济发展等新时期的实际需求息息相关，但每个县的设置与发展都有历史基因和继承性，行政区划调整的速度是否充分尊重了自然规律、历史规律和社会发展规律，是值得我们长期观察并反思的问题。

① 依据朱建华、陈田、王开泳，等《改革开放以来中国行政区划格局演变与驱动力分析》（《地理研究》2015年第2期）一文统计数据的时间范围。

第四章

分疆画界：清代县级政区的析分与界线划定

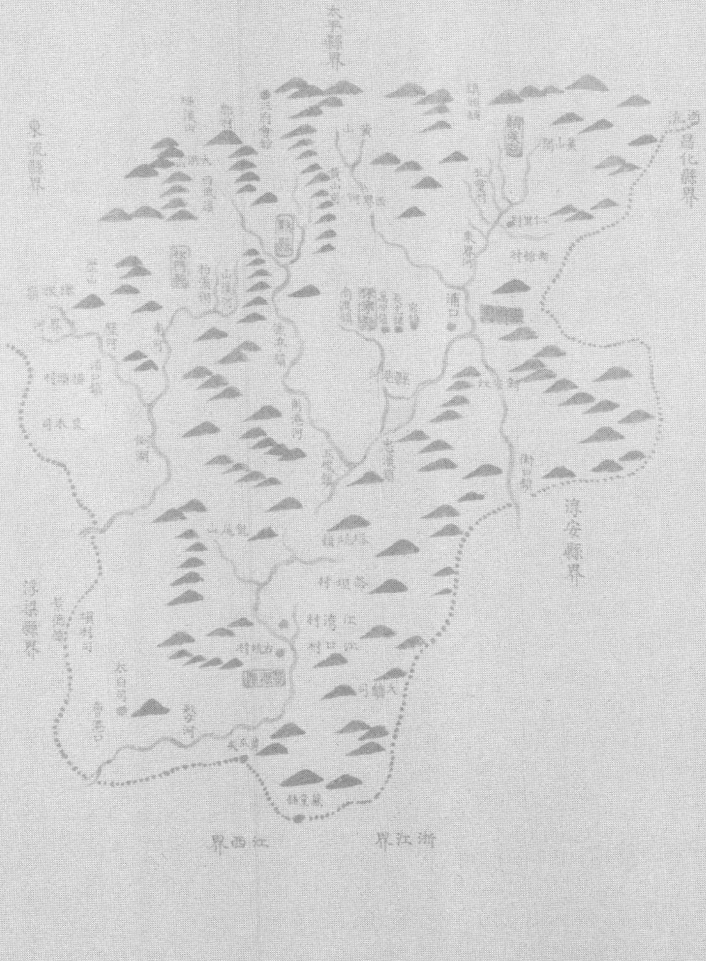

“边界”作为行政区划的核心要素之一，自郡县制萌芽以来，上到统治者、下到地方乡绅百姓，边界概念和意识都在不断深化。秦始皇统一全国后，政区划分与调整成为中央集权行之有效的行政手段。中国古代政区边界的划定与管理凸显着两大原则：一是划界要利于集权统治，二是要遵循边界与地理环境的协调性。于是，“山川形便”与“犬牙相入”成为最重要的两条划界原则。这两条原则看似对立，但常常在政区结构体系的调适过程中并用，而且随着历代中央集权的加强，“犬牙相入”原则的使用愈发频繁。既往以周振鹤为代表的学者基于这两条原则，对中国传统政区尤其是高层政区、统县政区的划界问题已阐释得十分深刻，很难突破。越来越多的后来者在探讨基层政区边界划定理念的过程中发现，中国古代县界的划分也大多以自然为根本，体现着“山川形便”原则的形态特征，也偶有“犬牙相入”之错壤，进一步论证并扩展了这两大原则的适用范围。

考订边界是复原政区幅员、形状的基础。既往学界对高层政区的划分和勘界等研究已较成熟，既有理论性探索，亦有区域性、小尺度案例分析，尤其关注边界划分与调整中不易协调的地域和边疆地区。相较之，学界对统县政区和县级政区边界演变关注不多。近年来，历史地图编纂的热潮逐渐兴起，虽然华林甫、杨光华等学者指导了若干考订清代县界和幅员的学位论文[①]，不过关于清代县级政区幅员的析分、边界管理的理念等重要问题，仍有待系统性探究。

《礼记·王制》有云："凡居民，量地以制邑，度地以居民"，说明了区划幅员与人口的关联。三国时期夏侯玄与司马懿讨论，提出改革行政区划，曾言"分疆画界，各守土境，则非重累羁绊之体也"（见于《三国志·魏志·夏侯玄传》）。可见，历史上早有通过析分划界调节政区管辖幅度与治理空间的理念，历代政区幅员的演变颇为复杂，从总趋势看是逐渐变小的。清代连通古今、承上启下，在政区划分和地方治理上总体延续了明代的模式，又有所创新，对县级政区乃至县下基层辖区的管理更加细化。

① 例如，刘旭辉：《清末长江三峡地区重庆府属州、厅、县界线复原研究》，西南大学硕士学位论文，2010年；沈桂钊：《晚清夔州府各县界线研究》，西南大学硕士学位论文，2010年；冯桂明：《晚清长江三峡地区内宜昌府各县界线复原研究》，西南大学硕士学位论文，2012年；施剑：《清代浙江省政区边界研究》，中国人民大学博士学位论文，2014年；夏建立：《清代直隶北部政区边界研究》，中国人民大学硕士学位论文，2014年；陈栋：《清代山西南部政区边界研究》，中国人民大学硕士学位论文，2015年；等等。

第一节 县级政区的“分疆画界”

上到省界、下至县界，一般而言，边界与自然地理环境契合度越高，地方的行政效率越能得到更好的保证。新加坡国立大学孙传炜（Tuan Hwee Sng）等学者曾建立了一个有趣的假设模型（图 4-1），图中波浪线表示河流，（A）表示 X 省与 Y 省分别管理一个生产方式一致的完整地区和流域；（B）表示水稻/小麦种植区与两条河流流域分别被 X 省和 Y 省切割管理。

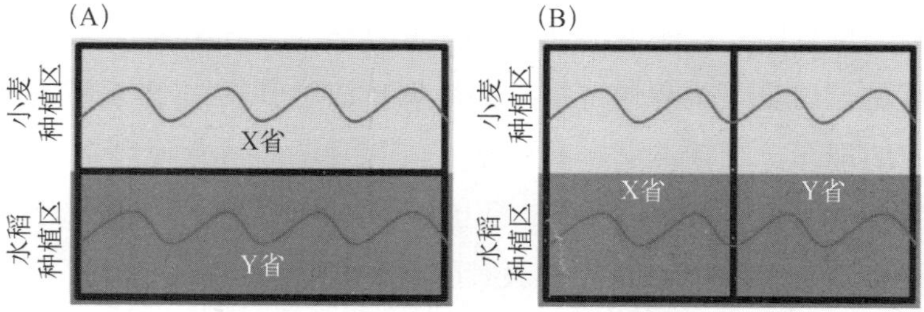

图 4-1 自然地理环境与省界划分的两种假设模型

资料来源：Sng T H, Chia P Z, Feng C C, et al. Are China's provincial boundaries misaligned? *Applied Geography*, 2018, 98: 52-65

按（A）方式划界，生产专业化与河流水利管理的效率显然高于（B），但也容易增加各省地方的自治倾向。按（B）方式划界，中央政府能够通过各省之间的横向比较遏制地方政府的信息瞒报和自治倾向。在行政效率与政治稳定的权衡取舍中，统治者更看重的当然是后者。为此，孙传炜等学者用“流域法”与“成本距离法”构建了两套假设的更“自然”的省界，与实际省界相比，这两套假设省界与实际情况重合度最低的都是安徽、江苏、陕西、河南、山西五省，江西、湖北、浙江、山东等省次之。①不难发现，这些省界调整程度高的省基本分布于"秦岭—淮河"一线，是历史上形成南北方对峙和分裂割据风险最多的地带。尤其是重合度最低的江苏、安徽二省的格局，是清初江南分省时奠定的，从一定程度上说明了中央政府通过边界要素管控地方的政治倾向。"犬牙相入"原则的应用，总体上是政区层级越高越为显著。对各级政府来说，错壤相入有利于政府对地方的控制和管理，但对"插花"和"错壤"等实际发生的地理单元和区域社会而言，疆界管理与利益分割常常引发不同程度的矛盾冲突。

因此，周振鹤曾指出："在资源利益不发生冲突以前，大多是界限不清的，但当利益冲突尖锐时，大致的界限就要让位于精确的界线了。"②这一点在清代表现得尤为显著。中国古代的疆界认识起源很早，清代更加重视了边界对外控御、对内管理的作用，不过历代政区边界走向"精细化"与"法定化"，经历了漫长的过程。而且，历史上对边界的精细化认识和法定化过程，大致是从国界到省界、府级界再到县界乃至县下政区界层层落实的。就地方区域而言，一般以较大山脉、河流为界的政区之间，呈现的是一种"宽幅界线"。随着社会经济发展、交流频繁、资源利用程度的增加，这种宽幅界线就会呈现由宽变窄、

① Sng T H, Chia P Z, Feng C C, et al. Are China' s provincial boundaries misaligned? *Applied Geography*, 2018, 98: 52-65.

② 周振鹤：《中国近现代行政区域划界研究》序，见徐建平：《中国近现代行政区域划界研究》，上海：复旦大学出版社，2020 年，第 2 页。

成线的演变过程。[①]需要说明的是，清代县级以上政区存在习惯线、争议线、官方（法定）线并存的情况。传统时代经过行政程序认定的官方界线不多，尤其是内地基层的县级政区界线，许多没有经过会勘和审核的过程，更多意义上是一种习惯线；而更次一级的县下辖区界线，大多停留在乡村之间口耳相传的意识习惯中。在地方政区历代相沿、结构稳定的情形下，习惯线发挥的管理作用基本不受影响。随着县制扩展，清代县级政区析分、新设、裁撤、合并、改隶等对边界要素产生直接影响的调整频繁发生，边界会勘活动渐增。而政区边界整体上从“界限”向“界线”的转变，是到了南京国民政府时期的大规模省市县勘界运动时才开始的，直到20世纪末才真正完成。[②]

不论是习惯线、争议线还是官方线，在地方资源分配、利益分割、行政管理的过程中都发挥了实际作用，因此，探讨它们的形成过程、划界理念都颇具价值。晚清“开眼看世界”以后，清人更认识到“分疆画界”在世界各国地方管理中的基础作用，“法国官职多同中国，国中分疆画界，略如中国之府、州、县均设官以节制之。府有太守，州有刺史，县有邑令，虽与中国名称不同，而体制无异。法度号令，官出而民遵，无敢违也”[③]。从康雍到光宣，清代将“分疆画界”作为一种均衡地方治理的行政手段，是在治乱理正、基层治理与应对边疆危机

① 侯甬坚：《从习惯线到法定线：我国政区界线性质的变迁》，《江汉论坛》2006年第1期。

② 徐建平：《中国近现代行政区域划界研究》，上海：复旦大学出版社，2020年。

③ （清）杞庐主人辑：《时务通考》卷二十《官制》，光绪二十三年点石斋石印本，第5a页。

三方面因素推动下运作和演变的。

第二节　治乱理正与边疆政区界线的明晰

清代疆域版图拓展、人口空前增长，康熙朝平定三藩之乱，与俄罗斯签订《尼布楚条约》，又将喀尔喀蒙古、台湾收入版图，清代大一统疆域初步奠定。面对地域空前辽阔、民族多元的局面，雍正帝首先力图平定边疆的余乱，消弭地方再次形成割据势力的风险。清代“治乱理正”的工作主要是由雍正帝完成的，即位不久，他已认识到边界在地方管理中至关重要的作用。雍正三年（1725）三月，上谕：

> 《周礼》称：“惟王建国，体国经野。”《孟子》亦言：“仁政必自经界始。”疆界所关，诚为至重。从来两省交壤之地，其界址多有不清，云、贵、川、广等处为尤甚。间有一省之内，各州县地界亦有不清者。每遇命、盗等事，则互相推诿，矿、厂、盐、茶等有利之事，则互相争竞，甚非息事宁民之意。各省督抚，其共矢公心，详细清查。如与邻省地界有不清者，则两省各委贤员公同勘定。若本省内地界有不清者，即委本省贤员勘定。地皆朕土，人皆朕臣，此盈彼绌，悉在朕版图之内，无容分视也。虽地界或间有难定之处，但平心勘画，即使稍有不协，然一定之后，久远得以遵据，永无推诿争竞之处，于地方大有

裨益矣。[①]

“疆界所关，诚为至重”的观念使雍正帝着手派员勘察交壤之省界以及部分州县地界不清者。由于政区边界系统是由不同层级政区边界嵌套组成的，所以省界归根结底也是由一段段县界、府界构成的。雍正三年（1725）四月初，依“方便治理”的原则，清朝将直隶、河南两省所辖贾鲁河等二十五处地方划归山东曹县管辖，勘定了直鲁豫三省交会的省界（也是直隶东明县、山东曹县、河南考城县的县界）；雍正五年（1727）皇帝曾谕令勘察划定京师五城之间及城属与周边州县之间的边界。[②]雍正朝的勘界活动不仅于此，由于“其界至多有不清，云、贵、川、广等处为尤甚”，雍正朝的勘界重点主要在西南边疆地区，滇黔桂三省总督鄂尔泰在其中发挥了关键作用。在巩固边疆的进程中，西南三省的土著豪强是比较大的障碍。例如，云南元江、新平地方：

> 元、新土目宜禁止擅管地方，以杜扰累也。查元江、新平均属内地，凡稽察村寨，约束夷户，俱应地方官自行经理，非同普洱边方僻远，必须设立土目，以资稽察。乃元、新村寨，向被各土目私行霸占，有某处属某土目项下名色，分疆划界，竟成世业，以致不法土目，科派索保，恃强欺弱，无所不至……若不亟为清理，不特夷民世受苦累，兼恐因循日久，渐难钳制。应严禁各土备弁目，以后

① 《世宗实录》卷30，“雍正三年三月癸丑”条，《清实录》，第7册，第457页。

② 韩光辉：《清雍正年间的政区勘界》，《中国方域：行政区划与地名》1997年第4期。

不许霸占村寨，一切稽察约束事务，俱令地方官管理。[①]

元江、新平地方明代已完成改流，清初沿明制为元江（军民）府、新平县，也并非像普洱一样的极边之地，土著豪强却在其间私自划界分区。边疆治理的混乱状况，是刺激雍正帝加强政区边界管理的重要因素，分疆画界的行政工具要牢牢控制在中央集权体系之下，同时也坚定了雍正帝推进改土归流的决心。于是，雍正四年（1726）清廷组织了西南地区的疆界会勘，“会勘界址，归滇、归川、归藏，分定疆界。于南墩适中之宁静山顶，建立界碑，又于喜松工山与达拉山两界山顶，亦立界石。山以内均为巴塘所属，山以外为西藏所属。雍正七年，授巴塘土官札什彭楚克为宣抚司，大头人阿旺林沁为副土官，颁给印信号纸”[②]。朝廷明确划定了滇、川、藏之边界，并立界碑界石，将不同制度体系下的内地与西藏地域有机融入大一统版图内。

贵州方面，首先厘清了东南方向与广西的界线。清初，二省界线互相跨越红水江（今红水河），犬牙交错、地界不清，于是红水江两岸土司纷争，两省地方官遇事便常常互相推诿。直至雍正五年（1727）八月，朝廷批准鄂尔泰、贵州巡抚何世璂等奏议，下令勘明界址，以红水江为界，江北属贵州、江南归广西。围绕这条省界，两侧县级政区亦多有调整。在原属广西泗城府的长坝设永丰州，将贵州安顺府的南笼厅升为府，并将安顺府所属之普安州与安南、普安二县，以及新设之永丰州一

① 雍正《云南通志》卷二十九之六，文渊阁四库全书本，第 47b—48a 页。
② （清）姚莹撰：《康輶纪行》卷四，同治刻本，第 17a 页。

并归南笼府管辖。[1]划清贵州、广西界线，其治边的效果立竿见影，除了从此了断了两省土目长期仇杀的问题外，更促使位于两省交界处的黔南土著自愿归顺。[2]从此，两省区以红水河及上游南盘江为界一直延续至今，表现了合理界线的稳定性特点。[3]趁热打铁，雍正七年（1729）七月，鄂尔泰又上奏“为请招无管生苗以安三省边境事”，提出铜仁府附近（今松桃苗族自治县），与湖北、四川交界的苗疆应当设法招抚，明确归属，勘定界址，以资长效治理。其奏文如下：

> 窃照贵州铜仁一府，地处黔省极边，逼近红苗夷界。向因路远苗强，不能管辖……北连湖广，西接四川，广袤千余里，成化外之巨区，居三省之腹里。其中地土平衍，人民饶庶，语言衣饰，多如汉人，鸡犬桑麻，无异内地。因并不隶于何省，或为强横土司所割据，或为凶悍头目所分侵，向号四不管。积习相沿，由来已久……地界既属辽阔，苗寨亦分良顽，所用黔员，自未便越境料理。楚、川两省，附近文武，须得协力，始能济事。如蒙圣恩俞允，容臣就便酌遣公办，俟招抚完竣后，会勘界址，再分隶管辖，各定考成，庶申令专而奉行易，用力省而成功速。将从来未服之苗薮，同登版籍，共听约束，而三省之声势益通，边隅永靖矣。缘为疆界起见，臣不敢少分彼此，谨缮

---

① 《世宗实录》卷60，“雍正五年八月癸卯”条，《清实录》，第8册，第919—920页。

② 韩昭庆：《清初贵州政区的改制及影响（1644—1735年）》，见中国地理学会历史地理专业委员会《历史地理》编辑委员会编：《历史地理》第二十三辑，上海：上海人民出版社，2008年，第103页。

③ 韩光辉：《清雍正年间的政区勘界》，《中国方域：行政区划与地名》1997年第4期。

折具奏，伏乞圣主睿鉴，训示遵行。臣谨奏。朱批：览。[①]

鄂尔泰指出，贵州、湖北、四川三省文武官员须通力秉公协作，方能促进疆界巩固，这与雍正帝希望各省督抚“共矢公心，勿存私见，详细清查……公同勘定”的理念相契。雍正年间，治乱理正的工作促使一些既往错壤矛盾的政区界线得到了官方裁定。此外，雍正年间县级政区的频繁改隶，客观上也使不少县级政区与统县政区界线愈发清晰，向官方勘定的“法定化”方向发展。

改土归流的推进为边疆县制拓展、推行与内地一致的管理区划创造了条件。雍正时期，贵州率先完成了各级政区与内地实现一体化的进程，各级政区界线亦由此奠定下来。[②]乾隆中期，云南全省的行政区划也完成了一体化调整。据《高宗实录》卷852“乾隆三十五年二月庚戌”条载，云南全省的所有府级政区均向内地府制看齐，土府、军民府不复存在，首先完成了府级政区的改流。同时，依照内地府制，武定、广西、镇沅、元江、蒙化、景东等不合府制（无辖县或辖县过少）的府改为直隶厅或直隶州。截至乾隆三十五年（1770）底，全省有14府、3直隶厅、4直隶州，下辖3散厅、27散州、39县。而县级政区层面，雍正、乾隆年间，府下亲辖地新设或改设若干附郭县的情况包括：雍正五年（1727）七月，东川（军民）府置会泽县。[③]雍正七年（1729）四月，会泽县迁治府下，附郭，府亲

① （清）鄂尔泰撰：《鄂尔泰奏稿》，清钞本，第214—217页。

② 韩昭庆：《清初贵州政区的改制及影响（1644—1735年）》，见中国地理学会历史地理专业委员会《历史地理》编辑委员会编：《历史地理》第二十三辑，上海：上海人民出版社，2008年。

③ 《世宗实录》卷59，“雍正五年七月辛巳”条，《清实录》，第7册，第908页。

辖地由此并入。[①]雍正七年（1729）十二月，以开化府亲辖地置附郭文山县。[②]雍正十三年（1735）十月，以普洱府亲辖地置附郭宁洱县。[③]乾隆元年（1736），以广南府亲辖地置附郭宝宁县，与土同知共管地方。[④]乾隆三十五年（1770）二月改县，改临安府下建水州为附郭建水县；以顺宁府亲辖地置附郭顺宁县；以丽江府亲辖地置附郭丽江县。[⑤]至此，云南的府县体制已与内地趋同。

贵州、云南等边疆省份改土归流后，往往存在所辖州县稀疏、县域过大的情形，清廷一般分两步解决这类问题。首先在县级政区内增派分防佐杂官员，其功能类似于州县官员。佐杂官员有明确辖区，在郡县化过程中起到了过渡作用，其独立性可视为"准县级"政权。[⑥]待人口充实、条件成熟时，县下辖区可升置县级政区。其稳定的治理辖区与明确的管辖界线，为辖区调整以及新设县级政区的政区结构体系生成奠定了良好基础。如前面提及的雍正五年（1727）黔桂二省勘界时新设的贵州南笼府永丰州，治长坝，同时设州同驻册亨，管理册亨、罗烦等州下四甲，设州判驻罗斛，管理东北罗斛四甲之地，都具有明确的辖区和界线。乾隆十四年（1749）十月，罗斛州判及其辖区划归贵阳府定番州，为定番州罗斛州判。[⑦]类似的，还

① 《世宗实录》卷80，"雍正七年四月辛卯"条，《清实录》，第8册，第52页。

② 《世宗实录》卷89，"雍正七年十二月辛亥"条，《清实录》，第8册，第200页。

③ 《高宗实录》卷4，"雍正十三年十月甲戌"条，《清实录》，第9册，第218页。

④ 《清会典事例》第一册，北京：中华书局，1991年，第390页。

⑤ 《高宗实录》卷852，"乾隆三十五年二月庚戌"条，《清实录》，第19册，第407页。

⑥ 胡恒：《皇权不下县？——清代县辖政区与基层社会治理》，北京：北京师范大学出版社，2015年，第268页。

⑦ 《高宗实录》卷350，"乾隆十四年十月庚辰"条，《清实录》，第13册，第833页。

有原普安州黄草坝州判地升置兴义县、云南师宗州邱北州同所辖日者乡并阿迷州十四寨地置邱北县、镇雄州彝良州同地升置彝良县等。总之，治乱理正、推动政区一体化客观上促进了边疆地区各级政区界线明晰化的进程，在界线明确、辖区稳定的格局中，基层县级政区快速充实了清代滇黔的空间版图（表4-1），也在一定程度上缓解了边疆地区州县辖境过大、不易控御的问题。

表 4-1　1683—1911 年贵州、云南二省新设的县级政区

省份	新设县级政区
贵州	贵筑、修文、长寨厅、罗斛厅、玉屏、青溪、清江厅、台拱厅、松桃厅、五开、铜鼓、古州厅、下江厅、清镇、安平、安南、南笼厅、归化厅、郎岱厅、永丰州、兴义、八寨厅、丹江厅、都江厅、毕节、水城厅、仁怀厅
云南	个旧厅、宝宁、缅宁厅、顺宁、平彝、宣威州、五嶆厅、维西厅、中甸厅、丽江、思茅厅、宁洱、他郎厅、攸乐厅、龙陵厅、永康州、文山、安平厅、会泽、巧家厅、大关厅、永善、恩安、鲁甸厅、靖江、华坪、恩乐、邱北、彝良

第三节　基层治理与州县界线错壤的解决

面对疆域广阔、人口众多的庞大国家，起初清廷也是从大处着眼，康雍乾时期，朝廷充分利用行政手段，基本完成了治乱理正的工作。国家“分疆画界”的根本目的在于掌土治民和安邦定国，而县级政区作为朝廷清丈土地和编户齐民的直接对象，重要程度不言而喻。由于界线划分左右着县级政区的土地面积、田亩大小，进而影响着户口、赋税之多少，成为地方州县政府与百姓关注的重点，尤其是经过调整或新分设的县级政区，其界线裁定可能关系到周边数个州县的利益。

地方分区如何才是合理？似乎是一个解决不尽的命题。以最富庶的江南地区为例，明代及以前相关的省府州县各级政区就多有疆界错壤的问题。例如著名的位于苏浙二省交界的枫泾镇，其地介于奉贤乡与枫泾乡之间，前者属嘉兴府嘉善县，设有嘉善主簿管理；后者属松江府娄县，由松江的巡检管辖。①类似的跨界市镇，江南地区还有乌青镇、章练塘镇、朱家角镇、临浦镇等，从跨省界到跨府界的都有，跨县界者更是平常。由于这些错壤之地处于复杂交错的地理位置，与周边多个州县沟通便利，故商贾云集，人烟繁盛，但其地方治安与基层社会秩序常常比较混乱。对于疆界管理上出现的“插花”“错壤”，从中央和高层政区的角度，有意适当地突破“山川形便”，使省与省之间形成掣制之势，有利于朝廷对地方的控制。因此，即使清代省界错壤之处时常出现匪患与动乱②，朝廷大多也只是派官弹压，很少调整省界。根据《清史地图集》的考证结果，清末时全国共有 22 个三省交界点③。这些交界点通达三省，区位

① 冯贤亮：《明清江南的州县行政与地方社会研究》，上海：上海古籍出版社，2015 年，第 166 页。

② 清代文献中，多有“三省交界，匪徒滋事”等相关记载，河南安徽湖北、湖南四川贵州、直隶山东河南、陕西四川甘肃、湖北四川陕西、浙江江西福建、江苏安徽河南、江苏安徽浙江、湖北湖南江西、江西福建广东三省交界处，督抚都有过“弹压匪患”的相关奏议，但是上述诸省之间，省界大部分长期稳定。

③ 分别为：直隶山西河南交界、直隶山东河南交界、山东河南江苏交界、河南山西陕西交界、河南陕西湖北交界、河南江苏安徽交界、陕西甘肃四川交界、陕西湖北四川交界、河南安徽湖北交界、湖北安徽江西交界、湖北湖南江西交界、湖北四川湖南交界、四川贵州湖南交界、湖南贵州广西交界、湖南江西广东交界、湖南广东广西交界、江西广东福建交界、江西福建浙江交界、江西浙江安徽交界、江苏浙江安徽交界、四川云南贵州交界、云南贵州广西交界，共 22 处。

重要，如河南荆紫关、山西风陵渡、陕西青木川、广东鹰扬关、浙江廿八都等都是历史悠久的兵家要冲、商贸集镇、交通枢纽或文化坐标，表现出很强的稳定性，也是研究政区之间地缘关系和地域社会治理的绝佳切入点。

但对基层地方而言，县级政区的错壤会增添更多麻烦。除了与省界错壤处同样面临的治安问题外，时有发生的争田夺地常常成为造成地方动乱的隐患，如从明代中期以来延续到清代的嘉兴府嘉兴、秀水、嘉善三县的争田事件。[①]传统时代，于国家和高层政区而言，“盖黔省阖境跬步皆山，无寸田尺土之腴壤可望生计。自国初迄道光末季二百余年，皆仰藉江、浙、湖北等省岁修银两，将就敷衍”[②]，田土是财政与地方建设之根本。于百姓而言，“寸田尺土，动必相争，狱讼之兴，大半由此”[③]，视之为身家性命。于是，每逢丈量田亩、清查赋税，各州县间相互推诿、规避赋税的情况时有发生，疆界错壤为地方胥吏与民众匿田藏赋提供了借口。雍正二年（1724），江南分置了多个县，可谓最为集中的一次调整，不过仍未很好地解决疆界错乱的问题。

因地方争田、匿田往往牵涉面广，影响很大，雍正帝已有认识，“（雍正六年十月）初七日奉上谕：向来各省多有隐匿赋

① 〔日〕川胜守：《浙江嘉兴府的嵌田问题》，《史学杂志》第 82 编第 4 号，1973 年；冯贤亮：《明清江南地区的环境变动与社会控制》，上海：上海人民出版社，2002 年。

② 《岁协黔饷请仍由川拨解折》，“光绪十一年正月初七日”条，见（清）丁宝桢撰：《丁文诚公奏稿》卷二十五，光绪二十五年补刻本，第 11b 页。

③ （清）秦立纂，曾抗美、韩怡星、李慧标点：《淞南志》卷二《风俗》，见上海市地方志办公室编：《上海乡镇旧志丛书》第 13 册，上海：上海社会科学院出版社，2006 年，第 15 页。

税之地亩，此等积弊，上则有关国课，下则易启争端。且地方一有隐粮漏税之家，则欺凌诈骗之风不能止息，即本人亦未尝享其利也。数年以来，内外大小臣工纷纷条奏，以清查为请”[①]。而西南边疆地区，雍正年间进行了大规模的改土归流，随着改土归流的进行，鄂尔泰等也在各地清丈出了大量的欺隐田土。于是，在云南开化、广南等府，清廷派驻流官，对土地进行了清丈。基于边疆少数民族地区的特殊性，允许保留了一定数量的土司田地，因地制宜地进行了户口编审和赋税的征收，实现了国家治理向边疆少数民族基层政区的推进。[②]

总体上，起初朝廷在处理基层田亩和疆界矛盾的时候更多持谨慎态度。雍正六年（1728）十月，雍正帝就清查田亩事批评了时任安徽巡抚魏廷珍，并指出“朕念清查之举，若行之不善，则民间必受扰累，是以特降谕旨，准其自首，既与一岁之期，又展半年之限，此乃体恤闾阎之至意也……再有逾限不首者，将来自有国法，何必通行丈量，使未曾隐匿之人亦被扰累耶？安徽一处如此，或他处有似此讹传者，亦未可定，著通行晓谕，其未曾降旨丈量之处，概不得以此恐吓愚民”[③]。雍正十三年（1735），颁布《违制律》以禁止地方私自丈量田亩。“各省丈量田亩及抑勒首报垦田之事，永行停止，违者以《违制律》论。此条系雍正十三年，和硕庄亲王议覆大学士朱轼奏准定例。”[④]

---

① （清）允禄等编：雍正《上谕内阁》卷七十四《雍正六年十月上谕二十五道》，文渊阁四库全书本，第 7a 页。

② 聂迅：《清代滇东南边疆民族地区国家治理的区域演进与历史进程研究》，云南大学博士学位论文，2016 年。

③ （清）允禄等编：雍正《上谕内阁》卷七十四《雍正六年十月上谕二十五道》，文渊阁四库全书本，第 7b—8a 页。

④ （清）薛允升撰：《读例存疑》卷十《户律田宅》，光绪三十一年京师刊本，第 19a 页。

晚清以后，随着边疆开发放垦、太平天国战乱等因素的影响，田亩不清和政区界线错乱的矛盾更加凸显。“丈量之例，停止本为便民，而界址转有不能清楚之处，便民之中亦有不便者，此类是也。”①由于丈量田土是清理疆界的重要基础，田赋又是清廷财政收入的主要来源，因此各地纷纷开始兴农招垦，如同治四年（1865）陕西巡抚刘蓉颁布《营田总局章程》，设立营田总局。随着全国人口增长与流动、开垦荒地面积的扩大，基层地方“划清段落，以定地亩”②又显得尤为重要。“前此叠经拣派司道大员，设立营田总局，令其检查旧卷，体察情形，详定章程，由臣悉心酌核，饬属遵办。其中区画之要，约有数端。一曰正经界。仁政以经界为先，而经界以丈量为准。”③随着清末新政的推行，丈量田地、划定疆界成为各地纷纷开展的活动。宣统元年（1909）颁布的《府厅州县自治州章程》中有“改正插花”之令，许多地方乘机迅速行动起来，为纠正疆界的错壤问题尽了最大努力，如长期存在插花错壤问题的青浦县地方（章练塘镇），宣统二年（1910）以章练塘镇并入青浦县而最终解决。

总体上，清廷对地方高层政区、统县政区以及基层政区三个层次的界线管理，在理念上具有一致性。首先，政区界线划定的施行与否，权力掌握在中央；其次，疆界划定的方式来源于朝廷与地方官员的双方互动与决议；最后，朝廷处置界线问

① （清）薛允升撰：《读例存疑》卷十《户律田宅》，光绪三十一年京师刊本，第19b页。

② （清）盛康辑：《清经世文续编》卷三十九《户政十一·屯垦》，光绪二十三年武进盛氏思补楼刻本，第64b页。

③ （清）盛康辑：《清经世文续编》卷三十九《户政十一·屯垦》，光绪二十三年武进盛氏思补楼刻本，第61a页。

题尤其是县界纠纷时，直接而明确的勘界、划界以正经界的举措并非首选。相比于高层政区与统县政区之间的界线管理，纯粹的基层政区界线（不与省界、府界嵌套的县界）会更多地牵涉底层民众的切身利益。其实，对生活在县界地带的普通民众来说，如果没有出现利益分配不均而导致的争田夺地冲突，世代口耳相传的习惯界线已足以起到区分和管理的作用。因此，清代中期以前，朝廷更多持观望态度，在把握界线管理大局的情况下，以方便基层民众生产生活、纾解州县间矛盾为主。随着边疆改土归流完成、人口流动与开垦荒地增多，清廷的治理手段不断向基层推进，越来越多的基层习惯界线和争议界线被纳入国家治理体系中，成为官方界线。到清末民初时，县界大多都能遵循山川走向的天然形势，纯粹的县级界线的布局较为完整和规范。

第四节　攘外安内与边境新设政区的划界

咸丰、同治年间，东北、西北失去了150多万平方千米国土，边疆外患加剧。光绪十年（1884）新疆建省，次年（1885）台湾建省，光绪三十三年（1907）三月，设东三省总督与奉天、吉林、黑龙江三巡抚，东北三省建省。光绪年间，为防范外国势力的深入，朝廷在藩部和少数民族地区设立行省的呼声非常高，如建昌行省、青海行省、科布多行省、内蒙古行省甚至西藏行省之议等。[①]不过因地方大员反对、经费紧张等原因，这

① 傅林祥、林涓、任玉雪，等：《中国行政区划通史·清代卷》，上海：复旦大学出版社，2017年，第35—36页。

些设省提议在清末均未实现。不论设省还是设县，清末边疆的政区新设与规划都有明显的“攘外”意味，而“攘外”的实现要基于“安内”。边疆新设立行省的地区，除了奉天具备一定的郡县基础外，吉林、黑龙江、新疆都更亟待充实基层政区体系。关于设县，谭其骧曾言：“一地方至于创建县治，大致即可以表示该地开发已臻成熟；而其设县以前所隶属之县，又大致即为开发此县动力所自来。”①不过这种指标在清末内忧外患情形下的吉林、黑龙江等极边之地多不适用。这些地区，清末州县增置的速率很快，但大部分在极荒之地。清廷在东北地方开发和治理中，不仅借鉴了内地成熟体制，而且还因地制宜地进行了制度创新。宣统元年（1909），吉林省四兵备道设置完备，自此全省府厅州县的事务均经道承转上达于省。②因此，吉林省下的府县平级，都属于基层政区，这在全国独一无二。此外，在清末大量移民涌入、增置府厅州县、边务庶务繁杂的情形下，吉林通过设置“道”来集中办理事务以及实现县下保甲组织的快速政区化，寻求到了一条基层地方治理的出路。

以边防形势极其紧要的吉林东部地区为例，建省后的政区设置以“攘外”为主要目的：“东三省自改设行省以来，当时官吏因俄韩两国人民潜侵界址，乃奏请于俄韩接壤之区遍设道府厅县，如瑷珲、兴东、珲春、呼伦、黑河、绥远、密山、延吉

---

① 谭其骧：《浙江省历代行政区域——兼论浙江各地区的开发过程》，《长水集》（上册），北京：人民出版社，2011年，第422页。

② 《吉林巡抚陈昭常奏为拟将滨江西路道缺改设西北西南两路兵备道折》，“宣统元年八月初五日”条，见王普文、潘景龙、李贵忠主编：《清代吉林档案史料选编・吉林军事》，天津：天津古籍出版社，1993年，第55—56页。

各治，同时并立，其意实注重于国防也。”[①]“朝廷注念东陲，毅然改革，自设行省，政务日繁，不但察吏安民，宜求完密，当此边界空虚，交涉烦重，外人之所以待我与我之所以自防，尤当悉心布置，以求控制之方。”[②]但是清人也深刻地认识到，攘外须先安内，光绪三十二年（1906），徐世昌指出：

> 至于内治，自前将军铭安设道府州县已二十余年，久未整饬，地辟人聚，而民官无几。近年，前将军长顺、署将军达桂又奏设延吉、依兰等府厅州县九处，然宁、珲各城，仍未专设民官。该省辖境辽远，东南一带郡县过形疏阔，新政无成效可言。[③]

具体操作上，徐世昌建议增置郡县、充实移民，“移民之策可行，一面即改置郡县，增设民官，俾流移有归，抚字有责，庶几人烟所辏，便成都邑，孳生日久，渐收捍卫之效，所谓充实内力者，此也”[④]。对于边疆设置政区的职能，清末地方大员认识到“边省与内地情形不同，内省重在治民，固以民户之

---

① 熊希龄撰：《东三省移民开垦意见书》，见李兴盛、马秀娟主编：《黑水丛书·程德全守江奏稿（外十九种）》（下），哈尔滨：黑龙江人民出版社，1999年，第2030页。

② “东三省总督锡良等奏吉省壤地辽阔治理难周请援江省成案添改民官酌裁旗缺折”，宣统元年闰二月十九日，见吉林省档案馆、吉林省社会科学院历史所编：《清代吉林档案史料选编·上谕奏折》，内部发行，1981年，第38页。

③ 徐世昌撰：《退耕堂政书》卷五“密陈考查东三省情形折”，见沈云龙编：《近代中国史料丛刊》第23辑，台北：文海出版社，1968年，第221页。

④ 徐世昌撰：《退耕堂政书》卷七“续陈分查宁古塔、伯都讷、蜂蜜山等处要地情形折”，见沈云龙编：《近代中国史料丛刊》第23辑，台北：文海出版社，1968年，第366页。

繁庶为准；边地重在守土，应以地方之冲要为衡”[①]。因此，在极边极荒之地分疆画界、设等定缺以期有效治理，不能完全参照内地成熟的既有模式，更主要的是要考量边防形势的紧要程度。

在吉林、黑龙江省界管理上，徐世昌言“臣等伏维行政之纲，以正经界为始务；设官之道，以清权限为首图”[②]，指出了疆界管理之重要性。吉江两省素来以松花江为天然界限，吉林设汤原、大通两县后，由于黑龙江省“壤地辽廓、民官过少、管理难周”,将松花江北岸地划入汤原、大通两县内,定立封堆。光绪三十四年（1908）五月，徐世昌奏议：“现在江省新设之兴东道已与汤原、大通接壤，自应将江北地段仍归江省，为该道所属，统以松花江为限。较之勘定封堆界线，更自分明。臣等再四筹商，意见均同，相应请旨：准将汤原、大通两县所属江北地段及依兰府插花地之在江省者，仍归江省管理。至改隶以后，该两县原在吉省之地及新归江省之地，或附入他县，或匀拨另设县治，统由臣等派员勘定界址，体察民情，再行奏咨办理。”[③]而后获准。

对于边疆基层政区的管理，清末朝廷和地方在“安内”与“攘外”的理念牵引下，更注重发挥其控御作用。像吉林这种府

---

① “东三省总督锡良等奏吉省壤地辽阔治理难周请援江省成案添改民官酌裁旗缺折”，宣统元年闰二月十九日，见吉林省档案馆、吉林省社会科学历史所编：《清代吉林档案史料选编•上谕奏折》，内部发行，1981年，第39页。

② “东三省总督徐等奏汤原大通两县所属江北地方拟改归省管辖折”，见《大清光绪新法令》第二类《官制二・外官制》，上海商务印书馆铅印本，宣统元年，第42a页。

③ “东三省总督徐等奏汤原大通两县所属江北地方拟改归省管辖折”，见《大清光绪新法令》第二类《官制二・外官制》，上海商务印书馆铅印本，宣统元年，第42a页。

县平级的省份，注重发挥四个道治的管控能力，省下府厅州县的区位应介于道治有效的辐射范围内。“关外以剧易分等级，不以大小相监临，从前州、县多有直接督抚者。此次该省划分四道，于变通办理之中，仍寓大小相维之意，应即准如所请。惟各道所辖府、厅、州、县，距离各该道之远近，以及山川形势之便利与否，关系行政实非浅鲜，应请饬下该督抚等，随时体察情形，倘有窒碍不便之处，即行奏请更正。”[①]由于边界是塑造政区区位和幅员的核心要素，其重要程度无须赘言。光宣年间，东北三省与新疆绘制了一大批分县舆图，其中的边界要素已经表现得十分明确。[②]

第五节　县级政区的划界理念

在清代县级政区的划界实践中，“山川形便”仍是划分政区界线最常见的原则。不过就基层县级界线来说，“山川形便”有一定的限制性。由于县界是相对微观尺度上的概念，因此在大江大河、高大山系（山脉）面前，“山川形便”的界线往往呈现的是宽幅的、模糊性的。这在人烟稀少、有待开发的州县可能影响不大，若是在人口密集、开发成熟的地域单元，就不足以

① “附：吏部等复奏东三省总督锡良等奏将吉省滨江、西路二道改为西北、西南路道及准将阿城县员缺同时设立折片”，宣统元年八月三十日，见黑龙江省档案馆编：《黑龙江设治》，内部发行，1985 年，第 82 页。

② 见北京图书馆善本特藏部舆图组编：《舆图要录——北京图书馆藏 6827 种中外文古旧地图目录》，北京：北京图书馆出版社，1997 年，第 192—220、238—241 页。

发挥管理作用了。在清代地方治理向基层渗透的趋势下，县级政区界线也向精细化、官方化发展。以开发相对成熟的浙江省为例，微观的县界常常依附于宽大山脉山系的支脉、支岭，而在水系川流方面，直接以部分河段为界的现象较普遍地存在于县界之中（特别是浙北平原地区）。同时，在河网密布、水系发达的地域单元，如永康、慈溪、鄞县、象山、宁海、临海、太平、乐清、永嘉、瑞安、平阳、泰顺、庆元、青田、缙云、东阳等县境都是跨流域的，这使同一流域为不同县份条块分割而形成县界与流域水系之间呈现较为错杂的出入关系。不过，这种边界与流域水系之间所发生的错入关系都是属于同一流域单元内对相关支流的“地域分享”，且跨越边界之后，与邻县所接之界亦少有错壤现象。[①]

同时，随着清代人口增长与县下地域开发，越来越多的普通聚落成为州县划界的界址点，这在山川地理形势不显著的地域表现得尤为明显。作为界址点的普通聚落，在江南这种河网密布、聚落密集的地域单元，有些表现为“边界市镇”，因其本身具有一定的幅员而常常具有“跨界”特征。作为分界之界标，县界可以直接穿过市镇区域的内部（民居、街巷、桥梁、运河水网等），市镇空间本身即被分割成属于两个甚至多个不同政区单元的部分。清末这样的“以市镇为边界”现象在浙江省境内（尤其是杭嘉湖等府境之内），就有 17 例之多，其中 8 例在空间归属上明确为多个县共管。[②]作为界址点的普通聚落在东北、西北、华中等区域，村庄、村寨的“点状”属性更为明显，尤其是东北这种开发较晚、移民流入的地区，甚至三两户即可成

① 施剑：《清代浙江省政区边界研究》，中国人民大学博士学位论文，2014 年。
② 施剑：《清代浙江省政区边界研究》，中国人民大学博士学位论文，2014 年。

村，聚落本身面积很小，归属性也相对明确，较少出现聚落两属的情形。例如清末光绪年间的奉天地域，建省前夕已经有一定数量的移民流入，并设置了 21 个县级政区（2 散厅、5 散州、14 县），县界划定中有不少以普通聚落作为界址点的情况。如辽阳州西北与承德县界，这一地带基本没有大山大河，主要以普通聚落点划界。据光绪二十年《奉天全省府厅州县舆图 • 辽阳州图》可见，辽阳州西北与承德县以“转湘湖—朱岗—偏牛录—三尖泊—西窑—哑巴台—李大人屯—杨甸”等为界址点串联成界线，上述界址点归属辽阳州一侧，如图 4-2 所示。

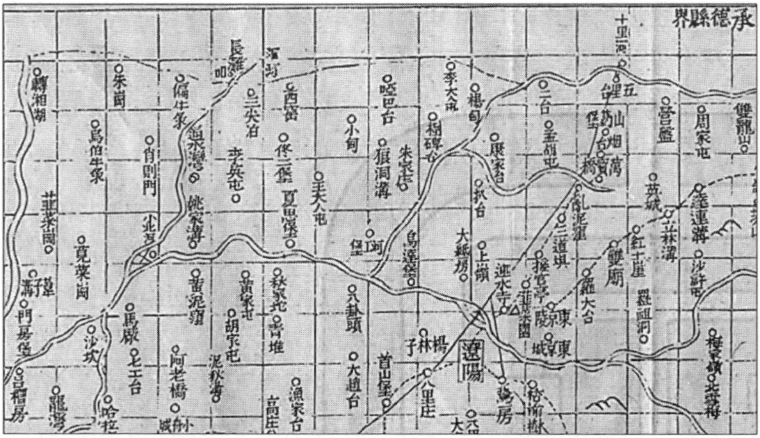

图 4-2　辽阳州与承德县的普通聚落“界址点”（局部截图）

资料来源：《奉天全省府厅州县舆图 • 辽阳州图》，见王志修编：《奉天全省地舆图说图表》，光绪二十年（1894）

奉天建省以后，随着县级政区的分设、增置，更多山川形势不明显的地域，以普通聚落点作为划分县界的界址点，主要考量的是县级政区幅员的合理性。除了山、川、普通聚落点外，县界段上的地物还包括长城、柳条边甚至海岛、洋面等类型。

例如清末奉锦二府的地域全部位于柳条边以南，柳条边不仅作为两侧县级政区的县界，还是高层政区的省界、统县政区的府界。锦州府绥中、宁远州、锦西厅、义州、广宁的北部地域皆以柳条边为限，与直隶朝阳府交界；奉天府开原县则北隔柳条边，与昌图府、吉林伊通直隶州、海龙府交界。从县级政区划界的地理形态来看，区域地貌特征对政区划分与空间结构往往表现出主导作用。[①]而“犬牙相入”原则，在县级政区界线层面体现得并不明显，州县之间乃至县下政区交界形成的“犬牙相入”更多源自基层地方的生活实践。治安、赋税等方面因此而出现严重矛盾的时候，上级政府可能出面调解，如果涉及府县二级官员无法裁决的跨府县界，可上诉至布政使司和巡抚，通过“立石纪事”而裁决界线的走向。出于平衡赋税、稳定治安的考虑，政府在解决纠纷时更倾向于尊重长期存在的“习惯边界”。[②]不过一些与省界嵌套的县界，中央在制度设计上则有意进行“犬牙相入”的安排，以使高层政区间形成掣制之势，防止地方分权过大。总体上，清代突破“山川形便”的划界，省级政区层面主要来源于上层制度设计，县级政区和县下政区层面则更多来源于地方管理和利益分割的具体实践。随着中央集权向基层渗透与基层政区资源开发矛盾的加深，突破“山川形便”的划界情形在基层政区还是有所增加。

那么，在“山川形便”与“犬牙相入”的框架之外，清代县界划定还有哪些方面的考量？

---

① 赵逸才：《清末奉天、锦州二府的县级政区格局及其边界形态》，《清史研究》2020 年第 5 期。

② 赵旭腾：《清代钱塘江流域边界管理研究》，中国人民大学硕士学位论文，2016 年。

政区边界是塑造幅员形态的核心要素，因而成为历代统治者调节政区辖境与政区间地缘关系的一种手段或工具。从清代县级政区整体的演变机制来看，清代更有意识地在疆域版图空前辽阔的背景下，将基层政区控制在相对适中的幅员内，因之带来的县界调整也就时有发生。对于县界长度、县域面积的测算，在考证出边界形态的基础上，通过 ArcGIS 平台即可实现。例如清代直隶北部地区（宣化府、口北三厅、热河地区），清初大部分是蒙古游牧地，有拱卫京师之效，禁止汉人私自开垦。[①]康熙后期宣化府地最早完成了郡县化过程，清中期口北三厅设立，热河地区也相继设置府州县。如果以界线划定作为一种线索，可以看出清廷正是通过分划边界使直隶北部的各政区逐渐达到相对合理的区间范围。例如因承德府丰宁县辖境过大、管理不便，宣统元年（1909）分置隆化县，治唐三营。根据 ArcGIS 测算，开发较为成熟的宣化府所辖州县以及赤峰直隶州所辖开鲁、林西二县的相对稳定合理的面积在 1500—3000 平方千米的区间内。[②]至清末光宣年间，直隶北部、东北、新疆、四川等地新设了大量州县，都有一种明确的趋向——通过界线调整使州县之间的面积达到相对合理的尺度。

需要说明的是，清人对县域面积的把握是因地制宜、综合考量的。例如直隶北部口北三厅、热河地区这样开发较晚、人口稀少的地域，即使在清末新分设了多个州县后，每县的面积也都在 5000 平方千米以上，10 000 平方千米以上的亦不在少数，与河北平原南部的诸多小县形成了鲜明对比。此外，在“分疆

① 中国第一历史档案馆藏：录副奏折《奏为西北空虚边备重要请设行省事》，光绪三十一年十月初一日，档号：03-5618。

② 夏建立：《清代直隶北部政区边界研究》，中国人民大学硕士学位论文，2014 年。

画界”过程中，赋税和经济也可能成为超越县域面积的优先考量因素。“昔余牧莒州，乃无字简缺，列于第五等中中缺。州境北界青州属诸城、安丘两县，南界江南赣榆县，东界日照，西界沂水、兰山，幅员八百余里，自北而南非五日不能尽，乃定为简缺，固今昔情形之不同也。考山东州县幅员或有不及百里者，盖当时分疆画界，必以赋税之数为衡，不以地之大小为准也。”[①]华北平原、江南地区多小县，与此关系密切。从这个意义上而言，分析清代县级政区的划界理念，虽然可以从全国尺度的整体上归纳出若干特征，但没有绝对通用的规则，而是要具体情形具体分析了。

除了考虑县域面积的适中，清朝也十分注重行政中心（衙署）的有效辐射范围和行政效力，因此，县级政区的边界地带不宜距行政中心过远。这方面，清代县下辖区的改隶是一个重要表现。清代距离本县行政中心较远、不便控制的县下政区单元改隶邻县的情形，多缘于此。例如，原属山东东昌府邱县的“五营村”地，雍正九年（1731）四月署直隶总督唐执玉、会同河东总督田文镜疏言：“东省邱县之五营村庄，地处极西，孤悬北直界内，请改归直隶广平县管辖。”户部议覆“应如所请”[②]。雍正帝批准了此条上疏，五营村遂改隶相邻的直隶广平府广平县。这实质上也是在以界线调整的手段来调节基层州县的幅员，不过这种调整一般要基于县下辖区管辖范围比较明确。表 4-2 中县下政区的改隶，以陕南、云南、贵州等开发较晚的区域为主。这些调整都与新设县级政区密切相关，“母县”分出地域增

① （清）福格撰，汪北平点校：《听雨丛谈》卷 11“繁简”条，北京：中华书局，1984 年，第 228 页。

② 《世宗实录》卷 105，“雍正九年四月壬寅”条，《清实录》，第 8 册，第 392 页。

置新县、县下辖区改隶的过程，其实也是基层地域重组、调适县界的契机。

表 4-2　清代县下辖区的改隶举例

省份	原属县级政区	县下辖区	改隶至政区	改隶时间	备注
直隶	邱县	五营村	广平县	雍正九年四月	跨省改隶
江西	上栗市厅	归圣、钦风二乡	萍乡县	宣统三年闰六月	
	虔南厅	太平堡	龙南县	光绪三十年十月	
浙江	玉环厅	石塘、石板殿	太平县	嘉庆元年二月	
陕西	蓝田县	红石沟、厢台子	孝义厅	乾隆五十年四月	见于《高宗实录》卷1228,“乾隆五十年四月壬辰”
	镇安县	蔡家庄等 19 处			
	孝义厅	石泉沟等 26 处	镇安县		
	盩厔县	红崖山等 12 处	宁陕厅		
	石泉县	火地岭等 10 处			
	洋县	四亩坪等 4 处			
	镇安县	盔缨山等 13 处			
云南	阿迷州	州下 14 寨	邱北州	雍正九年	见于雍正《云南通志》卷 4
	弥勒州	日者乡	师宗州		
贵州	铜仁府亲辖地	乌罗、平头著可 2 长官司	松桃直隶厅[1]	嘉庆二年十一月	
贵州	安南卫[2]	仁、让 2 里	普安县	康熙二十二年五月	
	南丹土州	总王、拉岜 2 村	荔波县	乾隆十一年三月	跨省改隶
	平远州	崇信、时丰、岁稔 3 里	水城厅	乾隆四十一年六月	
	绥阳县	旺草里	正安州	雍正十年二月	

资料来源：傅林祥、林涓、任玉雪，等：《中国行政区划通史·清代卷》，上海：复旦大学出版社，2017 年

注：不包含析分县下地域和政区而新置州县的情形，如雍正十二年（1734）以益都县的 2 乡 34 社、淄川县的 21 庄、莱芜县的 7 庄地域置博山县。也不包含裁县导致的县下地域和政区并入其他州县的情形，如乾隆二十三年（1758）六月，魏县裁撤，其原属的县下 337 村归并大名、元城两县管辖

[1] 嘉庆二年（1797）十一月，松桃厅升为直隶厅

[2] 康熙二十六年（1687）六月，撤卫改为安南县

从政区结构体系而言，一个县级政区的结构生成，至少应该具备明确的地理位置、管辖界线、一定的幅员、行政中心驻地、专有的名称五大基本要素，随着历代政区层级演变与县级政区增多，层级与等第两大要素也充实到其结构体系内。县级政区作为历代地方治理的核心单元，合理的“分疆画界”对稳定地方管理、提高行政效率具有重要意义。清代析分县级政区以及厘定界线的过程，很好地体现了朝廷对行政区划工具运用的尺度，也为我们探究官民互动和地方社会面貌提供了一个视角。如何通过析分和界线厘定的调整手段促使州县介于合理的幅员、维持州县间管理的平衡，是国家空间治理中的重要课题。

清代将“分疆画界”作为一种均衡地方治理的行政手段，是在治乱理正、基层治理与应对边疆危机等三方面因素推动下运作和演变的。总的来说，清代县级政区边界的空间形态是在依照自然“山川形便”、形塑合理的幅员、调节距行政中心的适中距离等综合设计下形成的。其中，“山川形便”的自然界线稳定性无疑最强，少有变化。山、川孰轻孰重，则直接受州县所在的地理环境影响，也与当地的人文资源息息相关。突破“山川形便”的划界，省级政区层面上主要来源于上层制度设计，县级政区和县下政区则更多来源于地方管理和利益分割的具体实践。[①]随着中央集权向基层渗透与基层政区资源开发矛盾的

① 以清代浙江钱塘江流域州县的边界演变为例，边界在明晰化的过程中，乡民的作用不可忽视。从目前遗存的舆图来看，钱塘江流域的闭合政区边界在晚清才形成，清代中前期的舆图，即使是《康熙内府分省分府舆图》中的浙江省、安徽省分府图也未有闭合界线。晚清钱塘江流域并无全范围的勘界活动，可见闭合界线并非官方勘界形成的，而是来自对习惯边界的明晰化。详见赵旭腾：《清代钱塘江流域边界管理研究》，中国人民大学硕士学位论文，2016 年。

加深，突破山川形便的划界情形在基层政区也多了起来。对于县级政区“分疆画界”的探索，可以从微观层次上进一步丰富对于“空间中的地方政治”[①]这一主题的理论体系。本章还只是宏观尺度上的初步探讨，期待今后区域性、个案性的研究能够进一步深化学界对历史政区边界要素的理解和认识。

① 胡恒：《清代县级政区分等制度再探》，《历史地理研究》2021 年第 2 期。

第五章

清代县级政区的设治理念与治所迁移

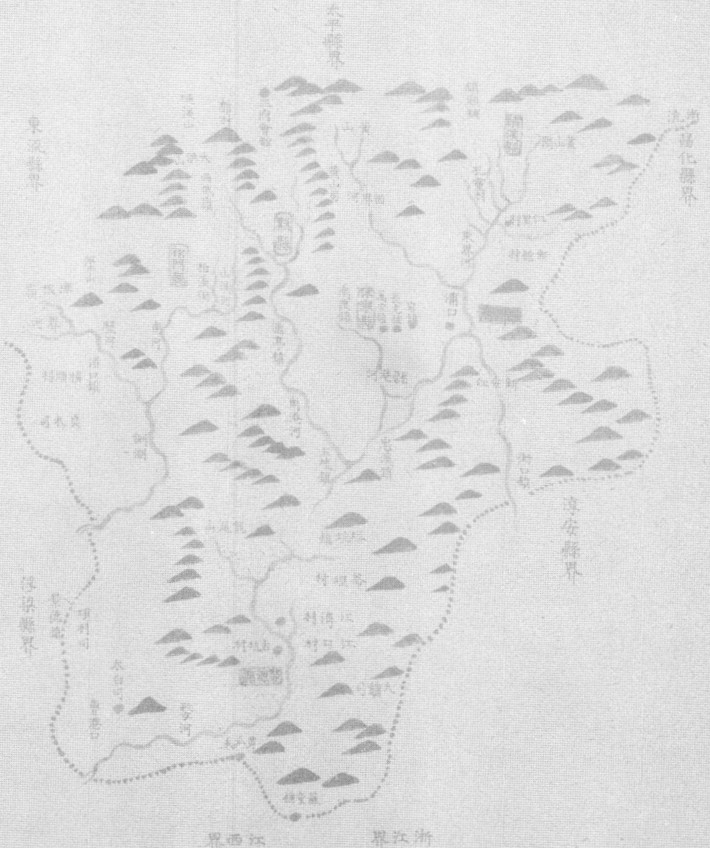

“治所”是政区衙署的驻地，作为行政区域的核心地带，与边界、幅员同为行政区划的核心要素。相比于历史政区的层级、等第、边界与幅员要素，治所研究相对薄弱，清代亦如此。继许鹏《清代政区治所迁徙的初步研究》一文，虽有李新贵、王亚勇、李大海等学者对政区治所进行了少量个案性研究，但仍难窥见传统政区治所体系之全貌。清代的政区治所，上至京师、盛京城，下至县治甚至县下佐贰官驻地，组成了一个庞大的行政衙署体系。加上盟旗、土司、卫所、八旗驻防等驻地，散落充实在清代大一统疆域版图中，有效地保障了中央集权的落实与地方治理的效率。因此，治所的选址、设置、迁徙变动等方面反映的政治理念，对我们更好地理解清代行政区划体系的运作具有重要意义。

就县级政区治所而言，县治的区位直接关系到县政实施的效率以及政区结构的稳定性，是探究地方基层治理的重要媒介。对于治所区位的选定，以及自然地貌、聚落分布、交通格局、经费筹措、历史积淀等多方面因素，都在清人的考量范围内。因此探讨其是否合理，也要抓住主要矛盾进行全方位评价，这并非易事。清代（1683—1911）432个新设县级政区的类型与治所选址，是一个很好的观测视角。此外，清代的散厅、散州、县都是专管地方、直接理民的政区，它们治所的本身（城池、市镇、衙署等）即具有一定的辖区面积，只是在传统地域型政区中表现得不显著。

第一节 新设县级政区的治所区位

总体而言，清代县级政区治所体系的发展比较稳定，除了散厅治所的变动比率较高外，散州、县的治所少有变更[①]，这与厅制本身的“边疆属性”有关。清代新增设的432个县级政区，从设县类型上看，其中230个为普通设县，其余202个为县级政区裁撤或变更后而复设、府下增置附郭县、卫所改县、改土归流设县、县辖政区（佐杂）升置为县等五种情形。包含这五种情形的202个设县情况，从政区结构上看，都在治所和辖区上具备了设县基础。复设的县治所一般选取原址[②]，府下增置附郭县后府县同城而治，卫所改县一般选取原卫所驻地，改土归流设县一般继承原土司、土州土县驻地，县辖政区升县一般驻佐杂驻地。因此它们的治所区位往往是“继承性”的，本节不再专门探讨。此外，清代东北地区有少量台站，如吉林府舒兰站，宣统二年（1910）三月于是处置舒兰县，治朝阳川（今吉林省舒兰市朝阳镇）[③]，还有八旗驻防体制为诸多州县设置奠定了建治基础。例如吉林双城堡（今黑龙江省哈尔滨市双

① 按：据许鹏统计，清代迁移的散厅治所在散厅中占比22%，迁移的散州治所在散州中占比7.9%，迁移的县治在县中占比4.2%，详见许鹏：《清代政区治所迁徙的初步研究》，《中国历史地理论丛》2006年第2辑。许文统计的具体数量与笔者对迁治频次的统计有细微出入，但对总占比影响不大。

② 按：也有少量特例。例如直隶阜平县，顺治十六年（1659）裁，康熙二十二年（1683）复设，因原县城（阜平镇）坍圮，治所移至王快镇。乾隆十一年（1746）重建旧城后又迁回原址。

③ 《宣统政纪》卷33，“宣统二年三月壬戌”条，《清实录》，第60册，第901页。

城区驻地），嘉庆二十年（1815）于此置协领[①]，后改为实授，由阿勒楚喀副都统兼管，咸丰元年（1851）改置副都统衔总管。[②]光绪八年（1882）五月，以双城堡地置抚民通判厅。[③]在设厅的区位选择上，吉林将军铭安考虑到以下因素：

> 双城地势实居拉杯之适中，为省北之屏障，形势宏敞，庶务殷繁，将来建立衙署监狱，以及巡检捕衙，修造城垣祠庙，均有隙地，足敷布置。第东南距拉林一隅，有远在百里以外者，尚恐鞭长莫及，兼顾难周，应请于拉林地方设立分防衙署，缉捕之余，藉资佐理等语，并绘具地图禀覆前来。臣前请在双城堡拉林地方，添设抚民通判、分防巡检等官，并拟将堡城总管一缺裁撤，改设协领一员，业经附片沥陈，仰蒙俞允在案。既据该道覆勘明确，禀称双城堡商贾辐辏，事务殷繁，亟须添设民官，以资治理，请仍照前奏，在双城堡设立抚民通判一员，名曰双城厅。[④]

可见，地势适中、布防屏障、形势宽敞、庶务繁忙等方面条件为双城堡地方设治奠定了基础，清人选择新设政区治所区位时的考虑，由此可略见一二。同时，由于拉林城（今黑龙江省五常市拉林满族镇）较为偏远，难以兼顾，故于该地置巡检，地属双城厅。[⑤]此例一定程度上体现了清代对新设县级政区行政中心与县下重要地方的管理理念。据笔者统计，清代东北地

---

① 《仁宗实录》卷306，“嘉庆二十年五月戊戌”条，《清实录》，第32册，第64页。

② 《文宗实录》卷47，“咸丰元年十一月癸亥”条，《清实录》，第40册，第643页。

③ 《德宗实录》卷140，“光绪七年十二月丁卯”条，《清实录》，第53册，第1006页。

④ （清）盛康辑：《皇朝经世文续编》卷33，《户政五·建置》，吉林将军铭安折“请续设民官升改各缺疏”。

⑤ 《德宗实录》卷140，“光绪七年十二月丁卯”条，《清实录》，第53册，第1006页。

区共有 38 个八旗驻防城，包括将军本属城、副都统城、城守尉城、防守尉城、总管城等多种性质，有 35 个政区的治所是依托于原八旗驻防城而设，其中县级政区有 25 个（吉林省下府县平级，因此含宁安府、依兰府）。[①]东北的八旗驻防城城址与设置州县的对应关系，如表 5-1 所示。

表 5-1　东北八旗驻防城城址与新设州县治所的对应关系

将军辖区/省份	八旗驻防城对应的新设府厅州县	总计
盛京/奉天	盛京城-承德府/承德县；兴京城-兴京厅；金州城-宁海县；锦州城-锦州府/锦县；开原城-开原县；辽阳城-辽阳州；复州城-复州厅；岫岩城-岫岩厅；凤凰城-凤凰直隶厅；义州城-义州；广宁城-广宁县；盖州城-盖平县；铁岭城-铁岭县；海龙城-海龙厅；牛庄城-/；熊岳城-/	府：2 直隶厅/散厅：1/4 直隶州/散州：0/2 县：7
宁古塔/吉林	吉林城-永吉州；宁古塔城-宁安府；伯都讷城-伯都讷厅；三姓城-依兰府；阿勒楚喀城-阿城县；珲春城-珲春厅；双城堡城-双城厅；富克锦城-富锦县；五常堡城-/；打牲乌拉城-/；拉林城-/	府：2 直隶厅/散厅：0/3 直隶州/散州：0/1 县：2
黑龙江	齐齐哈尔城-黑水厅；黑龙江城-黑河府；墨尔根城-嫩江府；呼兰城-呼兰厅；呼伦贝尔城-呼伦道/呼伦直隶厅；布特哈城-西布特哈总管/布西直隶厅（奏而未设）；兴安城-兴东道；通肯城-海伦府；铁山包-铁骊县（奏而未设）；博尔多-/；东兴镇-/	满洲总管/道/府：1/2/3 直隶厅/散厅：2/2 直隶州/散州：0/0 县：1
东北三省县级政区治所与八旗驻防城同址者共 25 个		

资料来源：国家清史纂修工程《清史・地理志》（待刊）

清代新设的 432 个县级政区，包括 150 个散厅、30 个散州、

① 按：康熙《盛京通志》将盛京八旗驻防机构称为“城守公署”，城守所辖区域与州县并列，同时公文中的“城”逐渐具有城守辖区的含义；乾隆年间，官修《清朝文献通考》将东三省与新疆的八旗驻防区域称为“城”；嘉庆、光绪两部《清会典》将城守辖区规范为“城”，城制成为与府厅州县制具有同样法律地位的地方行政制度，具备行政区划层面的意义。详见傅林祥：《清代盛京等省的“城守”与“城”》，《史学集刊》2019 年第 4 期。

252个县。而230个“普通设县”，从治所要素的角度而言，它们往往没有既有的县城、府城、卫所、土司、驻防城或是县辖政区驻地作为依托或基础，要在设县时专门选取行政中心的驻地。这些县级政区的设治要素或者说区位考量，可以更直观地体现清代县级政区行政中心的区位特征。清代的230个“普通设县”，详见表5-2。

表5-2　清代“普通设县”一览

省份	县级政区	省份	县级政区	省份	县级政区
直隶	热河厅	黑龙江	呼兰厅	广东	花县
	八沟厅		绥化厅		陆丰
	四旗厅		黑水厅		南澳厅
	塔子沟厅		巴彦州		丰顺
	喀喇河屯厅		兰西		鹤山
	三座塔厅		木兰		保昌
	乌兰哈达厅		青冈	广西	龙胜厅
	开鲁		拜泉		中渡厅
	林西		大通		安化厅
	围场厅		汤原		信都厅
	隆化	江苏	新阳	四川	昭觉
	阜新		昭文		江北厅
	建平		震泽		城口厅
	绥东		宝山		峨边厅
	张家口厅		太湖厅		靖西厅
	独石口厅		靖湖厅		美诺厅
	多伦诺尔厅		福泉		阿尔古厅
奉天	抚顺		奉贤		里化厅
	辽中		金山		河口
	本溪		南汇		稻成
	永吉州		川沙厅		三坝厅
	泰宁		金匮		盐井

续表

省份	县级政区	省份	县级政区	省份	县级政区
奉天	长宁	江苏	荆溪	四川	定乡
	兴京厅		太平厅		德化州
	岫岩厅		阜宁		石渠
	昌图厅		东台		白玉州
	新民厅	安徽	凤台		同普
	海龙厅		南平厅	云南	个旧厅
	通化		涡阳		宣威州
	怀仁	山西	虞乡		五嶆厅
	临江		归化城厅		维西厅
	辑安		萨拉齐厅		中甸厅
	安东		托克托厅		思茅厅
	宽甸		清水河厅		他郎厅
	安图		和林格尔厅		攸乐厅
	抚松	陕西	孝义厅		龙陵厅
	东平		五郎厅		安平厅
	西丰		留坝厅		会泽
	西安		定远厅		巧家厅
	辽源州		佛坪厅		大关厅
	靖安		砖坪厅		永善
	开通	甘肃	循化厅		鲁甸厅
	安广		盐茶厅	贵州	长寨厅
	醴泉		新渠		罗斛厅
	镇东		宝丰		清江厅
	镇安		宁灵厅		台拱厅
	彰武		摆羊戎厅		松桃厅
	绥中		丹噶尔厅		古州厅
	江家屯厅		抚彝厅		下江厅
	盘山厅		平远		南笼厅
吉林	吉林厅	浙江	定海		归化厅
	长春厅		南田厅		郎岱厅
	伯都讷厅		玉环厅		永丰州
	敦化	福建	屏南		八寨厅

续表

省份	县级政区	省份	县级政区	省份	县级政区
吉林	榆树	福建	马巷厅	贵州	丹江厅
	濛江州		云霄厅		都江厅
	长岭		福鼎		水城厅
	桦甸	台湾	凤山		仁怀厅
	舒兰		诸罗	新疆	乌鲁木齐厅
	五常厅		澎湖厅		奇台厅
	宾州厅		恒春		新平
	双城厅		淡水厅		疏附
	延吉厅		噶玛兰厅		伽师
	绥芬厅		卑南厅		叶城
	临江州		基隆厅		泽普
	双阳		彰化		蒲犁厅
	依兰府		云林		伊犁厅
	密山府		苗栗		沙雅
	阿城		埔里社厅		于阗
	珲春厅	江西	上栗市厅		洛浦
	额穆		莲花厅		库尔喀喇乌苏厅
	汪清		虔南厅		巴里坤厅
	绥远州	湖北	文泉		辟展厅
	方正		夏口厅		哈密厅
	桦川	湖南	株洲厅	合计：230 个/231 次（直隶热河厅设置 2 次）	
	饶河		乾州厅		
			凤凰厅		
			龙山		
			古丈坪厅		
			永定		

由表 5-2 可明显看出，边疆省份设县级政区较多，充分体现了清代置县地域的扩展进程。其中最初有相当大一部分是“厅”（后来许多厅改设州县或升级为直隶厅等），这与清代厅制的确

立及“厅”的职能密切相关。“厅”原为府通判、同知在府城外的办事处所，清代时一些通判、同知的辖区逐渐成为行政区划，称为“理事厅”“抚民厅”。此外，一些专管地方的抚夷、抚彝、抚苗通判或同知辖区，也逐渐具备了行政区划的条件。①在清人的认识中，“厅”要有“专管地方”方能认定，从政区设置角度上它是一种促进地方州县化的过渡形式。②因此，厅制在清代裁并卫所、改土归流的进程中逐渐成熟，并多设置于旗民分治地区（如直隶北部、归绥道、东北地区等）或是边疆地域。通判、同知被派驻府城以外的地域或乡镇后，职能逐渐完善，如果拥有了明确的管辖范围，形成了完整的行政机构，即满足了“厅”设立之条件，通、同驻地往往就是厅的治所所在。相对于州县，作为政区制度的厅制在形成过程中更明显地表现出“设官分职”先于“体国经野”的特征。以下举南北各一例（玉环厅、四旗厅），说明清代海疆、陆疆开发进程中基层政区设置与治所区位对地方开发的重要意义。

浙江玉环厅的设置，与明清两代中国的海洋政策直接相关。清中期以前，因海禁政策，沿海地区长期荒废、人烟稀少。雍正以后，朝廷逐渐恢复了在沿海地区的管辖。在县级政区层面，清代设置了定海县（道光二十一年升定海直隶厅）、澎湖厅、玉环厅、南澳厅、海门厅、南田厅六个海岛厅县。雍正六年（1728），浙江巡抚李卫正式上奏朝廷，提出将玉环岛及周边

① 傅林祥、林涓、任玉雪，等：《中国行政区划通史·清代卷》，上海：复旦大学出版社，2017年，第62页；胡恒：《厅制起源及其在清代的演变》，《文史》2013年第2辑。

② 嘉庆《清会典》卷四，《大清五朝会典》第12册，北京：线装书局，2006年，第29页。

楚门半岛、洞头列岛、乐清县沿海地区等分别从太平、乐清两县划出，专设官员掌管开垦事务。

玉环岛为基岩岛，就面积而言可算大岛，原为海滨山地丘陵，因海平面上升被浸淹而成岛。“臣等细查玉环虽孤悬海面，然由彼而之内地，各有港口。西则由乌洋进蒲岐所，可至乐清县地方；西南则亦由乌洋直过黄华关，进盘石口，可至温州府；惟西北则由楚门横渡水面，仅里许即登岸，逾岭直至太平县地方，岸路六十里可到县城；其东南有黄、坎二门，出此则为外洋矣。”[①]其地处台州府太平县、温州府乐清县之间，东、南方向为外洋，北距陆地（楚门半岛）距离最短[②]，可谓海疆屏障。从田亩、治安两个方面，李卫论证了玉环岛（玉环山）及其周边地域设官分职、建立辖区的必要性：

窃臣李卫前因台州府属太平县及温州府属乐清县之间，海滨不远之处，有一玉环山，地方辽阔，自从前迁界，弃置海外，无籍游民多潜其中，私垦田亩，刮土煎盐，及网船渔人搭寮住居，渐次混杂，久必不宁。虽经禁逐，仍恐朝驱暮回，致酿后患，即有拨兵游巡，亦恐通同容隐……盖此山周围约计七百余里，其中有洋岙、瑶岙、三峡潭、渔岙、塘洋墩等处，皆宽平如砥，约田三万余亩，乃现在成田即可耕种者。若聚族开垦，尚可扩充五六万亩，总计垦田约可得十万余亩，而土性肥饶。又各岙口有潮水浸灌成滩者，尚可煎盐。且此地外临大海，内近温、台、太平等处，实为海疆诸邑之屏障，洋面往来之要区。况有山可

① （清）张坦熊修纂：雍正《特开玉环志》卷之一《题奏》，见《玉环古志》整理委员会编：《玉环古志》，北京：中华书局，2000年，第9页。

② 按：玉环岛1977年与大陆相连，成为半岛的一部分。

以瞭远，海盗不能掩其形；有口可以防查，洋匪难以潜其踪。查各处水师，闻有洋盗而不能即至救护者，多缘海潮退时，船不能出，及等潮涨，贼已远扬。总由内地口岸遥远，贼艘风帆迅速，追获维艰，职此故耳。若设兵此山，由其黄、坎二门出哨追贼，则无远莫及之虑矣。此玉环山之内外情形也。[①]

清代对于海岛基层政区的设立，督抚和地方官员在奏请时着重考察和强调的是可耕地的数量与海防形势[②]，玉环地方的这两方面条件比较优越。根据李卫的建议，朝廷正式任命张坦熊为玉环同知，分台州府太平县楚门、老岸、南塘、北塘，温州府乐清县盘石、蒲圻、三盘等地，设置温台玉环清军饷捕同知，简称玉环同知，治玉环岛。[③]为了既能节约经费、精简机构又能有效控御治理，李卫又提出：

至于添设文武经费之处，臣等亦为熟筹。查守御之要，应先守门户而后防堂奥。玉环山实海口门户也，此处一设官兵，则内地亦可以资藩篱。其次不甚冲要处所，原额官兵不妨通融稍减，就近酌量抽拨，即有不足，添亦无须过多。文职须拨同知一员，管理词讼，征比粮租，给散兵米；省出内地米价，亦可添饷，再设巡检一员，以听巡查差遣。武职则酌调游击一员、守备水陆各一员、千总四员、把总八员、兵丁八百名。内将一半分防玉环山陆路隘口，其余

① （清）张坦熊修纂：雍正《特开玉环志》卷之一《题奏》，见《玉环古志》整理委员会编：《玉环古志》，北京：中华书局，2000年，第9—10页。

② 朱波：《清代海岛厅县政治地理研究》，中央民族大学硕士学位论文，2015年。

③ 《世宗实录》卷67，“雍正六年三月甲戌”条，《清实录》，第7册，第1026页。

一半分汛水师巡哨洋面。[①]

雍正六年（1728）虽然已正式设立玉环同知，也有专管地方范围，不过此时同知下辖的区域还仅仅具有政区的雏形，与正式的州县政区相比，仍有差异。清朝对地方建置尤其是边疆、海疆新设政区的认知，并非与设官分职的完成无缝衔接。雍正、乾隆年间的文献还未将玉环地方视为独立的政区，更多认为玉环同知仅仅是负责玉环开垦事务的温州府属同知，乾隆《大清一统志》、乾隆二十七年《温州府志》等文献虽然提到了雍正年间复垦玉环、设立同知等史实，但仍将“玉环岛”及其以南的地域归入温州府乐清县条，将“楚门所”及其以北的陆地地域归入台州府太平县条。直至嘉庆十五年（1810）的《太平县志》，作为政区名称的“玉环厅”方首次出现[②]，是时清代的“厅制”也已趋向成熟。基层政区的设立，将带来迁界移民、编户入籍、开垦农田、营建城署、兴修水利、稳定治安等一系列需要尽快落实的后续事项。针对玉环及其周边地域的形势，李卫提出了较为周详的计划：

从前督抚诸臣非不见及于此，而究未议作何保安者，一则恐外来认垦之徒奸良莫辩（辨），一则恐垦熟之日私米下海，一则恐添设官员所费不赀故也。今臣等愚见以为，认垦若听其四方纷杂而来，实难稽查。方今生齿日繁，即以浙地而观，良有人多地少之势，莫若就本省近地之民或

① （清）张坦熊修纂：雍正《特开玉环志》卷之一《题奏》，见《玉环古志》整理委员会编：《玉环古志》，北京：中华书局，2000年，第10页。

② （清）庆霖等修，（清）戚学标等纂：嘉庆《太平县志》卷一《地舆志·沿革表》，光绪二十二年刻本。

> 有室家而愿往者，或虽无室家而有亲族的保者，皆由该本处地方官召募，取结给照，方准往垦，到彼仍严行保甲，连环编牌，稽查窝隐，其他闽、广无籍之人概不收录，则奸良不难分晰矣。至其所收米谷，若虑其出洋私卖，亦有变通之法：赋役不征条银，止令输纳租米，所余留为食用之需。然田非民间价买，又无业主粮租，较内地不妨稍加，即稍有余米，亦令由口岸汛地禀明给照，止许往温郡乐清、太平地方运卖，并将黄、坎二门隘口设汛严防，颗粒不许入海，则私卖之弊可除矣。[①]

为了防范闽、广无籍之人冒垦而导致奸良杂处，并照顾分县的太平、乐清被遣之民，李卫限定太平、乐清两县人户入垦，并编排保甲，严禁出洋私卖粮食。清廷也照准其题奏，各项施政提上日程。不过实际复界安插的过程颇为混乱，百姓入籍认垦的情况则更为复杂。[②]与其他海岛厅县不同的是，玉环厅的陆域并非完全由海岛构成，还包括玉环岛北部的楚门半岛，与太平县直接毗连。不难想象，遣派安土重迁的太平、乐清二县的百姓离开大陆、复垦玉环岛，阻力定然不小，新设政区的治所区位就显得尤为重要。

玉环地方在设厅前，仅遗留玉环古城、楚门所城、东岙寨城[③]几处城址，其中玉环古城仅存城脚，东岙寨城已废圮。而

① （清）张坦熊修纂：雍正《特开玉环志》卷之一《题奏》，见《玉环古志》整理委员会编：《玉环古志》，北京：中华书局，2000年，第10页。

② 谢湜：《14—18世纪浙南的海疆经略、海岛社会与闽粤移民——以乐清湾为中心》，《学术研究》2015年第1期。

③ （清）张坦熊修纂：雍正《特开玉环志》卷之三《建置》，见《玉环古志》整理委员会编：《玉环古志》，北京：中华书局，2000年，第98页。

楚门所城位于楚门半岛楚门镇，明洪武二十年（1387）因倭寇扰边，徙玉环岛居民于内地，置楚门御倭水军千户所，督建楚门所城，清初时城楼、城内部分建筑尚存，城外还有北门河、东门河、南门河及围渚港等护城河环绕。不过玉环展复后，李卫提议一蹴而就地将玉环厅治所设在玉环岛上，并就地取材，新建玉环城。“至其官署营房，查取临近深山树木，可以备用。惟工匠人夫饭食哨船等项，俟果定添设之议，确估所需若干，或于关税赢余银两内动支应用，谅不致有縻费之处。此虽设官添兵，不过调遣料理，稍费人力，原非大为更张。”[①]玉环城位于玉环岛的几何中心位置（今浙江省玉环市玉城街道），可以更好地发挥行政中心的集聚效应与管控作用。嘉庆十二年（1807），闽浙总督阿林保又奏请将原属乐清县的外洋离岛改隶玉环厅，并将这些海岛所辖洋面由温州营改归玉环营，就近管辖。[②]至此，清代玉环厅以治所为中心的政区结构体系基本形成。设官分职、设立政区、治所选定、营建城署、编户入籍、海岛复垦、粮户归宗、政区优化，这一环环相扣的链条其实体现了清代州县行政、地方实践的基本面貌，新设政区的政区结构体系生成与社会再结构的过程，也是清代国家治理向基层渗透、落实的具体表现。

直隶四旗厅的设置，则源于对直隶北部的开发治理。清代承德地方有“塞外京都”之称，作为京师北部屏障，战略地位重要，“由都城东北出古北口，山川绵亘越数百里，而承德为之

① （清）张坦熊修纂：雍正《特开玉坏志》卷之一《题奏》，见《玉环古志》整理委员会编：《玉环古志》，北京：中华书局，2000 年，第 10 页。

② 朱波：《清代海岛厅县政治地理研究》，中央民族大学硕士学位论文，2015 年，第 54 页。

都会，外连沙漠控制蒙古诸部落，内以拱卫神京”[①]。承德地方清初为蒙古游牧地，未有行政建置，雍正元年（1723）十月，置热河理事同知（热河厅）。[②]雍正七年（1729）十月，在八沟地方设理事通判，是为八沟厅，据《清朝文献通考》，“雍正十年置理事同知厅”。直隶总督孙嘉淦言：“臣覆加酌核，查得八沟地方，幅员辽阔，旗民杂处，原设有理事同知、通判二员，分疆管理。”[③]可见雍正年间八沟一地同时驻有通判和同知，且分疆管理、分区而治，实为同名两厅。由于八沟地方辖境过于辽阔，内阁奉上谕，要求孙嘉淦办理八沟建置调整之事。孙嘉淦奉命核查地方情形后，提出移八沟通判驻土城子，相当于保留八沟理事同知的同时增设四旗厅，“臣随行文确查，兹据布政司范璨、霸昌道周彬等查议详报……议将八沟理事通判移于四旗土城子驻扎，将通判原管地方，俱归同知管理”[④]。

地方行政制度的推行和优化，目的在于明晰权责、提高地方治理的效率，孙嘉淦深谙此理，希望政区调整能够起到“分疆画理，职有专司，既无鞭长莫及之虞，亦无推诿迟延之弊，于地方事务实有裨益”[⑤]的作用。除了基层政区的调整，他还提出：

① （清）海忠修，（清）林从炯等纂，（清）廷杰重订：《承德府志》（光绪十三年四月），台北：成文出版社，1968年，第6页。

② 《世宗实录》卷12，“雍正元年十月乙卯”条，《清实录》，第7册，第220页。

③ （清）孙嘉淦撰：《孙文定公奏疏》卷四《直隶总督·口外设道疏》，清敦和堂刻本，第45b页。

④ （清）孙嘉淦撰：《孙文定公奏疏》卷四《直隶总督·口外设道疏》，清敦和堂刻本，第45a—45b页。

⑤ （清）孙嘉淦撰：《孙文定公奏疏》卷四《直隶总督·口外设道疏》，清敦和堂刻本，第46b页。

抑臣更有请者，查承德州八沟、四旗及喀喇沁三旗地方，绵亘数千里，设有承德州知州一员，热河同知、八沟同知二员，四旗通判一员，沿边布列，但职守相等，无所统摄，虽隶霸昌道所属，而该道驻扎口内，远隔重关，势难遥制，遇有解审案件，往返不无拖累。且热河武弁现设有副都统、总管副将等皆系大员，而文职不过同知以下，品职相悬，未能接洽，不无牵制掣肘之虞。且同知等官不能兼辖武弁，遇有巡查缉拿等事，往往呼应不灵。再喀喇沁等处种地民人日多于前，八沟、承德等处事务日益殷繁，将来绥辑兵民，经理地方，尚须筹画，而无文职大员料理，难以商酌举行。据臣愚见，似应于古北口外沿边一带地方，添设兵备道一员，于承德州驻扎，将热河等处同知、知州、通判等员俱归统辖，其兵马钱粮即令该道经管，其都司、守备等贤否俱令稽查察核。如此则文武兵民事权归一，呼应更灵，易于振饬，一切解审事件，俱可就近归结，以省拖累。而将来经理城垣仓库，绥辑外藩，通商便民之政，亦可次第举行矣。如蒙圣恩俞允，准令添设其道员、通判及巡检、千总等衔署兵役职守考核事宜，照例详悉缮本具题。臣为边防起见，伏祈皇上训示施行。谨奏。①

乾隆五年（1740）三月，置热河道，驻承德州，辖承德州、

① （清）孙嘉淦撰：《孙文定公奏疏》卷四《直隶总督・口外设道疏》，清敦和堂刻本，第46a—47b页。又见于中国第一历史档案馆藏：录副奏折《直隶总督孙嘉淦奏查边防请添设道员通判等员事》（乾隆四年三月）亦有此次调整的记录，档号：03-0049，件号：03-0049-032，缩微号：003-0166。

八沟厅、四旗厅与喀喇沁三旗[①]，实质上具有道员和知府的双重功能。从治所的选定来看，四旗厅治土城子，由于其位置适中，可避免对地方管理鞭长莫及，“移八沟通判及东河司巡检，驻四旗适中之土城子”[②]。乾隆四十三年（1778）正月，设承德府，次月，原八沟厅、喀喇河屯厅、四旗厅、三座塔厅、塔子沟厅、乌兰哈达厅均改为州县，以合府制，隶于承德府。[③]四旗厅改为丰宁县，其疆域延续四旗厅的辖境范围：“东西距五百二十里，南北距二百二十里。县治东至正蓝旗荒地，接承德府界二百五十里；西至镶黄旗十八盘岭，接口北道属独石口厅界二百七十里；南至镶白旗博罗梁，接滦平县界六十里；北至正白旗半壁山，接围场界一百六十里；东南至正蓝旗中关，接承德府界一百八十里；西南至镶黄旗大草坪梁，接独石口厅及滦平县界二百八十里；东北至正蓝旗官家厂，接围场界二百八十里；西北至镶黄旗僧机图岭，接口北道属多伦诺尔厅界三百二十里；自县治至热河行宫一百八十里。”[④]可见，整个政区辖境东西长、南北短，治所区位处于接近境域几何中心的位置，尤其是东西方向上。南北方向上，由于南部临近京畿，北部临近口外，县治相对偏南亦在情理之中。

宣统元年（1909）十二月，朝廷批准分承德府亲辖地与丰

① 《高宗实录》卷 112，“乾隆五年三月己酉”条，《清实录》，第 10 册，第 651 页；《高宗实录》卷 89，“乾隆四年三月丁卯”条，《清实录》，第 10 册，第 376 页。

② 《高宗实录》卷 15，“乾隆元年三月癸亥”条，《清实录》，第 9 册，第 420 页。

③ 《高宗实录》卷 1048，“乾隆四十三年正月乙亥”条，《清实录》，第 22 册，第 10 页；《高宗实录》卷 1050，“乾隆四十三年二月甲午”条，《清实录》，第 22 册，第 27 页。

④ （清）和珅、梁国治纂修：《钦定热河志》卷 52《疆域四》，见《景印文渊阁四库全书》史部第 495 册，台北：商务印书馆，1986 年，第 841—842 页。

宁县地设隆化县，次年（1910）三月正式设县[①]，治唐三营（今河北省隆化县唐三营镇）。分县后，解决了丰宁县辖境过大、管理不便的问题。政区设置对偏远地方社会的积极影响不言而喻，回顾谭其骧地方创建县治的经典论断，结合本节对清代新设县级政区的梳理，可以对该论断做出若干补充或限定。清代的230个“普通设县”有显著的边疆属性，它们设立前所隶属的旧政区确为开发此地的动力所在，但其设立却并不一定意味着该地已开发成熟，政治因素（如治安、缉盗、复垦、军事防御等）往往起关键作用，而政区设置后，以治所为中心，往往对地区开发带来若干积极影响，如人口增长、聚落集聚、土地开发、经济发展、基础设施改善等。

治所选定并非只是简单地“定点”，对新设县级政区而言，山川地理形势、生产生活条件、衙署建设选材与经费是三个最重要的考量因素，兼顾三者并抓住主要矛盾当为上策。例如同治十二年(1873)，陕甘总督左宗棠奏设平远县，根据地方勘察，最终选址下马关（今宁夏回族自治区同心县下马关镇），理由如下：“臣熟察情形，饬藩臬两司移平庆泾道魏光焘履勘议详。嗣据魏光焘复称，勘得固原南北二百四十里地名下马关，东接环县，南通固原，北达灵州，西连盐茶厅各境，地当冲途，形势最为扼要。关城地西倚罗山，西南甘泉出焉，流经城北，过韦州、惠安各堡，汇归黄河，东南北三面平原数十里，可耕可牧，向为沃壤，应设县于此，足资控制。考之图牒，距元设豫王城今称预望城仅三十里而遥，同为要区，而土地饶沃，较预望为

① 按：隆化设县的过程与时间，说法不一，有光绪二十九年（1903）、光绪三十年（1904）、宣统元年（1909）、宣统二年（1910）等，可参见夏建立：《清代直隶北部政区边界研究》，中国人民大学硕士学位论文，2014年。

胜。砖城周五里，高三丈，因之设县，经始诸费亦可节省。其西一百一十里为灵州属之同心城，应设巡检分驻于此，归新设知县管辖，司缉捕。同城设训导、典史各一员，营汛别议。此拟于下马关改设知县之大略也。”①可见，下马关地理区位紧要，水土丰沃、利于开发耕作，又具备一定的建城基础，可节约经费。

行政中心对地方治理的重要作用，在台湾设省后政区设置与治所选定的过程中，表现得尤为显著。康熙二十二年（1683）八月，清军收复台湾，次年（1684）四月即置台湾府及台湾、凤山、诸罗三县，隶福建省。②凤山、诸罗二县县城选址后，衙署建设并非一蹴而就，“城郭：一府三县，应设府城一、县城二，今尚未建。台湾县，附郭；凤山县城，应设凤山地方，今尚未建；诸罗县城，应设诸罗山地方，今尚未建……衙署：分巡道衙门在台湾县西定坊；台湾府治在东安坊；经历司在府治左；台湾县治在东安坊；凤山县治未建，今就伪遗房屋修改暂为行署；诸罗县治未建，今就伪遗房屋修改暂为行署”③。由于土地空旷、建城取材与经费的问题，“县治在兴隆庄，城未筑。按康熙二十二年间开辟台疆，就兴隆庄而卜县治。创制方始，百废未兴，兼以汪洋遥隔，砖石之属无所取焉，工料又数倍于

① 中国第一历史档案馆藏：录副奏折《陕甘总督左宗棠奏为盐茶固原接壤地址辽阔政令难行请分别升裁添设县治事》，同治十二年五月二十一日，档号：03-4698，件号：03-4698-036，缩微号：341-2192。

② 《圣祖实录》卷115，“康熙二十三年四月己酉”条，《清实录》，第5册，第191页。

③ （清）周元文修，（清）陈瓆纂：康熙《台湾府志》卷六，康熙刻本，第4a、5a页。

内地，苟非糜金数万，难观厥成”[①]，导致凤山县官员起初多寄居府城。而诸罗县的县衙实际驻于开化里佳里兴（今台湾省台南市安平区驻地），“二十三年，设县治于诸罗山（地为郑氏故营址），因以命名，取诸山罗列之义也。县隶台湾府，地南自蔦松、新港，东北至鸡笼山后皆属焉，极海而止（置县后，以民少番多，距郡辽远，县署、北路参将营皆在开化里佳里兴，离县治南八十里。四十三年奉文，文武职官俱移归诸罗山，县治始定）”[②]。直到康熙四十三年（1704），二县奉文归治至兴隆庄（今台湾省高雄市凤山区驻地）、诸罗山（今台湾省嘉义市驻地）。

光绪元年（1875）十二月，析台湾府置台北府。“窃惟台湾，始不过海外荒岛耳，自康熙年间收入版图，乃设府治，领台湾、凤山、诸罗三县。诸罗即今之嘉义，嘉义以北未设官也。郡南北各一百余里，控制绰乎有余。”[③]光绪十一年（1885）台湾建省，改福建巡抚为台湾巡抚，光绪十二年（1886）又改称福建台湾巡抚，兼理学政。[④]设省后，台湾辖境较大且多有山川阻隔，仅有台湾、台北二府而难以控制的问题更加凸显。“台湾各

① （清）李丕煜修，（清）陈文达、李钦文纂：康熙《凤山县志》卷二《规制志·城池》，康熙五十九年刻本，第1a—1b页。

② （清）周钟瑄修，（清）陈梦林、李钦文纂：康熙《诸罗县志》卷一《封域志·建置》，康熙五十六年刻本，第6a—6b页。

③ 中国第一历史档案馆藏：录副奏折《办理台湾等处海防大臣沈葆桢、闽浙总督李鹤年等奏为台北口岸拟建府厅事》，光绪元年六月十八日，档号：03-5091，件号：03-5091-005，缩微号：388-0017。

④ 中国第一历史档案馆藏：《闽浙总督杨昌濬、福建巡抚刘铭传呈筹议台湾改设行省事宜清单》，光绪十二年六月十三日，档号：03-5093，件号：03-5093-023，缩微号：388-0337；中国第一历史档案馆藏：录副奏折《闽浙总督杨昌濬奏为遵旨主稿台湾改设行省事宜事》，光绪十二年七月十三日，档号：03-5211，件号：03-5211-054，缩微号：396-0319。

县地舆太广，最大如彰化、嘉义、淡水、新竹四县，亟须添官分治。统计四县，按周围百里为城，约可分出四五厅县，将来彰化即可改设首府，另设首县为台湾县，将台湾县改为安平县，应俟添设藩司后，再行酌核办理。”[①]依此待办清单，光绪十三年（1887）九月，清廷在彰化桥孜图地方新设台湾府，为省会所在。光绪二十年（1894）二月三十日，省会迁驻台北府。新设台湾府及府下附郭的台湾县（今台湾省台中市城区）的治所选定，则考虑了地势、距离、山水环境等多方面因素。

> 查彰化桥孜图地方，山环水复，中开平原，气象宏敞，又当全台适中之地，拟照前抚臣岑毓英议，就该处建立省城，分彰化东北之境，设首府曰台湾府，附郭县曰台湾县，将原有之台湾府、县改为台南府、安平县。嘉义之东、彰化之南，自浊水溪始，石圭溪止，截长补短，方长约百余里，拟添设一县曰云林县，新竹苗栗街一带，扼内山之冲，东连大湖，沿山新垦荒地甚多，拟分新竹西南各境，添设一县曰苗栗县。合原有之彰化县及埔里社通判一厅四县，均隶台湾府属。[②]

综上，在有机联系、环环相扣的地方行政运作程序中，政区治所表现出的区位特征是多层次、动态化的，从选址到完成修建存在一个时间差，治所的修建、迁移还要考虑经费问题。

---

① 中国第一历史档案馆藏：《闽浙总督杨昌濬、福建巡抚刘铭传呈筹议台湾改设行省事宜清单》，光绪十二年六月十三日，档号：03-5093，件号：03-5093-023，缩微号：388-0337。

② 中国第一历史档案馆藏：录副奏折《闽浙总督杨昌濬、台湾巡抚刘铭传奏为筹议添改台湾郡县大略情形并请饬部分别换铸关防印信事》，光绪十三年八月十七日，档号：03-5093，件号：03-5093-036，缩微号：388-0372。

例如光绪十三年（1887）九月新设台湾府后，因新的台湾府城修建需要时间，府衙遂驻彰化县城。为了节约经费，光绪二十年（1894）四月，府城不再移至台湾县城，径改彰化县为府下附郭县："台湾府衙现在彰化县城，不必移于台湾县，以节繁费。"[①]到了清朝晚期，内忧外患之下，加之新设县级政区骤增，清廷更加无力支出过多的钱物支持地方治所建设，所以此时设置的一些治所只能"因陋就简，从权目前"。大量地方志记载了清代的地方城池、衙署等治所建设常由当地士绅百姓自发捐钱捐物筹建。[②]在清末开发东北、巩固边疆的进程中，奉天长白府设治与营建城署的事例，即可说明治所区位的控驭意义以及晚清地方建设的困境。光绪末期，首任东三省总督徐世昌调查长白地方、初步筹划，奏议设立奉天长白府，以资控驭，尤其是巩固国境。其奏文如下：

> 窃查奉省临江县上负长白山，下界辑安，北连吉林，广袤八九百里，幅员辽阔，治理难周，故设治虽历数年，内多未完实。其毗连吉林各处向为胡匪出没之区，冈峦亘延，界址错杂，捕务尤易推诿。且该县与朝鲜只隔鸭绿一水，自日俄战争以后，韩民侨居日众，时生事端，木植江防，动滋交涉。近来隔岸韩境，日人设厂置屯，日臻严密。该县辖境既远，权望亦轻，内外交乘，治理必愈形竭蹶。亟应添设府治，以资控驭。伏查长白山为圣武发祥之地，尤应谋完全永固之基，事机已属后时，筹办岂容再缓。自上年冬间迭经派员履勘，拟划临江县以东长生、庆生二保

① 《福建台湾巡抚邵友濂光绪二十年四月十九日奏折》，见庄吉发：《清史论集（十四）》，台北：文史哲出版社，2004 年，第 257 页。

② 许鹏：《清代政区治所迁徙的初步研究》，《中国历史地理论丛》2006 年第 2 辑。

> 之地，及吉林长白山北麓龙冈之后，添设府治，名曰长白，驻于十八、九道沟间之塔甸。现已派员前往调查，开通道路，建筑房舍，筹办一切，略有端倪。应请查照上年原奏及吉林新设密山府奏案，不领属县，将来地辟民聚，应否再行添设县治，俟查看情形，随时筹办设治，以后应如何勘定界址，酌设佐官，明定廉费，建筑衙署监狱，添拨防兵，续为筹议，再行奏咨立案。[①]

光绪三十四年（1908）八月，长白府获准设立[②]，治塔甸（今吉林省长白朝鲜族自治县长白镇）。而后不久，趁热打铁，宣统元年（1909）二月徐世昌奏设分巡奉天临长海等处地方兵备道，简称“临长海道”，驻临江县，进一步加强了奉天东部的防务与地方治理，“上年经臣划吉省南境奏设长白府，归奉管辖，于是奉省东南边防更形吃重，东西沿鸭绿江岸，处处与韩毗连，日人对岸经营，著著进步，彼则守相望，我则势孤援绝。由长白至安东东边道治且千有余里……而南沿江岸，除塔甸已设长白府治外，独临江最据要害，拟请划东边道东境，于兴京厅之临江县，添设道员一缺，辖长白一府，海龙府全属，临江、辑安、通化三县，名曰临长海等处分巡兵备道”[③]。次月获批设立。[④]同年十二月，经新任东三省总督锡良奏请，安图县、抚

---

① 中国第一历史档案馆藏：录副奏折《东三省总督徐世昌奏为奉省东北边境辽阔交涉日繁拟请添设府治以固边防事》，光绪三十四年八月初十日，档号：03-5506，件号：03-5506-004，缩微号：416-0316。

② 《德宗实录》卷 595，“光绪三十四年八月癸酉”条，《清实录》，第 59 册，第 868 页。

③ 中国第一历史档案馆藏：录副奏折《东三省总督徐世昌奏为政务处核议奉省拟裁巡警道添设洮昌等道事》，宣统元年二月二十四日，档号：03-7440，件号：03-7440-002，缩微号：553-0011。

④ 《宣统政纪》卷 11，“宣统元年三月乙丑”条，《清实录》，第 60 册，第 223 页。

松县设立。府下充实县级政区，是内在改革需求与外部势力刺激共同促成的结果。是时，奉天东部的发展已经呈现由兴京府地域向东北、向边境扩大的态势。日俄战争之后，日本制造出“间岛问题”，意图将吉林延吉厅处土地划归朝鲜，边疆形势趋紧。“攘外须先安内”，清廷考虑增设县治，长白府、安图县、抚松县随之设立，“乃设府县各治以固边陲”[①]。三者治所的选定都有重要的地理意义，意在控制流域、巩固边防。“长白府踞鸭绿江上游，实为三省锁钥，则松图两江仍当严密防范，藉资声援距”，长白府的设治以控制鸭绿江上游，“长白府东北四百余里为红旗河流域，控图们江上游，拟定为建署地点，名曰安图县，以为韩民东渡越垦之防。距长白西北五百余里为龙冈后以西之双甸子，控松花江上游，拟定为建署地点，名曰抚松县，藉作白山右屏”，安图县设治以控制图们江上游，抚松县设治则可控制松花江上游。[②]

其中安图县为析长白府东的图们江源、红旗河西南岸地置，“于图们江上源，自红旗河以西，北循省界，南至石乙水，中抱布尔湖里至长白山，添设县治”，拟治红旗河西南岸（今吉林省和龙市崇善镇）。[③]“县境位于奉天省之东北隅，与日韩相连，以图们江为界。当设治之始，拟在图们江之左岸创设县治，以保国界，故定名曰安图县。后因款项支绌，修筑维艰，即以八旗工厂地址权作县署，今仍其旧。”[④]由此可见，安图县在设立的过程中因经费不足，治于娘

① 《设治记》，见（清）刘建封修，（清）吴元瑞纂：《安图县志》，宣统二年稿本。

② 《奉吉两省勘分边界原案批牍》，见（清）张凤台编撰，黄甲元、李若迁校注：《长白汇征录》，长春：吉林文史出版社，1987年，第19页。按：“红旗河”，《清会典》《奉天全省府厅州县舆图》（光绪二十年）等作“红溪河”。

③ 《宣统政纪》卷27，“宣统元年十二月辛巳”条，《清实录》，第60册，第495页。

④ 陈鸿谟、陈国钧修，孔广泉、臧文源纂：《安图县志》卷一《疆域志·位置》，民国十八年铅印本，第22a页。

娘库（今吉林省安图县松江镇）。

行文至此，笔者尝试对清代县级政区的治所体系作一总结。首先，治所体系总体上呈现较为稳定的特征，治所一旦选定，少有更迁。新设县级政区如果有既有的行政和城署基础，那么行政中心多是继承加改造，如前面所述东北驻防城体系的例证。无论既有城署改造还是重新选址营建，清代县级政区的治所在区位上表现出的特征，可用 5 个地方设治奏议中最常见的关键词来概括：适中、宏敞、经费、便民、控驭。但需要说明的是，清代地方行政的理念倾向与精巧设计，往往是在不同时空维度下表现出鲜明的特色，很多情况下并不能通过量化分析、举例论证就可提炼出普适性的规律。

第二节　清代县级及以上政区的治所迁移

（一）高层政区与统县政区治所迁移

“治所”作为政区衙署驻地，在各级政区的空间结构中占据核心地位，在地方行政管理中发挥着上传下达的枢纽作用。清代的政区治所体系，上至首都、陪都，下至县治及县下佐杂驻地，数量非常庞大。政区治所的选定，是自然、人文加之历史因素共同促成的结果，因此非必要情况，少有更迁。从政区层级上看，越高级别的政区治所迁移越体现着中央朝廷的政治考虑和战略需要。清代省会治所迁移有 4 个，分别是直隶（由大名府迁至真定府，又迁至保定府）、安徽（由安庆府迁至庐州府，又迁回安庆府）、甘肃（由甘州府迁至凉州府，又迁至兰州府）、台湾（由台南府迁至台中，又迁至台北府）。除了安徽省会因太平天国运动而短暂迁移外，直隶、甘肃、台湾省会的迁治都突出地体现了中央在行政区划建设上的高层设计，对全省开发建设与发展格局奠定都产生了深远影响。而统县政区层面，清代共有 14 个统县政区的治所迁移，其中府 7 个、直隶厅 4 个、直隶州 3 个（表 5-3）。[①]

表 5-3　清代统县政区治所迁移一览

省份	统县政区	原治	第一次迁治（迁治时间）	第二次迁治（迁治时间）
奉天	锦州府	广宁县	锦县（康熙四年）	
	辉南直隶厅	大肚川	谢家店（宣统元年）	
吉林	新城府	伯都讷	孤榆树屯（光绪八年）	伯都讷（光绪三十二年）
黑龙江	呼兰府	巴彦苏苏	呼兰城（光绪三十一年）	
山西	大同府	大同县	阳和城（顺治五年）	
	五原直隶厅	大佘太	兴盛旺地（光绪三十年）	
安徽	泗州直隶州	虹县	寄治盱眙县(康熙十九年)	虹县（乾隆四十二年）
陕西	兴安直隶州	赵台山下	向北迁移二里至汉水南岸（顺治四年）	赵台山下（康熙四十六年）
甘肃	兰州府	临洮县	皋兰县（乾隆三年）	
湖南	南洲直隶厅	乌嘴	九都市（光绪二十三年）	
	永绥直隶厅	吉多坪	花园堡（嘉庆七年）	
四川	绵州直隶州	绵州城	罗江县城(乾隆三十五年)	绵州城（嘉庆六年）
云南	乌蒙军民府（昭通府）	天梯梁子	二木那（雍正九年）	
贵州	思南府	安化县	大堡地方（光绪八年）	

资料来源：国家清史纂修工程《清史·地理志》（待刊）、《清实录》

① 按：据许鹏《清代政区治所迁徙的初步研究》(《中国历史地理论丛》2006 年第 2 辑）一文统计，迁移的统县政区治所中，府治 9 个、直隶厅治 4 个、直隶州治 2 个。由于陕西兴安直隶州的两次迁治发生在顺治、康熙年间，乾隆四十七年（1782）兴安直隶州才升为府，故笔者认为此例应计入直隶州治迁移，而非府治迁移。此外，光绪十三年（1887）前和后的两个台湾府并非一个，后者为在新址新设，不是迁治，许文将其计入，有误。

由表 5-3 可知，除了安徽泗州直隶州、四川绵州直隶州的治所迁移外，其余 12 个统县政区皆位于开发设治较晚的边疆或少数民族聚居区，时间上也以清末光绪、宣统时期为多。这些统县政区的迁治，多与边疆地区充实府厅州县的进程相伴相随。例如吉林新城府，初为伯都讷地，嘉庆十五年（1810）设伯都讷厅，治伯都讷（今吉林省松原市宁江区）。光绪八年（1882）五月，改伯都讷理事厅为抚民厅，移治孤榆树屯（今吉林省榆树市驻地）。光绪三十二年（1906）正月，升伯都讷厅为新城府，又迁回旧治，并在孤榆树地置榆树县隶于府。这一连串调整只是清末边疆开发的一个缩影，充实了吉林建省的政区基础，而治所迁移可看作其变迁过程的一条线索。根据清代的设治思想，政区治所应该四通八达，可以便捷有效地控制其管辖范围。据许鹏统计，因为治所偏僻、交通不便而发生的各级政区治所迁移，约有 70%出现在光宣两朝，且这些治所多位于东北、西北、台湾等晚清建省的地区。[①]

（二）县级政区治所迁移及其规律

就县级政区而言，县治迁移的原因具体得多，自然地貌、聚落分布、交通格局、经费筹措、历史积淀等都可能是导致治所变动的因素。据笔者统计，1683—1911 年，全国共有 19 个省的 74 个县级政区发生过迁治，其中有 7 个县级政区迁治 2 次，1 个县级政区迁治 3 次，即江苏沛县。具体情形见表 5-4。

---

① 许鹏：《清代政区治所迁徙的初步研究》，《中国历史地理论丛》2006 年第 2 辑。

表 5-4　1683—1911 年全国县级政区迁治一览

省份	县级政区	原治	第一次迁治（迁治时间）	第二次迁治（迁治时间）
直隶	阜平	王快镇	阜平镇（乾隆十一年）	
	肥乡	旧店营	肥乡镇（雍正九年）	
	广平	今广平镇	城西北里许（康熙四十二年）	今广平镇（康熙五十年）
	大名	旧治镇	大名府城（乾隆二十三年）	
	围场厅	二道沟	克勒沟（光绪七年）	
	阜新	鄂尔土板东北之库伦	水泉（宣统二年）	
奉天	兴仁	奉天府城	抚顺城（光绪三十三年）	
	复州厅	复州地	瓦房店（光绪三十四年）	
	抚顺	抚顺城	千金寨（宣统元年）	
	兴京厅	赫图阿拉	新宾堡（光绪二年）	
	西安	老虎嘴	大兴镇（光绪二十九年）	
	开通	哈拉乌苏	七井子（光绪三十年）	
吉林	长春厅	长春堡	宽城子（道光五年）	
	桦甸	桦皮甸子	桦树林子（宣统元年）	
	绥芬厅	三岔口	宁古塔（宣统元年）	
	方正	崇古尔库站	方正泡（宣统元年）	
	桦川	佳木斯	悦来镇（宣统三年）	
黑龙江	呼兰厅	呼兰城	巴彦苏苏（同治三年）	
	木兰	小石龙河子	木兰镇（光绪三十四年）	
江苏	金山[1]	金山卫城	朱泾镇（乾隆二十四年）	
	清河	甘罗城	清江浦（乾隆二十五年）	
	邳州	下邳	艾山（康熙二十八年）	
	沛县	大桥梁	栖山（乾隆四十六年）	夏镇（咸丰元年）；大桥梁（咸丰十一年）[2]
安徽	凤台	寿州城	下蔡镇（同治四年）	
山西	河曲	火山军	河保营（乾隆二十九年）	
	丰镇厅	高庙子	衙门口（乾隆二十三年）	
	归化城厅	西河	归化城内（乾隆二十五年）	
山东	齐东	赵岩口	九扈镇（光绪二十年）	

续表

省份	县级政区	原治	第一次迁治（迁治时间）	第二次迁治（迁治时间）
河南	仪封	今仪封镇	圈头集（乾隆四十九年）	
	荥泽	古荥阳东北	古荥阳旧城（康熙三十七年）	
	考城	黄河南岸	堌阳（乾隆四十七年）	
陕西	孝义厅	孝义川	旧县关（嘉庆七年）	
	留坝厅	紫柏山	太平岭（嘉庆十三年）	
	平利	县西北老县	白土关（嘉庆七年）	
	洛川	洛川旧县	凤栖堡（乾隆三十一年）	
甘肃	通渭	今平襄镇	安定监城（雍正八年）	今平襄镇（乾隆十二年）
	西和	上城	南山下城（康熙四十三年）	
	成县	上城	下城（康熙三十五年）	
	渊泉	今渊泉镇	郭壁（乾隆三十三年）	
	玉门	达里图	赤金卫（乾隆二十五年）	
台湾	凤山	兴隆庄	埤头街（乾隆五十三年）	
	诸罗	佳里兴	诸罗山（康熙四十三年）	
	云林	林圯埔	斗六门（光绪十九年）	
湖北	公安	祝家冈	唐家冈（同治十三年）	
湖南	桑植厅	旧司治	安福所城（雍正七年）	
	凤凰厅	凤凰营	镇筸镇（康熙四十八年）	五寨司（嘉庆元年）
	永顺	旧司治	猛洞（雍正七年）	
广西	西隆州	岧凶山	扁牙寨（雍正七年）	
	恩隆	来安	平马墟（光绪五年）	
	信都厅	铺门墟	官潭墟（宣统元年）	
	明江厅	今宁明县城	宁明州治（乾隆元年）	
四川	会理州	苦竹坝	会川卫城（雍正六年）	
	兴文	今僰王山镇	建武城（光绪三十四年）	
	永宁	永宁县城	古蔺场（光绪三十三年）	
	长寿	铜鼓山下	凤山（嘉庆四年）	
	酆都	今丰都县城	傅家包（同治十一年）	今丰都县城（光绪三年）
云南	永平	今永平县城	曲硐（同治十一年）	今永平县城（光绪十八年）
	安平厅	开化府城	马白关（光绪二十六年）	

续表

省份	县级政区	原治	第一次迁治（迁治时间）	第二次迁治（迁治时间）
云南	会泽	巧家汛	东川府城（雍正七年）	
贵州	贵定	今旧治镇	新添卫治（康熙二十六年）	
	安化	思南府城	大堡（光绪六年）	
	黄平州	今旧州镇	兴隆卫城（康熙二十六年）	
	铜仁	铜仁府城	大江口（光绪六年）	
	普安	马乃	新兴所城（康熙二十二年）	
	正安州	古凤	土坪（雍正十年）	古凤（乾隆三年）
	仁怀	宝峰寺	亭子坝（雍正八年）	
新疆	绥来	康吉城	绥来城（光绪十二年）	
	奇台	今老奇台镇	古城（光绪十五年）	
	叶城	叶尔羌回城	哈哈里克（光绪八年）	
	泽普	坡斯坎庄	固玛（光绪二十九年）	
	巴楚州	今巴楚县西南	巴尔楚克（光绪二十八年）	
	伊犁厅	惠远城	新惠远城（光绪八年）	绥定城（光绪十四年）
	于阗	哈拉哈什	克里雅回城（光绪十年）	
	辟展厅	今鄯善县城	吐鲁番（乾隆四十四年）	

资料来源：国家清史纂修工程《清史·地理志》（待刊）、《清实录》、许鹏《清代政区治所迁徙的初步研究》（《中国历史地理论丛》2006年第2辑）

注：[1]金山县治在乾隆年间迁移不定，乾隆三十三年又短暂迁治金山卫城，乾隆末因县署被飓风破坏，最终又迁回朱泾镇

[2]为第三次迁治

根据表5-4，清代发生过迁治的74个县级政区，包括散厅17个、散州6个、县51个。虽然总体上迁治的县级政区不多，在总计1617个县级政区①中仅占4.6%，但迁过治的散厅数量在89个散厅②中占19.1%，相当于每五个散厅中就有一个迁过治所。这些散厅集中分布于东北、西北、西南等边远地区，很大一部分是出于政治战略考量且先于地方开发而设置，设治之初

① 按：宣统三年（1911）时的状态。

② 按：宣统三年（1911）时的状态。

常常存在位置偏僻、聚落稀疏、交通不便等问题。随着人口聚集与经济开发，治所就需要适时调整，这与清代定制较晚的厅制及其属性是相符的。例如云南安平厅，是嘉庆二十四年（1819）改开化府同知为分防安平抚彝同知而设的[①]，驻开化府城。光绪以后，经两任云贵总督岑毓英、丁振铎奏议，迁治到具有一定衙署基础的马白关。主要是为了“居中施治”、加强边防，丁振铎提出：“云南开化府安平同知一缺，自康熙六年改土归流，管辖东安、永平、逢春三里，其衙署原建设于马白关地方，以资控制，嗣复移驻开化府城。光绪十三年滇越划界时，复将归仁里添隶该厅管理，经前督臣岑奏准将该同知仍移驻马白，以便居中施治，旋以善后事宜未及筹议，因循未改，以至于今……查该厅汉夷杂处，壤地与法越毗连，现值边防紧要，一切整顿团练布置关隘，御暴诘奸事物均极繁重，应请仍将安平同知照旧移驻马白关，方足以资控制而慎门户。该处旧有开化镇行辕，即暂改为同知衙署，借作栖止。”[②]此外，在 1683—1911 年全国 8 个迁治两次以上的县级政区之中，广平、沛县、通渭、酆都、永平、正安州 6 个政区都是迁治后又迁回原治，出现了反复。它们的迁治一般是遇到地震、洪水等突发事件而被迫变动，“回迁”则与旧治已有一定的城池衙署等基础设施有关，可以节省财力有关。

从时段上看，县级政区治所迁移以清前期的康雍乾和后期

① 《仁宗实录》卷 359，“嘉庆二十四年六月己酉”条，《清实录》，第 32 册，第 739 页。

② 中国第一历史档案馆藏：录副奏折《署理云贵总督丁振铎奏请仍将安平同知衙署照旧移驻马白关以便居中施治事》，光绪二十六年九月三十日，档号：03-5392，件号：03-5392-104，缩微号：407-1945。

的光宣朝为多（占86.4%），这一特征符合清代行政区划调整的总体时间规律。在空间上，迁移的县级政区治所分布也很不均衡。清代全国23个行省中，浙江、江西、福建、广东四省无县级及其以上政区治所迁移的现象，说明这四省县级及其以上政区结构体系的发展较为成熟，十分稳定。其余19个省依县级政区治所迁移频次的多寡排序，依次为：新疆（9次）、贵州（8次）、直隶（7次）、奉天（6次）、甘肃（6次）、四川（6次）、江苏（6次）、吉林（5次）、广西（4次）、云南（4次）、陕西（4次）、湖南（4次）、山西（3次）、台湾（3次）、河南（3次）、黑龙江（2次）、湖北（1次）、山东（1次）、安徽（1次）。总体上，治所迁移以西北、东北、西南地区为主，中原和东南地区则较少。据许鹏考证，西北省份治所迁移多由于战争破坏，东北地区以治所偏僻及原治城池废圮或选址不当为主因，西南地区的迁治主要是因为战争破坏及交通不便、治所位置较偏；而东南、中原地区的治所迁移更多是受自然灾害等不可抗力影响。[①] 表5-4中，中原地区的邳州、沛县、齐东、仪封、荥泽、考城6个县级政区的迁治就都与黄河改道或水患相关。

第三节　清代设治与迁治经验的启示

从清代东北、台湾派官设治的历史经验来看，边疆与海疆新开发地域政区结构体系的形成，一般是围绕既有的城镇聚落

① 许鹏：《清代政区治所迁徙的初步研究》，《中国历史地理论丛》2006年第2辑。

或军事布防设施展开的。设治过程首要考虑的是政区的地形条件与布防价值，同时通过设置佐杂、析分新县等形式兼顾偏远地区的管理。而玉环厅、四旗厅等例证则表明，海疆、北方塞外的既往无县地域，新设置的政区治所注重地理位置上的“适中”。因为边疆新设的县级政区地域辽远，又缺少既有的城署设施基础，为了保障县域治理的平衡与效率，治所规划往往表现出选择辖境中心区位的倾向。政区结构体系形成后，为了促进政区管辖幅度的合理化，后续也会有修订边界乃至分设新县等优化调整。这些政区的治所受多种驱动因素影响，稳定性不如内地政区，不过治所迁移调整，也是新设政区的空间结构和管理模式的优化过程。清代的诸多例证，对当今政区行政中心设置、选址与调整都有借鉴意义。清末以来的百余年间，虽然产业结构、城乡结构、社会面貌都已发生翻天覆地的变化，但当今中国政区体系中地域型政区仍占主体地位。尤其是在人口相对稀疏、社会经济发展相对滞后的草原、海岛、山地等，清代的经验启示我们，行政中心选址必须更好地发挥控御和集聚作用，适时地迁移调整也是必要的。随着城镇化发展和城市型政区的增加，行政中心在作用机制上必须从城市地理的“点”走向政区地域的“面”，才能发挥以点带面、促进区域协调发展的作用。

从清代东北驻防城与新设州县的关系看，既有的城署设施可为地域开发与行政中心设置提供便利条件。随着移民放垦与近代开发的进程，东北的城市化体系在此基础上得以较快地初步建立起来。当今行政中心的区位选择、搬迁与建设，也应尽可能地基于有一定城镇规模和发展基础的乡镇，充分发挥其节约经费、聚拢人群、治安维稳的效用。当前，各级行政中心作为党委、政府、人大、政协等国家行政机关和政府职能部门的办公场所，其驻地是区域发展的集聚核心和重要引擎。在传统社会中，城市空间结构多围绕行政中心展开，行政中心驻地是政治、经济、文化中心。随着市场经济的发展和城市化水平的快速提升，行政中心与经济中心高度一致的格局逐渐被打破，出现了不少行政中心迁移的县市。行政中心迁址新建成为许多城市关注的热点问题，为适应当前城市精细化管理的目标和趋势，更需要行政中心在其间发挥关键引领作用。[①]清代“适中、宏敞、经费、便民、控驭”的设治理念，在当代政区行政中心选址与迁移的过程中仍具有借鉴价值。政府行政中心的区位选择，直接关系生产力布局的优化和政府行政效率的提升，对现代化经济体系建设、城乡区域协调发展、提升优势区域综合承载力具有重要支撑作用。因此，综合考量历史经验与当代条件，做到因地制宜、稳中求变、严格审慎，是行政中心设置与调整走向科学合理化的关键原则。

“古之王者，择天下之中而立国，择国之中而立宫。”[②]“择中而立”是中国古代行政中心选址的基本思想之一，行政中心多分布在政区几何中心或环境优越处。传统时期，治所作为政区衙署的驻地，在各级政区的空间结构中占核心地位，在地方行政管理中发挥上传下达的枢纽作用。

综上，在清代海疆、边疆开发的进程中，基层政区的设置

① 余池明：《城市精细化管理在我国的产生和新时代的发展》，《中国名城》2020年第1期。

② （战国）吕不韦：《吕氏春秋》，北京：中华书局，2011年，第609页。

与治所区位，对地方开发和管理具有重要作用，内地州县、行政中心对地方治理的作用也尤为突出。新设的县级政区如果有既有的行政和城署基础，行政中心多是继承加改造，无论是对既有城署进行改造还是重新选址营建。清代县级以上政区的治所在区位上表现出的特征，体现出政区治所的选择重视管辖幅度的适中性、发展腹地空间的广阔性以及充足的经费支撑、民众办事的便捷性，且要方便管控，保障安全，清代经验对当今县级政区的设立及政府驻地的选择仍然具有借鉴意义。此外，清代的政区治所体系总体上呈现较为稳定的特征，治所一旦选定，少有更迁。治所迁移发生在清前期的康雍乾和后期的光宣朝较多，地域上以西北、东北、西南地区为主，中原和东南地区较少，这与清朝在行政运作和地方开发上表现出的时空规律相符。在当今社会，在开发边疆、巩固民族地区团结进步的进程中，政区行政中心的适当调整可促进其集聚和辐射效应更大程度的发挥；而在开发成熟、社会经济发展平稳的区域，政区行政中心驻地应尽量避免迁移，保持稳定性。更好地挖掘与彰显政区行政中心的核心价值，将是新时代区域规划、空间治理以及市县更新迈向更高更远的必经之路。

第六章

清代附郭县体系及其两种特殊形态

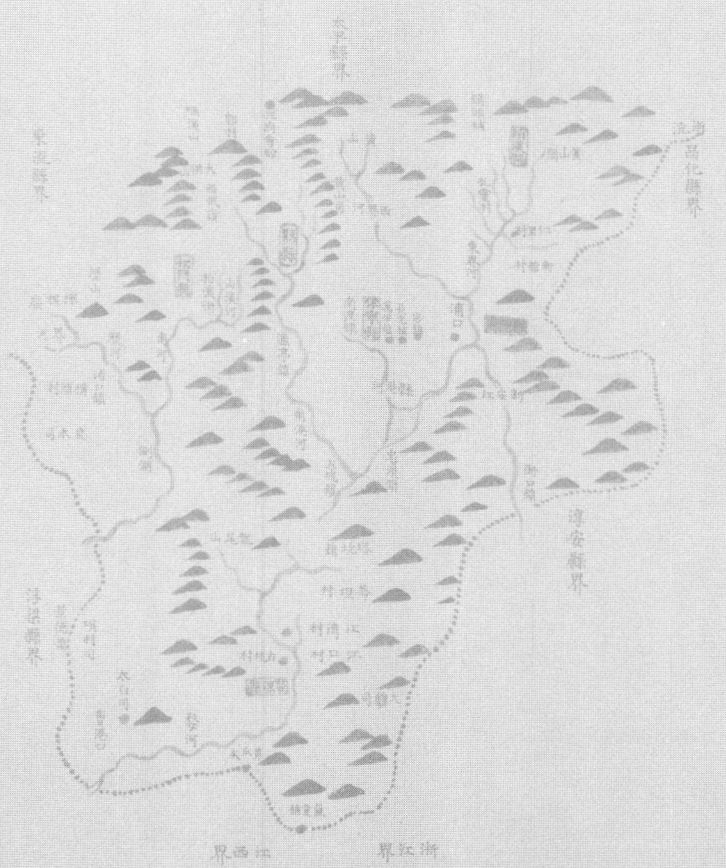

附郭县在中国传统行政区划体系中已存在两千余年，是县制体系的重要环节，与县的区位、层级、等第、界线尤其是治所都关联密切，对当今县制发展仍有影响和借鉴意义。鉴于此，学界对历史上的附郭县逐渐有所关注，但尚未成系统。周振鹤曾提出附郭县的概念及其对县级政区数量变化的影响，分析了附郭县与元明清三代县数总体偏低的关联。而对附郭县制度之衍生问题的讨论主要涉及双附郭县、附郭县的作用和附郭县反映的社会问题等，详略不一，时间跨度也较大，反映了学界对附郭县的研究还比较分散。对历史上的双附郭县，华林甫较早关注并初步统计分析了历代双附郭县的数量、南北方分布及其变化特征；冯春生探讨了魏晋南北朝时期到清末数县同治一城的现象，并略述其沿革、类别、分阶段发展过程及形成原因；而后李伯重、于双远、谢湜等学者在研究中提及过清代苏州府三附郭县的特例。对统县政区下不设附郭县的现象，傅林祥曾揭示了清代直隶州不设附郭县的规律；高茂兵指出元代以后部分府不再设附郭县，并提出“附郭政区”的概念。在此基础上，近年来有学者尝试对附郭县制度反映的社会现象进行初步探索，由之探讨其对中国古代社会的深刻影响。

清末以后，中国传统的附郭县被大量裁撤，城市型政区和市辖区兴起，使中国市县空间隶属关系完成了古今演替。[①]由于附郭县与当今中国市县同城（有县无城）、市县同名等现象密切相关，甚至关系到人们的籍贯、行政办事等事宜，因此也引起了大众的讨论。然而，对“附郭县”“首县”“寄治县”“市县同城”“市县同名”概念的理解偏差和乱用、混用现象仍然较多存在。

第一节　附郭县的含义与记载

附郭县，也称倚郭县，或“（治）郭下县”，指中国古代统县政区和高层政区治所所在之县。与其他县相比，除本县治所外，附郭县的县城中还设有上级政区治所，这使附郭县与统县政区乃至高层政区的联系更加密切，附郭县在各县中地位往往最高。在中国古代的行政区划体系下，历代统县政区和高层政区的治所必然设于某个县城之中，因此，附郭县在“郡下统县”模式确立之初就已产生，并随着历代政区层级之演变而发展变化。如果统县政区或高层政区的治所（城池）跨越了两个县的县境（一治两县），此二县便形成一对双附郭县。

合理界定“附郭县”的概念，首先需要明确“县”是主体，“附郭”是特征。自战国后，中国的县在地域上就有了“城”与“县”的区别，“城”一般指县的中心，即县治、县城；而“县”指包括县城及城外农村地区的整个县的地域。附郭县是上级政

① 赵逸才：《中国市县空间隶属关系的历史启示与改革优化》，《地理研究》2019年第8期。

区（统县政区或高层政区）的治所所在的县，而并不仅指县城，也可以说附郭县是指没有独立县城而将治所附设在上级政区（府、州、郡等）城郭之内的县，也涵盖整个县的地域范围（图6-1）。①同理，双附郭县也是指被上级政区治所所在的城池跨越的两个县的整个县域范围（图6-2）。“附郭县”与“附郭县县城”应明确区分。

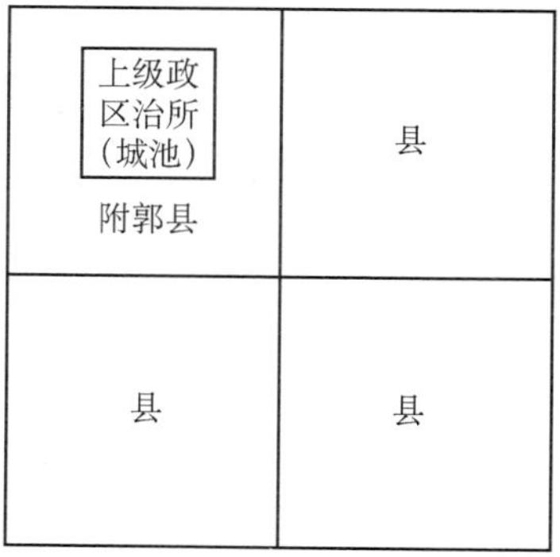

图6-1　附郭县模式图

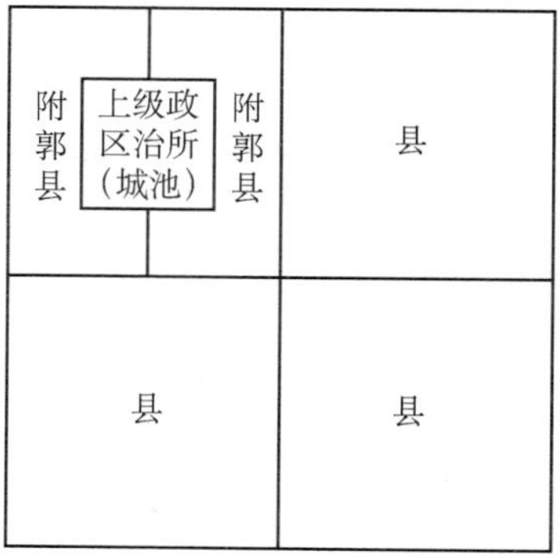

图6-2　双附郭县模式图

此外，将“附郭县”与“首县”画等号也不确切。虽然历代正史地理志、地理总志在记载附郭县时，一般都将其列于各县的首位，但也有例外。②历史上附郭县的数目过千，“首县”大多指高层政区治所所在之附郭县。赵希鼎曾论及：“凡省会所

① 郭声波曾提出：“旧时附郭县指治所与上级机构如郡、州、府等同驻一城的县。实际情况是，郡、州、府等驻所附驻在下属县城中，应称此县为某郡（州、府）驻在县”，可备为一说。详见郭声波：《历史政治地理常用概念标准化举要》，《中国历史地理论丛》2017年第1辑。郭氏基于治所所在的郡（州、府）城与县城之别，更细致地将“附郭县”与“驻在县”加以区分，但中国古代的城市虽规模大小有差，却无行政等级之别，故笔者认为郭氏提出的“驻在县”与“附郭县”在所指对象上无异。

② 例如《晋书·地理志》中，扬州领晋安郡（附郭县侯官）、庐陵郡（附郭县石阳）、南康郡（附郭县雩都），侯官、石阳、雩都三县都未列于郡下各县的首位。

在地之府所属之县曰首县。府或直隶州所在地所属之县曰附郭县或倚郭县。直隶厅属有州县者为例不多，只奉天之凤凰厅及四川之叙永厅。县有京县，如顺天府属之大兴、宛平，奉天府属之承德县，皆曰京县。盖以北京及盛京所在地故名。”[①]如果高层政区治所下有双附郭县，那么这两县并列为“首县”，如“仁和、钱塘两首县献策，遣兵七百名往发明扬祖坟，承瀛许之，以候补通判吴嵰领其事”[②]。历史上的附郭县曾有“京县—首县—附郭县”三个层级，“附郭县”包含但不等于“首县”。至明清尤其是清代以后，“首县”的含义有所拓宽，地方志中有时也称普通的附郭县为“首县”。

不论历代县等的标准如何变化，附郭县始终处于较突出的地位，尤其是京县和首县更是地位显赫。东汉时期就已明确规定，京县的等第高于所有县，如洛阳令和京兆尹、右扶风的大县令的地位高于其他所有县令，魏晋南北朝时期亦是如此。[③]隋初沿袭，而后“炀帝以大兴、长安、河南、洛阳四县令，并增正五品。诸县皆以所管闲剧及冲要之处，以为等级”[④]，将首都所在的大兴、长安以及陪都所在的洛阳、河南皆置于全国诸县之首。而金代中都的附郭县宛平、大兴为赤县，等级最高，“在诸京倚郭者曰京县。自京县而下，以万户以上为上，三千户

① 赵希鼎：《清代各省的政治制度》，见河南大学历史系编：《唐宋元明清史论集》，开封：河南大学学报编辑部，1984年，第154页。

② （清）包世臣撰，李星点校：《包世臣全集・齐民四术》，合肥：黄山书社，1997年，第397页。

③ 例如：北魏的洛阳，北齐的邺、临漳、成安，北周的长安、万年，南陈的建康等县的地位皆高于其他县。

④ （唐）杜佑撰，王文锦、王永兴、刘俊文，等点校：《通典》卷三十三《职官十五》，北京：中华书局，1988年，第919页。

以上为中，不满三千为下”[①]。高层政区治所所在的首县往往等第也很高，自《新唐书·地理志》，正史地理志对各县的等第一般都有明确说明，不论历代县的分等标准如何变化，京县与首县的等第都高于普通县。从历史经验来看，高层政区治所附近还很可能形成双附郭县，一般并列为等第较高的首县。而历史上统县政区下的普通附郭县，常取县级政区治所所依附之地的等第，依不同时代的划分标准，与其他各县差异不大。县等制度方便了中央政府对地方情况和发展动态的掌握，成为其制定施政方针的重要标准，地方的官员设置、品秩和任用方式皆因县等而有所别。附郭县因其良好的区位优势和较高的等第，常成为经济发达、人才辈出之地。

战国至汉代的传世文献一般表明“郭”在城外，多指（套在小城外的）大城、外城，古人的说法都比较一致。还有与“附郭”高度相似的“郛郭”之说，最早的“郛郭”一词见于《韩非子·难二第三十七》：“赵简子围卫之郛郭，犀楯、犀橹，立于矢石之所不及，鼓之而士不起。简子投枹曰：‘乌乎！吾之士数弊也。’”[②]而后，《吕氏春秋》中如是记载此事：“赵简子攻卫附郭，自将兵。及战，且远立，又居于犀蔽屏橹之下，鼓之而士不起。简子投桴而叹曰：‘呜呼！士之速弊一若此乎。’”[③]显然，《吕氏春秋》之“附郭”含义等同于“郛郭”。隋炀帝大业十一年（615）曾下诏曰：“而近代战争，居人散逸，田畴无

① 《金史》卷五十七《百官志三》，北京：中华书局，1975年，第1315页。
② （战国）韩非著，张觉点校：《韩非子》，长沙：岳麓书社，2015年，第146页。
③ （汉）高诱注，（清）毕沅校，徐小蛮标点：《吕氏春秋》，上海：上海古籍出版社，2014年，第550页。

伍，郛郭不修，遂使游惰实繁，寇歉未息。今天下平一，海内晏如，宜令人悉城居，田随近给，使强弱相容，力役兼济，穿窬无所厝其奸宄，萑蒲不得聚其逋逃。有司具为事条，务令得所。”① 由上可见，“郛郭”仅指城郭，“郛”非“附”矣，不可混同。《说文解字》云：“郛，郭也。”段注：《公羊传》：“入其郛”，注：“郛，恢郭也，城外大郭也。”②所以，“郛郭”都是指大城、外城或城郭之意，并无政区概念。而“附郭”应该是指靠近外城之地，“附郭县”即外城周围的县。“附郭县”之名是否从“郛郭”演变而来，尚缺少材料支撑。但无疑的是，“附郭县”“倚郭县”概括了外城及其周边的地域范围，具备了行政区划层面的含义，而不仅指城郭或城池。

隋唐以前，传世文献对“郭”“郛郭”等城郭和“县”已记载颇多，《南齐书·州郡志》《魏书·地形志》等在一些郡后标出了“治……（县）”，《隋书·地理志》则在一些县后标出了“置……（郡）”，但并未直接标注附郭县。③隋唐以后，自《元和郡县志》始，地理总志对附郭县有了明确标注；自《金史·地理志》，正史地理志也开始明确标注了附郭县。明清以后，各省通志与府县方志基本都有关于附郭县及其沿革的明确记载，且大多记为“附郭”，附郭县的称法遂沿用至今（表 6-1）。

---

① 《隋书》卷四《炀帝本纪下》，北京：中华书局，1973 年，第 88—89 页。

② （汉）许慎撰，（清）段玉裁注：《说文解字注》（第二版），上海：上海古籍出版社，1988 年，第 284 页。

③ 根据附郭县的含义，自“郡下统县”模式形成以来，附郭县就已产生。历代地理文献中列于各县首位的县、置郡治的县和指出为郡治所在的县（城），一般为附郭县。

表 6-1　历代地理文献对附郭县的记载方式

记载方式	所见文献	举例
“（治）郭下” “与……分（并）治郭下”	《元和郡县志》《太平寰宇记》《舆地广记》《唐会要》《舆地纪胜》《通鉴纲目》《明一统志》《大明清类天文分野之书》《肇域志》《读史方舆纪要》《乾隆府厅州县图志》《〈汉书·地理志〉补注》……	①“平高县，望，郭下。本汉高平县，属安定郡。”（《元和郡县志》卷三） ②“新建县，皇朝太平兴国六年析南昌县置，与南昌分治郭下。”（《舆地广记》卷二十五） ③“宋会稽与山阴二县并治郭下，元仍旧，本朝因之。”（《明一统志》卷四十五）
“倚（郭）”	《舆地纪胜》《金史·地理志》《元史·地理志》《大明清类天文分野之书》《续文献通考》《明史·地理志》《肇域志》《读史方舆纪要》《续通典》《嘉庆重修一统志》《廿二史考异》《元史新编》《左司笔记》《宋会要辑稿》《新元史》《清史稿》……	①“宣城县，望，倚郭。”（《舆地纪胜》卷第十九） ②“辽阳，倚。东梁河，国名兀鲁忽必剌，俗名太子河。”（《金史·卷二十四·地理志上》） ③“承安五年，升为兴州，领兴化、宜兴二县，兴化为倚郭。”（《廿二史考异·辽史》）
“附郭（廓）”	《舆地纪胜》《蜀中广记》《（弘治）八闽通志》《名山藏》《明一统志》《大明清类天文分野之书》《续文献通考》《广舆记》《武备志》《肇域志》《读史方舆纪要》《嘉庆重修一统志》《（嘉靖）长沙府志》《（乾隆）梧州府志》……	①“衡阳县，紧，附郭。本汉长沙国。”（《舆地纪胜》卷第五十五） ②“山曰敬亭，水曰宛句，附郭曰宣城县。”（《名山藏·卷四十六·舆地记》） ③“长沙，附廓。四境之内，凡广一百四十五里袤八十里。”（《（嘉靖）长沙府志》卷三）

注：本表中的文献择要选录，清代地方志对附郭县记载尤多，文献数量庞大，兹不列举

历代地理文献对附郭县有大量记载和考订，虽说法略有不同，但含义上无异，《舆地纪胜》《明一统志》《大明清类天文分野之书》《肇域志》《读史方舆纪要》等文献的记载都包含上述多种情况。而“附郭县”作为政区通名，至迟在南宋的诗词、地理志中已经出现。南宋诗人戴复古《戏呈赵明府》诗云：

堂堂附郭县，深远半如村。能共斯民乐，浑忘太守尊。

梅花高可折，横浦挠无浑。欠与诗狂者，清谈共一樽。[①]

于此可以看出附郭县县令“深远半如村”的微妙境地。戴复古另有诗题名为“江州德化县漪岚堂尽得庐山之胜，醉中作此呈赵明府”，诗云：

不羡君为花县宰，羡君日坐漪岚堂。有时酒兴兼诗兴，无限山光与水光。百姓熙熙知教化，群胥凛凛对风霜。公馀置酒看桃李，醉倒花前客自狂。[②]

赵明府即德化县县令，德化县正是江州的附郭县。另外，南宋中期的地理总志《舆地纪胜》对附郭县都有“倚郭”“附郭”“郭下（县)”等明确记载，卷二十七《瑞州》出现了“附郭县”的政区通名：

瑞州，上。高安郡。绍兴十三年，赐郡名高安。……皇朝平江南，割清江隶临江，万载隶袁州，开宝中。隶江南西道。《图经》在开宝八年。诏分高安、上高二县地置新昌县。太平兴国中。郡守庄绰乞以附郭县名其郡，得旨赐名高安郡。《国朝会要》：在绍兴十三年。今领县三，治高安。宝庆初，以州名犯今御讳，改为瑞州。[③]

而后，“附郭县”这一政区通名常见于南宋以后的历代文集、地理志、地方志中，并一直存在到今天。

① 金芝山校点：《戴复古诗集》，杭州：浙江古籍出版社，1992 年，第 133 页。

② 金芝山校点：《戴复古诗集》，杭州：浙江古籍出版社，1992 年，第 158 页。

③ （宋）王象之编著，赵一生点校：《舆地纪胜》第 3 册，杭州：浙江古籍出版社，2012 年，第 871—872 页。

第二节　明清附郭县制度的定型

明清时期，中国传统的地方行政制度进入定型期。明代继承了元代的省制，但为了防止地方分权、加强中央集权，朱元璋将各行省的最高权力一分为三，设置都指挥使司（掌军政）、布政使司（掌民政）、提刑按察使司（掌刑政）。洪武九年（1376）朱元璋改行中书省为承宣布政使司，洪武十三年（1380）又废掉了“中书省”之名，从此布政使司成为明代高层政区的名称。[①]总体上，明代的省制比较稳定，终明之世，全国共有南、北两京和十三布政使司，习惯上总称为“十五省”。

在边疆地区，明代不置郡县，而是采用一套都司系统，都司下领卫所，既是军事组织，也兼具行政单位的特征。卫所既有直属于都司的，也有卫属的千户所，级别不同。在统县政区上，明代将元代的路改为府，“明制户分军民，以府州县领民户，以卫所领军户。全境府州县分隶于两京、十三布政使司”[②]。府州皆可领县，府设有附郭县，而州有直隶州（直属于布政使司）和属州（属于府）之分，皆不设附郭县。除此之外，在以四川、云南、贵州、广西为主的西南地区，还设有土府、土州、土县、土司等。土府有的有附郭县，还有一些土府附郭不是县而是州、卫、长官司等其他基层政区，高茂兵称此为“附郭政

① 按：虽然在管理权限上，明代布政使司与元代行省有一些不同，但从地方行政区划上看二者并无本质差别，所以习惯上仍称布政使司为行省，简称“省”。

② 谭其骧主编：《中国历史地图集》第七册（元・明时期），北京：中国地图出版社，1982 年，明时期图组编例。

区”，也可看作特殊的附郭县[①]，乃其一家之言。据《明史·地理志》并参考《中国历史地图集》与庞乃明《〈明史·地理志〉疑误考正》[②]，明万历十年（1582）全国附郭县有 156 个，其中含双附郭县 15 对，四川、贵州、云南有 18 个土府不设附郭县。

清代的附郭县沿明制而来，基本延续了历代附郭县的设置模式，一府设一附郭县，在一些经济发达、人口稠密、交通便利的府设有双附郭县，苏州府还出现了吴县、长洲、元和三附郭县，而直隶州不设附郭县（太仓直隶州除外）。据国家清史纂修工程《清史·地理志》（待刊）的政区列目，将宣统三年（1911）全国的附郭县整理列表如下（表 6-2）。

表 6-2　宣统三年（1911）全国附郭县一览

省	府	附郭县
直隶	顺天府	大兴
		宛平
	保定府	清苑
	永平府	卢龙
	河间府	河间
	天津府	天津
	正定府	正定
	顺德府	邢台
	广平府	永年
	大名府	元城
		大名
	宣化府	宣化

省	府	附郭县
陕西	汉中府	南郑
	兴安府	安康
	延安府	肤施
	榆林府	榆林
甘肃	兰州府	皋兰
	巩昌府	陇西
	平凉府	平凉
	庆阳府	安化
	甘州府	张掖
	凉州府	武威

省	府	附郭县
湖南	岳州府	巴陵
	常德府	武陵
	衡州府	衡阳
		清泉
	永州府	零陵
	辰州府	沅陵
	沅州府	芷江
	永顺府	永顺
广东	广州府	南海
		番禺
	肇庆府	高要
	韶州府	曲江

① 详见高茂兵：《府的沿革地理研究》，桂林：广西师范大学出版社，2020 年。
② 庞乃明：《〈明史·地理志〉疑误考正》，北京：社会科学文献出版社，2012 年。

续表

省	府	附郭县
奉天	奉天府	承德
	锦州府	锦县
江苏	江宁府	上元
		江宁
	淮安府	山阳
	扬州府	江都
		甘泉
	徐州府	铜山
	苏州府	吴县
		长洲
		元和
	松江府	华亭
		娄县
	太仓直隶州	镇洋
	常州府	武进
		阳湖
	镇江府	丹徒
安徽	安庆府	怀宁
	徽州府	歙县
	宁国府	宣城
	池州府	贵池
	太平府	当涂
	凤阳府	凤阳
	庐州府	合肥
	颍州府	阜阳
山西	太原府	阳曲
	潞安府	长治
甘肃	宁夏府	宁夏
		宁朔
	西宁府	西宁
浙江	杭州府	钱塘
		仁和
	嘉兴府	嘉兴
		秀水
	湖州府	乌程
		归安
	宁波府	鄞县
	绍兴府	山阴
		会稽
	台州府	临海
	金华府	金华
	衢州府	西安
	严州府	建德
	温州府	永嘉
	处州府	丽水
福建	福州府	闽县
		侯官
	福宁府	霞浦
	延平府	南平
	建宁府	建安
		瓯宁
	邵武府	邵武
	汀州府	长汀
	漳州府	龙溪
	兴化府	莆田
广东	潮州府	海阳
	高州府	茂名
	雷州府	海康
	廉州府	合浦
	琼州府	琼山
广西	桂林府	临桂
	平乐府	平乐
	梧州府	苍梧
	柳州府	马平
	庆远府	宜山
	浔州府	桂平
	南宁府	宣化
	镇安府	天保
	泗城府	凌云
	太平府	崇善
四川	成都府	成都
		华阳
	重庆府	巴县
	保宁府	阆中
	顺庆府	南充
	叙州府	宜宾

续表

省	府	附郭县	省	府	附郭县	省	府	附郭县
山西	汾州府	汾阳	福建	泉州府	晋江	四川	夔州府	奉节
	泽州府	凤台	台湾[1]	台北府	淡水		龙安府	平武
	平阳府	临汾		台湾府	彰化		宁远府	西昌
	蒲州府	永济		台南府	安平		雅州府	雅安
	大同府	大同	江西	南昌府	南昌 新建		嘉定府	乐山
	朔平府	右玉		饶州府	鄱阳		潼川府	三台
	宁武府	宁武		广信府	上饶		绥定府	达县
山东	济南府	历城		南康府	星子	云南	云南府	昆明
	东昌府	聊城		九江府	德化		大理府	太和
	泰安府	泰安		建昌府	南城		丽江府	丽江
	武定府	惠民		抚州府	临川		楚雄府	楚雄
	兖州府	滋阳		临江府	清江		永昌府	保山
	沂州府	兰山		瑞州府	高安		顺宁府	顺宁
	曹州府	菏泽		袁州府	宜春		曲靖府	南宁
	登州府	蓬莱		吉安府	庐陵		东川府	会泽
	莱州府	掖县		赣州府	赣县		昭通府	恩安
	青州府	益都		南安府	大庾		澂江府	河阳
河南	开封府	祥符	湖北	武昌府	江夏		临安府	建水
	归德府	商邱		汉阳府	汉阳		广南府	宝宁
	陈州府	淮宁		黄州府	黄冈		开化府	文山
	河南府	洛阳		安陆府	钟祥		普洱府	宁洱
	彰德府	安阳		德安府	安陆	贵州	贵阳府	贵筑
	卫辉府	汲县		荆州府	江陵		安顺府	普定
	怀庆府	河内		襄阳府	襄阳		都匀府	都匀
	南阳府	南阳		郧阳府	郧县		镇远府	镇远
	汝宁府	汝阳		宜昌府	东湖		黎平府	开泰
陕西	西安府	长安 咸宁		施南府	恩施		遵义府	遵义
	凤翔府	凤翔	湖南	长沙府	长沙 善化	新疆	迪化府	迪化

续表

<table>
<tr><th>省</th><th>府</th><th>附郭县</th><th>省</th><th>府</th><th>附郭县</th><th>省</th><th>府</th><th>附郭县</th></tr>
<tr><td>陕西</td><td>同州府</td><td>大荔</td><td>湖南</td><td>宝庆府</td><td>邵阳</td><td>新疆</td><td>伊犁府</td><td>绥定</td></tr>
<tr><td>无附郭县的府</td><td colspan="8">直隶：承德府、朝阳府
奉天：新民府、兴京府、长白府、海龙府、昌图府、洮南府
吉林：吉林府、长春府、新城府、双城府、宾州府、五常府、延吉府、宁安府、依兰府、临江府、密山府
黑龙江：龙江府、呼兰府、绥化府、海伦府、嫩江府、黑河府、胪滨府
广西：思恩府
四川：康定府、巴安府、登科府
贵州：思南府、石阡府、思州府、铜仁府、大定府、兴义府
新疆：伊犁府、温宿府、焉耆府、疏勒府、莎车府</td></tr>
<tr><td colspan="9">合计：附郭县 200 个（双附郭县 19 对，三附郭县 1 组）</td></tr>
</table>

注：[1]台湾省附郭县的统计数据以 1895 年为准。据国家清史纂修工程《清史・地理志》（待刊）：“康熙二十三年置台湾府，属福建省。光绪元年十二月析置台北府。十一年建省，十三年二月设台湾布政使司，九月改台湾府为台南府……二十年省治迁于台北府。二十一年因《马关条约》割予日本，时领府三、直隶州一、散厅三、县十一。”

清代附郭县的分布体现出如下特点：从时间上看，附郭县总体数量变化很小，其中山西、山东、安徽、浙江、江西、湖北六省的附郭县数量从清初至清末完全不变，这也从一个侧面体现了清代地方政区结构的稳定性。雍正以后，江苏的双附郭县数量翻倍增加，这主要是由于雍正二年（1724）江苏南部析置出了 6 个县，形成了与母县同城而治的县治双附郭县，这种情况前所未有。而清末府和附郭县数量的增加，显然是新疆、东北建省的结果。

从空间上看，总体上清代附郭县的分布特点与前代无本质差别，集中分布于人口集中、经济发达的地区。但是，北方附郭县的分布变化更大，这源于清末内地政区体制在新疆和东北地区的拓展。另外，清代附郭县的南北分布差异相比之前历代都表现得更为显著。从宣统三年（1911）情况来看，秦岭淮河以北地区的单附郭县有 52 个，双附郭县仅有 5 对；而以南地区的单附郭县有 108 个，双附郭县有 21 对。这也符合中国经济重心南移以来，南北方在经济、人口、城镇等方面的差距不断拉大的时代特征。

而清末以后，传统的附郭县制度面对城镇的兴起、日益增长的城市经济和人口时，越来越不适应。随着光绪后期至宣统年间的府制改革，附郭县的裁撤被提上日程。宣统二年（1910），两江总督张人骏曾提议裁并同城州县，奏曰：

> 自治公所同城合设，而监督执行之官分峙并立，既多文书往复之嫌，又有意见纷歧之虑。……自筹备立宪以来，行政司法既经分立，地方自治以具规模……若仍沿照旧制，则机关既嫌复杂，区域复难划分……饬下各省督抚查明州县同城之处一律奏明，裁并以省冗靡而杜分歧。①

《政治官报》②等近代史料对此次政区变革也有所记载，还引起了日本外务省的关注，其创办的《顺天时报》第两千七百三十二号第五版“奏折录要”栏目转载了张人骏之折。宣统三年（1911）二月初二，清廷正式下旨，令各省裁并附郭县，由知府直接管理原属附郭县的地方。辛亥革命后，在南方各地颁布的法案中，《（广东）临时政府内务行政纪要》《（湖北）地方官职令草案》《江苏暂行地方官制》《浙江省县自治章程决议案》《浙江各府县裁定编制简章》《江西暂行地方官制草案》等大部分都沿袭了清末地方行政改制的趋势——或直接废除府州，或规定府州与县同级。南方各省普遍将政区层级简化至两级制，虽然各省府、厅、州、县的裁并方式略有不同，但总体上，都

① 《两广官报》第 1 册，见沈云龙编：《近代中国史料丛刊》第 50 辑，台北：文海出版社，1989 年，第 76—77 页。

② 《民政部奏援案裁撤同城州县》，《政治官报》宣统三年二月二十二日，第 1216 号。

是减少了政区层级，简化了行政机构，提高了行政效率。

清末民初，府和附郭县的裁并方式大致有两种：一是裁撤知府，保留附郭县，双附郭县则并为一县，如江苏、湖北、江西、广东、浙江、安徽、山西、河南等省；二是按清末裁撤同城州县的方式，将附郭县裁撤，一切事宜由府管理，如广西、湖南、福建。[①]第一种方式使附郭县的地位与诸县基本无异，不再具备管理府城的职能；第二种方式则使府城有了直辖地并直接管理原附郭县。总之，二者都使附郭县的作用逐渐消失，附郭县的大量裁撤使统县政区开始有了自己的管辖空间，统县政区与辖县的空间隶属关系走向明朗。

第三节　附郭县制度的两种特殊形态

（一）多附郭县的变迁

统县政区或高层政区的治所跨越两个县（一治两县），就会形成双附郭县。若统县政区或高层政区治所原有的附属县人口规模扩大，或者人口过于集中在城市及周边，就可能出现一座城市被划分为两个县或即便在一座城市里也分割出两个县治的情况，这实际上是现代市辖区概念的雏形。[②]因此，首都、省会等高层政区治所附近更容易形成双附郭县，双附郭县也多为

① 华林甫、高茂兵、卢祥亮：《论清末民初政区剧变及其现实意义》，见黄兴涛、朱浒主编：《清帝逊位与民国肇建》下卷，北京：社会科学文献出版社，2016年，第745—748页。

② 胡乐伟、吴宏岐：《论中国市辖区形成的历史过程》，《陕西师范大学学报（哲学社会科学版）》2013年第5期。

京县和首县。历史上的双附郭县多数为高层政区治所所在之处，如首都、省城、商贸中心等。魏晋南北朝时期的邺城作为北齐的都城，曾出现了邺、临漳、成安三附郭县；清雍正二年（1724）后，苏州府城有吴县、长洲县、元和县三县附郭。而唐代长安都城京兆尹的双附郭县长安、万年于总章元年（668）分出乾封、明堂二县，形成了京城四附郭县，堪称附郭县之最。而后，垂拱四年（688）析洛州的洛阳、河南二县置永昌县，武周天授三年（692）又析洛阳、永昌二县置来庭县，也形成了洛阳城下四县附郭的局面，至长安二年（702）永昌、来庭二县被裁撤。笔者暂将双附郭县、三附郭县、四附郭县的特例统称为“多附郭县”。

据《周书》卷四《明帝纪》记载，北周明帝二年（558）六月“分长安为万年县，并治京城”[①]。《太平寰宇记》卷二十五载：“万年县，（在宣阳坊，四十五乡六十坊，今七乡。）本汉旧县也。……《周地图记》云：‘后周明帝二年分长安、霸城及姚兴所置山北三县地，始于长安城中置万年县，理八角街已东，属京兆尹，取汉旧县名也。’”[②]这是中国最著名、最持久的一对双附郭县。《长安志》卷一载：“孝武永熙三年自洛迁都长安，号西魏，复置京兆尹。北史曰：‘后周明帝二年六月分长安为万年县并居京城，改雍州刺史为牧，京兆郡守为尹。”[③]可见，北周明帝二年（558）分长安、霸城、山北县地，始于长安城中置万年县，与长安县东西分治，八角街以东由万年县管辖。《隋

① 《周书》卷四《明帝纪》，北京：中华书局，1971 年，第 55 页。

② （宋）乐史撰，王文楚等点校：《太平寰宇记》，北京：中华书局，2007 年，第 521 页。

③ （宋）宋敏求撰：《长安志·卷一·总叙》，《景印文渊阁四库全书》史部第 587 册，台北：商务印书馆，1986 年，第 4a 页。

书·地理志》载："大兴，开皇三年置。后周于旧郡置县曰万年。高祖龙潜，封号大兴，故至是改焉。"①《太平寰宇记》曰："开皇三年迁都于龙首川，改万年为大兴县。"②据王仲荦考证，大兴原名万年，开皇三年（583）改为大兴。虽后世县名有所更改，但长安城一治两县的局面一直延续到民国初年。

此后，经济发达、交通便利、人口众多、赋税繁重之地形成了越来越多的双附郭县。华林甫对此曾做过专门统计，认为双附郭县自魏晋南北朝萌芽至民国时期消亡大致经历了六个阶段。③历史上，双附郭县的发展有两次最高潮：第一次是辽、北宋时期，辽天庆元年暨北宋政和元年（1111），全国范围内共有 20 对双附郭县；第二次是清代，至宣统三年（1911），全国范围内共有 19 对双附郭县，一组三附郭县。双附郭县一般有得天独厚的地缘优势和较强的稳定性，较早地完成了从传统城市向现代城市的转型。历代（各朝代同一标准年份下）多附郭县的基本沿革，如表 6-3 所示。

表 6-3　中国多附郭县的沿革

魏晋南北朝	隋	唐	辽、北宋	金、南宋	元	明	清
长安、万年	长安、大兴	长安、万年	长安、万年	长安、咸宁	长安、咸宁	长安、咸宁	长安、咸宁
	河南、洛阳	河南、洛阳	河南、洛阳	—	—	—	—
	太原、晋阳	太原、晋阳	—	—	—	—	—
	江都、江阳	江都、江阳	—	—	—	—	江都、甘泉
		开封、浚仪	开封、祥符	开封、祥符	开封、祥符	—	—
		元城、贵乡	元城、大名	元城、大名	元城、大名	—	元城、大名
		清河、清阳	—	—	—	—	—
		蓟县、范阳	—	—	—	—	—

① 《隋书》卷二十九《地理志上》，北京：中华书局，1973 年，第 608 页。

② （宋）乐史撰，王文楚等点校：《太平寰宇记》，北京：中华书局，2007 年，第 521 页。

③ 华林甫：《我国古代的双附郭县》，《中国方域：行政区划与地名》1993 年第 6 期。

续表

魏晋南北朝	隋	唐	辽、北宋	金、南宋	元	明	清
		晋陵、武进	晋陵、武进	晋陵、武进	晋陵、武进	—	武进、阳湖
		吴县、长洲	吴县、长洲	吴县、长洲	吴县、长洲	吴县、长洲	吴县、长洲、元和
		会稽、山阴	会稽、山阴	会稽、山阴	会稽、山阴	会稽、山阴	会稽、山阴
		闽县、长乐	闽县、侯官	闽县、侯官	闽县、侯官	闽县、侯官	闽县、侯官
		成都、蜀县	成都、华阳	成都、华阳	成都、华阳	成都、华阳	成都、华阳
			钱塘、仁和	钱塘、仁和	钱塘、仁和	钱塘、仁和	钱塘、仁和
			乌程、归安	乌程、归安	乌程、归安	乌程、归安	乌程、归安
			江宁、上元	江宁、上元	江宁、上元	江宁、上元	江宁、上元
			南昌、新建	南昌、新建	南昌、新建	南昌、新建	南昌、新建
			长沙、善化	长沙、善化	长沙、善化	长沙、善化	长沙、善化
			建安、瓯宁	建安、瓯宁	建安、瓯宁	建安、瓯宁	建安、瓯宁
			南海、番禺	南海、番禺	南海、番禺	南海、番禺	南海、番禺
			长霸、咸宁	—	—	—	—
			大定、长兴	大定、长兴	—	—	—
			宛平、析津	宛平、大兴	宛平、大兴	宛平、大兴	宛平、大兴
			大同、云中	大同、云中	—	—	—
						嘉兴、秀水	嘉兴、秀水
						新贵、贵定	—
							华亭、娄县
							宁夏、宁朔
							衡阳、清泉
共1对	共4对	共13对	共20对	共18对	共16对	共15对	共20对

注：表中各朝代的时间以历代正史地理志所反映年代为准，清代为1911年情况

唐代、辽和北宋两个时期的双附郭县大幅增置，相对而言其他时期的双附郭县沿多革少，比较稳定。唐宋以后，双附郭县更多集中于经济发达的江南地区，并表现出极强的稳定性，在一定程度上反映了经济重心南移后南方地域开发的进程。历代双附郭县的形成与发展方式，最多、最主要的就是县的析置，通过分县与原附郭县（母县）同治郭下；还有将县治迁移到郭

下与原附郭县组成双附郭县的情况；而雍正初年，宁夏府的双附郭县宁夏、宁朔则是改实土卫所而新置的县。

历史上最典型的分县治理之例发生在雍正初年的江南。当时苏州府商品经济发达、人口聚集、赋税繁重，当地的行政区划已难以适应经济发展的需要。时任两江总督查弼纳遂上奏请求分县治理，其时苏州府下的诸县不仅普遍二县共治一城，而且在苏州府城形成了三附郭县。清代知名学者蓝鼎元曾阐明江南分县治理之迫切性，并提出了分县设官的具体方案：

> 官病民病国赋又亏，漠然不为筹画，如之何其可哉？今惟有分治之一法，可以救积年莫解之病，姑妄言之，有心世道之君子，不妨姑妄听之。地分则大可使小，粮分则逋可使完，昆山一县，岁征银二十七万五千，米十二万六千有奇，应分析为三县。嘉定征银二十六万七千有奇，亦应析而三之。长洲、吴江等十一州县，各分为二，每县既分之后，岁征银米，多者十七八万，少者十余万，较天下他郡邑尚巍然繁剧大县也。
>
> 新分县署，就沿海武职汛防旧有城堡之处，或村庄市镇人民众多之所，相度形胜要害，因地制宜……
>
> 或虑添设一官，则多一官之费俸工衙役……新县止设知县、典史各一员，则裁设略足相当，况市镇多有巡检。既设县治，裁巡检而为典史又甚便也。①

不久，两江总督查弼纳即奏请在江南分置州县，同治《苏州府志》载：

---

①（清）蓝鼎元撰，蒋炳钊、王钿点校：《鹿洲全集》上册，厦门：厦门大学出版社，1995年，第59—60页。

> 雍正二年，两江总督查弼纳以苏、松、常三府赋重事繁，奏请升州增县以分其任。因升府属之太仓州为直隶州，割镇洋（分州地置）、嘉定、宝山（分嘉定地置）、崇明四县属之。复析长洲地置元和县，昆山地置新阳县，常熟地置昭文县，吴江地置震泽县，共领县九。[①]

蓝鼎元的顾虑与设想不无道理，此后苏州府城共有吴县、长洲县、元和县三县附郭，而城外的六县，则是昆山、新阳二县共治一城，常熟、昭文二县共治一城，吴江、震泽二县共治一城。这里有一点需要说明，这三组同城而治的县并非前面论述的统县政区双附郭县。[②]乾隆《元和县志》卷一《建置》载有查弼纳奏请分县的题本内容：

> 今长洲等七县以钱粮重大，故分为两县；所分之县，钱谷刑名与大省之中府相等，仓库牢狱关系重大，是必不可不建立城池者也。然建立工费浩繁，且江苏之大市大镇虽人烟凑集，而其中多溪河水港，且田畴阡陌错杂其间，若于此建立城垣，形局不能方整，又不无侵占田亩。臣等愚见，窃谓长洲等所分七县，其设立官吏宜照附郭两县之例，与旧县同城而治。其太仓州分出之县即为太仓州之附郭。[③]

《清实录》对分县举措如是总结：

① 《中国地方志集成·江苏府县志辑》第7册《同治苏州府志》，南京：江苏古籍出版社，1991年，第125页。

② 华林甫曾将其定义为“县治双附郭县”，详见华林甫：《我国古代的双附郭县》，《中国方域：行政区划与地名》1993年第6期。

③ 《中国地方志集成·江苏府县志辑》第14册《乾隆元和县志》，南京：江苏古籍出版社，1991年，第19—20页。

至于建立城垣，工费浩繁，江南虽有大市镇，率多溪河水港，错杂其间，形局不能方整。应将新县之官吏衙署各与旧县同城而居，如系附郭之县，所分者仍驻府城，其学宫亦不必另建，似为省便从之。寻定苏州府长洲分县曰元和，吴江分县曰震泽，常熟分县曰昭文，昆山分县曰新阳。①

可见，苏州府府城外两两同城而治的六县是清廷参考双附郭县之例而开发的分县治理的模式，形成了三组“二县同城”的现象。对这一系列以分县治理为中心的行政区划变革，清实录、奏折、地方志乃至清人文集都有翔实的记载，谢湜《清代江南苏松常三府的分县和并县研究》一文对此研究最为透彻。②除清代苏州府三附郭县外，魏晋南北朝的邺城作为北齐都城，也曾出现过邺县、临漳、成安三县同城而治的现象。东魏迁都邺城后，改相州为司州，魏郡太守为魏尹，而后分邺县置临漳县，两县同城而治，成为中国历史上最早形成的一对双附郭县。而北齐仍都于邺城，改魏尹为清都尹（《隋书》卷二十七《百官志中》），又分置成安县，与邺县、临漳三县同城而治。据《北齐书》卷四十六载：

路去病，阳平人也。……擢为成安令。京城下有邺、临漳、成安三县，辇毂之下，旧号难治，重以政乱时难，纲维不立，功臣内戚，请嘱百端。……自迁邺以还，三县

① 《世宗实录》卷24，“雍正二年九月辛丑”条，《清实录》，第7册，第379页。

② 谢湜：《清代江南苏松常三府的分县和并县研究》，见中国地理学会历史地理专业委员会《历史地理》编辑委员会编：《历史地理》第二十二辑，上海：上海人民出版社，2007年，第111—139页。

令治术，去病独为称首。[①]

是时的邺城除司州、清都尹设置外，还有邺县、临漳、成安三京县附郭，乃京畿要地。

三附郭县并非历史上多附郭县的数量之最，唐都城长安还曾短暂有过四个京县同城而治，形成了京城四附郭县。《元和郡县志》“长安县”条载：“乾封元年，分置乾封县，理怀直坊，长安三年废”[②]；《元和郡县志》“万年县”条载：“乾封元年，分置明堂县，理永乐坊，长安三年废。”[③]不过两唐书俱作“总章元年”分出乾封、明堂二县，《旧唐书》卷五《高宗纪下》云：“下诏大赦，改元为总章元年。二月戊寅，幸九成宫。己卯，分长安、万年置乾封、明堂二县，分理于京城之中。”[④]《新唐书·地理志》载：“万年，赤。本大兴，武德元年更名。……总章元年析置明堂县，长安二年省……长安，赤。总章元年析置乾封县，长安二年省。”[⑤]《唐会要》卷七十《州县改置上》关内道京兆府“万年县”条载：“总章元年，析置明堂县，以邓郓为县令”；京兆府“长安县”条载：“总章元年十一月二十二日，析置乾封县，以王德真为县令，分理京城内。”[⑥]当以两唐书、《唐会要》所记总章元年置县为是。668 年，长安城下长安、万年、乾封、

① 《北齐书》卷四十六《路去病传》，北京：中华书局，1972 年，第 646 页。
② （唐）李吉甫撰，贺次君点校：《元和郡县图志》卷一，北京：中华书局，1983 年，第 4 页。
③ （唐）李吉甫撰，贺次君点校：《元和郡县图志》卷一，北京：中华书局，1983 年，第 3 页。
④ 《旧唐书》卷五《高宗纪下》，北京：中华书局，1975 年，第 91 页。
⑤ 《新唐书》卷三十七《地理志一》，北京：中华书局，1975 年，第 962 页。
⑥ （唐）王溥撰：《唐会要》卷七十《州县改置上》，北京：中华书局，1960 年，第 1243 页。

明堂四县附郭。不过，仅 30 余年后的长安三年（703），乾封、明堂二县被省废，长安城回归至双附郭县的管理模式。

高宗《置乾封明堂县制》云："以为翼翼上京，率土攸仰，翦华抗堞，贯渭疏澜，城阙崇严，都邑夷敞，户口盈积，市狱殷繁。东西两县，官曹尚少，在于抚字，事或难周。至于词讼，综理特阙，须分所职，各使兼济。其长安县宜置乾封县，万年县析置明堂县，并于京城内近南安置，其户口即于两县逐便割隶，应须官寮并公廨等，一事以上，并准长安、万年两县，各令所司处分奏闻。"[①]可见，长安城析置乾封、明堂二县是为了"分理京城内"，表现出中央强烈的政治意图。长安城四附郭县设置了专门管理城市的县级行政管理机构，虽然存续时间不长，仍显示了中国古代城市管理的新理念。[②]而武周天授三年（692）以后形成的洛阳城下洛阳、河南、永昌、来庭四附郭县体系，长安二年（702）即随着永昌、来庭二县裁撤而解体，持续不过十年。

中国行政区划与地方组织的分布，大致经历了从北密南稀变迁到南密北稀的演变过程，经济兴衰和人口变迁是决定性因素。[③]经济发展、人口增长、移民迁入会促进政区增置，反则会导致政区废减。由于经济因素的作用在开发较晚的南方表现得更加显著，南方政区的增置速率显然快于北方，统县政区与附郭县的空间分布与变迁规律也不例外。据笔者统计，以秦岭—

① （宋）宋敏求编，洪丕谟、张伯元、沈敖大点校：《唐大诏令集》，上海：学林出版社，1992 年，第 452 页。

② 韩光辉、林玉军、魏丹：《论中国古代城市管理制度的演变和建制城市的形成》，《清华大学学报（哲学社会科学版）》2011 年第 4 期。

③ 详见周振鹤：《中国地方行政制度史》，上海：上海人民出版社，2005 年，第 280 页。

淮河一线分南北界，秦初中国北方附郭县的数量约为南方的 3.6 倍，西晋时北方附郭县的数量约为南方的 1.2 倍，至隋代南北方附郭县的数量大致持平，唐代以后发生了逆转，北宋时期南方附郭县的数量约为北方的 1.5 倍，到了清末南方附郭县的数量约为北方的 2.3 倍。这种变化在双附郭县上的表现更为显著。唐代以后，南方双附郭县数量全面超越北方，从辽、北宋时期到明代，南方的双附郭县十分稳定，在一定程度上说明南方的开发趋于成熟；相反，北方双附郭县逐代递减，祖州、河南府、大定府、大同府、开封府、大名府的双附郭县相继解体，反映了北方的经济凋敝（表 6-4）。

表 6-4　中国双附郭县南北分布的变迁　　单位：个

时间／空间	魏晋南北朝	隋	唐	辽、北宋	金、南宋	元	明	清
	萌芽期	确立期		发展期	萎缩期			全盛期
A 北方	2	2	7	8	6	4	2	4
B 南方	1	2	6	12	12	12	13	16
A/B	2	1	1.17	0.67	0.50	0.33	0.15	0.25

注：表中各朝代的时间以历代正史地理志所反映年代为准，清代为 1911 年情况

中国经济和人口重心的移动过程直观地反映在了行政区划和行政组织的空间分布上。唐代以后，南方附郭县之数始终多于北方并且差距有增无减。除经济因素外，政治因素也是影响附郭县分布变化的重要因素，不过这类变化主要是统治者运用政治手段造成的“突变”，如西汉郡国的增置与划小、王莽改制、魏晋南北朝州的滥置、唐代岭南道州县的增置、辽代州县的增置等，都在一定程度上改变了附郭县的数量与分布。附郭县的沿革过程看似错综纷繁，但总体上沿多革少，有规律可循，其沿革与历代政区层级的变迁关系密切。在政区二级制或虚三级

制的时代，统县政区管理幅度普遍较小，附郭县数量较多；而在实三级制的元明清三代，相比唐宋时期，附郭县的分布密度又降低了（图 6-3）。历代政区改革与变化多集中在统县政区层面，因此可以说附郭县是中国历代政区变迁的一个重要缩影。

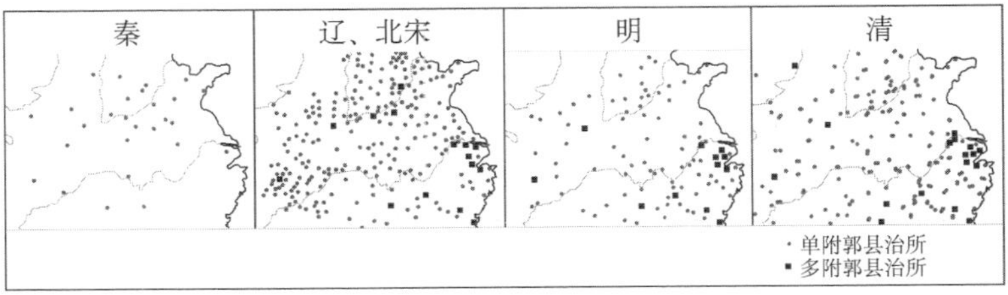

图 6-3　历代附郭县分布变迁示意图

注：底图的空间范围主要为中部核心区域，标准年代分别为前 221 年、1111 年、1582 年、1911 年，附郭县治所的位置主要依据《中国历史地图集》定点

从另一角度看，南方多附郭县的存续时间明显长于北方。南方的多附郭县从唐宋之际逐渐形成，基本历代延续，直至清末政区改革；而北方的多附郭县在唐宋后只有长安城双县附郭的状态延续至清末。历史上双附郭县的取消主要有两种方式，一是并县，二是迁治。辛亥革命后，现代市制的建立与市辖区制度的形成使双附郭县逐渐被废除。最后一对解体分离的双附郭县是成都、华阳二县。成都、华阳历史悠久，尤其是成都县，是自置县起从未更名、县城也未迁移过的附郭县，非常稳定。“华阳县自唐贞观十七年（643）置蜀县起，即与成都县共治郭下，为成都府附郭县。清初治所设在成都城内，与成都县分治成都城。成都县辖城区西北部，华阳县辖城区东南部。1949 年 11 月，华阳县治所由成都市正府街迁至中兴场（今华阳镇）。”[①]至此，双

① 双流县志编纂委员会编：《双流县志》，成都：四川人民出版社，1992 年，第 66 页。

附郭县、多附郭县退出中国历史舞台，不复存在。不过，附郭县在中国的行政区划体系中仍留有一些痕迹，截至2020年6月，青海省共和县、玛沁县实质上仍然是单附郭县的建制。

（二）“无附郭县”的情形

在现代市辖区制度形成以前，高层政区和统县政区的治所往往置于附郭县境内，但也有统县政区下不设附郭县的特例，即无附郭县。总览历代政区沿革，可归纳出无附郭县大致有如下几类情形。

第一，统县政区寄治他处而导致无附郭县。例如，东汉末年，西北羌乱爆发以后，汉廷曾徙上郡、北地郡、安定郡寄治京兆郡、左冯翊、右扶风，导致是时这三郡下无附郭县。

第二，明代的直隶州和属州，均不设附郭县。顾炎武《读史方舆纪要》卷八云：“自元建路府州之制，州乃益降而小，几与县同列云。”[①]并且，元代曾在江南等地重定过州县的等级：

> 诸州。中统五年，并立州县，未有等差。至元三年，定一万五千户之上者为上州，六千户之上者为中州，六千户之下者为下州。江南既平，二十年，又定其地五万户之上者为上州，三万户之上者为中州，不及三万户者为下州。于是升县为州者四十有四。县户虽多，附路府者不改。[②]

升县为州使很大一部分州成了“亲领编户”“与县同列”的基层政区；另外，元代还将一些原来州所在的附郭县省入本州而由

① （清）顾祖禹撰，贺次君、施和金点校：《读史方舆纪要》卷八《历代州域形势》，北京：中华书局，2005年，第357页。

② 《元史》卷九十一《百官志七》，北京：中华书局，1976年，第2317页。

州亲领编户，本州往往不领县。明代改元代的路为府，府下领县并有附郭县，而州有直属于省的直隶州和属府的属州之分，均省去了附郭县，辖县的县事由知州直接管理。由于无附郭县，会出现有的州无辖县的情况。“虽然到了明代，原来由元朝在长江中下游地区实行的升县为州，又都恢复了县的建置，但将原来州所在的附郭县省入本州而由州亲领编户的做法，为明朝所继承。”[①]明代的直隶州和属州皆有“本州”，亲领编户，本州城下无属县。

第三，改土归流前，边疆和少数民族地区的统县政区不设附郭县。例如，唐宋的羁縻府州，元代宣慰司（辖区范围称为道）统辖的路、府、州、清代的土府等。边疆民族地区管理模式下的政区体系有别于一般州县，统县政区下一般无附郭县，至于其与属县的行政关系具体如何运作，也值得讨论。

第四，清代的直隶州一般有围绕州治的亲辖地，不设附郭县。只有一个特例：太仓直隶州有附郭县镇洋县[②]。

第五，清代后期至清末新设或改设的府无附郭县，这里有必要对这些府的地域与性质做一说明。这些府集中于台湾、新疆、奉天、吉林、黑龙江五个新设的行省及川西地区，由厅、州改设或新设，多无附郭县，吉林、黑龙江的大多数府也无属县。光绪三十三年《谨拟各省官制通则缮具清单》规定，各省所属地方依行政区域广狭、治理繁简分为府、直隶厅、直隶州三种，府辖州县对其他所属州县起监督指挥作用，同日上谕指

① 郭润涛：《明朝“州”的建设与特点》，见王天有、徐凯主编：《纪念许大龄教授诞辰八十五周年学术论文集》，北京：北京大学出版社，2007年，第144页。

② 按：明代太仓州是苏州府的属州，至清代升格为直隶州。雍正年间析太仓州设镇洋县，太仓直隶州、镇洋县同城而治而形成了附郭关系，镇洋县成为附郭县的前提是太仓直隶州已经是统县政区。

示由东三省先行试办并限十五年内一律通行。但这一政令推广的效果并不理想，至宣统三年（1911）清廷方正式下令各省同城州县一律裁撤，附郭县一切事宜由知府直接管理，府有了亲辖地，并按“大县为府、中县为州、常县为县”之原则重新进行行政区划。[①]而后，府、厅、州、县趋向同级，辛亥革命后独立省份相继实行府县同级，逐渐简化了政区层级。

中国传统的地方行政制度发展至清代逐渐定型而清晰明朗，无附郭县的多种情形在清代都有典型案例。据笔者统计，宣统三年（1911）全国共有 219 个府，其中单附郭县 159 个，府治双附郭县 19 对，三附郭县 1 组，有相当一部分府不设附郭县。清代的府一般不直接理民，其对地方的统治是通过所属的厅、州、县来实现的，而无附郭县的府由知府直接管理府城及周围一定范围的民众，一般都有亲辖地。清代以来，无附郭县的府的分布情况及其变化可通过表 6-5 反映出来。

表 6-5　清代无附郭县的府的时空分布　　单位：个

空间	省	无附郭县府的数量			
		康	乾	嘉	新
北方	直隶	0	1	1	2
	山西	0	0	0	0
	山东	0	0	0	0
	河南	0	0	0	0
	陕西	0	0	0	0
	甘肃	1	2	1	0
	新疆	—	—	—	4
	奉天	—	—	—	6
	吉林	—	—	—	11

① 高茂兵：《府的沿革地理研究》，桂林：广西师范大学出版社，2020 年，第 77 页。

续表

空间	省	无附郭县府的数量			
		康	乾	嘉	新
北方	黑龙江	—	—	—	7
南方	江苏	0	0	0	0
	安徽	0	0	0	0
	浙江	0	0	0	0
	福建	0	0	0	0
	江西	0	0	0	0
	湖北	0	0	0	0
	湖南	0	0	0	0
	广东	0	0	0	0
	广西	3	1	1	1
	四川	0	0	0	3
	云南	11	0	0	0
	贵州	4	4	4	4
	台湾	—	—	—	0
合计		19	8	7	38

注：根据三部《大清一统志》及国家清史纂修工程《清史·地理志》（待刊）之记载统计得出。表头栏目中的“康”指康熙《大清一统志》，“乾”指《乾隆大清一统志》，“嘉”指《嘉庆重修一统志》，“新”指新修的国家清史纂修工程《清史·地理志》（待刊）

纵观清史，不设附郭县的府的数量大致经历了一个先减少后增加的过程；而空间上，无附郭县的府的分布重心从西南少数民族聚居地区转移到了北方边疆地区，呈现从南方向北方转移的特点。显然，清代无附郭县的府都位于贵州、云南、广西、四川、新疆、东北三省等边疆省份或少数民族聚居区，总结起来，大致有四种类型。

第一，西南少数民族聚居区设置的无附郭县的府，主要集中在贵州、云南、广西三省。清前期一般因明制来管辖西南少数民族地区，许多地方直接因袭明府，如贵州思南府、石阡府、思州府、铜仁府等，这些府的境内均有土司，其中部分土司由知府直接管辖，因而形成了亲辖地，不设附郭县。此后，随着改土归流、设立州县，云南、广西两省相关各府的亲辖地大多消失，仅有广西思恩府不设附郭县的情况保留到了清末。《大清一统志》初修本中云南省有多达 11 个府无附郭县，后来或设附郭县，或改府为州，到《大清一统志》续修本中，14 个府均已设有附郭县。

第二，直隶承德府的特例。承德府原为明朵颜、泰宁二卫地，后为蒙古察哈尔诸部牧地。康熙四十二年（1703）建避暑山庄，雍正元年（1723）置热河厅，乾隆四十三年（1778）清廷依据直隶总督周元理所奏“热河地方更定事宜”，升热河厅为承德府，并且不设附郭县：“热河同知向管地方刑钱事务，今改为承德府，毋庸添设附郭知县，请如直隶州例，刑钱俱自行办理。其六州县事由该府审转考核。”[①]

第三，新疆省制下厅州升府后不设附郭县的情况。光绪十年（1884）新疆建省，光绪十二年（1886）升迪化直隶州为迪化府，是建省后新疆的首个府级建制；光绪十四年（1888），裁伊犁直隶厅置伊犁府；光绪二十四年（1898），升喀喇沙尔直隶厅为焉耆府；光绪二十八年（1902），升温宿、疏勒、莎车三直隶州为府；至宣统三年（1911），新疆共设有六府。其中迪化府设有附郭县迪化县，伊犁府设有附郭县绥定县，这二府分别是巡抚和将军驻地，也是新疆开发较早的核心地带，遵循内地常制，府下设附郭县。其余四府在厅、州升府后未设附郭县，而是保留了原有的直属地。新疆地广人稀，人口与幅员之间的矛

① （清）王先谦辑：《东华续录·乾隆八十七》，光绪十年长沙王氏刻本，第 9a 页。

盾是清代新疆州县建置中一直存在的问题。所以清廷在改定新疆州县制度时，不仅因循旧制，除在直隶州、辖县的直隶厅下置亲辖地外，还变通旧制保留了已经升府的直隶厅、州的亲辖地，从而使基层理民单位数量偏少的问题得以缓解。[①]

第四，清末政区改革设置的无附郭县的府。这一类无附郭县的府最多，包括直隶朝阳府，四川康定府、巴安府、登科府，以及奉天、吉林、黑龙江改省后设置的各府。直隶朝阳府原为朝阳县，属承德府，光绪二十九年（1903）升朝阳县为朝阳府，新置阜新、建平二县并割承德府建昌县属之，光绪三十四年（1908）又置绥东县，“朝阳府……（乾隆）四十三年改县，今升为府，移民垦殖，易蔓草为黍禾，固圉实边，化游牧为庐井，诚体国经野之远计也”[②]。这一地区人口稀少，清末置朝阳府意在促进移民垦殖。而在四川，川西地区长期实行土司制度，清末随着英国入侵西藏，川西、云南的安全遭到威胁，清廷为加强对西南边疆的统治，在川西实行改土归流、仿照内地行政制度设置府厅州县机构的政策。自光绪三十一年（1905）至宣统三年（1911）间，川滇边务大臣赵尔丰在川边地区先后奏设康定、巴安、登科三府。[③]而东北地区，甲午战争、庚子之役与日俄战争都使东北遭受重创，清廷在东北的统治受到极大挑战，至光绪三十三年（1907）奉天、吉林、黑龙江皆改行省，

① 鲁靖康：《清代新疆行省体制下政区建置的几个问题》，《西域研究》2014 年第 2 期。

② 刘锦藻：《清朝续文献通考》卷 315《舆地考一》，民国景十通本，上海：商务印书馆，1936 年。

③ 李细珠：《试论清末新政时期政区变革的几个问题》，《近代史研究》2003 年第 2 期。

东北成为清末最后完成建省的地区，普遍设立了府、厅、州、县。虽然建省前已有部分地区设府管理汉人事务，但边荒之地基本未曾开发，所以建省后设府的主要目的在于徙民实边。

清末川西、东北的政区改革在一定程度上是清廷内忧外患下的不得已之为，这一类无附郭县的府的设立都是清廷为加强边疆统治之举措，可谓强弩之末。清末地方行政区划改制的趋势已经出现，一方面是吉林、黑龙江等省在设置政区时，主动减少行政层级；另一方面是迫于经济压力，裁撤内地各府的附郭首县。[①]以上几种情况，都导致清末无附郭县的府的数量剧增。

第四节　附郭县的历史作用与现代映射

（一）附郭县制度的历史作用

在中国地方建制的行政单位中，县是出现最早并且最长寿的，延续至今。两千多年以来，县始终是中国的基层行政区划，为促进地方稳定和治理发挥着不可替代的作用。县制之所以能够长期稳定存在，从政治和经济角度来分析有两大根源。

第一，政治角度。县的幅员有限且少理军政，相对郡国、州、道、路、省等高层政区来说，其对中央集权的潜在威胁较小。中国古代的地方行政制度根本上是为了满足统治者巩固王朝政权稳定的政治需求，中央集权与地方分权之争历来是统治

① 傅林祥、郑宝恒：《中国行政区划通史·中华民国卷》，上海：复旦大学出版社，2017年，第29页。

者时刻警惕并慎重解决的问题，尤其在唐代藩镇割据局面出现以后，后世统治者对此更加重视。一般来说，政区层级越多，管理幅度就越小，因此总体上中国古代的政区改革呈现从二级制到虚三级制再到实三级制的发展脉络，政区划多、幅员划小集中在承上启下的统县政区层面。[①]尤其是实行二级制时，统县政区还兼具高层政区的性质，更成为政区改革的重点。借此，统治者削弱地方分权，防止地方势力坐大。相比之下，“率方百里”之县的管理幅度十分有限，并且县级政府一般不掌握军权，很难具备形成地方割据的条件，所以得以长期存在。

第二，经济角度。县本身在王权国家体系中发挥着重要、持久的作用，县通过严密的户籍制度将广大人民牢牢束缚在田间地头。更重要的是，县级政府是征收赋税的主要责任者，且一县财赋之出纳均有簿籍记载，主簿责任重大：

庆元三年二月二日，诏今后诸县主簿，并不许差出。以臣僚言：国家之财，取之于总漕，总漕取之于州，州取之于县，则县者财赋之根柢也。总一系（县）之簿籍，凡税赋之推收，夏秋之输纳，簿实主之。使为簿者而怠其事，则稽考之无法，而税额或至于走失。销注之不时，而税赋或至于乾没，或使之催督纲运，推鞫刑狱，兼摄他职三考

① 按：政区的划小化是中国古代行政区划的发展规律之一，政区越划越多，幅员越划越小，甚至走向消亡。例如，秦初共 36 郡，魏晋南北朝时期共 674 郡，隋初废除；汉初共 13 州，魏晋南北朝时期共 300 余州，元代以后散州降为县级，民国初年废州为县；道、路、府也都大致经历了“产生—确立—增加—降级—消亡”的发展过程。传统行政区划体系中的行政建制单位，只有县延续了下来。

之间。[1]

县是国家财政的主要来源地，是统治者巩固政权之经济基础所在，县制的稳定是保证国家财政收入的前提，所以历代少有调整。县的长期存在有其必然性。附郭县作为县制体系中的一部分，其长期存在的前提是县制本身的稳定性和持久性，此条件已然满足，可以进一步考虑为什么会有这种“附郭”形态的县长期存在？回到“附郭”的含义上，附郭县是“（治）郭下”的县，附郭县的县城中还设置有上级政区的治所。前面提到，统县政区的治所一般建立在规模较大、经济发展、人口集聚、交通便利的县城之中，这里有一个重要前提，就是城市本身也属于附郭县的地域范围。县本身是主要面向乡村的行政区划，附郭县中虽然很可能有颇具规模的大中城市，但在以农为本的社会背景下，“城”与“乡”的经济基础并无本质差别，也就使城乡之间不需要明确的界限，农业经济基础也不需要城市发挥经济转型和发展的建设性作用。因此，附郭县能够长期存在并发挥作用，是源于中国古代的“城乡合治”体制。换言之，中国古代的统县政区一般只管理所辖县级政区钱粮赋税、司法治安、教育考试等政务，本身并没有实际直接管理的实土，所以其治所一定在某个或多个县级政区的行政区域内。整体上，中国古代的城市和乡村结构呈“圈层状”，城市虽有城墙、城门，但从未作为一级行政建制而从其他行政单位中独立出来，城乡之间并无明确的管辖界线（图 6-4）。

① （明）解缙等奉敕纂：《永乐大典》第七册，北京：中华书局，1986 年，第 6502 页。

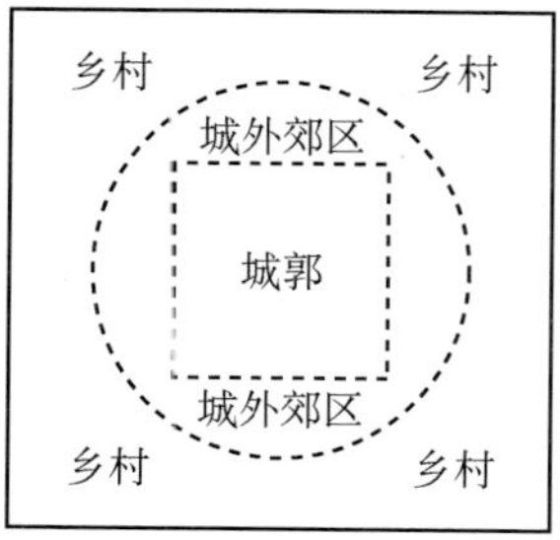

图 6-4　中国古代城乡的圈层结构

浦善新曾将中国城乡管理体制的演变过程归纳为三个阶段，即“城乡不分—城乡分割—城乡合一”，并认为20世纪初以前，基本城乡不分，城市行政区划尚未形成，实行单一区域管理——以乡村方式管理城市。[①]诚然，历史上大部分时间政府都未设立独立的城市管理机构，虽然城市内部逐渐形成了功能分区，但并不等于其本身的管理实辖区。值得一提的是，宋辽金元时期曾出现了城市管理的专门机构，不得不说是中国古代城市发展的一大突破。韩光辉对此有精深的研究，并认为这一时期出现了“建制城市”：“宋辽金元是我国城市迅速变革的时期，重要表现之一在城市管理制度的重大调整。城市由此前的京县或附郭县管理转变为宋代的都厢、辽代的警巡院、金元时期的警巡院、录事司、司候司等专门机构管理，城市拥有明确的行政界限、市域范围和职能完善的城市行政管理机构。管理城市的这些行政机构与管理城外郊区的京县及附郭县已明显分离开来。显示了社会的进步，推动了城市的发展和演变。”[②]这里需要说明的是，虽然韩光辉通过翔实的史料和扎实的考证论证了“建

① 详见浦善新：《中国行政区划改革研究》，北京：商务印书馆，2006年，第299页。

② 韩光辉：《宋辽金元建制城市研究》，北京：北京大学出版社，2011年，封二。

制城市”的出现及其与附郭县的分离，但这些城市并没有摆脱传统“地域型政区”的特征，尚不是严格意义上的“城镇型政区”。[①]这些城市在地域归属上仍归附郭县，只不过有专门机构掌管城中户民之事，城市并未完全脱离乡村而实现自治；况且，并非所有城市均有独立的行政管理机构。以元代为例，终元一代拥有都市警巡院和录事司的专门的城市管理机构的建制城市共 102 个[②]，却还不及元代附郭县数的一半。《元史·地理志》载：“若城市民少，则不置司，归之倚郭县。”[③]这说明，当城市衰落、城市管理机构废弃时，附郭县依然会发挥管理城市的作用，所以总体上其数量在宋辽金元时期仍然有增无减。更遗憾的是，明清以后，城市又彻底回归到了由附郭县管理的老路上来。

在近代“市制”和现代城市辖区形成之前，我们应该关注到附郭县在城市管理、城乡交融方面发挥的实际作用，它有效地保障了中央集权的效力，促进了地方社会治理和稳定。历史上大中城市的分县治理模式，集中体现在多附郭县的沿革发展过程中。至明清以后，商品经济发展，江南形成了一些初具规模的城镇和商贸中心，清代双附郭县的发展进入全盛期，赋税、讼狱繁多的府往往设置了双附郭县、析县导致的两县同城而治的现象，这说明设双附郭县来分担繁务并互相牵制已经成为当时统治者驾轻就熟的惯用模式。

① 关于这二者的区别，详见刘君德、范今朝：《中国市制的历史演变与当代改革》，南京：东南大学出版社，2015 年，第 85—88 页。

② 韩光辉：《论中国元代建制城市》，见中国地理学会历史地理专业委员会《历史地理》编辑委员会编：《历史地理》第十六辑，上海：上海人民出版社，2000 年，第 65 页。

③ 《元史》卷九十一《百官志七》，北京：中华书局，1976 年，第 2317 页。

另外，附郭县制度在政区一体化进程中，对西南少数民族地区的管理发挥了重要作用。尤其随着明清改土归流的逐步推进，许多土府设附郭长官司、附郭县和相应的行政组织，选派官员来加强管理。这为边疆少数民族地区向内地行政体制过渡提供了路径，促进了民族融合和统一多民族国家的稳固。清代名臣尹继善就曾议奏乾隆帝：

> 据称云贵两省逼近苗疆，诸处但有知府、同知、通判，而附郭县令有未设者。夫以知府而下行知县之事，则民隐难悉；以同知通判而兼行知县之事，则责任不专。臣愚以为凡有府而无附郭之县，惟滇之永旺广西、黔之南笼大定等十数府，皆宜裁汰冗员，添设县令。凡刑名钱粮以及劝农课士，皆县令专其责。……日久，事务渐多，非从前可比。……再广西省亦有未设附郭知县之处，一并行令。[①]

时在乾隆二年（1737），这段议奏中讲明了附郭县及县令在云贵地方管理中的不可替代性，建议将知府亲管地方改为由附郭县管理。而后不久，云贵两省大部分无附郭县的府都增设附郭县。可见，附郭县不仅是健全的政区建置，同时有完整的官员结构和管理体系，作为统治者加强地方控制和基层治理的重要手段而全面推广。

需要指出的是，在中国传统地方行政体系中发展起来的城市，其行政中心的意义更为突出和紧要。因此，中国古代的大中城市多为政治中心城市和军事堡垒城市而少有经济中心城市。附郭县将城市包围，一方面使城市发展始终摆脱不了周边乡村社会的影响，城市中的手工业、商业都只是农业社会的一种补

① 中国第一历史档案馆藏清代朱批奏折，档号：全宗2目录60，第3510卷8号。

充，城乡不得分化，保障了以农为本的经济基础和统治核心的政治根基；但另一方面，也成为阻碍商品经济发展、近代城市进步和转型的鸿沟。

事实上，历代朝廷实际上并没有关于附郭县的官方制度性规定，但它毕竟约定俗成地在中国传统行政区划体系中存续了两千余年，并在城市管理与基层地方治理中发挥了实际作用。“多附郭县”与“无附郭县”是中国古代附郭县制度的两种特殊形态，也集中反映了历代政区层级、体系的变迁过程。基于历代赓续的正史地理志与地理总志，附郭县的通代变迁已经较为清晰，但时段较长的朝代或历史时期，其各阶段性的变化规律还有待进一步探索。例如，魏晋南北朝的大分裂时期，统县政区的变化时常发生，这一时段中附郭县的虚实和前后变迁十分复杂,但在繁杂的政区变革中不失为一条值得深入探究的线索。就附郭县本身来说，笔者虽对其含义、沿革、特征进行了基础性探讨，但这一问题还有非常广阔的研究空间。政区沿革地理的其他要素，诸如附郭县的幅员、边界、形状、地名、地理区位，尤其是治所都有进一步探讨的价值。同时，对附郭县的分县过程、城乡空间、组织结构、地方治理等问题也大有拓展空间，笔者认为，可以沿着“从行政区划到行政组织”的经典思路，更全面地认识附郭县及中国古代地方行政制度。

关于附郭县的行政组织和治理问题，清代的档案、奏折、方志甚至官箴书等都有大量且翔实的记载，尤以江南地区的记载最为丰富和详细，也逐渐引起了学界的关注。清代承接古今，是地方行政制度古今演替的转折期，笔者建议可尝试以此为突破口，上溯古代、下启现代，并以江南区域为起点尽可能地向全国扩展。附郭县研究对历史政治地理研究具有启发性，在行政组织的基础上，附郭县治理中折射出的地方格局、空间联系和官场生态都有进一步探讨的空间。谢湜曾指出，发挥历史地理学关注空间的特性，区别于社会史、政治史、区域史的研究视角，历史政治地理研究应当更深入地迈向"行政区划—行政组织—政治生态"的研究理路。[①]这方面，附郭县制度可以成为一个很好的实践案例。

（二）附郭县制度的现代映射

中国传统行政区划长期采用城乡二元一体的管理模式，根源在于城、乡的生产方式和经济结构并未分化开来，但清末以来，城市工商业经济的比重逐渐增大，城市化水平也逐步提高，传统的附郭县面对城镇的兴起、日益增长的城市经济和人口时，表现出不适应性。于是，附郭县的"城乡合治"管理模式走向"城乡分治"成为城市发展的趋势。"城乡分治"管理模式的真正实现，就政区发展的角度而言有两大基础条件。

第一，随着城乡经济结构的分异和城乡差距的拉大，以城镇聚落为中心的城市型政区逐渐兴起。中国城市型政区的形成伴随近代城市的发展，不仅如此，随着城市的发展，城市型政区的类型也越来越丰富。城市从传统的行政区划体系中独立出来始于光绪三十四年十二月（1909 年 1 月）清廷颁布的《城镇乡地方自治章程》，该章程首次以法律形式将城镇、乡村区域分别开来，其第一章第二节第三条规定：

城镇乡之区域，各以本地方固有之境界为准。若境界

① 谢湜：《清代江南苏松常三府的分县和并县研究》，见中国地理学会历史地理专业委员会《历史地理》编辑委员会编：《历史地理》第二十二辑，上海：上海人民出版社，2007 年，第 111—139 页。

不明，或必须另行析并者，由该管地方官详确分划，申请本省督抚核定。[①]

章程第一章第三节、第四节还具体规定了城镇的自治范围和职权。依照此章程，各地城市自治运动逐渐兴起，尤以湖北、四川进展较快。然而，城市自治、城市型政区的萌芽还远远不等于“市”制确立。而后，随着清帝退位与民国肇建，“市自治制”进一步确立起来，并逐渐演变为近代意义上的“市”制，全国范围内出现了越来越多的城市型政区。下面将 20 世纪中国城市型政区的确立和发展总结如表 6-6 所示。

表 6-6　20 世纪中国城市型政区的确立和发展

时间	标志性事件	意义
1909 年 1 月	清廷颁布《城镇乡地方自治章程》	首次以法律形式将城镇、乡村区域分别开来，确定“城乡分治”和“地方自治”
1911 年 11 月	江苏省临时省议会通过并实施《江苏暂行市乡制》	首次提出了“市”制的概念
1921 年 2 月	中华民国军政府（广州政府）成立广州市	第一个脱隶于县的建制市出现
1921 年 7 月	北洋政府内务部颁布《市自治制》	试图建立欧洲式市镇制度，首部中央政府颁布的关于“市”制的正式文件，从国家意义上开创了“市”制
1921 年 9 月	颁布《市自治制施行细则》	具体规定了设市标准和市的等级
1926 年 10 月	北伐军攻克武汉后设汉口特别市，下辖汉阳县	出现了中国历史上首个辖县的市
1927 年 4 月	汉口、武昌两市合并设武汉特别市	中国历史上第一个设置并正式成立的“直辖市”出现
1928 年 7 月	南京国民政府公布《特别市组织法》《普通市组织法》	中国第一部全国通行的市组织法，从法律上确定了现代“市”制
1930 年 5 月	国民政府另行颁布《市组织法》	根据隶属关系将市分为院辖市和省辖市，提高了设市标准
1932 年	全国共 13 个市，其中院辖市 4 个，省辖市 9 个	

① 总政编查馆编：《城镇乡地方自治章程》，商务印书馆宣统三年发行，第 1 页。

续表

时间	标志性事件	意义
1942 年	全国共 23 个市，其中院辖市 6 个，省辖市 17 个	
1943 年 5 月	国民政府大幅修订《市组织法》	简化了设市标准，取消省会不设院辖市的规定
1947 年	全国共 66 个市，其中院辖市 12 个，省辖市 54 个	
1953 年初	取消县辖市，并在 1954 年《宪法》中确认	
1958 年以后	从直辖市扩大管辖范围到少数大城市和省会城市实行“市领导县”体制	“市领导县”的新体制形成
1965 年底	城市总数 168 个	
20 世纪 80 年代以后	在地级层面推行地市合并、市领导县；县级层面改“切块设市”为“整县改市”	县级市数量大幅增加
1985 年底	全国设市城市 324 个	
1999 年底	全国设市城市 667 个	

资料来源：根据刘君德、范今朝《中国市制的历史演变与当代改革》（南京：东南大学出版社，2015 年）第五章内容总结整理

总结起来，中国的城市型政区在 20 世纪有两次具有标志性意义的进展，即“市”制的确立和“市”行政层级的变化。随着中国的城市型政区数量的不断增长，并且覆盖了高层政区至县级政区的各个层级，“城乡分治”也基本上将所有建制城市与农村分隔，从户籍管理上看，具有城镇户口的市民也与农村户口的村民明确区别开来。尤其是统县政区城市（当今地级市），“城乡分治”的管理模式已十分明确。

第二，在城市内部，现代市辖区的形成也是实现“城乡分治”的必要条件。清代晚期曾形成了捕属和警区两种城市分区而治的形式，民国初年随着自治市的相继设立，警区逐渐向现代意义上的市辖区过渡，并最终于中华人民共和国成立后在全

国范围内形成了市辖区制度。[①]今天中国的市辖区的行政地位一般与县平级，在20世纪80年代市领导县体制确立而导致地级市大量增加以后，市辖区数量也随之迅速增加。[②]市辖区有独立的建制和完整的组织管理机构，既可能是市区也可能是郊区，还可能兼有市区和郊区，但重点是与周边的县（县级市）都有明确的行政界线。这使“城乡分治”的管理模式在统县政区层面实实在在地确立下来，传统的附郭县管理模式不再适用。

在中国政区模式从单一的地域型政区向城市行政区、地域型政区并存的发展过程中，对统县政区的调整一直是行政区划改革的重要主题。一直到今天，传统附郭县制度依然在行政区划体系中留有明显的痕迹。在当前国家努力实现行政区划管理科学化和现代化的进程中，附郭县之余韵导致一些有待解决的弊端，也主要集中在统县政区的层面。中华人民共和国成立尤其是改革开放以来，随着城市型政区的增加和市领导县体制的确立，统县政区已经不同于传统行政区划体系中的地域型统县政区，城市型统县政区逐渐成为主体。新中国的统县政区主要是“地区”这个层级，也就是我们常常提起的“地级政区”概念。经过“地市合并”“撤地设市”等浪潮，市取代地区成为最常见的统县政区。目前地级市中存在的“市县同城”问题和少数民族自治州表现出的一些不合理性，都与附郭县密切相关。

“市县同城”现象是伴随“市”制的发展产生的，自20世纪初至改革开放初期，中国建市的主要方式是“切块设市”，一

① 胡乐伟、吴宏岐：《论中国市辖区形成的历史过程》，《陕西师范大学学报（哲学社会科学版）》2013年第5期。

② 刘君德、范今朝：《中国市制的历史演变与当代改革》，南京：东南大学出版社，2015年，第235页。

般是将历史上附郭县中的一小块核心地域（多为县城及周边）划出来设市，而母县仍然保留。市领导县体制确立以来，“切块设市”而来的地级市的市辖区有自己的管辖范围，与母县界线明确，于是原来附郭县的县城被剥夺，附郭县被迫成了寄治县。在计划经济时代，同城市县的矛盾表现得尚不明显，有的母县还搭乘城市发展的快车更快地推动了自身经济和城市化的发展。然而，随着社会经济的整体发展和城乡差距的拉大，“市县同城”的弊端日益凸显，于是“切块设市”的模式逐渐被摒弃，县级政区设市多为“整县改市”，地级政区则多通过“撤县（市）设区”融入城市体系。

具体而言，“市县同城”的城市被同城而治的县包围，城区空间比较狭小，不利于市辖区的建设和城市的健康发展；反过来也导致郊县的腹地狭小，县城的管理职能和带动作用不明晰。同时，市县交界地区矛盾突出。郊县内靠近中心城市的城郊接合部开发迅速，但这里也是规划的盲区，管理比较松散，往往成为中心城市空间拓展的“紧箍圈”，十分不利于城市空间结构的优化。[①]城市对同城而治县以外的其他县的辐射作用也在一定程度上被削弱，造成各县域发展不均衡。另外，一城中有两套行政管理单位，还可能导致城市基础设施建设的重复、管理成本增加、人力资源浪费、行政效率低下等问题。以上种种，都是城市型政区产生以来，疏于总结历史政区的经验而急于求成，采用简单的方式在附郭县县城的基础上建市留下的“后遗症”。改革开放之初是中国“市县同城”现象最多的时期（100余例），此后逐渐减少，20世纪90年代其数量大幅下降，现今仅

① 沈鑫：《中部地区市县同城发展关系研究》，《规划师》2013年第8期。

存的几例也将顺应政区优化改革的趋势而解决。

另外，今天的少数民族自治州的行政体制在实质上是附郭县（附郭政区）及其管理模式的延续。“传统地域型政区一部分转变为民族自治型政区，另一部分从地域型政区中划出部分地域设立直辖市。”[①]在目前《宪法》规定的政区体系中，民族自治型政区制度为“自治区—自治州—自治县—民族乡”的结构。自治州是地域型统县政区，其治所所在县（市）往往称为“州府”，下辖县（自治县、市）。《宪法》第三十条规定：

> 中华人民共和国的行政区域划分如下：
>
> （一）全国分为省、自治区、直辖市；
>
> （二）省、自治区分为自治州、县、自治县、市；
>
> （三）县、自治县分为乡、民族乡、镇。
>
> 直辖市和较大的市分为区、县。自治州分为县、自治县、市。

自治州作为政区层级中的一级，承上启下，形成了省管州、州管县的格局。自治州的政府驻地一般设置于经济发展较好、人口较密集、交通较便利的乡镇上，与“较大的市”不同的是，自治州并没有自己实体的政府管理机构，只有下辖的各县（自治县、市）有自己的属地，因而自治州州府即与下辖县或市同城而治。“虚体”的州府与“实体”的市、县政府居于同城，这与传统的地域型统县政区治所与附郭县居于同城如出一辙。

目前中国自治州的政区结构仍然是单一的地域型政区，还

① 华林甫：《中国省制探索：从历史经验展望未来发展》，见刘君德、林拓主编：《中国行政区经济与行政区划：理论与实践》，南京：东南大学出版社，2015年，第60页。

是一种城乡二元一体化的管理模式。这根本上是由于中国的30个自治州中除延边朝鲜族自治州设在吉林边疆地区外，其余29个自治州都位于中西部欠发达地区，社会经济发展相对滞后，城市化起步晚且进展相对缓慢。但是，随着产业发展，自治州城市化水平的提高必然是大势所趋，目前的30个自治州州府有27个已经完成了“撤县设市”[①]，延吉、恩施、楚雄、大理等市的非农业人口数量、国内生产总值、财政收入等指标已经达到或接近了现行的地级市设市标准。然而，中国民族区域自治的形式一定程度上制约了自治州城市化的发展。首先，必须维持自治州的形式才能保证其受《宪法》保护的自治地位，若州变更为市，其享有的自治权及优惠政策将有所削减；其次，州所辖的市、县也须维持目前的行政地位。[②]因此，在全国很多城市化水平更低的地区级建制都逐渐升级为地级市的趋势下[③]，自治州却还维持着原有的行政建制。

同时，随着州府的发展，州市（县）同城也逐渐面临着与地级市“市县同城”相似的困扰。例如，机构重复设置、行政效率低下、资源配置不合理、州府与其他各县发展不均衡等。在现代行政区划体系中，附郭县（附郭政区）在自治州、地区、盟这样的边疆民族地区的统县政区中，依然发挥着作用，但也

① 按：目前，青海省海南藏族自治州（州府驻共和县）、果洛藏族自治州（州府驻玛沁县）、海北藏族自治州（州府驻海晏县）三州的州府为县的建制。

② 张殿军：《自治州及其辖区行政体制改革的困境与创新》，《民族研究》2013年第3期。

③ 按：2016年，西藏自治区山南地区改市，新疆维吾尔自治区哈密地区改市；2017年，西藏自治区那曲地区改市。截至2017年底，全国的地区建制仅剩7例：黑龙江大兴安岭地区，西藏阿里地区，新疆阿克苏地区、喀什地区、和田地区、塔城地区、阿勒泰地区。地区建制改市还有继续推进的趋势。

逐渐暴露出一些弊病。今天的城乡产业结构、发展道路已经迥然分异，即使是民族地区，城市的发展也已今非昔比，依然“一刀切”式地在自治州采用传统附郭县（附郭政区）管理城市的模式显然是不合理的。

今天的行政区划改革中，无论是撤县设市、撤县（市）改区，还是增设市辖区，都以县级政区改革为基础。附郭县作为中国县制体系中的重要组成部分，可以为当今政区改革提供有益的借鉴。

第一，附郭县对当今市县的分等管理具有一定的借鉴意义。秦汉以来历代都有县等制度，京县、首县、附郭县在诸县中的等第和地位普遍较高，有较好的条件成为区域中心，并带动周边县域发展。而中华人民共和国成立以后，中国的县级政区分等缺乏统一标准和具体管理，导致各地县级政区的行政管理杂乱无章。附郭县是统县政区治所所在城池的郊县，相当于现在地级市的市郊区，依据历代划分县等的标准，附郭县的地位一般较高，这是综合经济、政治、人口、管理难易等多种因素划分的结果。古代大部分时间是附郭县管理城市，所以在一定程度上附郭县的等第可以代表统县政区治所所在城市的地位，附郭县使古代的城市管理体现出了层次化。然而，当今城市分等管理的标准往往只是行政层级，根据行政地位将城市分为直辖市、省会城市、地级市、县级市，还有计划单列市（副省级）。这显然难以综合反映城市的经济水平、人口规模、治理难易等关键因素，也掩盖了同一等级城市之间的差异。因此，当前应该综合考虑经济、政治、社会等因素，建立综合的评价体系并科学划分各项指标所占的比重，并因地制宜，对市县进行合理的分等管理，使全国地方行政管理层次化和立体化。“县应主要考虑人口、面积、GDP、财政能力以及区位因素。城市在考虑人口、面积、经济总量等因素外，区域的地位必须要加以考察。尤其涉及民族问题的，尽管有的城市可能在规模、经济方面相对较弱，却可以适当提高它的等次。”①

第二，附郭县的管理模式对当今统筹城乡发展具有启发性。在“城乡合治”的传统行政管理体系中，附郭县统管城乡，县是政区基础，城只是具有行政意义的治所所在地和商贸集镇，城的面积十分有限。附郭县的管理模式稳固了以农为本的经济基础，城乡未表现出明显的差距。虽然城市型政区产生后，城市有了自己的行政管辖范围，但大部分城市的市辖区面积（包括郊区）在整个市行政区总面积中所占比重很低。当今中国城市辖区结构仍然多为广域型②，城市被广大的农村地域包围，城乡的人口密度、经济发展表现出明显的差距并有差距扩大化的趋势。于是，城市型政区中的城、乡分别拥有一套行政管理系统，各有侧重点，统筹城乡发展成为工作的重点和难点。直辖市城市化水平较高，行政管理主要面向城市，但也要兼顾郊区和属县；县级市的行政管理主要面向乡村，拥有完善的农村行政管理系统。而地级市的情况比较复杂，统筹城乡的任务更重。

中国绝大多数地级市都有至少一个市辖区，大部分辖县，但也有不管县的。从附郭县发展的规律和历史经验看，仅仅依

① 黄忠怀、邓永平：《行政管理体制改革背景下市县分等研究》，见张占斌、谢振东、车文辉主编：《城镇化与优化行政区划设置研究》，石家庄：河北人民出版社，2013 年，第 295 页。

② 刘君德、冯春萍、华林甫，等编著：《中外行政区划比较研究》，上海：华东师范大学出版社，2002 年，第 231 页。

靠统县政区城市的发展推动“以城带乡”是远远不够的。因此，未来在建设和扩大地级市市辖区的同时，需要大力促进各县的产业发展和县城、县级市的建设。“中国的城乡分治，实际上是大城市优先发展的体现……为了保证大城市的发展，才提高设市门槛，人为割裂城乡，于国、于民都是没有好处的。”[①]城市化进程中必须重视中小城市的建设，从郊县的“城镇化”再到中心的“大城市化”，多点开花，真正实现“以城带乡”的设想。

而少数民族自治州政区改革的重要目的是推进城市化，带动周边地区发展。目前的困境主要是民族区域自治的形式约束和自治州本身的城镇化质量较差、管理水平较低，一些学者提出了建立“民族自治市”的设想。[②]暂且不论这一设想是否切实可行，若推进“民族自治市”的建设，附郭县的发展规律带来的最大启示是，应该通过“整县改市”来建市而尽量不要“切块设市”，吸取地级市“市县同城”的经验教训，少走弯路。另外，根据中国历代政区层级演变的规律：

> 我们可能正处在第二次大循环的延伸时段，也可能处于第三个大循环的起始点。如果顺应历史潮流是可取的话，那么今后的政区改革方向应该是明确的，即：政区发展的趋势是减少层级，两级制是大势所趋。当今在各地逐步推广的省直管县制度，就是顺应历史的明智之举。[③]

在自治州层面，可以逐步将自治州从实设改为虚设，进而

---

① 刘君德、范今朝：《中国市制的历史演变与当代改革》，南京：东南大学出版社，2015年，第38页。

② 田烨：《新中国民族地区行政区划研究》，北京：中央民族大学出版社，2010年。

③ 华林甫：《中国政区层级演变之两大循环说》，《江汉论坛》2014年第1期。

取消自治州层级。设立自治州这一政区层级根本上是为了服务所辖各县，本应视为虚设，但目前的自治州层级完全按实设政区进行机构设置，无形中增加了行政成本。[①]当今少数民族自治州的县域规模普遍较大，独立性、自主性较强，在民族自治地区的县（市）进一步推动省或自治区直管县，顺应历史发展规律也有利于快速推动民族自治地区的城市化进程和社会经济发展。

① 张友：《民族地区行政区划改革研究》，北京：民族出版社，2010 年，第 149—150 页。

第七章

清代县级政区调整的时空演变格局

有清一代，在县制总体稳定的大格局下，县级政区的局部修订、调整不曾间断。清朝入关后的前几位皇帝，励精图治，文治武功，卓有建树，在政治制度上的行政区划改革即是其中的重要方面。县制由内地十八省向边疆的大幅扩展与内地县制体系的进一步充实，是清代地方基层行政最大的变化。增置州县与派官设职的举措，也很好地适应了清代大一统疆域版图扩大的历史趋势，为近代民族国家的形成奠定了坚实的基础。除了推行县制外，简化与明晰政区层级亦是清朝的重要举措，属州的集中升级、调整会造成大规模的县级政区改隶。此外，在地方矛盾突出或基层治理对政区提出新的需求等特殊情形下，县的裁并、同级变更、迁治、更名偶有发生。这些政区调整，大部分得到了优化的效果，但也存在若干调整反复、浪费行政资源的情况，值得反思。

第一节　县级政区分设与裁并

从中国历史政区演变大势来看，县是地方行政区划的基本单位，往往与时俱增，且置后少有罢并，较为稳定。[①]清代亦然，县的调整主要体现在增置上。县的增置，除了在边疆、海岛等既往无县地域设县外，大部分设县需要析分其他县级政区地域，因此清代县级政区的析分与新设常常共同出现。新设的县，有的是从单个县划分出部分地域，有的可能同时析分多个县级政区的地域，“县内分家”与“邻壤切块”设县的情况并存。因此，清代县级政区析分与新设的时空分布，表现出了较强的一致性（图 7-1）。

县级政区析分频次最多的奉天、江苏、四川、吉林、陕西五省，分别有新设县级政区 41 个、21 个、55 个、37 个、13 个，都不在少数。江苏县级政区析分的总频次达到 22 次，涉及的县级政区有吴县、长洲、昆山、常熟、吴江、嘉定、太仓州、太湖厅、上海、青浦、南汇、武进、无锡、宜兴、丹徒、丹阳、山阳、江都（曾有 2 次析分[②]）、泰兴、泰州、通州 21 个。其中，雍正二年（1724）江苏南部的分县就占据了多数。江苏南部分县是清代一次较大、较集中的县级政区变动，一次性分出了 13 个县，并一直延续到清末，表现出较强的稳定性。在

① 谭其骧：《浙江省历代行政区域——兼论浙江各地区的开发过程》，《长水集》（上册），北京：人民出版社，2011 年，第 398—416 页。

② 按：雍正九年（1731）八月，析江都县设甘泉县；光绪三十年（1904）十一月，析江都、丹阳、丹徒、泰兴所辖太平洲地增置太平厅。

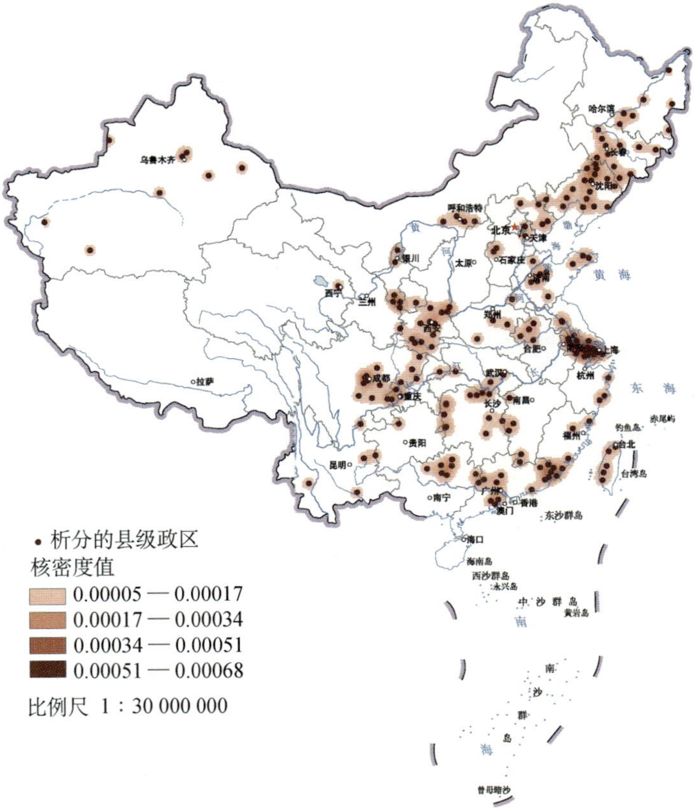

图 7-1　清代全国析分县级政区的分布

江苏巡抚张楷的推进下，具体分县工作逐步推进，借分县、设县之机，县界厘定、规范错壤的工作也开展起来。[①]新分出各县的县界，主要遵从山川形便，更以“水界”为优先的原则。[②]

---

① 中国第一历史档案馆编：《雍正朝汉文朱批奏折汇编》第五册，南京：江苏古籍出版社，1986 年，第 344 页。

② 庄晨曦：《清代江苏南部县界研究》，中国人民大学硕士学位论文，2018 年。

而奉天、四川、吉林都是邻近边疆省份，县级政区析分较多。尤其是四川，分县 19 次，新设县级政区却有 55 个，其中包含不少在无县地域设县、卫所改县等情形，主要分布在川西地区。从频次上看，清代共有 196 个县级政区发生过析分，总频次为 222 次。其中大部分县级政区只析分过一次，但也有 21 个县级政区曾多次析分（最多 4 次，奉天广宁县）。县级政区析分后，大多数是新设了县级政区，也有少量增置府级政区的情况（以直隶厅为主），这种情况全部发生在边疆省份。奉天省营口直隶厅、庄河直隶厅、辉南直隶厅、法库直隶厅，甘肃省化平川直隶厅等，都是从周边县域划分而设的。比较特殊的，还有跨省“邻壤切块”设县的情形。例如光绪三十四年（1908）八月，析广西平乐府贺县、梧州府怀集县与广东肇庆府开建县地置信都厅[①]；还有雍正十年（1732）五月，分广东潮州府饶平县隆、深二澳与福建漳州府诏安县云、青二澳及其附近小屿设南澳厅[②]。在归属上，南澳厅由广东、福建两省共管，直到民国三年（1914），南澳县才全部划归广东省管辖。[③]有清一代，全国发生多次析分的县级政区的具体情形如表 7-1 所示。

---

① 《清史稿·地理志》“平乐府”条下作“宣统三年，析贺县、怀集暨广东开建地置信都厅”，而在信都厅条又言“光绪三十四年，析贺县、怀集暨广东开建地置”，民国《信都县志》第一编《地理·疆域沿革考》作“清光绪三十二年改信都乡为信都厅。民国元年改厅为县”。牛平汉主编《清代政区沿革综表》据《光绪三十四年八月初七日朱批吏部奏折》，认为光绪三十四年八月置信都厅。

② 《世宗实录》卷 118，“雍正十年五月丙子”条，《清实录》，第 8 册，第 570 页。

③ 刘灵坪：《清代南澳厅考》，见中国地理学会历史地理专业委员会《历史地理》编辑委员会编：《历史地理》第二十四辑，上海：上海人民出版社，2010 年，第 204 页。

表 7-1　清代发生多次析分的县级政区

省份	县级政区	第一次析分	第二次析分	第三次析分	第四次析分
奉天	承德	1813 年，分设新民厅	1902 年，分设兴仁县		
	海城	1906 年，分设辽中县	1909 年，分设营口直隶厅		
	岫岩厅	1876 年，分设安东县	1877 年，分设通化县、怀仁县	1906 年，分设庄河直隶厅	
	新民厅	1902 年，分设镇安县	1906 年，分设辽中县		
	海龙厅	1902 年，分设东平县、西安县	1909 年，分设辉南直隶厅		
	康平	1902 年，分设辽源州	1906 年，分设法库直隶厅		
	广宁	1733 年，分设义州	1813 年，分设新民厅	1902 年，分设镇安县	1906 年，分设盘山厅
吉林	吉林厅	1881 年，分设敦化县	1910 年，分设舒兰县		
江苏	江都	1731 年，分设甘泉县	1904 年，分设太平厅		
陕西	盩厔	1782 年，分设五郎厅	1824 年，分设佛坪厅		
	洋县	1782 年，分设五郎厅	1824 年，分设佛坪厅		
	安康	1789 年，分设汉阴厅	1823 年，分设砖坪厅		
甘肃	固原州	1871 年，分设化平川直隶厅	1874 年，分设平远县		
	平罗	1726 年，分设新渠县	1728 年，分设宝丰县		
福建	诏安	1732 年，分设南澳厅	1796 年，分设云霄厅		
台湾	诸罗	1723 年，分设彰化县	1887 年，分设云林县		
	淡水厅	1812 年，分设噶玛兰厅	1875 年，分设淡水县	1887 年，分设基隆厅、苗栗县	

续表

省份	县级政区	第一次析分	第二次析分	第三次析分	第四次析分
台湾	彰化	1731 年，分设淡水厅	1884 年，分设埔里社厅	1887 年，分设台湾县	
四川	绵州	1729 年，分设彰明县	1801 年，分设罗江县		
	合州	1721 年，分设铜梁县	1729 年，分设定远县		
云南	沾益州	1695 年，分设平彝县	1727 年，分设宣威州		

注：县级政区以清代最初的建置为准，析分频次统计以该政区行政地域范围为限，包含政区本身升级、更名等调整后又分设县的情况。例如吉林厅，光绪七年（1881）分设敦化县，光绪八年（1882）五月升府，宣统二年（1910）三月又析吉林府东北舒兰站地方设舒兰县

在设县方面，清初沿袭明制，新置州县数量极少。顺康之际，除了奉天府、云贵两省的改土归流地区增置少量州县，以及四川省部分被裁撤之县因人口增加而逐渐复设外，吏部等部对地方行政区划的新设与调整多持反对态度。[①]雍正年间，随着直隶州的推行以及厅制开始形成，政区调整开始频繁起来。县级政区层面，雍正年间的改土归流、实土卫所改县、江南分县等一系列集中举措，促使县级政区数量大幅增加。同时，新设州县官缺数量也大大增加，加强了朝廷对基层地方的控制，不过也为政府增加了繁重的财政负担。乾隆则在延续雍正地方行政调整的基本思路下，进行了局部修订。在州县数量继续增加的同时，朝廷更加严格地控制新增官缺数量。尤其是厅制正式形成后，设“厅”成为弹压地方、加强治理的重要手段。乾隆六年（1741）五月，大学士鄂尔泰提出：“设官分职，原有定

① 傅林祥、林涓、任玉雪，等：《中国行政区划通史·清代卷》，上海：复旦大学出版社，2017 年，第 53—54 页。

制，增设改隶，徒事纷更。盖以官多则冗，役多则旷，不特俸工役食徒事虚糜。应令各省督抚查明从前添设各员，就现在情形，详加酌议，应行裁汰，即据实具题。如无可裁汰之处，详悉声明，具题到日再议。嗣后各省倘有应需人员，止准于通省内随时改调，概不得具奏增设，致滋糜费之例。令将刑名事件统归分防同知兼管，不必分县。”[①]乾隆谕旨则言：

> 朕闻利不十不变法，害不十不易制。盖以政有恒则易守，法数变则奸生，而况州县属吏之有常，文武职业之有定者乎？往者直省一二州县,理宜改隶,及员弁宜增设者，皇考曾允督抚之请，敕部议定，而督抚中遂有借此以见其整饬地方，留心吏治，而绝无关于利害之实者。不知改隶一邑，则狱讼、钱谷缘绝簿书，百弊丛生，急难综察。增设一官，则文移期会，事绪益纷，供给迎送，闾阎滋扰。且封域骤改，奸宄或致潜藏，官吏日增，责任转无专属。自后必州县离府窎远，实宜改隶，市镇繁杂之地，须添官弹压者，方准具题酌度，其余不许渎奏。[②]

除了“将刑名事件统归分防同知兼管”（设厅）以及必要的特殊情况以外，“不必设县”。乾隆六年（1741）清廷还正式下令保持职官尤其是佐杂官员数额定制：“从前各省佐杂等官，各督抚有奏请添设、改隶，责任转无专属，请嗣后倘各省需用人员，止准于通省内随时改调，不得奏增糜费。”[③]于是，从乾隆

① （清）李其昌纂修：《莲花厅志》卷二《舆地志・沿革》，乾隆二十五年刻本，第4b页。

② （清）李其昌纂修：《莲花厅志》卷二《舆地志・沿革》，乾隆二十五年刻本，第4a—4b页。

③ 《高宗实录》卷143，“乾隆六年五月癸未”条，《清实录》第10册，第1056页。

到同治年间，全国新设县级政区数量相比雍正年间，大大减少，在有限的县级政区增置中，“厅”的比例较高。如此一来，追求政区稳定和官员定额成为清代政治的一种理念，除了清末台湾、东北、新疆设省的确需要大量设置新的政区以外，其他时间，对新设政区，非极其必要，清朝统治者并不鼓励。[①]

光宣年间，清代进入了第二个设县的高峰期。尤其是边疆建省前后，新疆、台湾、奉天、吉林、黑龙江五省，以及与边疆省份交界的边缘地带，如直隶东北、四川西部等地，增设了一批县级政区。

张伟然曾将谭其骧通过“创建县治”来考量地区开发程度的方法，概括为“最简单、直接、有效的替代指标法”。[②]图 7-2 体现了清代新设县级政区的省域密度分布情况，更清晰地表现出了清代增置县级政区的一种“边疆属性”。在“政区设置-地区开发”解释模式的基础上，清代政区变革表现出了显著的阶段性、多元性。不论设县密度还是具体数量，东北三省、直隶山西北部、江苏南部、湖北湖南广西西部、川云贵三省、台湾、甘肃、新疆都排在前列。其中，江苏南部、湖北湖南广西西部、云贵地区，主要处于雍乾时期的第一次设县高峰期，江南分县、改土归流是其中的主要动力；而东北三省、直隶山西北部、川边、台湾、甘肃、新疆等地，主要处于光宣时期的第二次设县高峰期，省制推行后亟待充实省下政区体系、佐杂升县是其中的主要动力。反之，河南、浙江、安徽、江西、福建、山东、

① 胡恒：《皇权不下县？——清代县辖政区与基层社会治理》，北京：北京师范大学出版社，2015 年。

② 张伟然：《谭其骧先生的五星级文章及学术活性》，《社会科学论坛》2005 年第 3 期。

广东七省设县总数为33个，不及奉天或吉林一省之多，表明在既往开发较为成熟的地域单元，清代对地方政区的设置与调整持谨慎态度，更多是维持稳定的现状。

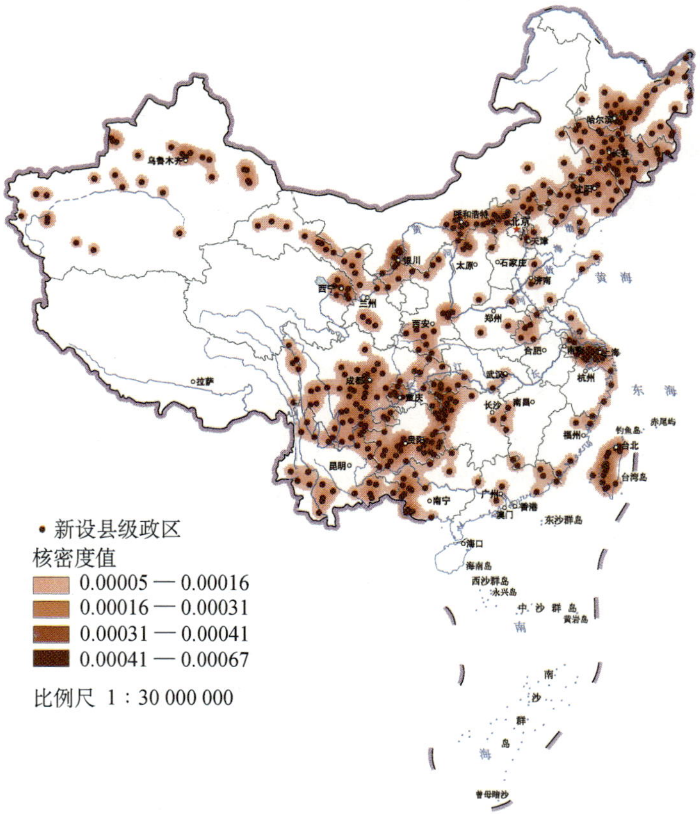

图7-2 清代全国新设县级政区分布

前文述及，1683—1911年，全国共新设了432个县级政区。从设县类型上看，其中230个为普通设县，其余202个为县级政区裁撤或变更后而复设、府下增置附郭县、卫所改县、改土归流设县、县辖政区（佐杂）升置为县等 5 种情形。多元的设县类型，丰富了清代基层政区体系的内涵，也使清代基层地方治理表现出更多的复杂性与灵活性。既往学界已经对清代的设县模式展开过初步探讨，尤其是关于卫所改县、改土归流设县、县辖政区（佐杂）升置为县的情形，讨论较为深入。[①]除了普通设县以外的 5 种设县模式，共同点是在政区结构上都具备了承前启后的基础。裁掉的原县级政区、府下亲辖地或附郭县、实土卫所辖区、土司（土州、土县）辖区、县下辖区分别为五种“设县”提供了地域来源和设治基础（表 7-2）。

表 7-2　1683—1911 年全国新设县级政区的 5 种模式与设县基础

省份（总计）	新设县级政区	类型	设县基础（主要辖区）	备注
直隶（12 个）	宁河	C	梁城所	
	临榆	C	山海卫	
	阜平	A	顺治十六年裁，康熙二十二年复设	
	天津州	C	天津卫	
	天津	B	天津府	直隶州升府，府下增置附郭县，以合府制
	宣化	C	宣府前卫	
	万全	C	万全右卫	
	怀安	C	怀安卫	
	怀来	C	怀来卫	
	龙门	C	龙门卫	
	赤城	C	赤城堡	
	蔚县	C	蔚州卫	

① 毛亦可：《清代卫所归并州县研究》，北京：社会科学文献出版社，2018 年；龚荫：《中国土司制度》，昆明：云南民族出版社，1992 年；胡恒：《皇权不下县？——清代县辖政区与基层社会治理》，北京：北京师范大学出版社，2015 年。

续表

省份（总计）	新设县级政区	类型	设县基础（主要辖区）	备注
奉天（8个）	兴仁	B	奉天府	增置双附郭县
	复州厅	C	复州卫	
	宁海	C	金州卫	
	柳河	E	柳树河县丞	
	奉化	E	梨树城照磨	
	怀德	E	怀德经历	
	康平	E	八家镇经历	
	义州	E	义州巡检	
吉林（11个）	伊通州	E	伊通河巡检	
	农安	E	农安照磨	
	磐石	E	磨盘山州同	
	滨江厅	E	滨江关江同知、巡检	
	长寿	E	烧锅店巡检	
	德惠	E	朱家城照磨	
	东宁厅	E	三岔口同知	
	穆棱	E	穆棱河知事	
	和龙	E	和龙峪经历	
	呢吗口厅	E	呢吗口同知	
	富锦	E	富克锦巡检	
黑龙江（1个）	余庆	E	余庆街经历	
江苏（5个）	元和	B	苏州府	增置三附郭县
	镇洋	B	太仓直隶州	直隶州下设附郭县的特例
	阳湖	B	常州府	增置双附郭县
	甘泉	B	扬州府	
	铜山	B	徐州府	直隶州升府，府下增置附郭县，以合府制
安徽（1个）	阜阳	B	颍州府	
山西（10个）	永济	B	蒲州府	
	凤台	B	泽州府	
	阳高	C	阳高卫	
	天镇	C	天镇卫	

续表

省份（总计）	新设县级政区	类型	设县基础（主要辖区）	备注
山西（10个）	宁武	C	宁武所、宁化所	
	神池	C	神池堡	
	偏关	C	偏关所	
	五寨	C	五寨堡	
	丰镇厅	C	丰川卫、镇宁所	
	宁远厅	C	宁朔卫、怀远所	
山东（7个）	泰安	B	泰安府	直隶州升府，府下增置附郭县，以合府制
	惠民	B	武定府	
	兰山	B	沂州府	
	菏泽	B	曹州府	
	博山	E	颜神镇巡检	内地县下佐杂升县
	荣成	C	成山卫	
	海阳	C	大嵩卫	
河南（2个）	淮宁	B	陈州府	直隶州升府，府下增置附郭县，以合府制
	南召	A	顺治十六年裁，雍正十二年复设	
陕西（7个）	大荔	B	同州府	直隶州升府，府下增置附郭县，以合府制
	潼关	C	潼关卫	
	汉阴	A	乾隆四十七年裁，乾隆五十四年复设	
	靖边	C、E	靖边、宁塞等5堡，靖边经历	同时符合多种设县类型
	定边	C、E	定边、盐场等5堡，定边县丞	
	榆林	B、C、E	榆林府，双山、中路等5堡，榆林州同	
	怀远	C	怀远、波罗等5堡	
甘肃（25个）	靖远厅	C	靖远卫	
	洮州厅	C	洮州卫	
	岷州	C	岷州卫	
	西固厅	E	西固州同	

续表

省份（总计）	新设县级政区	类型	设县基础（主要辖区）	备注
甘肃（25个）	宁夏	B、C	宁夏府，宁夏左卫	同时符合多种设县类型
	宁朔	B、C	宁夏府，宁夏右卫	
	中卫	C	宁夏中卫	
	平罗	C	平罗所	
	灵州	C	灵州千户所	
	西宁	B、C	西宁府，西宁卫	同时符合多种设县类型
	碾伯	C	碾伯所	
	大通	C	大通卫	
	贵德厅	E	归德县丞	
	武威	B、C	凉州府，凉州卫	同时符合多种设县类型
	镇番	C	镇番卫	
	永昌	C	永昌卫	
	古浪	C	古浪所	
	平番	C	庄浪所	
	张掖	B、C	甘州府，甘州左、右卫	同时符合多种设县类型
	山丹	C	山丹卫	
	高台	C	高台所、镇彝所	
	肃州厅	C	肃州卫	
	渊泉	B、C	安西府，安西、柳沟2卫	同时符合多种设县类型
	敦煌	C	沙州卫	
	玉门	C	靖逆卫、赤金卫	
福建（1个）	霞浦	B	福宁府	直隶州升府，府下增置附郭县，以合府制
台湾（3个）	台湾	B	台湾府-台南府	光绪13年改名安平县
	淡水	B	台北府	
	台湾	B	台湾府	
江西（1个）	铜鼓厅	E	瑞州府同知	
湖北（8个）	东湖	B	宜昌府	
	鹤峰州	D	容美土司	
	长乐	D	五峰司	
	恩施	B、C、D	施南府，施州卫、大田所，施州卫辖15土司	同时符合多种设县类型

续表

省份（总计）	新设县级政区	类型	设县基础（主要辖区）	备注
湖北（8个）	宣恩	D	施南土司	
	来凤	D	散毛土司	
	咸丰	C	大田所	
	利川	D	施南土司	
湖南（8个）	桑植厅	D	桑植安抚司	
	清泉	B	衡州府	增置双附郭县
	永顺厅	D	永顺宣慰司	
	保靖厅	D	保靖宣慰司	
	永绥厅	D	保靖土司	
	芷江	B	沅州府	
	永顺	B	永顺府	
	安福	C	永定卫、九溪卫	
广东（2个）	程乡	B	嘉应府	直隶州升府，府下增置附郭县，以合府制
	防城	E	防城巡检	
广西（13个）	东兰州	D	东兰土州	
	那马厅	D	那马土司	
	百色厅	D	土田州	
	恩隆	D	土田州	
	凌云	B	泗城府	
	龙州厅	D	土龙州	
	宁明州	D	思明土州	
	明江厅	D	上石西土州	
	凭祥厅	D	凭祥土州	
	天保	B	镇安府	
	奉议州	D	奉议土州	
	归顺州	D	归顺土州	
	小镇安厅	D	镇安土州	
四川（39个）	华阳	A、B	康熙九年裁，雍正五年复设，成都府	同时符合多种设县类型增置双附郭县
	双流	A	康熙元年裁，雍正七年复设	

续表

省份（总计）	新设县级政区	类型	设县基础（主要辖区）	备注
四川（39个）	崇宁	A	康熙七年裁，雍正七年复设	
	彭县	A	康熙七年裁，雍正七年复设	
	彰明	A	顺治十六年裁，雍正七年复设	
	罗江	A	顺治十六年裁，雍正七年复设 乾隆三十五年裁，嘉庆六年复设	清代“新设”两次
	会理州	C	会川卫	
	西昌	B、C	宁远府，建昌卫	同时符合多种设县类型
	冕宁	C	宁番卫	
	盐源	C	盐井卫	
	越嶲厅	C	越嶲卫	
	盐边厅	E	阿所拉巡检	
	岳池	A	康熙七年裁，康熙六十年复设	
	永宁	C	永宁卫、普市所	
	雷波厅	C	雷波卫、黄螂所	
	马边厅	E	马边县丞	
	大足	A	康熙元年裁，雍正七年复设	
	壁山	A	康熙元年裁，雍正七年复设	
	铜梁	A	康熙元年裁，康熙六十年复设	
	定远	A	康熙元年裁，雍正七年复设	
	大宁	A	康熙七年裁，雍正七年复设	
	新宁	A	康熙七年裁，雍正七年复设	
	石砫厅	D	石砫宣慰司	

续表

省份（总计）	新设县级政区	类型	设县基础（主要辖区）	备注
四川（39个）	达县	B	绥定府	直隶州升府，府下增置附郭县，以合府制
	松潘厅	C	松潘卫	
	杂谷厅	D	杂谷安抚司	
	安岳	A	康熙元年裁，雍正七年复设	
	三台	B	潼川府	直隶州升府，府下增置附郭县，以合府制
	威远	A	康熙六年裁，雍正七年复设	
	乐山	B	嘉定府	直隶州升府，府下增置附郭县，以合府制
	雅安	B	雅州府	
	天全州	D	天全六番招讨使司	
	清溪	C	黎大所	
	打箭炉厅	E	雅州府同知	
	酉阳	D	酉阳土司	
	秀山	D	酉阳土司	
	彭山	A	康熙元年裁，雍正七年复设	
	青神	A	康熙六年裁，雍正七年复设	
	古宋	D	九姓长官司	
云南（14个）	宝宁	A、B	广南府，乾隆三十五年二月裁，十月复设	清代“新设”两次同时符合多种设县类型
	缅宁厅	D	猛缅长官司	
	顺宁	B	顺宁府	
	平彝	C	平夷卫	
	丽江	B	丽江府	
	宁洱	B	普洱府	
	永康州	D	镇康土州	
	文山	B	开化府	
	恩安	B	昭通府	
	靖江	E	副官村县丞	

续表

省份（总计）	新设县级政区	类型	设县基础（主要辖区）	备注
云南（14个）	华坪	D	北胜土州	
	恩乐	D	者乐甸长官司	
	邱北	E	邱北州同	
	彝良	E	彝良州同	
贵州（11个）	贵筑	C	贵州卫、贵州前卫	
	修文	C	敷勇卫	
	玉屏	C	平溪卫	
	青溪	C	清浪卫	
	五开	B、C	黎平府，五开卫	同时符合多种设县类型
	铜鼓	C	铜鼓卫	
	清镇	C	威清卫、镇西卫、威武所、赫声所	
	安平	C	平坝卫、柔远所	
	安南	C	安南卫	
	兴义	E	黄草坝州判	
	毕节	C	毕节卫、赤水卫	
新疆（13个）	昌吉厅	E	昌吉州同	
	阜康	E	特讷格尔州判	
	绥来	E	玛纳斯县丞	
	迪化	B	迪化府	直隶州升府，府下增置附郭县，以合府制
	孚远	E	济木萨县丞	
	轮台	E	布告尔巡检	
	婼羌	E	卡克里克县丞	
	拜城	E	拜城巡检	
	温宿	E	温宿府属旧城巡检	
	绥定	B、E	伊犁府，霍尔果斯巡检	同时符合多种设县类型
	宁远	E	宁远城巡检	
	宜禾	B	镇西府	直隶厅升府，府下增置附郭县，以合府制
	鄯善	E	辟展巡检	

资料来源：国家清史纂修工程《清史·地理志》（待刊）、各厅州县地方志、《清实录》

注：字母代表的设县类型，A. 县级政区裁撤或变更后而复设；B. 府下增置附郭县；C. 卫所（堡）改县；D. 改土归流设县；E. 县辖政区（佐杂）升置为县

根据表 7-2，县级政区裁撤或变更后而复设、府下增置附郭县、卫所（堡）改县、改土归流设县、县下佐杂升县等几种清代较为特殊的设县模式的省域分布，可一目了然。其中，裁撤或变更后而复设的县有 21 个、府下增置的附郭县 51 个、卫所（堡）改县 73 个、改土归流设县 31 个、县辖政区（佐杂）升县 43 个，其中还有 15 个新设县级政区同时符合两种甚至三种设县类型。不难看出，云南、江苏、山东府下增置附郭县的情形较多，云南是改土归流后，向内地府制靠拢而集中增置附郭县形成的，而江苏、山东则分别是因为增置双附郭县和直隶州升府而设附郭县形成的。卫所改县，以直隶北部、山西、甘肃、四川、贵州为多，基本符合明代以来实土卫所的空间分布特征。改土归流设县，则集中于广西、湖北、湖南、云南、四川等西南少数民族聚居区和边疆省份。而县下佐杂辖区升县，以吉林、奉天、新疆三省最多，说明清代东北、新疆县下治理的推进趋势，从这个意义上而言，县下佐杂的蔓延为新设省后快速增置州县奠定了基础。此外，各省这几种较为特殊的设县数量在设县总量中的占比，山东、河南达到了 100%，主要是因为直隶州升府而增置附郭县、沿海卫所改县、裁而复设几种情况，说明除非上述特殊原因，内地县制较为稳定，极少更改。而直隶（41.4%）、吉林（29.7%）、山西（62.5%）、甘肃（73.5%）、广西（76.5%），四川（69.6%），云南（48.3%），贵州（40.7%），新疆（44.8%）等边疆或靠近边疆的省份的该项占比也都不低，说明看似“一蹴而就”的设县工作，其实是基于一定的地区开发基础而完成的，其中可能蕴涵着较为复杂的治理逻辑。

相比州县分设，清代裁撤的县级政区并不多。据胡恒统计，清代裁撤的州县可以分为两类：裁撤后直至清末再未恢复的共有41个，裁撤后不久就加以复置者共有26个。裁而复设的县，四川省最多，达21处，这主要是因为经过明末清初长时期战乱，四川人口大量减少，明代所设置的县份因人口稀少，不得不合并州县，以节民费，以纾民困。待到康熙、雍正年间，经济恢复、人口增长，加上移民因素的影响，因此陆续加以恢复。[①]

裁县后，原有地域单元大部分会被并入到邻近的县级政区，是为“合并”。例如，四川保县于嘉庆六年（1801）十一月裁并入府级的理番直隶厅[②]；广东保昌、程乡则被裁撤入直隶州的亲辖地；等等。这种裁县后地域并入府级政区的情况，清代共17例（表7-3）。清代大部分的“合并”为“整县吞并”，即一县地域整体并入他县，这样不用再重新划定县界、学额、田赋等，影响最小。一县地域并入多县的情况，清代仅有直隶魏县、山西平顺县与四川建武厅三例。因魏县城郭被漳水冲塌，于乾隆二十三年（1758）六月被裁，其地并入元城、大名二县。其地十之九归大名，一归元城。相比魏县，平顺裁撤的善后事宜简单得多。平顺于明嘉靖八年（1529）由潞城、壶关、黎城三县划拨，因县境较小、人口较少，乾隆二十九年（1764）山西巡抚和其衷奏请裁撤，撤县后即各归原属。

> 伏查山西潞安府属之平顺一县，其县治原系该府属潞城县之青羊里。明季……遂于青羊里设平顺县治，拨潞城县编户十六里，壶关县编户十里，黎城县编户五里，共编户三十一里，隶平顺管辖，核其编户，不及中邑之半，且县城仅止里许，城内居民不满百户……实属冗设，所有平

① 胡恒：《皇权不下县？——清代县辖政区与基层社会治理》，北京：北京师范大学出版社，2015年，第282页。

② 《仁宗实录》卷91，“嘉庆六年十一月己亥”条，《清实录》，第29册，第210页。

> 顺一县应请裁汰。……所辖编户三十一里及应征钱粮各归原拨之潞城、壶关、黎城三县经管征收，青羊里原系潞城县地方，所有现存常平仓谷应归潞城县经管。①

表 7-3　1683—1911 年全国县级政区的裁撤、合并及其调整原因

省份	裁县	并入的政区	裁并时间	裁撤原因	备注
直隶	新安	安州	道光十二年	新安县治与安州治相距过近	
	魏县	元城、大名	乾隆二十三年	自然灾害（水灾）	
	蔚县	蔚州	乾隆二十二年	地域狭小，同城二县的合并	
	热河厅	—	雍正十一年 乾隆四十三年	与八沟厅同城而治；裁入承德府亲辖地	两次裁撤，裁入府级政区
奉天	承德	—	宣统三年	裁入奉天府亲辖地	裁入府级政区
	兴仁	承德	光绪三十四年	同城二县的合并	
	永吉州	—	乾隆十二年	距奉天府过远，领属不便	
	泰宁	—	雍正七年		
	长宁	—	乾隆元年		
	锦县	—	宣统三年	裁入锦州府亲辖地	裁入府级政区
江苏	靖湖厅	太湖厅	宣统三年	厅县区域不便行政	
	福泉	青浦	乾隆八年	地域狭小	
安徽	临淮	凤阳	乾隆十九年	自然灾害（水灾）	
	虹县	—	乾隆四十二年	近泗州地界，裁而移泗州直隶州治此	裁入府级政区
	南平厅	宿州	嘉庆十三年	改南平抚民同知为凤颖分防捕盗同知	职能变化
山西	清源	徐沟	乾隆二十八年	地处偏僻，地域狭小	
	乐平	平定州	嘉庆元年	地处偏僻，政务简少	
	平顺	潞城、壶关、黎城	乾隆二十九年	人口稀少	
	马邑	朔州	嘉庆元年	辖境较小	
河南	仪封厅	兰阳	道光四年	地近兰阳县	

① 中国第一历史档案馆藏：录副奏折《山西巡抚和其衷奏请裁冗设之县治以便民生事》，乾隆二十九年二月十九日，档号：03-0345，件号：03-0345-045，缩微号：023-1070。

续表

省份	裁县	并入的政区	裁并时间	裁撤原因	备注
河南	河阴	荥泽	乾隆二十九年	地域狭小，地僻事简	
	胙城	延津	雍正五年	一派沙地，并无树木村庄，人口稀少	
	石梁	—	乾逄六年	许州府降为直隶州，裁为州亲辖地	裁入府级政区
陕西	汉阴	安康	乾隆四十七年	兴安直隶州升府，裁汉阴县设附郭安康县	
甘肃	庄浪	隆德	乾隆四十一年	设隆德县丞、庄浪分县	
	漳县	陇西	道光九年	裁汰冗员，只设县丞	
	西固厅	—	乾隆十四年	设西固州同、西固分州	
	新渠	平罗	乾隆四年	自然灾害（地震）	
	宝丰	平罗	乾隆四年	自然灾害（地震）	
	渊泉	—	乾隆三十八年	安西府降为直隶州，裁为州亲辖地	裁入府级政区
湖北	文泉	沔阳州	乾隆三十年	地势较低、不易建城	
广东	程乡	—	雍正十一年 嘉庆十七年	裁为嘉应直隶州亲辖地	两次裁撤，裁入府级政区
	保昌	—	嘉庆十二年 嘉庆十七年	裁为南雄直隶州亲辖地	两次裁撤，裁入府级政区
四川	罗江	—	乾隆三十五年	原州城被涪河冲坍，州治移罗江县城，裁为绵州直隶州亲辖地	裁入府级政区
	威州	保县	雍正五年	近保县地界，裁而移保县治此	
	保县	—	嘉庆六年	裁入理番（杂谷）直隶厅	裁入府级政区
	建武厅	兴文、屏山	乾隆元年	建武厅通判改管盐务，原辖区裁并	职能变化
	阿尔古厅	美诺厅	乾隆四十四年	并入美诺厅，改名懋功直隶厅	
云南	宝宁	—	乾隆三十五年	广南府降为直隶厅，裁县	裁入府级政区
	定边	—	雍正七年	距蒙化地近，于驻地设南涧巡检司并裁县	裁入府级政区
	五嶆厅	—	乾隆四十一年	距曲靖府较远，难以查察，裁入广西直隶州	裁入府级政区

续表

省份	裁县	并入的政区	裁并时间	裁撤原因	备注
云南	攸乐厅	思茅厅	雍正十三年	改土归流、安抚地方，移攸乐驻兵到思茅，设思茅同知	
	恩乐	—	道光二十六年	镇沅直隶州改为直隶厅，裁县	裁入府级政区
	和曲州	—	乾隆三十五年	武定府降为直隶州	裁入府级政区
贵州	新贵	贵筑	康熙三十四年	同城二县的合并	
	长寨厅	定番州	光绪六年	改长寨同知为定番州辖长寨州判	
	锦屏	开泰	道光十二年	地狭人少，并入开泰并设锦屏乡县丞	
	平越	—	嘉庆三年	平越府降为直隶州，裁为州亲辖地	裁入府级政区
新疆	宜禾	—	咸丰五年	镇西府改为直隶厅，裁县	裁入府级政区
合计	49 个	31 个			

资料来源：国家清史纂修工程《清史·地理志》（待刊）、各厅州县地方志、《清实录》

而四川建武厅（建武安边厅），初为明万历元年（1573）设置的建武守御所与安边同知，清初沿袭之。康熙六年（1667），裁守御所及同知，由叙州府通判建辖，习称建武厅。[①]雍正八年（1730），通判移驻屏山县新镇，新镇入建武厅辖区。[②]乾隆元年（1736），四川巡抚杨馝疏请："移叙州府分驻新镇之建武厅通判，驻富顺县邓井关，总理盐务。改建武归兴文县辖，以宜宾县属横江镇巡检驻其地。改新镇归屏山县辖，以石角营巡检兼管。"[③]建武通判改管盐务后，原建武厅所辖建武区域并入

① 傅林祥、林涓、任玉雪，等：《中国行政区划通史·清代卷》，上海：复旦大学出版社，2017 年，第 443 页。

② 《世宗实录》卷 92，"雍正八年三月戊子"条，《清实录》，第 8 册，第 235 页。

③ 《高宗实录》卷 15，"乾隆元年三月壬子"条，《清实录》，第 9 册，第 410 页。

兴文县，新镇则复归屏山县管辖。像建武厅这样因职能转换而裁撤的，还有安徽凤阳府的南平厅，嘉庆十三年（1808）因改南平抚民同知为凤颍分防捕盗同知，厅辖区裁入宿州。[①]

以地域而言，1683—1911 年全国共有 14 个省有裁县、13 个省有县级政区合并。其中的出入是因为广东保昌、程乡二县被裁入直隶州亲辖地，因而广东无合并的县级政区。总体上，县级政区的裁并虽然数量不多，但分布广泛。以时间而言，县的裁并多发生于康熙、雍正、乾隆年间，表明康雍乾时期政区变革频繁的时代特点。县的裁撤，并不代表朝廷放松对该地的控制。裁县以后在原县之地设置佐杂进行管理，是清代裁县过程中常常采用的应对管理方式之一。其中既有直接驻扎于原县址者，也有原县不适宜设置而改置县境别处者。[②]

根据表 7-3，康熙二十二年（1683）以来，清代共裁撤县级政区 49 个，其中有三县曾二度裁撤，“并县”的县级政区共 31 个。政区同级变更、升级、改隶、迁治与更名，实质上是对政区治理“优劣”的管理，而裁撤直接涉及的是政区的“有无”问题，当然要更加谨慎。县的裁撤，虽然总量不多，不过时空分布广泛，原因复杂多元，体现了清代在地方行政调整上因地制宜、因时制宜的治理策略。政区幅员狭小、人口不足、距离不当（过远或过近）、自然灾害、两县同城都可能导致裁县，不过其中多少含有“不可抗力”的成分，也是历代裁撤的主要动因。安徽虹县、四川罗江、四川威州的裁撤则是源于治所（县城）被邻近

① 中国第一历史档案馆藏：录副奏折《两江总督费淳、安徽巡抚阿林保奏为宿州地域辽阔移设厅员事》，嘉庆八年六月初八日，档号：03-1464，件号：03-1464-078，缩微号：100-0298。

② 胡恒：《皇权不下县？——清代县辖政区与基层社会治理》，北京：北京师范大学出版社，2015 年，第 288—289 页。

州县"剥夺"，像虹县，由于泗州州治移驻县城而裁："安徽所属之直隶泗州……康熙十九年间，淮水决堤，将州城及久武衙门仓库沉没水中……经前任督抚以州治寄寓盱境……愚见似可仿照该前临淮厅县移并凤阳之例，将虹县一缺裁去，一切版图田赋均归并泗州管理，即将虹县之城改为泗州直隶州之城。"[①]

而因统县政区调整而造成的辖县裁撤，有13例之多，这些更能体现出清代的县政理念与宏观制度设计。府、直隶厅、直隶州之间的转换，势必影响到辖县的管理。依清制，直隶州辖县数量一般比府要少，"其规制与知府同，唯无倚郭县，其所治州即以知州行知县事"，府改州后，府下附郭县就要裁撤入州；反之，州升府，也会增置附郭县以合府制，如乾隆四十七年（1782）兴安直隶州升府，裁汉阴县，以其地设附郭安康县。[②]而直隶厅大多数不辖县，大多有亲辖地，因此府州改厅后即可能发生裁县。府也有特例，如直隶承德府不设附郭县之例，还被奉天各府所效仿，宣统三年（1911）三月，附郭承德县、锦县也分别裁入奉天府、锦州府，使清末奉天全省无附郭县。

"撤县"不仅仅是行政运作的结果，更是地域融合的过程。裁县是否成功，不仅在于裁撤过程是否顺利，更在于新、旧二县能否融为一体，从而构建出新的地域认同。[③]可以想见，裁县前后，基层社会不会风平浪静，地方官员、居民的利益纠葛

① 中国第一历史档案馆藏：录副奏折《安徽巡抚闵鹗元奏请裁县缺移设州治管辖事》，乾隆四十二年一月二十二日，档号：03-0053，件号：03-0053-031，缩微号：003-0915。

② 《高宗实录》卷1164，"乾隆四十七年九月壬寅"条，《清实录》，第23册，第599页。

③ 胡恒：《关于清代县的裁撤的考察——以山西四县为中心》，《清史研究》2011年第2期。

时常存在。除了山西乐平、清源、平顺、马邑四县撤县后涌动的“复县思潮”，道光九年（1829）裁入甘肃陇西县的漳县，曾于同治二年（1863）奏请复设。有趣的是，这份奏请来自时任河南布政使王宪。他何以插手别省事务？由于他祖籍漳县，十分谙熟家乡形势，认为漳县地方辽阔、边防紧要，陇西县丞不足以治理，奏请复县。十余年镇压太平军起义的战争使清朝元气大伤，朝廷认为“现值满目兵燹、地方凋敝之际，所有改官定制，苟于时事有裨，不妨量为变通”，并委派陕甘总督熙麟到省详察情形，而后不了了之，直至清末也未能复设。[①]

第二节　县级政区同级变更

在清代的县级政区体系中，县始终占据绝对的主体地位，虽然散厅、散州与县的政区层级平级，但主官的品级有别。厅制形成后，厅同知为正五品、通判为正六品；乾隆中期以后，散州知州为从五品；而知县品级为正七品，即便京县知县也只是正六品。总体来说，厅州高于县。正因为此，县改厅、州的情形在清代文献中常常被记载为“升为厅”“升为州”。反之，厅、州改县则常常表述为“降为县”。

从清代厅、州的来源与演变看，府同知、通判在雍正以后逐渐增多，其官员职能也逐渐扩大，开始管理刑名钱谷等事务，并拥有了明确的管辖范围，在行政地域的基础上形成了完整的行政组织（配有佐杂官、首领官等），有一些在实质上已经具备了政

① 《穆宗实录》卷86，“同治二年十一月辛未”条，《清实录》，第46册，第817页。

区的要素和条件，与知州、知县具有相同职权。但与州县不同的是，清代根据区域差异与地方治理实际，对厅的职能有更专门的定位。就散厅而言，首先，厅制被用于北部边疆、东北等旗民分治地区，如归绥道诸厅、岫岩厅等；其次，厅制被用于距离行政中心较远、不便管理的边远区域，如太湖厅、南澳厅等。[①]

而散州大多是继承了明代的属州而来，雍正、乾隆年间降级而不再领县后，成为纯粹的县级政区。幅员较大、管理不便、有工程监管之需的县，可以改为州，如浙江海宁县、甘肃狄道县。“掌一州之政治，以县之地大而事繁者升而置之，所统辖一如县制。”[②]可见，虽然州县的政区层级相同，但散州的管理级别要高于县。“每州置州同、州判各官，因事之繁简，无定员，惟吏目每州一人，嗣后因时裁设。凡县之升为州者，并置各属员，如今制焉。”[③]

清代共有 14 个省的 36 个县级政区发生过同级变更，相对于其他八类政区调整情形，数量很少（表 7-4）。这说明厅、州、县作为层级相同而通名相异的政区形式，在制度设计和职能侧重上具有明确差异，一旦确定便少有变更（图 7-3）。

表 7-4　1683—1911 年全国县级政区的同级变更一览

省份	县级政区	变更时间	变更情况	备注
直隶	八沟厅	乾隆四十三年	改为平泉州	厅改州
	四旗厅	乾隆四十三年	改为丰宁县	厅改县
	塔子沟厅	乾隆四十三年	改为建昌县	厅改县
	喀喇河屯厅	乾隆四十三年	改为滦平县	厅改县
	三座塔厅	乾隆四十三年	改为朝阳县	厅改县，光绪二十九年升朝阳府

① 胡恒：《厅制起源及其在清代的演变》，《文史》2013 年第 2 辑。

② 《钦定皇朝通典（二）》卷三十四《职官十二》，见《景印文渊阁四库全书》史部第 642 册，台北：商务印书馆，1986 年，第 11b 页。

③ 《钦定皇朝通典（二）》卷三十四《职官十二》，见《景印文渊阁四库全书》史部第 642 册，台北：商务印书馆，1986 年，第 13a 页。

续表

省份	县级政区	变更时间	变更情况	备注
直隶	乌兰哈达厅	乾隆四十三年	改为赤峰县	厅改县，光绪三十四年升赤峰直隶州
奉天	复州厅	雍正十一年	改为复州	厅改州
	宁海县	道光二十三年	改为金州厅	县改厅
	岫岩厅	光绪三年	改为岫岩州	厅改州
河南	仪封县	乾隆四十九年	改为仪封厅	县改厅，道光四年裁入兰阳县
	淅川县	道光十二年	改为淅川厅	县改厅，光绪三十一年升淅川直隶厅
陕西	潼关县	乾隆十二年	改为潼关厅	县改厅
甘肃	狄道县	乾隆三年	改为狄道州	县改州
	兰州	乾隆三年	改为皋兰县	州改县
	靖远厅	雍正八年	改为靖远县	厅改县，乾隆三年改隶兰州府
	盐茶厅	同治十三年	改为海城县	厅改县
	徽州	雍正六年	改为徽县	州改县
浙江	海宁县	乾隆三十八年	改为海宁州	县改州
	安吉州	乾隆三十八年	改为安吉县	州改县
	南田厅	清末到民初	改为南田县	厅改县
台湾	淡水厅	光绪元年	改为新竹县	厅改县
	噶玛兰厅	光绪元年	改为宜兰县	厅改县
江西	定南县	乾隆三十八年	改为定南厅	县改厅
湖南	桑植厅	雍正七年	改为桑植县	厅改县
	保靖厅	雍正七年	改为保靖县	厅改县
广东	万州	光绪三十一年	改为万县	州改县，改隶崖州直隶州
广西	小镇安厅	光绪十二年	改为镇边县	厅改县
四川	美诺厅	乾隆四十四年	改为懋功屯	裁阿尔古厅入，乾隆四十八年升懋功直隶厅
云南	建水州	乾隆三十五年	改为建水县	州改县
	富州土州	光绪二十六年	改为富州厅	土州改厅
	师宗州	乾隆三十五年	改为师宗县	州改县
	弥勒州	乾隆三十五年	改为弥勒县	州改县
	禄劝州	乾隆三十五年	改为禄劝县	州改县

续表

省份	县级政区	变更时间	变更情况	备注
新疆	乌鲁木齐厅	乾隆三十八年	改为迪化州	厅改州，乾隆三十八年七月升迪化直隶州，光绪十二年升迪化府
	昌吉厅	乾隆三十八年	改为昌吉县	二月，厅降为迪化州驻昌吉州同，七月，设昌吉县
	奇台厅	乾隆四十一年	改为奇台县	厅改县，咸丰五年改隶迪化直隶州

资料来源：国家清史纂修工程《清史・地理志》（待刊）、各厅州县地方志、《清实录》

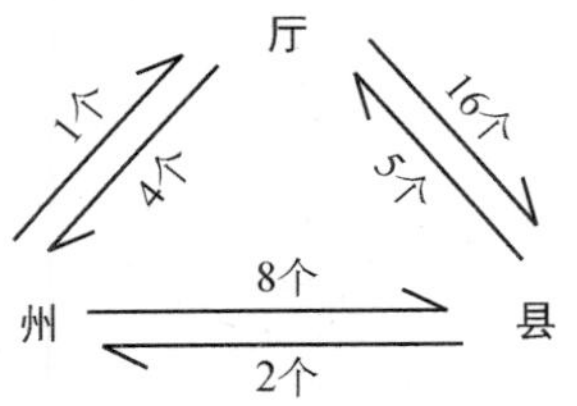

图 7-3　清代散厅、散州、县的相互转变

由图 7-3 可知，清代县级政区的内部转变，大部分是以设县为“终点”，厅改县最多，州改县也有 8 例，从这个角度，可看出县制在基层治理体系中的基础地位。在总计 36 个同级变更的情形中，共有 20 个厅改为州县，超过半数，充分说明了在清人的理念中，“厅为过渡阶段，故往往在设厅时论及本欲设县，但较为困难，才不得已设厅，或者论及暂先设厅，等条件成熟再设置州县等语，厅的前景目标是州县化”①。从时段上来看，乾隆年间同级变更最多，有 21 例，占据 58.3%，正值清代创建厅制的定型阶段，可进一步印证上述观点。不难发现，除了南田厅改南田县外，厅改州县的情况全部发生于边疆或少数民族聚居区。像直隶东北部的六厅改设州县，是一次发生于乾隆四十三年（1778）的集中调整，主要源于乾隆谕旨在热河地区设

① 胡恒：《厅制起源及其在清代的演变》，《文史》2013 年第 2 辑。

承德府："承德府为列圣清暑驻跸之地。雍正元年，设热河厅，十一年置承德州，直隶布政使司。乾隆四十三年，升为府，隶热河道。领州一县五。"[①]设府后，原来的6个理事厅顺势皆改为府下州县，更合府制。

浙江南田列岛地方，据《清史稿·地理志》记载："明汤和惧赵宋遗族苞蘖，拟废象山、弃滃洲，遂徙南田居民，后复有群入垦煎者。道光三年，巡抚帅承瀛奏谓'明与定海、玉环并封禁。嗣定、玉展辟而南田独否，以彼泥潮而此沙垆，匪船易留，故复徙之'"[②]，是浙江沿海开禁展复最晚的。光绪三十二年（1906）五月，闽浙总督崇善奏设南田厅，主要理由是："南田旧隶象山，然其地实在石浦之南，距象山海程一百余里，虽非环象山半地，而十都之坦塘已与象山县属之九龙港近，虽未足为南五省之枢纽，而于浙属之象山、石浦、宁海，实有切近之利害，且自光绪初元开禁以来，生聚渐多，垦辟渐广，较其幅员固非定海、玉环之比，盖亦未可视同海外之瓯脱而少缓其经理矣。"[③]两个月后，经政务处大臣奕劻议复："查南田外控海面，内卫象山、石浦，宁海诸厅县洵称重地，现在地利渐辟，民户日繁，自应专设民官以资治理，原奏拟以宁波水利通判改设南田抚民通判要缺，自系为因地制宜起见，应请照准。"[④]宣

① （清）李鸿章、张树声主修，（清）黄彭年纂：光绪《畿辅通志》卷十六《沿革一》，光绪十年刻本，第2a—2b页。

② 《清史稿》卷六十五《地理十二》，北京：中华书局，1977年，第2136—2137页。

③ 中国第一历史档案馆藏：朱批奏折《署理闽浙总督崇善奏为遵旨查明南田形势拟设专官经理以重海疆事》，光绪三十二年五月二十五日，档号：03-5460，件号：03-5460-142，缩微号：413-0128。

④ 中国第一历史档案馆藏：录副奏折《政务处大臣奕劻等奏为遵旨议复崇善等关于浙江南田形势拟设专官事》，光绪三十二年七月二十八日，档号：03-5464，件号：03-5464-093，缩微号：413-1020。

统元年（1909），正式设厅。[①]

据《清史稿·地理志》“宁波府”条载：“南田，简。旧隶象山。宣统三年新置，治大佛头山麓。孤峙海中，东、南、西大洋，惟北距石浦较近，水程十有余里。海中十洲，此为第一。”[②]而《清朝续文献通考》卷316《舆地考十二·浙江省》载：“旧领府十一，散厅一，散州一，县七十五，道光二十一年升定海县为直隶厅。宣统三年增南田县，凡领府十一，直隶厅一，散厅一，散州一，县七十五。”[③]民国《南田县志》对清末南田厅沿革则语焉不详：“光绪元年，始行开放，招民承垦，立有保甲局。嗣后，人民侨居较多。仿照玉环办法，收租为粮，改局为抚民厅，即海防同知。”[④]南田厅设于宣统元年（1909）是可以确定的，由《清史稿·地理志》《清朝续文献通考》可知，南田厅在清末时可能已经改厅为县，至迟到民国初年时也已改县。[⑤]先设厅、后改县的模式，随着地域开发与厅制成熟，已经被运用得越来越多。

而四川美诺厅改为懋功屯，是一例比较特殊的情况。乾隆年间大小金川叛乱，乾隆三十九年（1774）平定小金川，乾隆四十一年（1776）又平大金川，并于小金川地置美诺厅、大金川地置阿尔古厅，皆为总理屯政同知，负责地方钱粮命盗案件。

① 《宣统政纪》卷16，“宣统元年六月癸卯”条，《清实录》，第60册，第314页。

② 《清史稿》卷六十五《地理十二》，北京：中华书局，1977年，第2136页。

③ 刘锦藻：《清朝续文献通考》卷316《舆地考十二》，民国景十通本，上海：商务印书馆，1936年。

④ 吕耀钤等修，吕芝延等纂：《南田县志》卷二十五《地理志·建置》，民国十九年铅印本，第1b页。

⑤ 据象山县志编纂委员会编《象山县志》，民国元年（1912），南田置县，辖4自治区，民国二十九年（1940），南田县撤，辖地为三门县南田区（杭州：浙江人民出版社，1988年，第50页）。

乾隆四十四年（1779），改美诺厅为懋功屯，并裁阿尔古厅入。乾隆四十八年（1783）懋功屯升为懋功直隶厅，理懋功、绥靖、抚边、章谷、崇化五屯事务。[①]这五屯是清廷在川西藏区驻军屯垦以防再次反乱而专门设立的，每屯置粮务一员，专门负责当地兵民的屯垦事务。这些“改土为屯”，与改土归流设州县在本质上是相同的，都是为了加强中央集权对少数民族聚居地区的管控，故暂且将美诺厅改为懋功屯一例，计入厅改州县的同级变更。

此外，甘肃盐茶厅改为海城县之例，则涉及平凉府、固原州、盐茶厅以及新设平远县四个政区的调整，充分说明了地方各级政区建置是紧密关联的共同体。同治十二年（1873）五月，陕甘总督左宗棠提出甘肃平凉一带形势紧要，原有的固原州、盐茶厅形势辽阔，回汉杂处，治理难以周密，认为“非添设县治，更易建置不可”。经过综合考量，除了在下马关地增设平远县外，左宗棠奏议：

> 固原居平凉北、宁夏南，旧为重镇，陕西提督驻此，该州隶平凉府，距府城一百七十里，北距宁夏府宁州[②]界二百余里，山谷盘互，声息中隔，应将平凉府属固原州升为直隶州，仍隶平庆泾道管辖，其州城西南销河城要隘应设固原直隶州判分驻于此，仿照隆德县庄浪乡县丞例，划明界址，专城分治，所辖命盗、词讼、钱粮、赋役，分由新设州判就近验勘征收，而固原州总其成……盐茶同知所驻之地，东距平凉府城三百九十里，而盐茶辖境西北一带

① 《高宗实录》卷1192，“乾隆四十八年十一月己丑”条，《清实录》，第23册，第939页。

② 按：当为“灵州”之误。

> 地势阔远，距靖远县交界各处又百数十里，汉回杂处，平凉府既难兼辖，即盐茶同知亦每有鞭长莫及之虞，且衔系盐茶而职司民社，名实殊不相副。应撤平凉府盐茶同知一缺，改为知县，撤所属照磨一缺，改为典史，并添设训导一员，专司教化。而于盐茶同知辖境迤西打拉池地方，添设县丞一员，划分界址，将所辖命盗、词讼、钱粮、赋役由县丞勘验征收，统归新升固原直隶州管辖，庶弹压抚绥均可就近经理，而政教宣达，戎索秩然。边荒长治久安之方，无以逾此！此拟改平凉同知为县，分隶新设固原直隶州之大略也。……固原应升直隶州，而添设下马关知县，改盐茶同知为知县，一并归固原直隶州兼辖，其添改县属教佐、典史，归各该县董率，以资治理，而责专成。庶期长治久安，汉回得所。伏恳皇上天恩，饬部核复，俾有遵循。如蒙俯允，除固原升直隶州及新设州判无庸易名外，其下马关距平远驿不远，新设县缺可否即名平远县？其盐茶同知治所本海城故地，改设县缺可否即名海城县？并乞饬部核复遵行。[1]

可见，盐茶厅改县是因为同知官衔与其职能名实不相符，改县后由平凉府改隶于固原直隶州，并于打拉池地方添设县丞一员，划分界址，是为打拉池分县。无论变更的动因为何，从清代厅改州县的过程就可以明显看出厅的“过渡”性质，许多厅是刚设立不久即同级变更。基层政区变革的具体环节一定程度上反映了清人在因地制宜谋划地方治理的背后，在有策略

① （清）左宗棠著，刘泱泱等点校：《升固原州为直隶州添设下马关知县并改盐茶厅同知为知县折》，《左宗棠全集·奏稿五》，同治十二年，长沙：岳麓书社，2009年，第421—422页。

地通过州县化的宏观制度设计改造着地域特性。

县作为运行最成熟、最稳定的基层建置，将其更改为厅或更改为州很少见，总共七例，且都有其特定原因。清代出现了五例改县为厅的“逆向”现象，包括宁海县改为金州厅、仪封县改为仪封厅、淅川县改为淅川厅、潼关县改为潼关厅、定南县改为定南厅。这五例县改厅的情形，如定南县改为定南厅，是出于“地处万山，界连江广，政繁事剧，向设知县不足以资弹压”①的考虑；而乾隆四十九年（1784）仪封县改为仪封厅，根据乾隆五十二年（1787）河南巡抚毕沅的奏疏载：“臣于通省丞倅中逐加衡量，惟有以县改厅之仪封通判一缺，从前因初改厅，汛要工繁重，定为沿河要缺，在外拣选升调。近查该厅北岸地方划归考城，南岸地方划归睢州，所管村庄地亩无多，其征收钱粮以及词讼、命盗事务均不甚繁。至该厅经管堤工，近经臣等奏准添设兰仪管河同知及改设睢管河通判二员，分司经理，足资照料，揆度情形，尚可酌改，相应请旨，即以仪封厅通判改为冲简之缺，归于部选。”②奏请将仪封通判由沿河要缺改为冲简之缺，说明厅的管理级别又较县低。可见，清代各地官员对厅制功能的认识上也存在差异，胡恒已经对这五例情形有过具体分析③，笔者不再赘述。

而以州改厅，清代仅有一例，而且是在改土归流时。此例将土州改设散厅，即云南富州土州改为富州厅。明代富州土州

---

① 《高宗实录》卷938，“乾隆三十八年七月癸亥”条，《清实录》，第20册，第646页。

② 中国第一历史档案馆藏：录副奏折《河南巡抚毕沅奏请以仪封厅通判改为冲简之缺归于部选以符定例事》，乾隆五十二年七月三日，档号：03-1033，件号：03-1033-018，缩微号：072-0770。

③ 胡恒：《厅制起源及其在清代的演变》，《文史》2013年第2辑。

隶于广南土府，清承明制。不过顺治十六年（1659）广南土府已改土归流，添设流官知府，原土知府改为土同知。[①]直到光绪二十六年（1900），富州土州改土归流，改设流官通判、知事，据云贵总督、云南巡抚丁振铎奏："广南府属土富州地方叠出劫案，民不聊生，请改流，添设通判知事，并将普厅塘经历裁去，改设巡检，以资治理。"[②]富州厅（驻今云南省富宁县新华镇）地近广西，处于云南省最东缘，地理偏远且治安较差，故并未直接改流为州县，比较特殊。

相比厅制，中国州制起源与发展要早得多，州的管理级别一般高于县。清代共有两例以县改州的情况，分别为甘肃狄道县改为狄道州和浙江海宁县改为海宁州。狄道县初为临洮府府治所在，附郭，乾隆三年（1738）十一月，因"兰州省会，请移驻知府，以符体制"[③]。《清国史·地理志》载："兰州府，冲、繁、难。陕甘总督治，布政使、按察使、兰州道同治，府隶之。……国初因明制为临洮府，驻狄道县。乾隆三年，移府治于兰州，改为兰州府。置（皋）兰县，裁临洮府，升狄道为州。金县、渭源、河州及分巩昌之靖远属焉。"[④]狄道县改为狄道州，兰州改为附郭皋兰县，同时巩昌府靖远县改隶兰州府。而后，乾隆二十二年（1757），又移州判沙泥驿，是为沙泥分州。[⑤]于是，兰州府下，一县改州、一州改县。而乾隆三十八

---

① 《清国史·地理志》卷一百七十一《云南五》，北京：中华书局，1993年，第440页。

② 《德宗实录》卷461，"光绪二十六年三月癸卯"条，《清实录》，第58册，第36页。

③ 《高宗实录》卷81，"乾隆三年十一月庚午"条，《清实录》第10册，第273页。

④ 《清国史·地理志》卷七十二《甘肃一》，北京：中华书局，1993年，第220—221页。

⑤ 《高宗实录》卷550，"乾隆二十二年十一月辛丑"条，《清实录》，第15册，第1026页。

年（1773）浙江的两例州县升降也是同时发生的，杭州府海宁县改为州、湖州府安吉州改为县。其中是否有区域内平衡官缺与官员品级的考量，还有待于进一步考察。浙江巡抚三宝认为海宁县事务较前繁重，故奏请升州：

> 伏查杭州府属之海宁县……又查湖州府属之安吉州，该州所辖民户止八万四千有余，丁口额征地丁仅银一万六千余两，岁完漕、南等米亦止八千五百余石，均较海宁不过五分之一，实为山僻小邑，而事务更简……查海宁县旧为盐官州，嗣改海宁州，明初降为海宁县，今县治适处海疆要地，赋重差繁，兼有塘工修筑……皇上天恩俯准将海宁升县为州，安吉降州为县。①

次月，朝廷批准改县为州，并同意降安吉州为县。②乾隆三十九年（1774），又移州判驻长安镇，加强治理。"杭州府属之海宁县地大事繁奏改为州，查州城西北三十里之长安镇……为聚集之区，向设千总一员鞭长莫及，必得专员移驻就近弹压，请将该州州判移驻该镇。"③

而以州改县的情况，有清一代一共八例。除了前面述及的兰州改为皋兰县、安吉州改为安吉县外，还有甘肃徽州、广东万州、云南建水州、师宗州、弥勒州、禄劝州六例。其中徽州改徽县，是雍正七年（1729）属州调整中被降为县的，并由巩

---

① 中国第一历史档案馆藏：录副奏折《浙江巡抚三宝奏请以海宁县升为州安吉州降为县事》，乾隆三十八年七月十日，档号：03-0133，件号：03-0133-027，缩微号：009-1800。

② 《高宗实录》卷940，"乾隆三十八年八月辛丑"条，《清实录》，第20册，第709页。

③ 中国第一历史档案馆藏：录副奏折《浙江巡抚三宝奏请移驻州判事》，乾隆三十九年三月十八日，档号：03-0053，件号：03-0053-016，缩微号：003-0880。

昌府改隶升级的秦州直隶州，这也是清代唯一一例属州降为县的情况。而广东万州是因需要改隶而变更的，万州原属琼州府，光绪三十一年（1905）四月，因琼州府崖州升为直隶州，感恩、昌化、陵水三县与万州改隶崖州直隶州。万州改为万县，以合直隶州制。[①]与政区改隶相关的同级变更情况，还有前文提及的甘肃盐茶厅——由平凉府改隶固原直隶州，改县以符直隶州制。而云南四州改县，则皆是统县政区调整带来的连锁反应。依清制，府治一般设有附郭县，但云南临安府下初为附郭建水州、姚安府下初为附郭姚州。乾隆三十五年（1770）二月，姚州因姚安府被撤而改隶楚雄府[②]，建水州则因不符府县体制，改为建水县，仍附郭[③]。师宗州、弥勒州改县，是因为广西府下无附郭县且辖县太少而降为直隶州；同理，禄劝州改县是因为武定府降为直隶州。上述调整皆集中发生于乾隆三十五年（1770）二月，正是清代云南府制与内地府制一体化的重要阶段。

当然，政区的同级变更并不一定意味着调整的“终点”。由表 7-4 可以看出，有 8 个同级变更后的县级政区，后来再次发生调整：裁撤（仪封厅）、升级（朝阳县、赤峰县、淅川厅、懋功屯、迪化州）或改隶（靖远县、奇台县）。其中以升级居多，且厅制都参与其间，大致呈现“设同知通判分防—形成政区‘厅’—改为州县—建制升级”的发展链条，体现出厅制在清代基层地方行政中具备一种起承转合的作用。最后要指出的是，

---

① 《德宗实录》卷 544，“光绪三十一年四月丁未”条，《清实录》，第 59 册，第 226 页。

② 《高宗实录》卷 852，“乾隆三十五年二月庚戌”条，《清实录》，第 19 册，第 407 页。

③ 《高宗实录》卷 852，“乾隆三十五年二月庚戌”条，《清实录》，第 19 册，第 407 页。

同级变更可能引发政区等第、官缺乃至管理方式的变化，属于一种比较大的政区变动。故总体上清人对此保持谨慎为之的态度，非极其必要少有更改，变更后也没有出现过反复的情况。

第三节 政区升级

首先要界定的是，笔者探讨的“升级”，是指县级政区（含清初的属州）的建制升格——由县级政区升级为统县政区，不包含政区等第、官缺繁简的调整。1683—1911年，全国政区升级的频次总计161次，共涉及140个政区。其中21个政区有过两次升级，主要分两种情况：其一，第一次升级为直隶厅/州，第二次升为府；其二，第一次升级后又降级，而后再次升级。

政区升级，以散厅升直隶厅，属州、散州升直隶州居多。也有较少的县升级为直隶厅、直隶州的情况，以县直接升府，整个清代仅有光绪二十九年（1903）直隶朝阳县升为朝阳府之一例。下面依省域排序，对各省政区升级的总体情况进行归纳，具体如表7-5所示。

表7-5 1683—1911年全国政区建制升格一览

省份	县级政区+属州	升级时间	升级类型	备注
直隶（11个）	遵化州	乾隆八年	属州升直隶州	因州境内建乾隆帝陵寝而升直隶州
	易州	雍正十一年	属州升直隶州	因州境内建雍正帝陵寝而升直隶州
	定州	雍正二年	属州升直隶州	
	冀州	雍正二年	属州升直隶州	
	晋州	雍正二年	属州升直隶州	雍正十二年降为州，往属正定府
	赵州	雍正二年	属州升直隶州	

续表

省份	县级政区+属州	升级时间	升级类型	备注
直隶（11个）	深州	雍正二年	属州升直隶州	
	沧州	雍正七年	属州升直隶州	雍正九年降为州，往属天津府
	天津州	雍正三年 雍正九年	散州升直隶州 直隶州升府	两次升级
	朝阳	光绪二十九年	县升府	
	赤峰	光绪三十四年	县升直隶州	
奉天（4个）	兴京厅	光绪二年 光绪元年	散厅升直隶厅 直隶厅升府	两次升级
	昌图厅	光绪三年	散厅升府	因辖境辽阔而升府
	新民厅	光绪二十八年	散厅升府	客民渐多，农商辐辏，户口滋繁，治剧理纷而升府
	海龙厅	光绪二十八年	散厅升府	
吉林（11个）	吉林厅	光绪八年	散厅升府	
	长春厅	光绪十四年	散厅升府	
	伯都讷厅	光绪三十二年	散厅升府	
	伊通州	宣统元年	散州升直隶州	
	榆树	宣统二年	县升直隶厅	
	五常厅	宣统元年	散厅升府	
	宾州厅	光绪二十八年 宣统元年	散厅升直隶厅 直隶厅升府	两次升级
	双城厅	宣统元年	散厅升府	
	延吉厅	宣统元年	散厅升府	
	绥芬厅	宣统元年	散厅升府	宣统二年三月更名宁安府
	临江州	宣统元年	散州升府	
黑龙江（3个）	呼兰厅[1]	光绪三十年	散厅升府	
	绥化厅[2]	光绪三十年	散厅升府	
	黑水厅	光绪三十四年	散厅升府	升为龙江府，为省会
江苏（4个）	太仓州	雍正二年	属州升直隶州	
	海州	雍正二年	属州升直隶州	
	邳州	雍正二年	属州升直隶州	雍正十一年降为州，往属徐州府
	通州	雍正二年	属州升直隶州	

续表

省份	县级政区+属州	升级时间	升级类型	备注
安徽（4个）	六安州	雍正二年	属州升直隶州	
	泗州	雍正二年	属州升直隶州	
	颍州	雍正二年 雍正十三年	属州升直隶州 直隶州升府	两次升级
	亳州	雍正二年	属州升直隶州	雍正十三年降为州，往属颍州府
山西（17个）	平定州	雍正二年	属州升直隶州	
	忻州	雍正二年	属州升直隶州	
	代州	雍正二年	属州升直隶州	
	保德州	雍正二年	属州升直隶州	
	蒲州	雍正二年 雍正六年	属州升直隶州 直隶州升府	两次升级
	解州	雍正二年	属州升直隶州	
	绛州	雍正二年	属州升直隶州	
	霍州	乾隆三十六年	属州升直隶州	因政务繁重而升直隶州
	吉州	雍正二年	属州升直隶州	乾隆三十六年降为州，往属平阳府
	隰州	雍正二年	属州升直隶州	
	丰镇厅	光绪十年	散厅升直隶厅	集中升级
	宁远厅	光绪十年	散厅升直隶厅	
	归化城厅	光绪十年	散厅升直隶厅	
	萨拉齐厅	光绪十年	散厅升直隶厅	
	托克托厅	光绪十年	散厅升直隶厅	
	清水河厅	光绪十年	散厅升直隶厅	
	和林格尔厅	光绪十年	散厅升直隶厅	
山东（12个）	泰安州	雍正二年 雍正十三年	属州升直隶州 直隶州升府	两次升级
	武定州	雍正二年 雍正十二年	属州升直隶州 直隶州升府	两次升级
	滨州	雍正二年	属州升直隶州	雍正十二年降为州，往属武定府
	东平州	雍正七年	属州升直隶州	雍正十三年降为州，往属泰安府
	曹州	雍正二年 雍正十三年	属州升直隶州 直隶州升府	两次升级
	济宁州	雍正二年 乾隆四十一年	属州升直隶州 属州升直隶州	两次升级，反复调整

续表

省份	县级政区+属州	升级时间	升级类型	备注
山东（12个）	沂州	雍正二年 雍正十二年	属州升直隶州 直隶州升府	两次升级
	莒州	雍正七年	属州升直隶州	雍正十二年降为州，往属沂州府
	濮州	雍正七年	属州升直隶州	雍正十三年降为州，往属曹州府
	临清州	乾隆四十一年	属州升直隶州	
	高唐州	雍正七年	属州升直隶州	雍正十二年降为州，往属东昌府
	胶州	光绪三十年	散州升直隶州	因青岛划归德国租界，事务繁忙而升直隶州
河南（7个）	陈州	雍正二年 雍正十二年	属州升直隶州 直隶州升府	两次升级
	许州	雍正二年 雍正十二年	属州升直隶州 直隶州升府	两次升级，反复调整。乾隆六年又降为直隶州
	禹州	雍正二年	属州升直隶州	雍正十二年降为州，往属许州府
	郑州	雍正二年 光绪三十年	属州升直隶州 散州升直隶州	两次升级，反复调整
	陕州	雍正二年	属州升直隶州	
	淅川	光绪三十一年	散厅升直隶厅	
	光州	雍正二年	属州升直隶州	
陕西（9个）	商州	雍正三年	属州升直隶州	
	同州	雍正三年 雍正十三年	属州升直隶州 直隶州升府	两次升级
	华州	雍正三年	属州升直隶州	雍正十三年降为州，往属同州府
	耀州	雍正三年	属州升直隶州	雍正十三年降为州，往属西安府
	乾州	雍正三年	属州升直隶州	
	邠州	雍正三年	属州升直隶州	
	鄜州	雍正三年	属州升直隶州	
	绥德州	雍正三年	属州升直隶州	
	葭州	雍正三年	属州升直隶州	乾隆元年降为州，往属榆林府
甘肃（5个）	固原州	同治十三年	散州升直隶州	
	泾州	乾隆四十二年	属州升直隶州	
	秦州	雍正六年	属州升直隶州	
	阶州	雍正六年	属州升直隶州	
	肃州厅	雍正七年	散厅升直隶州	

续表

省份	县级政区+属州	升级时间	升级类型	备注
浙江（1个）	定海	道光二十一年	县升直隶厅	
福建（2个）	永春	雍正十二年	县升直隶州	
	龙岩	雍正十二年	县升直隶州	
台湾（1个）	卑南厅	光绪十三年	散厅升直隶州	升为台东直隶州
江西（1个）	宁都	乾隆十九年	县升直隶州	因赣州府地方辽阔且辖县过多，查察难周而升宁都县为直隶州
湖北（4个）	荆门州	乾隆五十六年	属州升直隶州	因安陆府地方为荆襄要冲，地域辽阔，诉讼繁多而升安陆府荆门州为直隶州
	彝陵州	雍正十三年	属州升府	升为宜昌府
	归州	雍正六年	属州升直隶州	雍正十三年降为州，往属新设之宜昌府
	鹤峰州	光绪三十年	散州升直隶厅	
湖南（7个）	澧州	雍正七年	属州升直隶州	
	桂阳州	雍正十年	属州升直隶州	
	沅州	雍正八年 乾隆元年	属州升直隶州 直隶州升府	两次升级
	乾州厅	嘉庆元年	散厅升直隶厅	
	凤凰厅	嘉庆元年	散厅升直隶厅	
	永顺厅	雍正七年	散厅升府	
	永绥厅	嘉庆元年	散厅升直隶厅	
广东（5个）	连州	雍正七年	属州升直隶州	
	连山	嘉庆二十三年	县升直隶厅	
	阳江	同治六年	县升直隶州	濒临大海，岛屿纷歧，匪艇出没，弹压稽查鞭长莫及而升直隶州，扼要驻扎、以便巡防。同治九年改为直隶厅，光绪三十二年复改为直隶州
	钦州	光绪十四年	散州升直隶州	因地处边界需要抚绥边民、中外交涉事件增多而升直隶州
	崖州	光绪三十一年	散州升直隶州	
广西（6个）	宾州	雍正三年	属州升直隶州	雍正十二年降为州，往属思恩府

续表

省份	县级政区+属州	升级时间	升级类型	备注
广西（6个）	西隆州	雍正五年 雍正十二年	属州升直隶州 属州升直隶州	两次升级，反复调整。乾隆七年再降为州，往属泗城府
	百色厅	光绪元年	散厅升直隶厅	
	郁林州	雍正三年	属州升直隶州	
	上思州	光绪十八年	散州升直隶厅	
	归顺州	光绪十二年	散州升直隶州	
四川（12个）	资县	雍正五年	县升直隶州	集中升级
	绵州	雍正五年	属州升直隶州	
	茂州	雍正五年	属州升直隶州	
	叙永厅	乾隆元年	散厅升直隶厅	光绪三十三年改为永宁直隶州
	忠州	雍正十一年	属州升直隶州	
	达州	雍正六年 嘉庆六年	属州升直隶州 直隶州升府	两次升级，升级为绥定府
	太平	嘉庆六年	县升直隶厅	道光元年降为县，还属绥定府
	石砫厅	乾隆二十六年	散厅升直隶厅	
	松潘厅	乾隆二十五年	散厅升直隶厅	
	杂谷厅	乾隆二十五年	散厅升直隶厅	
	打箭炉厅	光绪二十九年 宣统三年	散厅升直隶厅 直隶厅升府	两次升级，升为康定府
	酉阳	雍正十三年	县升直隶州	
云南（3个）	北胜州	康熙三十一年 康熙三十七年	属州升直隶州 直隶州升府	两次升级，升为永北府。乾隆三十五年，又降为永北直隶厅
	腾越州	嘉庆二十五年	散州升直隶厅	道光二年降为厅，往属永昌府
	镇雄州	光绪三十四年	散州升直隶州	因距府城较远、管理不便而升直隶州
贵州（5个）	松桃厅	嘉庆二年	散厅升直隶厅	为防止苗民再次起乱，加强管理而升直隶厅
	普安州	嘉庆十四年	散州升直隶州	嘉庆十六年改为直隶厅，光绪三十四年又降为盘州厅，往属兴义府
	南笼厅	雍正五年	散厅升府	因安顺府幅员广阔而升南笼厅（安顺府通判驻）为南笼府，嘉庆二年更名兴义府
	大定州	雍正七年	散州升府	

续表

省份	县级政区+属州	升级时间	升级类型	备注
贵州（5个）	仁怀厅	乾隆四十一年	散厅升直隶厅	因辖区与四川泸州、合江、叙永厅三面联界，五方杂处，最易藏奸而升直隶厅。光绪三十四年降为赤水厅，还属遵义府
新疆（6个）	迪化州	乾隆三十八年 光绪十二年	散州升直隶州 直隶州升府	两次升级，因幅员辽阔而升
	伊犁厅	光绪十四年	散厅升府	
	库尔喀喇乌苏厅	光绪十二年	散厅升直隶厅	
	巴里坤厅	乾隆二十五年 乾隆三十八年	散厅升直隶厅 直隶厅升府	两次升级，反复调整。因巴里坤民居稠密又为交通要道而升为镇西府。咸丰五年，为节省经费又降为镇西直隶厅
	吐鲁番厅	光绪十二年	散厅升直隶厅	
	哈密厅	乾隆二十五年	散厅升直隶厅	
总计：140个县级政区（含属州）升级，升级总频次161次				

资料来源：国家清史纂修工程《清史·地理志》（待刊）、各厅州县地方志、《清实录》

[1]据光绪《清会典》卷十三，呼兰厅为直隶厅

[2]据光绪《清会典》卷十三，绥化厅为直隶厅

清代的基层政区升级，类型多样且过程时有升降的反复，致使存在21个政区前后有过两次升级。在升级两次的政区中，山东济宁州、河南郑州、广西西隆州是源于升而复降，后来又有了第二次政区升级。而河南许州（许州府）、广西西隆州（西隆直隶州）、云南北胜州（永北府）、新疆巴里坤厅（镇西府）在完成第二次升级后，还再次降级，不止一次的“反复”说明边疆地区府县政区调整的过程更为曲折。

在总计140个“升级”政区中，清代前中期的属州占了70个，正好半数，其中1个属州直接升为府（湖北彝陵州升为宜昌府）、69个属州升为直隶州，成为统县政区。而这69个直隶

州之中又有 12 个进一步升级为府。这些集中发生于雍正、乾隆年间的调整，大背景是中央对地方政区层级的总体规划。真水康树曾指出，雍正年间有过一个“直隶州政策”，源于雍正二年（1724）山西巡抚诺岷的奏疏，是“为了创建作为财政收入源最理想的府—县系统的试验阶段被设置的”①，也就是说设立直隶州是在为设府做准备。这一点在山东体现得最为突出，共有泰安州、武定州、曹州、沂州四个属州经过了两次升级、定型为府，且全部是在雍正年间完成的。

清代政区升级的原因比较多元，最常见的是由于既有政区幅员辽阔、不便管理而升级，如昌图厅、宁都县、荆门州、镇雄州、南笼厅、迪化州及归绥道诸厅等；因事务繁多、政务繁忙而升级的也不在少数，如天津州、霍州、胶州、巴里坤厅等；平乱促稳、地方治安也是推动政区升级的动因，如上思州、松桃厅、仁怀厅等。此外，晚清以后，巩固边防、处理中外交涉事务等，也促使一些政区升级来加强管理，如胶州、钦州等，吉林东部的几个厅州升级也多系此因；还有直隶东北部、奉天、吉林、黑龙江、新疆等边远地区政区升级，主要是为了充实府厅州县体系、巩固国境。当然，也有一些政区升级是多方面原因共同促成的，如安陆府因辖境辽阔、辖州县较多、讼狱繁多且沿江堤岸防护事务繁重等多方面因素，升所辖地理位置重要的荆门州为直隶州。②这里需要说明的是，清末吉林建省后，补充州县成为急务，徐世昌提出，东北“各属幅员宽广，于治

① 〔日〕真水康树：《雍正年间的直隶州政策》，《历史档案》1995 年第 3 期。

② 中国第一历史档案馆藏：录副奏折《湖广总督毕沅、湖北巡抚福宁奏请将安陆府属荆门州改为直隶州知州等事》，乾隆五十六年三月三日，档号：03-0239，件号：03-0239-005，缩微号：016-0806。

理不便，多须析置……民官体制，自须略为加崇……三省原设知县……均拟升为厅治，原有厅州或酌改为府，其直隶厅有属县者，亦解之，而升厅治为府”。[1]于是，光绪末年吉林已有一部分州县直接由督抚管理。聚民实边、绥靖地方、保土卫民成为东北三省分县设治、政区升级的指导思想。晚清吉林的 11 个政区虽然升级后在政区通名上有“府厅州”之别，但宣统元年（1909）以后都无辖县，政区通名仅表示该处地方之剧易，在实质上已经平级。

从政区升级的类型看，可分为 13 类（图 7-4）。依频次多寡排序，分别是：属州升直隶州（71 次）、散厅升直隶厅（25 次）、散厅升府（16 次）、直隶州升府（14 次）、散州升直隶州（11 次）、县升直隶州（7 次）、直隶厅升府（4 次）、县升直隶厅（4 次）、散州升直隶厅（3 次）、散厅升直隶州（2 次）、散州升府（2 次）、属州升府（1 次）、县升府（1 次）。可见，清代政区升级没有绝对的“定制”，厅、州、县都分别可以升级为各类统县政区。不过，散厅升直隶厅、属州/散州升直隶州是在同一种政区类型中晋升，应是最为顺畅的正常渠道，多数是合乎情理的。清代有 69 个属州升直隶州，济宁州、西隆州两次升级，故总频次达 71 次。其中有 48 个属州位于北方省份，尤以直隶、山东、山西、河南、陕西为最多，符合明代以来属州的空间分布特征。属州升府，仅有荆州府彝陵州于雍正十三年（1735）升格为宜昌府

① 《东三省总督徐世昌等奏为东三省设立职司官制及督抚办事要纲》（光绪三十三年四月），见吉林省档案馆、吉林省社会科学历史所编：《清代吉林档案史料选编 • 上谕奏折》，内部发行，1981 年，第 84—85 页。

之一例。[①]

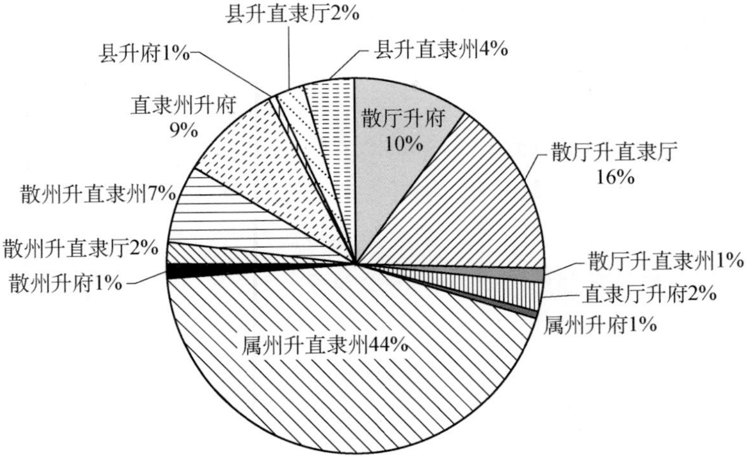

图 7-4　1683—1911 年全国政区升级类型的占比结构

散厅升直隶厅或府，共 41 次，充分体现了清代“厅”作为一种“过渡性”政区，在旗民分治地区与政区边远区域的适用性。[②]尤其是奉天、吉林、黑龙江、山西（归绥道）等旗民杂处、开垦较晚的区域，散厅升级是快速充实统县政区体系的重要方式。例如光绪二十八年（1902）六月，因奉天辖境过大、人口增加、治安不力等原因，盛京将军增祺等上奏于奉天增府，政务处大臣奕劻议复：

伏查奉省幅员最广，而牧令额缺无多，盖当日人皆土

① 按：华林甫认为属州升府还有兰州一例：“兰州，原为临洮府属州，后来因为甘肃省会的移驻，乾隆初年升格为兰州府。”（详见华林甫：《清前期“属州”考》，见刘凤云、董建中、刘文鹏编：《清代政治与国家认同》上册，北京：社会科学文献出版社，2012 年。）笔者认为，兰州改为皋兰县，为兰州府附郭县，归入政区“同级变更”一类。

② 胡恒：《厅制起源及其在清代的演变》，《文史》2013 年第 2 辑。

> 著，是以地方政治简而易举。近数十年来，该省客民日多一日，农商辐辏，户口滋繁，治剧理纷，无异腹地。加以甲午、庚子，两经兵燹，四境疮痍，散勇游民多聚为盗，抚绥防缉，责在有司。而原设地方各官，除府厅外，仅知州五员，知县十四员，较他省州县额缺不过十之一二，辖境太宽则力难遍及，揆时度势，尤应亟为变通。臣等公同酌核，将该将军等单开所拟将新民厅同知升为新民府，海龙厅通判升为海龙府，各设知府一员，其原设巡检二员改为经历兼司狱。①

厅升府后，新民府下新置镇安、彰武二县，海龙府则领东平、西丰、西安、柳河四个新置的县，为奉天政区体系的形成与建省奠定了基础。

散州升直隶州、直隶州升府也是比较常见的。散州在地方治理加剧、事务增多等情况下，可升级为直隶州；地理区位重要、政务繁忙的直隶州可进一步升为府，设府后常常于府下置附郭县以合府制。例如雍正三年（1725）三月裁天津卫、置天津州，隶河间府。因三卫合一、区位重要，同年九月升为直隶州；雍正九年（1731）二月，吏部议覆直隶总督唐执玉的奏请，认为“天津直隶州系水陆通衢，五方杂处，事务繁多，办理不易，请升州为府，设知府一员……附郭置天津县，设知县一员”②。而云南北胜州，明代为直隶州，康熙五年（1666）降为散州隶大理府。康熙三十一年（1692）复升直隶州，康熙三

① 中国第一历史档案馆藏：录副奏折《政务处大臣奕劻奏为遵议增祺等量地添官一折俟奉旨后准该将军选员试办会奏事》，光绪二十八年六月十五日，档号：03-5418，件号：03-5418-106，缩微号：409-1987。

② 《世宗实录》卷103，“雍正九年二月丙辰”条，《清实录》，第8册，第368页。

十七年（1698）升为永北府。乾隆三十五年（1770）一月，云贵总督彰宝等奏："永北、蒙化、景东三府并无属邑，不成郡治，但地方辽阔，距邻府实远，若归并他郡，恐一切征输审解等事转多未便之处，应请将永北、蒙化、景东三府均改为直隶厅同知"[①]，次月永北府降为直隶厅[②]。以北胜州地为政区母体，历经多次升降调整，从北胜直隶州到永北府再到永北直隶厅，这应该是清代唯一一例占全府、直隶厅、直隶州三种统县政区的。

以直隶厅升府，以散厅升直隶州，以及以散州升府或直隶厅的情况，都比较少见。这些案例分布于奉天、吉林、四川、新疆、甘肃、台湾、贵州、湖北、广西、云南十个省份，全部处于开发建治较晚、边疆或既往土司地带，政区升级最核心的目标在于弹压地方、加强集权。广西上思州因地制宜而升级的案例，反映出地方诉求与中央制度设计相向而行的适应过程。上思州地处中越边境，边防紧要，初属南宁府。为加强边防，光绪十二年（1886）八月往属太平府。不过这次改隶给地方考生和官民都带来了不便，"上思州改归太平府管辖，向之赴试南宁者，自当改赴太平，惟太平考棚窄狭，未能容纳多人，应令上思生童仍赴南宁考试，俟该处筹款，另建宽展考棚后，再行饬赴太平考试"[③]。光绪十七年（1891）十月，两广总督李瀚

① 中国第一历史档案馆藏：录副奏折《保和殿大学士傅恒、礼部尚书阿桂、云贵总督彰宝议奏滇省各府裁留改并事》，乾隆三十五年一月十九日，档号：03-0349，件号：03-0349-001，缩微号：023-1666。

② 《高宗实录》卷852，"乾隆三十五年二月庚戌"条，《清实录》，第19册，第407页。

③ 中国第一历史档案馆藏：录副奏折《两广总督张之洞、暂护广西巡抚李秉衡奏请饬部查照前奏移设裁改边要文武各缺并营任添设学额等事》，光绪十三年五月初三日，档号：03-5093，件号：03-5093-032，缩微号：388-0363。

章等奏曰：

> 臣等伏查上思州改隶太平府系光绪十二年间，前督臣张之洞会同前护抚臣李秉衡筹办沿边善后案，内以龙州重兵所萃，设道员统辖全边，西以小镇安通判、归顺州，东以太平府全境及割上思州隶之，期固圉绥边。现有陈奏上思改隶太郡不便于官者一、不便于民者二。寄谕垂询，臣等复加体察，所奏尚非无因。若不量为变通，无以顺舆情而弥衅隙。惟上思州必归太平归顺道统辖，系为边防紧要呼应较灵起见。又未便概行更张，缘该道所属太平、归顺两府州及上思州，皆辖地辽阔，悉与越南毗连……今上思州事同一律，臣等与司道筹商再四，改隶太平，官民不便，仍隶南宁，边防不宜，此外别无可隶之处，未有仰恳天恩，将上思州升为直隶厅，不隶太郡，仍归太平归顺道统辖。该处至龙州道署水陆可通，皆属坦途，所有审办命盗等案，即解赴该道审转，而原奏不便于官之弊可免矣。改升之后，生童应试由该厅自行考道学政。[①]

由于改隶不便于地方官民，但为边防起见又必须辖属于太平归顺道，因此将上思州升为直隶厅而独立为统县政区不失为一个有效办法。光绪十八年（1892）七月，上思州获准升为直隶厅。同时，太平归顺道更名太平思顺道。[②]

---

① 中国第一历史档案馆藏：录副奏折《两广总督李瀚章、广西巡抚马丕瑶奏为筹议上思州拟请升为直隶厅同知仍归太平归顺道统辖等事》，光绪十七年十月二十八日，档号：03-5093，件号：03-5093-040，缩微号：388-0383。

② 中国第一历史档案馆藏：录副奏折《广西巡抚张联桂奏为查明上思州升改直隶厅各项事宜事》，光绪十八年七月三十日，档号：03-5295，件号：03-5295-096，缩微号：400-3373。

由于县是最基层的政区单位，幅员有限且正印官也不过七品，所以以县为起点，直接升级为直隶厅、直隶州甚至府的情况，为数不多，一般也是比较特殊、比较重要的。中国传统行政区划体系内，政区以“地域型政区”为主，以县直接升为统县政区，空间上是意图起到以点带面的效用，促进地区开发。以县直接升府，清代仅有光绪二十九年（1903）直隶朝阳县升朝阳府一例，由热河都统松寿会同直隶督臣袁世凯奏准升设，府东添设一县曰阜新，平泉州、建昌县适中之区添设一县曰建平。[①]同时，承德府建昌县来属，光绪三十四年（1908）又新置绥东县，至清末朝阳府下辖有四县。

以县升为直隶厅，清代共四例：吉林榆树县升榆树直隶厅、广东连山县升连山绥瑶直隶厅、浙江定海县升定海直隶厅及四川太平县升太平直隶厅。而以县升直隶州者，清代共有七个：直隶赤峰县，福建永春县、龙岩县，江西宁都县，广东阳江县，四川资县、酉阳县。与升级为直隶厅不同的是，按照清代府和直隶州定制，县级政区若升级为府或直隶州，需要补充辖县以合体制，一般通过改隶邻近州县或新置州县来实现。这个过程有时并非一帆风顺，试举一例阐释之。广东阳江县，初属肇庆府，同治六年（1867）四月，经广东巡抚蒋益澧奏请将阳江县升为直隶州，并析肇庆府阳春、恩平、开平三县来属。[②]次年（1868）正月，因阳春等三县地方绅民不愿隶于阳江直隶州，两广总督瑞麟奏请将阳江直隶州复降为县，“又阳春、恩平绅民既

① 中国第一历史档案馆藏：录副奏折《热河都统廷杰奏为酌拟新设建平阜新二县缺分并分别添改巡检兼典史事》，光绪三十二年三月二十八日，档号：03-5458，件号：03-5458-032，缩微号：412-2688。

② 《穆宗实录》卷200，“同治六年四月甲申”条，《清实录》，第49册，第573页。

均不愿改归阳江州管辖，则势难历久相安，况粤民争地争山案件较多……且改设州治，添建考棚等项，经费亦多支绌，实属种种窒碍……合无仰恳天恩俯准将阳江一邑仍复为县，以顺舆情”[①]。经新任巡抚李福泰到任体察情形后，认为改回县治不便于考生赴考，建议改为直隶厅，可于阳江镇就近办理海洋要务、抵御洋匪。[②]同治九年（1870），阳江直隶州改直隶厅，阳春等三县还属肇庆府。

光绪三十二年（1906）四月，两广总督岑春煊又奏请复改直隶州，仍析肇庆府阳春、恩平二县来隶，理由是："臣统筹岭海险要，熟察地方情形，阳江、阳春、恩平、新宁四属壤地将接，而或隶高州，或隶肇庆，或隶广州，该管之道府既有区分，即邻近之厅县难期联属，近年贼匪猖獗，举办清乡。彼界此疆，殊多隔阂，欲求治理之便，控驭之宜，惟有仍照蒋益澧等原议改阳江直隶厅为直隶州，以附近各县隶之，作辅车之依，资指臂之使。除开平县、石录、阳江连界，毋庸改隶外，应请将阳春、恩平二县属于阳江，该二县前因生童不愿赴州应试，致有梗阻，今则科举已停，士林无可藉口。"[③]五月，复改为阳江直

① 中国第一历史档案馆藏：录副奏折《两广总督瑞麟奏为改设广东阳江直隶州缺颇多窒碍请饬仍复为县事》，同治七年正月二十四日，档号：03-4637，件号：03-4637-120，缩微号：334-2848。

② 中国第一历史档案馆藏：录副奏折《两广总督瑞麟、广东巡抚李福泰奏为遵旨体察情形请将阳江直隶州改为直隶同知等事》，同治八年十二月十五日，档号：03-4595，件号：03-4595-014，缩微号：330-0070。

③ 中国第一历史档案馆藏：录副奏折《署理两广总督岑春煊奏为改置添设阳江直隶州知州广海县知县二缺俾资控驭事》，光绪三十二年四月二十四日，档号：03-5460，件号：03-5460-017，缩微号：412-3458。

隶州，领阳春、恩平二县。[①]宣统二年（1910）九月，两广总督袁树勋奏请恩平县再次还属肇庆府：

从前恩平改隶阳江，系因阳江滨临洋面，岛屿分歧，改设直隶州，遂定为海疆要缺。在当时，划拨二县本就壤地相接之县治，酌量区分，亦系为便于控制起见。今如原奏内所称，恩平绅民道赴州治，必须经过州属之那龙合山、尖山等处，水陆险阻，盗薮出没，行旅已实为畏途，且语言、性情、习惯种种不便，自不得不亟筹变计。事经该省咨议局议决，该管司道分别查明会详，众论佥同，应如该署督所奏，仍以恩平一县复隶肇庆府属以从民便。至阳春一县，既距阳江州甚近，且民风俗尚均无歧异，自应仍隶阳江州属，无庸轻议更张，阳江专辖阳春一县。[②]

短短四十四年时间，阳江县升州后改厅又复改州。因之涉及的县的改隶，除了高层的整体制度设计，地方治理实际与基层民众诉求也会推动调整，甚至造成了调整的多次反复，这在一定程度上体现了地方行政实际运作的复杂面向。

从升级动力上看，县升直隶厅或直隶州，有时是优化统县政区幅员的手段。例如雍正十二年（1734）五月，升泉州府永春县为直隶州并析德化县、大田县来属，升漳州府龙岩县为直隶州并析漳平县、宁洋县来属[③]，主要是因为泉州、龙岩二府

① 《德宗实录》卷560，“光绪三十二年五月戊戌”条，《清实录》，第59册，第415页。

② 中国第一历史档案馆藏：录副奏折《军机大臣总理外务部事务奕劻等奏为遵旨议复署理两广总督袁树勋奏县治改隶窒碍情形事》，宣统二年十月二十四日，档号：03-7477，件号：03-7477-032，缩微号：555-2947。

③ 《世宗实录》卷143，“雍正十二年五月辛卯”条，《清实录》，第8册，第794页。

辖境过大。有时则是弹压地方、加强治安与控御所需。例如道光二十一年（1841）升定海县为定海直隶厅，是外来力量刺激的结果。鸦片战争英军占领定海县城，而后又归还。在处理定海善后事宜的过程中，两江总督裕谦奏请："将定海县知县升为直隶同知，作为海疆提调要缺，隶宁绍台道管辖。"可见将定海县升直隶厅的目的在于强化海疆治理。[1]再如乾隆十九年（1754）三月，江西巡抚范时绶奏请升宁都县为直隶州：

> 查赣属之宁都、瑞金、石城三县皆在府之东北，地界紧连，相距各一百余里。若以宁都一县改为直隶州，以瑞金、石城二县分隶管辖，裁去宁都知县，设直隶知州，但得就近查察弹压。将宁都县原有之县丞改为州判，督理两县捕务，以典史改为吏目，仍管本州捕务，教谕改为典正。一转移间不必有增官设立之繁，而于吏治民生均有裨益。[2]

因赣州府地方辽阔，辖县有 12 个之多，且相邻的宁都、瑞金、石城三县位于府境东北隅。因此，升宁都县为直隶州，管辖瑞金、石城二县，便于就近管理，并符合清代乾隆以后形成的"官员定额"理念。

从地域上看，政区升级频次最多的省域依次为山西、山东、四川、直隶、吉林、河南、陕西，皆超过 10 次。其中山西、山东、四川、直隶、河南、陕西六省清初属州较多，吉林则是在清末建省、边疆开发的进程中迅速充实"府厅州"体系。总体

① 朱波：《清代海岛厅县政治地理研究》，中央民族大学硕士学位论文，2015 年，第 34 页。

② 中国第一历史档案馆藏：录副奏折《江西巡抚范时绶奏请将宁都县改为直隶州事》，乾隆十九年三月十六日，档号：03-0088，件号：03-0088-081，缩微号：006-1054。

上，清代政区升级的分布覆盖了全部省份，可见其是优化基层政区管理的一种常态机制。而政区升级较少的浙江、江西、福建、江苏等省，政区设置与开发较为成熟，各级政区幅员亦介于比较合理的区间，故少有政区升降（图 7-5）。

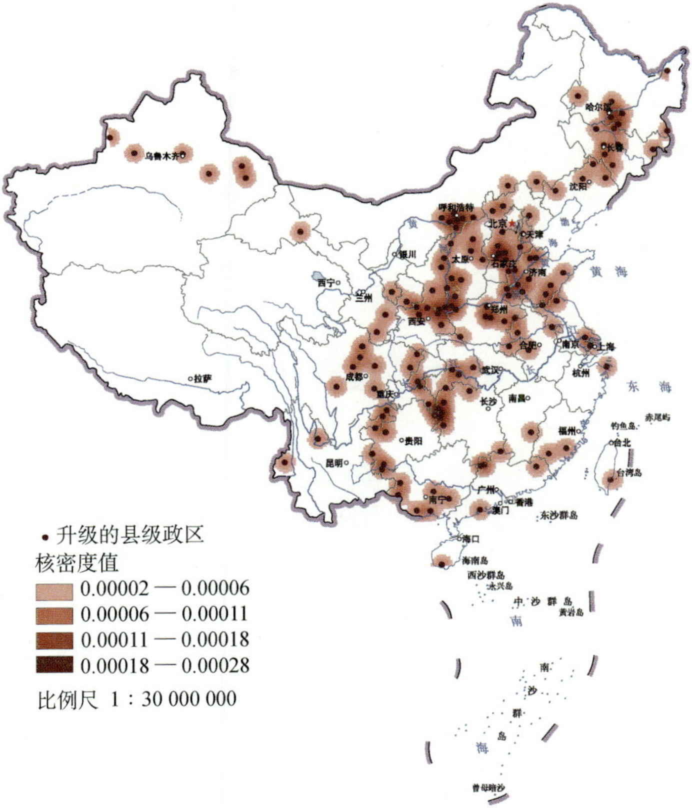

图 7-5　清代全国升级的县级政区分布

以上两节探讨的“同级变更”与“政区升级”，是针对政区层级而言的。而在县级政区的行政等级方面，清代在继承元、明两代县等制度的基础上，在缺位繁简制度上又有所创新。散厅、散州、县的职官设置不同、品秩有别。虽然总体上厅州官的职官品秩高于县官，但官缺配置上也有不少县为要缺、最要缺，高于简缺的厅州。清代的简缺州县一般为选缺，繁缺州县则一般为题缺、调缺。政区变更时，不免牵涉缺位繁简的调整变化，吏部为了保证州县正印官名额的总体稳定，规定“应归月选之缺改为题调要缺，必须于本省题调要缺内酌改简缺互换”[①]。因此，在清代官员定额的指导思想下，各省、各府频繁的局部政区调整使地方政府管辖幅度、行政资源保持在一种较为平衡的状态，保证了有限的官僚资源对地方行之有效的管理。

第四节　县级政区改隶

清代县级政区隶属关系的变更，十分常见。不同于县级政区的分设、裁并、同级变更、迁治、更名等横向调整情形，改隶会影响到政区纵向维度上的结构体系，统县政区乃至高层政区的管辖幅度会因之而变。地方空间关系的变化只是政区改隶的基本表现，府际间的资源分配、财赋归属、学额划定等都将发生改变。因此对中央而言，批准县级政区改隶，要有利于统县政区间利益的平衡、地方治理的稳定。清代县级政区的改隶，多源于对统县政区的调整。清代府、直隶厅、直隶州的管辖幅度和管理级别不同，直接体现在辖县的数量上。因此府、直隶

① 刘锦藻：《清朝续文献通考》卷135《职官二十一》，民国景十通本，上海：商务印书馆，1936年。

厅、直隶州间的转换，常常伴随辖县的改隶，以使各种统县政区的管辖幅度都介于较为合理的区间。此外，雍正年间对全国的属州施行了集中的升、降、废、改[①]，导致原属州辖县较大规模的改隶。

从地域上看，改隶的县级政区广泛分布于全国22个省份，其中山东、直隶、山西、河南、四川是县级政区改隶最多的省份。这五省都是清初属州较多的省份，也是统县政区、县级政区较多的省份。浙江、江西、福建、安徽是县级政区改隶较少的省份，说明其统县政区少有变更，政区在纵向维度上保持了较强的稳定性；黑龙江、吉林、奉天、新疆、台湾五个边疆省份的县级政区改隶少，则是建省与府厅州县充实较晚的缘故。从时间上看，清代县级政区的改隶集中发生于雍正年间与乾隆中前期，嘉庆以后很少有变更，与清代大规模调整属州的时间范围相符（图7-6）。

从频次上看，全国共有305个县级政区有过改隶，总计频次达390次。其中改隶一次的县级政区有235个，改隶两次的县级政区有56个，改隶三次的县级政区有13个，改隶四次的县级政区仅有1个（表7-6）。县级政区发生过多次（尤其是三次以上）改隶，具体原因是多元的，如距离过远、地理不通、吏治不便、不利治安、统县政区升降等。像广东恩平县改隶之例，还可能兼具上述多种原因。不过它们的共同特点是，往往

① 按：对于清代调整属州以致其消失的原因，华林甫曾总结为地里琼远而治理不便、政区变迁的内在规律、统治者顺水推舟三类（详见华林甫：《清前期“属州”考》，见刘凤云、董建中、刘文鹏编：《清代政治与国家认同》上册，北京：社会科学文献出版社，2012年）。

位于统县政区变动频繁的区域，在一定程度上呈现了清代推进地方治理的复杂过程。

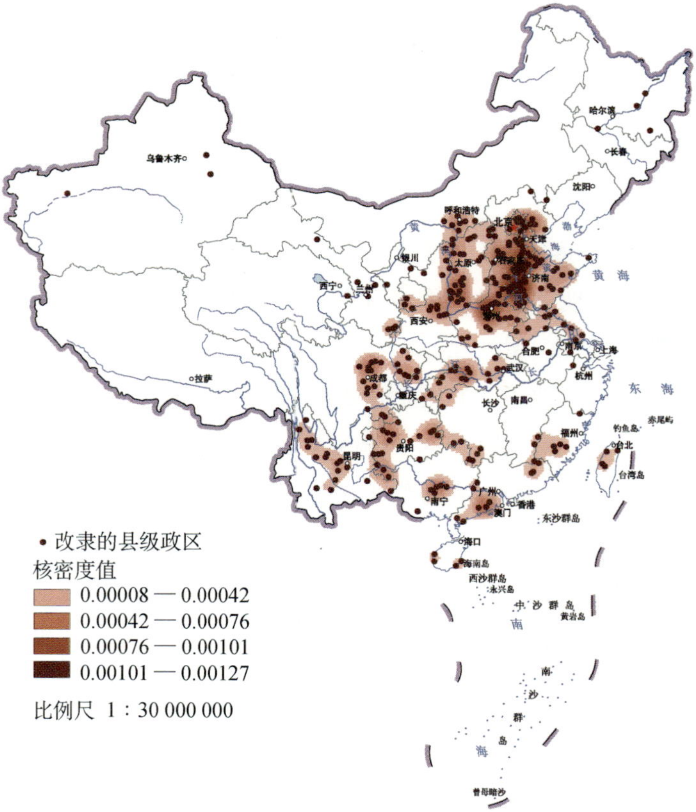

图 7-6　清代全国改隶的县级政区分布

表 7-6　1683—1911 年全国发生改隶三次及以上的县级政区 单位：次

省份	县级政区	改隶频次	原属-改隶至府州（改隶时间）
直隶	武清	3	通州-天津直隶州（雍正三年）-通州（雍正四年）-顺天府（雍正六年）
	东光	3	河间府景州-河间府（雍正二年）-沧州直隶州（雍正七年）-河间府（雍正九年）

续表

省份	县级政区	改隶频次	原属-改隶至府州（改隶时间）
山东	平原	3	济南府德州-济南府（雍正二年）-高唐直隶州（雍正七年）-济南府（雍正十二年）
	东阿	3	兖州府东平州-兖州府（雍正二年）-东平直隶州（雍正七年）-泰安府（雍正十三年）
	平阴	3	兖州府东平州-兖州府（雍正二年）-东平直隶州（雍正七年）-泰安府（雍正十三年）
	嘉祥	3	兖州府济宁州-曹州直隶州（雍正七年）-兖州府（雍正十三年）-济宁直隶州（乾隆四十一年）
	汶上	3	兖州府东平州-兖州府（雍正七年）-济宁直隶州（乾隆四十一年）-兖州府（乾隆四十五年）
	阳谷	3	兖州府东平州-兖州府（雍正二年）-东平直隶州（雍正七年）-兖州府（雍正十三年）
	寿张	3	兖州府东平州-兖州府（雍正二年）-东平直隶州（雍正七年）-兖州府（雍正十三年）
河南	新郑	3	开封府-禹州直隶州（雍正二年）-许州府（雍正十二年）-开封府（乾隆六年）
	考城	3	归德府睢州-归德府（雍正十二年）-卫辉府（乾隆四十九年）-归德府（光绪元年）
广东	阳春	3	肇庆府-阳江直隶州（同治六年）-肇庆府（同治九年）-阳江直隶州（光绪三十二年）
	恩平	4	肇庆府-阳江直隶州（同治六年）-肇庆府（同治九年）-阳江直隶州（光绪三十二年）-肇庆府（宣统二年）
广西	西林	3	思恩府-泗城府（雍正七年）-西隆直隶州（雍正十二年）-泗城府（乾隆七年）

资料来源：国家清史纂修工程《清史·地理志》（待刊）、《清实录》

由表7-6可见，清代发生三次及以上改隶的县级政区，分布在华北平原（直隶、山东、河南）与两广地区。尤其是山东兖州府及其属州东平州、济宁州的调整，导致东阿、平阴、嘉祥等6个县级政区前后发生过三次改隶。从这14个县级政区隶属关系变动的“链条”看，全部经历过调整的反复，至少存在一个“改隶又复归”的环节。像广东阳春、恩平二县，则不止发生过一次反复调整。统县政区的升降，是上述县级政区多次改隶的直接动因，如河南新郑县，清初属开封府，因雍正二年（1724）府属禹州升直隶州，新郑县往属；雍正十二年（1734），禹州直隶州降为散州，许州直隶州升府，新郑县与禹州一并往属。[①]乾隆六年（1741），由于许州府“赋无逋负，民亦淳良”[②]，又降为直隶州，新郑县还属于开封府，回到了起点。县级政区的多次改隶，大多是在雍正、乾隆年间完成的，表明雍乾两朝是清代政区变革较为剧烈的时段。

改隶县级政区，是清代基层政区变革的一种常见模式，但如果县级政区的改隶跨省，往往就是行政区划调整的大事了，在历代地方行政制度史上也具有深远影响，值得进一步探究。清代共有 12 个县级政区跨省改隶，具体情形如表 7-7 所示。

表 7-7　清代跨省改隶的县级政区一览

县级政区（今地）	原属政区	改隶至政区	改隶时间	备注
广昌县（河北涞源县）	山西大同府	直隶易州直隶州	雍正十一年	因建帝陵，升保定府易州为直隶州，以保定府属之涞水县、山西大同府属之广昌县来隶
磁州（河北磁县）	河南彰德府	直隶广平府	雍正四年	怡亲王允祥疏言：“滏阳河发源河南磁州，州民拦河筑坝，致直属之邯郸、永年诸县，争水讦讼，事关两省。文移动经岁月，请将磁州改属广平府，滏阳一河全归直隶统辖。”[③]
蔚州（河北蔚县）	山西大同府	直隶宣化府	雍正六年	因与蔚县界址交错、不便管理而改隶直隶宣化府

① 《世宗实录》卷 146，“雍正十二年八月辛酉”条，《清实录》，第 8 册，第 821 页。
② 《高宗实录》卷 157，“乾隆六年十二月丁未”条，《清实录》，第 10 册，第 1242 页。
③ 《世宗实录》卷 43，“雍正四年四月丁亥”条，《清实录》，第 7 册，第 637 页。

续表

县级政区（今地）	原属政区	改隶至政区	改隶时间	备注
大通县（黑龙江通河县）	吉林依兰府	黑龙江兴东道	光绪三十四年	光绪三十四年划定松花江为吉江两省界，大通县治在江北，改隶黑龙江省，其在江南者置方正县，隶吉林省
汤原县（黑龙江汤原县）	吉林依兰府	黑龙江兴东道	光绪三十四年	汤旺河五站一带与吉接壤，应两省会同设官……汤源一县拨归依兰府管辖，尚无窒碍，至依兰府□理暨新属各州县政务殷繁，非有监司之员不足以资统辖，而距省城较远又不足便由吉林巡道管理，拟令就近隶于前次奏设之哈尔滨江关道[1]
内黄县（河南内黄县）	直隶大名府	河南彰德府	雍正三年	直隶大名府属之滑县、浚县、内黄县，为河南漕运所经，地虽接壤，而属则隔省，闻多有呼应不灵之处，以致河南粮船，年年迟误。且大名府所属计一州十县，彰德府所属只一州六县，卫辉府所属只六县。若以滑、浚、内黄三县分隶彰德、卫辉，则多寡既均……寻议浚、滑为古汲郡地，内黄为唐相州地，本均属河南省。请以浚、滑、二县隶卫辉府。内黄县隶彰德府。运道粮艘，咸资裨益[2]
浚县（河南浚县）	直隶大名府	河南卫辉府	雍正三年	
滑县（河南滑县）	直隶大名府	河南卫辉府	雍正三年	
建始县（湖北建始县）	四川夔州府	湖北施南府	雍正十三年[3]	湖广总督迈柱疏称："四川夔州府属之建始县，去恩施不过百里，请改归楚省恩施新设府管辖。"[4]
永宁县（四川古蔺县）	贵州威宁府	四川叙永厅	雍正五年	康熙二十六年改永宁卫为县，与叙永厅同城而治，隶贵州威宁府。雍正五年，永宁县改归四川，隶于叙永同知管辖。因不合制度，乾隆元年升叙永厅为直隶厅，永宁县随属之。光绪三十三年移县治古蔺场，改名古蔺县
天柱县（贵州天柱县）	湖南靖州直隶州	贵州黎平府	雍正四年	因天柱县与贵州黎平府接壤而分属两省，不便治理，改归贵州

续表

县级政区（今地）	原属政区	改隶至政区	改隶时间	备注
荔波县（贵州荔波县）	广西庆远府	贵州都匀府	雍正十年	云贵广西总督鄂尔泰疏言："广西庆远府属之荔波县，离府治五百余里，山路险远，请改隶贵州都匀府管辖。"[5]

资料来源：国家清史纂修工程《清史·地理志》（待刊）、《清实录》、中国第一历史档案馆藏相关录副奏折

注：[1]中国第一历史档案馆藏：录副奏折《署理吉林将军达桂、署理黑龙江将军程德全奏为拟先于吉林三姓城及所属地区并吉林黑龙江两省联界地区开设郡县以资治理事》，光绪三十一年十一月十一日，档号：03-5450，件号：03-5450-081，缩微号：412-0447

[2]《世宗实录》卷33，"雍正三年六月丙戌"条，《清实录》，第7册，第508页

[3]一说为"乾隆元年"。"湖北施南府属建始县原隶四川夔州府，乾隆元年改隶施南"，见于中国第一历史档案馆藏：录副奏折《湖广总督特成额奏请移驻县衙署并请简发县丞事》，乾隆五十年三月九日，档号：03-0190，件号：03-0190-045，缩微号：013-2343

[4]《高宗实录》卷6，"雍正十三年十一月壬寅"条，《清实录》，第9册，第264页

[5]《世宗实录》卷117，"雍正十年四月辛卯"条，《清实录》，第8册，第553页

由表7-7可见，除了东北地区的大通、汤原二县外，清代县级政区的跨省改隶全部发生在雍正年间。其中直隶西北部与山西、直隶南部与河南之间，调整占据半数。贵州也有三个县级政区分别与四川、湖南、广西三省发生改属关系，这充分说明雍正时期政区调整中重视京畿、经略西南的特征。从改隶原因上看，距离是主要原因，大通、汤原、建始、天柱、荔波等县都是为了就近管理而改隶，可见清代对政区有效管理半径的重视。内黄、浚县、滑县、永宁的改隶则与统县政区的管辖幅度和体制直接相关。内黄、浚县、滑县的改隶，使大名、彰德、卫辉三府的辖县数量相对均匀，而永宁县虽归贵州，但与四川

叙永同知驻地仅一河之隔，“查川省叙永厅与永宁县各驻一城，紧相对垒，仅隔一河，设桥以通往来，相距不过里许，缘叙永厅向隶川省，永宁县向隶黔省，原系分城驻扎，自雍正五年将永宁县改为川省叙永厅管辖”[①]。永宁改隶四川后，促使叙永厅升直隶厅，为了进一步符合体制，光绪三十四年（1908）又改叙永直隶厅为永宁直隶州，并析泸州直隶州之旧泸卫地、九姓乡增置古宋县来属。

不难看出，像直隶、贵州这样有较多跨省改隶县级政区的省份，都是有失有得的。清代直隶有三个县级政区划归他省，亦有三个县级政区由他省来属。而贵州有一个县级政区划归他省，却有七个县级政区由他省来属（含遵义府辖一州四县），使之成为在西南边疆与川云桂规模相当的重要省份。政区改隶意味着资源再分配，相邻省份自然是有喜有忧。仍举川黔两省县级政区改隶之例，遵义府所辖真安州、遵义、绥阳、桐梓、仁怀等一州四县的田土较多、土壤肥沃，农业经济较为发达，清初仅遵义一府的粮食总额就与贵州全省相当。[②]因此鄂尔泰提出将遵义府及其辖县改隶贵州，贵州方面乐享其成，而四川方面持反对态度，最终清廷仍然依鄂尔泰之议将遵义府整体改隶贵州。由于贵州威宁府辖永宁县与四川边界之间的利益争端由

① 中国第一历史档案馆藏：录副奏折《四川总督阿尔泰奏为查明分城厅县可以归并同城事》，乾隆三十一年七月二日，档号：03-0346，件号：03-0346-029，缩微号：023-1198。

② 梁方仲编著：《中国历代户口、田地、田赋统计》，上海：上海人民出版社，1980 年，第 356—357 页；（清）郑珍、莫友芝纂：《遵义府志》上册，遵义：遵义市地方志编纂委员会办公室，1986 年，第 376 页。

来已久，朝廷随即顺水推舟，将永宁县改隶四川。虽然永宁一县的价值远不能与遵义一府相比，但也算对四川省的一点补偿。

此外，由于湖南最西部的平溪、清浪二卫距湖南省会过远，与贵州思州府毗邻，于雍正四年（1726）四月改隶贵州省，次年（1727）即撤卫置玉屏、青溪二县。与玉屏县相邻的湖南沅州，同样距省城过远、地近贵州，故地方民众时有要求改隶贵州的诉求。不过雍正十二年（1734），湖南巡抚钟保对比了沅州与先前改隶贵州的五开、铜鼓、平溪、清浪四卫以及天柱县的不同之处，充分考量政区改隶对于两省的损益，专门上奏反对将沅州改隶给贵州，他提出：

> 查湖南沅州居全楚之上游，左控麻阳、右扼黔阳、前连黔省、后接辰溪，城西有溪河一道，其源从黔省镇远府而来……天造地设，为楚省之门户，为楚省之咽喉……楚之有沅州，犹黔之有镇远也……果有益于黔而无损于楚，归之固可也，即有益于黔而无大损于楚，归之亦无不可。如楚之五开、铜鼓二卫，于雍正三年归黔矣，楚之清浪、平溪二卫并天柱一县，于雍正四年归黔矣。查此五处不关紧要，于楚原无妨碍。至于沅州，实系楚省之门户，楚省之咽喉，最为要害地方，有断断不可归黔者。①

随后，为了解决沅州地处边隘、官员较少的问题，乾隆元年（1736）即升沅州为府，并置附郭芷江县。沅州府最西侧的

① 中国第一历史档案馆藏：录副奏折《署理湖南巡抚钟保奏陈沅州不应归属黔省镇远缘由事》，雍正十二年二月十九日，档号：03-0008，件号：03-0008-010，缩微号：001-0632。

晃州巡检司地（今湖南省新晃侗族自治县），又于嘉庆二十一年（1816）置晃州直隶厅。至此，沅州一带作为湖南西部明显伸入贵州的一块插花地，空间隶属格局至今未变。对地方而言，政区跨省改隶的过程一定程度上体现着省与省之间利益的纠葛，而对中央而言，任何政区设置与调整都要优先考虑中央集权与地方分权的协调统一，地方各省之间利益的平衡则是次要考虑因素。清代跨省改隶过的县级政区仅有 12 个，在总计 305 个改隶的县级政区中占很小的比重。而且改隶后，其所隶省份至今不变，说明县级政区跨省改隶作为一种较大的政区调整，一旦更改，隶属关系就会保持较强的稳定性。

第五节　县级政区专名变更

一般来说，地名是由专名和通名两部分组成，通名表示地名所指地理实体的类型或性质，是某一类地名共性的部分，而专名表示某一地名之特性，为该地名所专有。[①]因此，地名的“指位性”主要通过专名得以体现。就政区名称而言，通名由官方规定，具有一定的统一性和强制性，政区的地域特性主要体现在专名部分，“故政区地名之研究，不在通名之解释，而在专名之分析，适与其他地名相反”[②]。政区专名的命名原则在地名发展流变的大背景中，又会体现出一定的自身规律，含有独特的自然地理和历史文化内涵。不同于幅员、边界、治所等具

① 金祖孟：《中国政区命名之分类研究》，《地理学报》1943 年第 10 卷。
② 金祖孟：《中国政区命名之分类研究》，《地理学报》1943 年第 10 卷。

有几何空间特性的地理要素，地名虽然是客观地理事物的反映，但也包含很大成分的主观意念因素。[①]尤其是专名的确定和更改，更是人们有意识、有目的地遵循一定原则而完成的。清代1600多个县级政区的命名本身即构成了一个庞大的地名体系，也可视作一套完整的地名资源库。

明清时期，中国传统地名学已发展到繁荣鼎盛的阶段。[②]面对空前辽阔的疆土，清朝在地方开发、派官设治的进程中正式命定了大量地名，水到渠成且游刃有余。表5-2和表7-2中，新设县级政区的地名命定，就比较集中地体现了清代对政区命名因地制宜、不拘一格的特点。

总体上，在清代新设的县级政区专名中，以自然地理要素命名与以社会人文要素命名的专名总数基本持平。由表7-8的例证可见，清代新设县级政区的命名方法具有多元性，尤其体现在230个“普通设县”的命名过程中。而202个裁撤或变更后而复设、府下增置附郭县、卫所改县、改土归流设县、县辖政区（佐杂）升置为县等五种情形的设县，一般已具备一定的命名基础，设县时可以依既有卫所、土司、县下聚落等名称决定县名。

表7-8 清代县级政区命名依据释例

总类	属性分类	县级政区	设置时间	命名依据
自然地理类	因水为名	双阳县	宣统二年	以双阳河为名
		珲春厅	宣统元年	县在珲春河东，以河为名
		芷江县	乾隆元年	县之命名以此（芷江）
		利川县	雍正十三年	以革井溪为名，利川一曰革井
		阜宁县	雍正九年	有阜宁湖

① 李如龙：《汉语地名学论稿》，上海：上海教育出版社，1998年，第80页。
② 华林甫：《中国地名学源流》，北京：人民出版社，2010年。

续表

总类	属性分类	县级政区	设置时间	命名依据
自然地理类	因地势地形为名	金山县	雍正二年	金山，海中山地，城南与山接，故名
		鹤山县	雍正九年	鹤山，其形如鹤，故得名，因以此名
		开通县	光绪三十年	地皆平原，无山水
	示位地名	林西县	光绪三十四年	在巴林旗之西
		辽中县	光绪三十二年	因处辽河中游
		海阳县	雍正十二年	以其地在海之阳
	因物产为名	桦川县	宣统元年	源于“桦皮川”，因其地桦树甚多而名
社会人文类	寄意/美愿地名	绥中县	光绪二十八年	寓“中后所永久平安遂宁”之意
		宣恩县	雍正十三年	宣恩县之名，传布恩德之意
	因古地名为名	宽甸县	光绪三年	明东宁卫之宽甸六堡
		鄯善县	光绪二十八年	地为古鄯善国，名曰鄯善县
		轮台县	光绪二十八年	以古轮台国为名
	因既有聚落为名	怀来县	康熙三十二年	旧怀来卫
		安广县	光绪三十一年	其地旧为安广军，即名
		五寨县	雍正三年	镇西卫五所屯牧于此，故名五寨
		铜鼓厅	宣统二年	改铜鼓营为厅
	示事地名	围场厅	光绪二年	皇帝狩猎的场所
		凤台县	雍正十一年	以县北之凤凰山，名县曰凤台
	传说祥瑞地名	玉环厅	雍正八年	一云宋高宗南渡，遗玉环于此，故名
	合成地名	建平县	光绪二十九年	析建昌县东北境，平泉州北境置建平县
		德惠县	宣统二年	县境为沐德、怀惠二乡地
		清镇县	康熙二十六年	将明之威清、镇西二卫并合而成，清镇县乃由二卫各取一字为名

与“新设”相对，1683年以来，清代共裁撤了49个县级政区，也就意味着县名废弃。当然，县名的废弃不等于专名不复存在，有的转化成了县下组织名称。例如山西平顺县，以其“编户仅三十一里，环城皆山，并无井泉，乡民每多不便，应裁”。裁撤后，在潞安县下立平顺乡。[1]再如清源县因地理位置偏僻、

① （清）崔晓然、曾云章修，（清）杨笃纂：光绪《潞城县志》卷二，光绪十年刻本，第191页。

地域狭小而被裁入徐沟县，山西巡抚彰宝奏称“清源之城市关厢，共有居民一千七百余户。惟有训导一员专司学校，并未另设官员弹压。徐沟县相距三十余里，查察难周，必须添设佐杂一员分驻清源县就近稽查。查阳曲县天门关巡检地处简僻并无专办事件，堪以裁汰，请移驻清源县旧城”①。于是，清源巡检司设立，使“清源”的专名用字得以继续使用。类似的，还有直隶新安废入安州，设新安乡；安徽临淮废入凤阳，设临淮巡检司；河南河阴废入荥泽，设河阴巡检司；山西乐平废入平定州，设乐平乡；贵州锦屏废入开泰，设锦屏乡。

总体而言，清代的县名体系十分稳定。除了厅制、州制奠定过程中变更或升级导致的通名（厅、州、县）更改，1683—1911 年，全国共有 44 个县级政区发生过专名更改。具体情形如表 7-9 所示。

表 7-9　1683—1911 年全国县级政区专名变更一览

省份	原名	更名	更名时间	更名原因
直隶	庆都县	望都县	乾隆十一年	避尧母名讳。“朕自正定回銮，固城、祁水之间有县焉，与尧母同名，虽述古之义也，触目踧踖，于意弗安。其易之，仍为望都。”[1]
	真定县	正定县	雍正元年	避雍正帝“胤禛”名讳
	内丘县	内邱县	雍正三年	避孔子名讳。“除四书五经外，凡遇此字，并用‘邱’字，地名亦不必改易，但加偏旁。”[2]
	任丘县	任邱县	雍正三年	避孔子名讳
	八沟厅	平泉州	乾隆四十三年	地名雅化，因县城街内有水泉曰“平泉”，故名
	四旗厅	丰宁县	乾隆四十三年	表示美愿，乾隆帝御赐县名，取“丰芜康宁”之意
	塔子沟厅	建昌县	乾隆四十三年	地名雅化，北魏时县地曾为建德、昌黎二郡所辖，取二郡首字为名

① 《高宗实录》卷 792，“乾隆三十二年八月乙丑”条，《清实录》，第 17 册，第 2650 页。

续表

省份	原名	更名	更名时间	更名原因
直隶	喀喇河屯厅	滦平县	乾隆四十三年	蒙古语音译地名汉化，因喀喇河屯濒临滦河，又寄托太平之意，故名
	三座塔厅	朝阳县	乾隆四十三年	地名雅化，李调元言：“县南有凤凰山，嵚崎秀削，山下有朝阳洞，县得名以此。”[3]
	乌兰哈达厅	赤峰县	乾隆四十三年	蒙古语音译地名汉化，因城东北部赭红色山峰而得名
奉天	江家屯厅	锦西厅	光绪三十二年	因辖地在锦县以西更名
吉林	绥芬厅	宁安府	宣统二年	因移治宁古塔（今黑龙江宁安市宁安镇），距绥芬河五百里，改名宁安府
	呢吗口厅	虎林厅	宣统二年	改呢吗口分防同知为抚民同知，因地处七虎林河之北，故名
	大通县	方正县	宣统元年	因松花江北地区划归黑龙江省，迁治江南方正泡（今黑龙江省方正县方正镇）而更名
江苏	仪真县	仪征县	雍正元年	避雍正帝“胤禛”名讳
		扬子县[4]	宣统元年	避宣统帝“溥仪”名讳
安徽	霍丘县	霍邱县	雍正三年	避孔子名讳
山西	灵丘县	灵邱县	雍正三年	避孔子名讳
山东	章丘县	章邱县	雍正三年	避孔子名讳
	丘县	邱县	雍正三年	避孔子名讳
	安丘县	安邱县	雍正三年	避孔子名讳
河南	封丘县	封邱县	雍正三年	避孔子名讳
	兰阳县	兰仪县	道光四年	合成地名，裁仪封厅入兰阳县而更名
		兰封县[5]	宣统元年	避宣统帝“溥仪”名讳
	沈丘县	沈邱县	雍正三年	避孔子名讳
	商丘县	商邱县	雍正三年	避孔子名讳
	真阳县	正阳县	雍正元年	避雍正帝“胤禛”名讳
陕西	五郎厅	宁陕厅	嘉庆五年	表示美愿，寓“陕西安宁”之意

续表

省份	原名	更名	更名时间	更名原因
甘肃	真宁县	正宁县	乾隆初	避雍正帝“胤禛”名讳
	摆羊戎厅	巴燕戎格厅	乾隆三十四年	表示美愿，蒙古语“巴燕”意为富饶
浙江	定海县	镇海县	康熙二十六年	因在舟山群岛新置定海县而更名
台湾	台湾县	安平县	光绪十三年	因析彰化县东北境新置台湾县而更名
	诸罗县	嘉义县	乾隆五十二年	林爽文抗清之役，诸罗城内官民奋勇守御，城得保全，清廷谕予嘉奖“急公好义”，乾隆谕旨更名“嘉义”
江西	宁州	义宁州	嘉庆六年	“有逆匪刘联登等滋事，即时扑灭……该州士民敌忾同仇，知方向义，州治得保无虞，著将宁州改为义宁州。”[6]
	永丰县	广丰县	雍正九年	因与吉安府永丰县重名而更名
湖北	景陵县	天门县	雍正四年	避康熙帝陵“景陵”名讳
广西	小镇安厅	镇边县	光绪十二年	小镇安厅改设县而更名
四川	仪陇县	宜陇县	宣统元年	避宣统帝“溥仪”名讳
	永宁县	古蔺县	光绪三十三年	因迁治古蔺场而更名
	美诺厅	懋功屯	乾隆四十四年	裁阿尔古厅入，乾隆四十八年升懋功直隶厅
贵州	普安州	盘州厅	光绪三十四年	清初因明制为安顺府普安州，康熙二十六年省普安卫入州。嘉庆十四年升为直隶州，嘉庆十六年改为直隶厅。光绪三十四年降普安直隶厅为盘州厅
	永丰州	贞丰州	嘉庆二年	嘉庆帝赐“忠贞丰茂”匾额，取中间二字改为“贞丰”
	真安州	正安州	雍正二年	避雍正帝“胤禛”名讳
	仁怀厅	赤水厅	光绪三十四年	雍正八年置仁怀厅，乾隆四十一年升为直隶厅。光绪三十四年降为散厅，因与仁怀县同名、地处赤水河畔，更名赤水厅
新疆	泽普县	皮山县	光绪二十九年	光绪二十九年移治于固玛，更名皮山县，因汉皮山国为名

续表

省份	原名	更名	更名时间	更名原因
新疆	辟展厅	吐鲁番厅	乾隆四十四年	乾隆四十四年迁治吐鲁番而更名

资料来源：国家清史纂修工程《清史·地理志》（待刊）、《清实录》

注：[1]《高宗实录》卷276，“乾隆十一年十月庚午”条，《清实录》，第12册，第608页

[2]《世宗实录》卷39，“雍正三年十二月庚寅”条，《清实录》，第7册，第386页

[3]（清）李调元撰：《出口程记》，见王云五主编：《丛书集成初编》，上海：商务印书馆，1936年，第6页。关于朝阳县的命名来历，历来说法不一，详参崔向东：《朝阳地名来历与含义的文化解读》，《辽宁师范大学学报（社会科学版）》2016年第1期

[4]第二次更名

[5]第二次更名

[6]（清）曾晖春修：《义宁州志》首卷之一《上谕》，道光四年刻本，第1b、4b页

由表7-9可知，虽然更改过专名的县级政区共44个，总频次为46次，数量不算多，但范围覆盖了全国18个省。由于地名承载着历史文化和乡土认同，因此在历史悠久、开发成熟的中原和东南地区，非避讳、重名等特殊情形，县名极少更改。少量的专名变更主要发生在雍乾与光宣年间，只有江苏仪真与河南兰阳历经二度更名。

清朝在地名用法上依然遵循中国源远流长的避讳文化传统，虽然相比避讳最盛的隋唐两代[①]，“避讳地名”有所减少，但也沿用了41个历史上的避讳县名[②]，并在本朝为避讳而更改了20个县名，最集中的是雍正年间为避雍正帝名“胤禛”讳，而更改了真定、仪真、真阳、真安州四个县级政区的专名；宣统初为避宣统帝“溥仪”讳而更改了仪征、兰仪、仪陇三县的专名用字。此外，还有避帝陵名号讳的例子，因圣祖陵墓定名“景陵”，故改安陆府景陵县为天门县。避圣人孔子名讳而更改专名

① 隋唐两代，因避讳共改动102个地名。详见华林甫：《中国历史上的地名避讳》，《地名知识》1992年第2期。

② 尹文瑜：《清代县级政区专名探析》，中国人民大学硕士学位论文，2018年。

用字也集中在雍正年间，要求对孔子的名讳予以避讳。雍正三年（1725），直隶、山东、山西、河南、安徽的10个县名中的“丘”字改为“邱”。但乾隆帝却说：“避名之说，朕向不以为然”[①]，不过他还是避其父名讳改“真宁”为“正宁”，避尧母名讳改“庆都”为“望都”。乾嘉时期的专名更改，有一些是“御赐嘉名”，地名用字也可以成为“皇恩浩荡”的反映，如直隶“四旗厅”更名“丰宁”、台湾“诸罗”更名“嘉义”、江西“宁州”更名“义宁州”之例。

除了避讳，县级政区调整也是导致专名变更的主要动因。绥芬厅、大通县、永宁县、泽普县、辟展厅因迁治而更名；兰阳县因并县（并入仪封厅）而更名；定海县、台湾县因省内新设了同名县而更名；小镇安厅因改为县而更名；普安州、仁怀厅则因升级后复降为散厅而更名。不论迁治、合并、新设、同级变更还是降级等调整，政区的结构体系都会发生更改，地名因须“名副其实”而可能随之调整。

综合来看，宣统三年（1911）全国各级政区、各类专名命名依据的占比，以水为名的专名数量最多，以山为名的专名数量也不少，且分布范围广，具有普遍性。而以社会人文要素为名的专名中，以既有聚落为据的命名方式最具普遍性，体现了政区命名过程中的历史传承和地方认同。根据《中华人民共和国行政区划简册（2017）》，全国仍有1185个县级政区沿用宣统三年（1911）的政区专名，占清末县级政区总数的73.9%。如果再加上271个当今用于省级、地市级、县下政区的清末县级政区专名，这个比例可以达到90%以上[②]，这充分说明了中国历史地名的延续性和地名体系的稳定性。

---

① 《清会典事例》第一册，北京：中华书局，1991年，第180页。

② 尹文瑜：《清代县级政区专名探析》，中国人民大学硕士学位论文，2018年。

第八章

清代县级政区调整时空格局的形成机制

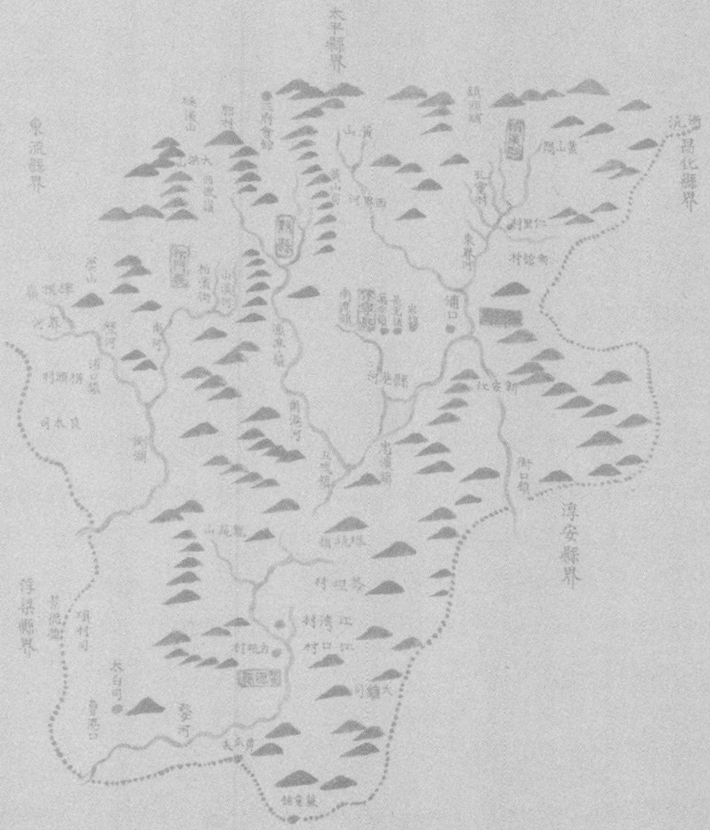

从行政区划调整的模式看，大多是局部性的，也有全局性的。其内容丰富，有建制方面的，如置、废、并、省或层级的降格；还有行政中心变迁、边界改划、幅员伸缩、隶属关系变迁、政区名称改动等。其中既有地理特征性的变化，也有非地理特征性的变动。在清代县级政区调整的九种类型中，析分、合并、新设与裁撤四类调整是地理空间层面的变化，同级变更、升级与改隶三类调整是行政层面的变化，迁治与变更专名对政区地理空间和行政级别无直接影响。从县级政区体系的整体而言，析分、合并、新设与裁撤直接影响县级政区的数量变化；同级变更与升级直接影响县级政区的比例变化；迁治与变更专名不会对政区体系的整体产生明显影响，但迁治可能引起城市空间和区域治理结构的变化。在全面梳理清代县级政区地理沿革的基础上，笔者从时间、空间两个维度，提炼清代县级政区的演变特征，进而探讨清代县制的总体演化机制。截至目前，能够比较全面、直观、准确地反映清代县级政区空间分布的成果仍当首推《中国历史地图集》第八册。以此为基础，中国历史地理信息系统（China Historical Geographic Information System，CHGIS）将清代政区数据初步数字化，可提供嘉庆二十五年（1820）与宣统三年（1911）两个标准年份县级及其以上政区的定点数据。笔者利用 ArcMap 清绘了若干幅地图，通过核密度测算反映各类县级政区调整的空间分布特征，其基准底图的来源都是以 CHGIS 下载的宣统三年（1911）政区数据为主。不过，由于 CHGIS 存在一些定点不准（古今治所有变的县级政区）、数据缺失等情况，故笔者依据华林甫主编《清史地图集》的考证结果进行了局部修订和补充。

第一节　县级政区调整的总体格局

清代对统县政区体系的设计与改革，直接影响了县级政区的设置数量及各类型比例。雍正乾隆时期，确立了直隶厅制度，明确了直隶州制度，进一步完善了统县政区的管理体系。自清朝收复澎湖、台湾，统一全国领土（1683）到清帝退位（1911）的 229 年，全国县级以上政区变化可分为 4 个阶段：1683—1795 年、1796—1840 年、1841—1894 年、1895—1911 年。如图 8-1 所示，在 5 个节点年份下，自雍正乾隆年间完成对全国 190 个属州的调整与确立厅制后，清代县级政区体系中的散厅、散州逐渐开始占据了一定比重。

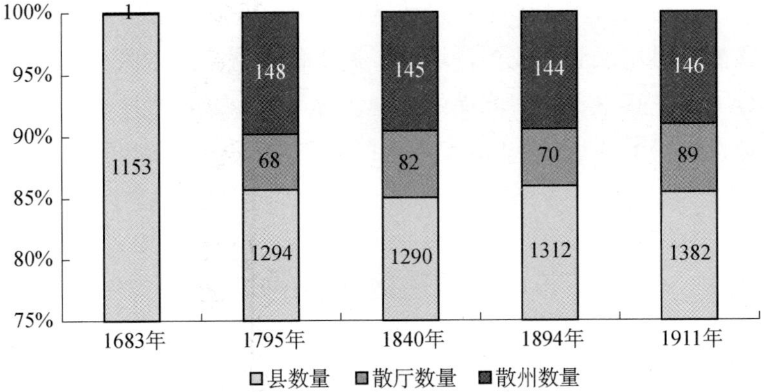

图 8-1　1683—1911 年全国县级行政区划的数量和占比变化

总体上，经过雍正—乾隆两朝的行政区划调整，县级政区的比例变化并不明显，稳定性很高。县的占比稳定在 85%以上，始终保持主体地位；散州占比略有下降趋势；而散厅占比在道光年间达到最高，其占比先增、后减、又增，主要因为厅改州县与清末边疆地区厅的增置。

从县级政区的总体数量变化看，1683—1795年的113年间，全国县级行政区的数量迅速增长，平均每年增加3.2个。1796—1894年的近百年时间，是全国县级行政区划格局的稳定期；尤其是1796—1840年的45年间县级行政区划变化很小，县只减少4个，散州只减少3个，散厅数量略有增加。而1895—1911年的短短17年间，县级政区的增速达到峰值，平均每年增加5.4个，主要体现在散厅与县的快速增置上。与明代相比，清代新设县级政区的地域向今新疆、东三省、台湾、青海及甘肃地区大幅扩展，这些地区在明代时有的不归明王朝管辖，有的只设了羁縻都司卫所、巡检司，并无州县设置。而既往行省地带新设县级政区的增加主要集中在西南地区，云贵川3个布政使司在明代时共管辖152个县级政区，清末云贵川3省管辖县级政区的数量增加到283个，增长了近1倍。就县级政区分布的密度而言，直隶南部、河南中部、江苏南部、成都平原、关中盆地以及汾河流域最密集，都是人口稠密、开发成熟的平坦地带。

第二节 县级政区调整的时序特征

在时间序列上，清代县级政区的调整，分布很不均匀。自1683年以来至清末1911年的229年间，历经九位皇帝执政。在全国1456次县级政区调整中，康熙朝（1683—1722）55个县级政区调整了62次，雍正朝501个县级政区调整了626次，乾隆朝 221 个县级政区调整了 276 次，嘉庆朝 57 个县级政区调整了 67 次，道光朝 25 个县级政区调整了 26 次，咸丰朝 3 个县级政区调整了 4 次，同治朝 22 个县级政区调整了 29 次，光绪朝 206 个县级政区调整了 279 次，宣统朝 75 个县级政区调整了 87 次，平均每年发生调整 6.36 次。而从另一角度看，229 年里有 76 个年份全国无县级政区发生调整①、153 个年份中有县级政区发生调整，雍正帝在位的 13 年和宣统帝在位的 3 年则每年都有调整。可以说，县级政区调整是中央权力管控基层地方的一种常态机制。

由于九位皇帝的在位时长不同，故单以各朝的调整频次衡量，还不能说明清代县级政区调整的时间规律。从图 8-2 可见，九朝的调整频率差距很大，清代县级政区调整的时序曲线一目了然。总体上，雍正朝是清代政区调整的绝对高峰期，平均每年调整近 50 个县级政区；晚清光宣两朝也是一个相对高峰期，平均每年调整近 10 个县级政区；而调整最少的道咸同时期，大约平均每年仅调整 1 个县级政区。不难发现，清代一前一后两个调整高峰期分别为雍乾两朝的经略西南和光宣两朝的开发东北，其中鄂尔泰、徐世昌等地方督抚大员发挥了关键作用。

---

① 据笔者统计，1683—1911 年，全国县级政区无调整的年份是：康熙朝 1686 年、1688 年、1691 年、1697 年、1700 年、1701 年、1702 年、1705 年、1706 年、1707 年、1708 年、1710 年、1712 年、1713 年、1715 年、1716 年、1717 年、1718 年、1719 年、1720 年、1722 年；乾隆朝 1744 年、1745 年、1753 年、1755 年、1785 年、1786 年、1790 年、1792 年、1793 年、1794 年、1795 年；嘉庆朝 1807 年、1815 年、1817 年、1818 年；道光朝 1826 年、1827 年、1828 年、1830 年、1831 年、1833 年、1834 年、1835 年、1836 年、1837 年、1838 年、1839 年、1842 年、1844 年、1845 年、1846 年、1847 年、1848 年、1849 年、1850 年；咸丰朝 1852 年、1853 年、1854 年、1856 年、1857 年、1858 年、1859 年、1860 年；同治朝 1863 年、1866 年、1869 年；光绪朝 1878 年、1883 年、1890 年、1891 年、1895 年、1896 年、1897 年、1898 年、1901 年。

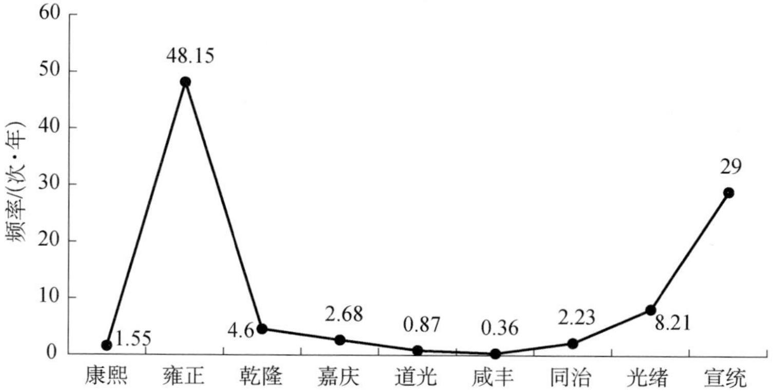

图 8-2　1683—1911 年康熙到宣统九朝县级政区调整频率波动

注：调整频率=调整频次/在位年数

可见，最高统治者的决策是行政制度变化的重要动力之一。清王朝入关之初，民族矛盾比较尖锐，且南明势力尚存，故顺治朝力求稳定社会秩序，对从明代延续下来的政区体制以及州县关系，极少更改。而康熙帝虽然在位时间最长，但精力主要集中在开疆拓土、平定战乱与稳固统治上，亲政后平定三藩，收复台湾，抗击沙俄，屡征准噶尔、青海，扩展清朝的疆域版图，也无暇大规模调适全国政区体系，只是对基层县级政区进行局部修整。不过康熙帝平定叛乱、稳固统治的举措为雍正朝大规模调整政区奠定了良好的基础。同时，康熙五十一年（1712）宣布“盛世滋丁，永不加赋”，雍正朝进一步推行“摊丁入亩”，废除了传统的人头税，促进了人口大幅增长，给基层地方治理带来了更大的压力和新的考验。于是，雍正帝厉行严明高效的行政作风，提高行政效率，加强集权，在官员选任（加强对高级官员选任的掌控）和政区调整方面，着力最多。

华国樑曾根据《嘉庆重修一统志》对雍正朝调整的政区进

行了初步统计，结果是增设了散州与县共 136 个。[①]据笔者逐个考证、计算，这个数字应该是 124 个，加上新设散厅 45 个，13 年间共新设 169 个县级政区，是雍正朝频次仅次于改隶的政区调整。雍正帝对全国政区层级进行了宏观设计和整体简化，集中调整了州制，导致顺康两朝从明代沿袭的属州被大规模升降废改，因之而来的县级政区改隶成为雍正朝调整最多的类型，总计 225 个。升级的属州、直隶州总计 73 个，也是雍正年间较为广泛的调整类型。雍正朝调整县级政区，不拘一格，遵循因地制宜的原则，天津州、桑植厅、西隆州在雍正年间甚至历经了四次调整。例如湖南桑植厅，清初为桑植安抚司地，领美坪等十八峒，雍正四年（1726）因改土归流置桑植厅，治旧桑植安抚司地，隶岳州府；雍正七年（1729），改厅为县，增辖慈利县安福所地，并迁治安福所城，改隶永顺府。“永顺府属之桑植县系雍正七年改土归流，因地方偏小，慈利县安福所地土归并以成县治……奏请将临湘、零陵、宜章三县俱改为冲繁难兼三要缺，在外拣选调补，其清泉县改为疲难中缺，桑植县删去苗疆字样，改为简缺，与湘潭县之丞均归部选。”[②]历经雍正朝的四次调整以及乾隆朝对其官缺等第的调适，桑植的政区结构体系稳定下来，直至清末再未变动。这些少数民族或边远地区，虽然雍正朝新设、调整了大量县级政区，如知州、知县取代同知、通判等，但官员数量始终保持定额，避免了官员的滥置。

① 华国樑：《论雍正年间的政区变动》，《苏州大学学报（哲学社会科学版）》1991 年第 3 期。

② 中国第一历史档案馆藏：录副奏折《湖南巡抚敦福奏请更定员缺繁简事》，乾隆四十一年十二月二十九日，档号：03-0053，件号：03-0053-030，缩微号：003-0912。

雍正二年（1724）六月，雍正帝曾朱批两广总督孔毓珣道："尔等封疆大臣，料理地方一切事宜，当于远大处熟筹深计，凡出一令、举一事，必期永久可行，有利无害方好。不可止顾目前小利，或被庸愚属员、无知小民一时谬论所煽惑也。"[①]虽然雍正帝调整政区的范围广、数量大，但他对此一直保持着谨慎的态度，常常反复征询意见、权衡各方利弊方才决策。至于为何雍正朝如此大规模地对全国政区进行改革，既与雍正帝本人勤政相关，更是政区演变和地方治理的客观需要。经过顺康两朝的开拓，清朝政权得以稳固，但地方管理处于一种较为混杂的状态，亟待细化。政区层级杂乱、大小不一、疆界不清，统县政区的管辖幅度差距悬殊。山西巡抚诺岷曾疏言："太原、平阳二府所辖州县，居通省三分之二，地方辽阔，经年不能周其地，是以从前亏空，知州毫无觉查。"[②]统县政区辖县过多、管辖幅度过大是导致知府知州治理难周、效率低下和地方亏空的重要原因，因此诺岷提议将太原、平阳二府的九个属州升为直隶州，并通过调整州县隶属关系将统县政区的管辖幅度收缩到合理范围。于是，雍正朝的属州调整自山西始，并迅速扩展到全国。

此外，雍正朝对明朝遗留下来的卫所和土司制度也进行了行政调整，使其辖地有机融入了中央督抚体制下的州县体系。明代到清初，实土卫所与相邻州县争田夺地的现象时有发生，卫所与州县交界地带还存在军籍与民籍交杂、管理不便的情况。

---

① 《世宗宪皇帝朱批谕旨》卷七之一《朱批孔毓珣奏折》，《景印文渊阁四库全书》史部第416册，台北：商务印书馆，1986年，第46a—46b页。

② （清）蒋良骐撰，鲍思陶、西原点校：《东华录》卷25，"雍正二年三月"条，济南：齐鲁书社，2005年，第387页。

于是，雍正帝谕令陆续裁撤卫所，归并卫所辖地至相邻州县，或直接将卫所改设州县，有效地解决了这一问题。而清初西南省份中存在的土司统治地域，往往经济落后、文化闭塞，甚至大肆抢劫内地州县，越发成为妨碍国家统一、地方安定的隐患。经鄂尔泰勘察地方，多次奏议，雍正帝决定将不法土司“除首恶惩治外，其余人等，则令安插内地”[①]，诸多土司辖地改设为府厅州县。

据图 8-3，雍正年间的政区调整几乎覆盖了全国包括台湾在内的所有地域，属州、卫所、土司集中地带是政区改革的重点所在。经过十三年颇具魄力的密集调整，雍正以后全国各统县政区的管辖幅度趋于合理，提高了政令上传下达的效率，适应了地方赋役改革和经济发展的需求。边疆和少数民族地区也快速纳入了内地州县管理的框架内，促进了民族融合与地方稳定。总之，雍正帝在调整生产关系、形成比较清明和稳定的政治、巩固和发展统一的多民族国家方面作出了巨大的贡献。[②]这一点在政区调整上便可见一斑，换言之，雍正帝对地方行政调整和治理优化上的贡献，是其主要政绩之一。在雍正朝奠定的基础上，有清一代，全国行政区划体系趋向成熟。

而乾隆、嘉庆两朝基本上是延续雍正帝的政区调整思路，进行一些修补工作。例如乾隆帝将直隶、江苏、山东、山西的一些属州调整殆尽，并继续推进卫所改并州县和改土归流的工作。乾隆朝县级政区调整最多的类型也是新设（66 个）和改隶（63 个），嘉庆朝县级政区调整的类型也以新设（17 个）为最多。

① 《世宗实录》卷 132，“雍正十一年癸丑六月丙寅”条，《清实录》，第 8 册，第 710 页。

② 冯尔康：《雍正传》，上海：上海三联书店，1999 年，第 648—659 页。

乾隆时期，直隶、山西北部地区是政区调整的高频区。

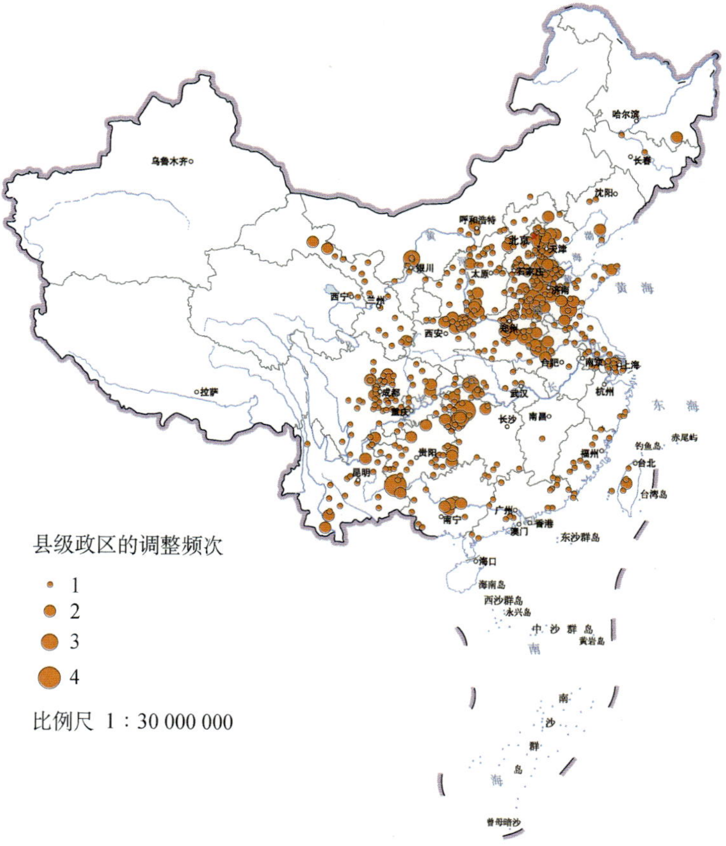

图 8-3　雍正时期（1723—1735 年）县级政区的调整频次分布

尤其值得一提的是，相比雍正，乾隆帝的主要贡献在于平定准噶尔部叛乱、大小和卓之乱，将新疆正式纳入中央管辖，并在新疆地区新设了 11 个政区（8 厅 3 县），成为新疆府厅州县体系的雏形，为后来新疆建省和政区一体化奠定了坚实基础（图 8-4）。

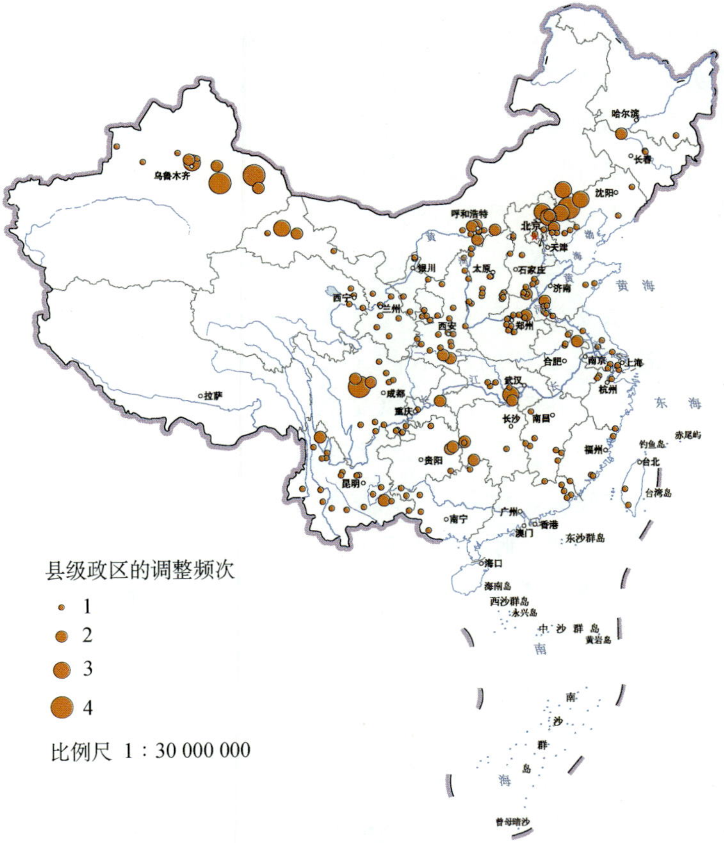

图 8-4 乾隆时期（1736—1795 年）县级政区的调整频次分布

道光以后，道咸同年间的政区设置与地方管理就主要是墨守成规了，对县级政区极少调整。这是内外因共同作用的结果，其内在原因是经历了康雍乾的调整，全国疆域版图已然奠定，政区体系已颇为成熟；而外在原因是道光以后，随着外国势力入侵、太平天国运动爆发等内忧外患的加剧，清廷调整的重心更多在军事、经济方面。尤其是咸丰在位的 11 年，从中央朝廷到地方政府，全都在忙于应对与太平天国的战争，而且还要应对英法联军入侵，难以再有精力对地方政区进行调整优化。因此，整个咸丰朝全国仅有 3 个县级政区发生调整，都是地方治理出现了亟待解决的问题，不得已而为之。咸丰元年（1851）和咸丰十一年（1861）江苏沛县两次迁治；咸丰五年（1855）二月，乌鲁木齐都统庆福会同陕甘总督易棠奏请将镇西府改为直隶厅：

> 兹查得巴里坤地方现设镇西府一缺，向本同知缺，于乾隆三十九年改设，仅辖宜禾、奇台二县。缘开辟新疆之初，该处兵民杂处，是以改设知府大员，藉资弹压。今经九十余年，兵民相安，地方静谧，今昔情形实有不同。该府除勘转宜、奇二县刑钱案件之外，别无应办事宜……当此经费支绌之时，本宜节用，而节用无异于生财，果能省一两经费即可多添一两兵饷……拟请将镇西府、宜禾县、府教授、县典史四缺一并裁汰，改设镇西理事直隶同知一缺，兼理满营事务，仍复旧制……其镇西府原辖之奇台县东距镇西府七百一十里，西距迪化州五百二十七里，该县招解要案向须先行东解镇西府审转,而后西解镇西道审勘。今既将镇西府缺拟请裁改，所有奇台县缺应请改归迪化直隶州专辖，仍归镇迪道兼辖，则审转要案毋须解东折西，以免往返耽延，而昭慎重。如此裁汰改设，计每年节省廉费俸工役食银三千八百余两以济兵饷，既于经费有裨，亦于公事较便。①

① 中国第一历史档案馆藏：录副奏折《乌鲁木齐都统庆福奏为拟裁新疆镇西府知府等冗员以节经费事》，咸丰五年二月十八日，档号：03-4107，件号：03-4107-047，缩微号：277-1179。

相应的，将奇台县就近改隶至迪化直隶州，将宜禾县裁入镇西直隶厅以合厅制。咸丰年间战事不断、经费支绌，这一系列调整是出于节省经费的考虑。

晚清百年，可谓“三千年未有之大变局”。内在变革要求与外来刺激力量相遇，中国经历了前所未有的痛苦转型，艰难地踏上了近代民族国家之路。到了光宣年间，领土进一步丧失，列强纷纷在华划分势力范围，边疆危机严重加剧，光绪帝“天朝上国”的优越感已彻底破碎，明确了“攘外须先安内”的理念，有意识地加强边疆管控与治理，基层县级政区的调整再次进入高峰期。光绪朝调整的206个县级政区，有61个县级政区析分，105个县级政区由此新设，占据了调整的绝大多数。同样，宣统朝调整的75个县级政区，也主要是“析分”（20个）和“新设”（38个）两种类型。溥仪继位时仅三岁，由光绪皇后隆裕太后和载沣摄政，基本延续了光绪开发东北、经营川边、巩固边疆的总体思路，不过清王朝已是风雨飘摇，任何地方行政改革都只是强弩之末了。在调整分布的地域上，宣统年间尤其侧重吉林与川西地区，相比光绪，宣统朝进一步推进了吉林省下府厅州县体系的完善，并初步完成了对川边藏区的改土归流和政区设置（图8-5、图8-6）。

当然，对如此庞大的行政区划体系进行调整优化，即使是最有魄力的雍正帝也不可能一蹴而就。例如，雍正朝在政区整顿中，山西的卫所改州县，大同府仍残留一些卫所未改，改土归流后，也还有相当数量的土府土州。双轨交叉并存、不便管理的积弊在局部地区仍然存在，到乾嘉两朝以后才逐渐完善。[①]更普遍存在的是，清代存在若干发生反复调整的县级政区。由于政区设置和规划是综合、复杂的工程，会牵涉经济、吏治、户口、基础设施等多方面因素，因此单从政区变动的角

图 8-5　道咸同时期（1821—1874 年）县级政区的调整频次分布

---

① 华国樑：《论雍正年间的政区变动》，《苏州大学学报（哲学社会科学版）》1991 年第 3 期。

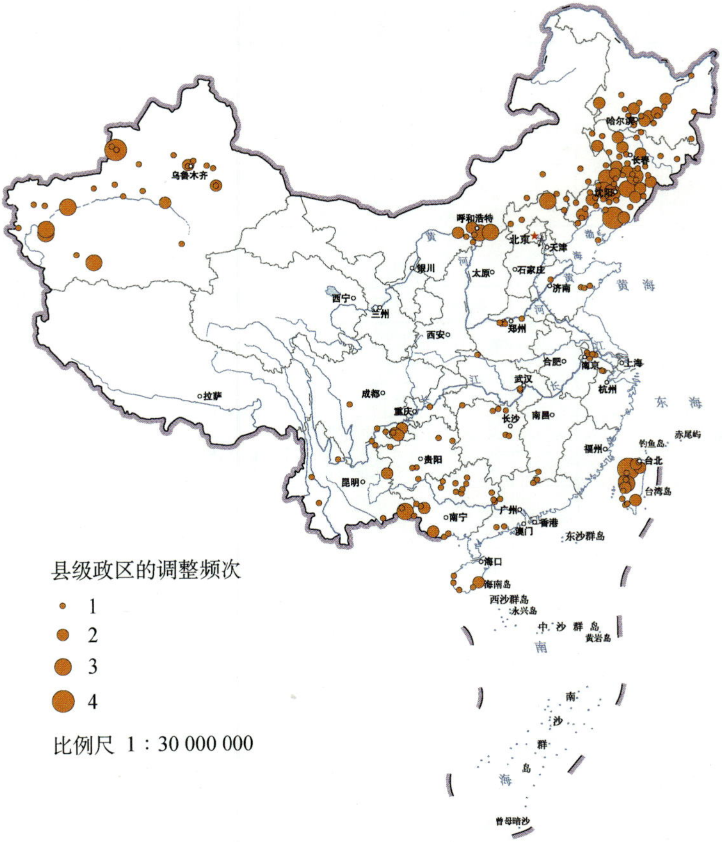

图 8-6　光绪时期（1875—1908 年）县级政区的调整频次分布

度考虑，调整的反复（尤其是短期内的反复）是一种行政资源的浪费。不过在交通、通信条件有限的清代，若想实现政区调整一次成功、“永久可行”也并非易事。清代县级政区的反复调整主要可分为五类情况：一是迁治后又迁回旧治；二是新设政区后又裁撤；三是裁撤政区后又复设；四是政区升级后又降级；五是政区改隶后又复归。具体情形如表 8-1 所示。

表 8-1　1683—1911 年反复调整的县级政区（典型案例）

调整类型	统县政区	政区调整		间隔时长	备注
迁治后又迁回	广平府	调整	康熙四十二年由今广平镇迁治城西北	8 年	
		反复	康熙五十年迁回今广平镇		
	遵义府	调整	雍正十年由古凤迁治土坪	6 年	“雍正以前迁徙靡常，无异穴居野处。乾隆三年定地古凤，乾隆二十四年始建州城。”[1]
		反复	乾隆三年迁回古凤		
新设后又裁撤	奉天府	调整	雍正四年以宁古塔地方置泰宁县	3 年	距奉天府过远，鞭长莫及，宁古塔将军哈达奏请裁撤
		反复	雍正七年裁撤		
	松江府	调整	雍正二年析青浦县置	19 年	因辖境狭小裁撤
		反复	乾隆八年裁撤		
裁撤后又复设	兴安府	调整	乾隆四十七年裁汉阴县	3 年	
		反复	乾隆五十年旧址重置汉阴厅		
	广南府	调整	乾隆三十五年二月裁附郭宝宁县	8 个月	“该处沙猓杂处，易滋事端。又为江西各省采办滇铜经行站路，稽察难周。旧设土同知一员，藉有知府管理约束。若将知府裁改同知，与土同知官阶相等，易生亵玩。应仍留知府，方合弹压机宜。”[2]
		反复	乾隆三十五年十月复设宝宁县		
升级后又降级	兖州府	调整	雍正二年济宁州升直隶州	5 年	乾隆四十一年，济宁州再次升为直隶州
		反复	雍正七年降为州，属兖州府		
	开封府	调整	雍正二年郑州升直隶州	10 年	光绪三十年，郑州再次升为直隶州
		反复	雍正十二年降为州，还属开封府	10 年	光绪三十年，郑州再次升为直隶州
改隶后又复归	济南府	调整	雍正七年平原县自济南府改隶高唐直隶州	5 年	雍正十二年高唐直隶州降为州，所领四县还属济南府
		反复	雍正十二年平原县还属济南府		

续表

调整类型	统县政区	政区调整		间隔时长	备注
改隶后又复归	肇庆府	调整	同治六年阳春县自肇庆府改隶阳江直隶州	3 年	同治九年阳江直隶州改为直隶厅，所领三县还属肇庆府
		反复	同治九年阳春县还属肇庆府		

注：[1]（清）陶有容、彭焯修，（清）杨德明、严宗六纂：光绪《续修正安州志》卷之二《城垣》，光绪三年刻本，第 9a 页

[2]《高宗实录》卷 871，“乾隆三十五年十月己亥”条，《清实录》，第 19 册，第 688 页

政区反复调整既体现了地方治理的复杂性，也使我们看到了清代行政运作中颇具“弹性”的一面，值得逐个案例地展开深入探究。有清一代，我们可以考证出诸多间隔时长较短的县级政区反复调整，这类反复也以雍正年间最多。可见基层县级政区的调整优化始终是一个在摸索中的渐进过程，力求在政区调整中选取最佳方案、发挥其长治久安的作用，这既是清朝统治者的理想效果，也是古今政府的永恒追求。

第三节　县级政区调整的空间分异特征

关于清代县级政区调整的空间分布，笔者在计算全国 23 个省各类调整频次的平均值后，查找极值（极大与极小）的省份分布与极差范围，通过计算极差系数来考察各类调整频次的离散度。极差 $R=\chi\text{max}-\chi\text{min}$，极差系数 $m=(R/\chi)\times100\%$，计算结果如表 8-2 所示。

表 8-2　1683—1911 年全国县级政区各类调整极值的省域分布

调整类型	省域平均值/次	省份（最大值）/次	省份（最小值）/次	极差系数/%
析分	9.65	奉天（30）	黑龙江（0）	310.88
合并	1.35	山西（6）	吉林、黑龙江等十一省（0）	444.44
同级变更	1.57	直隶（6）	吉林、黑龙江等九省（0）	382.17
升级	7.00	山西（18）	浙江、台湾等三省（1）	242.86
改隶	16.96	山东（72）	吉林（0）	424.53
迁治	3.61	新疆（9）	浙江、福建等四省（0）	249.31
变更专名	2.00	直隶（10）	福建、湖南等五省（0）	500.00
新设	18.91	四川（56）	河南（2）	285.56
裁撤	2.26	奉天、甘肃等三省（6）	吉林、黑龙江等九省（0）	265.49

从表 8-2 数据可见，升级、迁治、裁撤、新设 4 类县级政区调整的极差系数较低，说明这 4 类调整在 23 个省的分布范围较为广泛、省域分布的均匀度最高；而变更专名、合并、改隶、同级变更依次为极差系数最大的政区调整，由于变更专名的总频次仅 46 次且有 10 次集中在直隶，合并总频次仅 31 次且有 6 次集中在山西，改隶主要发生在清初属州较多的省，同级变更总频次仅 36 次且有 6 次集中在直隶，故这 4 类调整的分布范围相对集中。空间分布上，9 类政区调整的频次分布都表现出了地方行政管理与政区调整的多样性。

1683—1911 年，不论置废更改，全国存在过的县级政区达 1790 个。其中 879 个县级政区不曾变动，总计 1456 次的县级政区调整发生在 911 个县级政区上，可见调整覆盖的政区范围很大，达到 51%，超过了半数。进一步统计，在 911 个变动过的县级政区中，有 585 个是调整了一次的，有 326 个是调整了两次以上的。梳理这项数据，对于验证各区域、各省份县级政区结构体系的稳定程度具有宏观上的参考价值（图 8-7）。

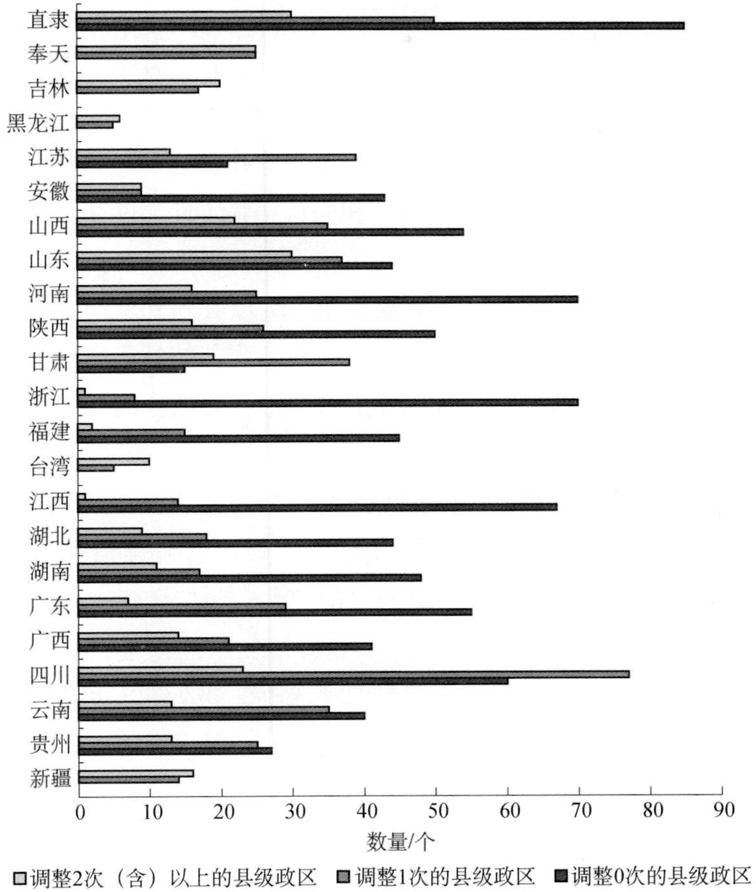

图 8-7　1683—1911 年县级政区调整频次的省域分布

由图 8-7 可见，直隶、安徽、山西、山东、河南、陕西、浙江、福建、江西、湖北、湖南、广东、广西、云南、贵州等

15 个省份内部，未调整过的县级政区数量最多、仅调整 1 次的县级政区数量次之、多次调整的县级政区数量较少；江苏、甘肃、四川三省份内部，调整 1 次的县级政区数量最多；而奉天、吉林、黑龙江、台湾、新疆五省，省下全部县级政区都至少调整过 1 次。这五省为晚清新设，省下府厅州县的快速调整与充实是为了适应政区发展规律，与内地管理体制划一。而浙江、福建、江西三省的县级政区表现出极强的稳定性，仅有局部微调。[①]主要是明末清初这三省的属州很少（浙江仅安吉州 1 个属州、江西仅宁州 1 个属州、福建无属州），在州制调整与政区层级简化的过程中少有变更；同时，这三省的统县政区数量以及统县政区的管辖幅度都介于较为平均、合理的区间范围，故县级政区极少有置废更迭。

除去晚清新设五省及其县级政区，还有七个省份，其内部发生过调整的县级政区占比超过了半数，它们分别是甘肃（79.2%）、江苏（71.2%）、四川（62.5%）、山东（60.4%）、贵州（58.5%）、云南（54.5%）、山西（51.4%）。这些省份，清初属州的数量都很多[②]，加上雍乾两朝江南分县、经略边疆、改土归流、卫所改置州县等因素的综合影响，导致上述七省县级政区的调整比较广泛。有清一代发生调整的县级政区的总体空间分布，如图 8-8 所示。从中可见，直隶、苏南、豫北、鲁西北、川东、皖北等区域是清代行政区划调整最密集的地区，尤其是省界两侧地带，政区调整相对频繁。

---

① 按：台湾建省前隶于福建省，建省前已置台湾府（1684 年设）、台北府（1875 年设），府下新设诸县不计入福建省政区调整，计入台湾省。

② 按：其中最多的是四川，清初有 17 个属州，最少的贵州在清初也有 5 个属州。

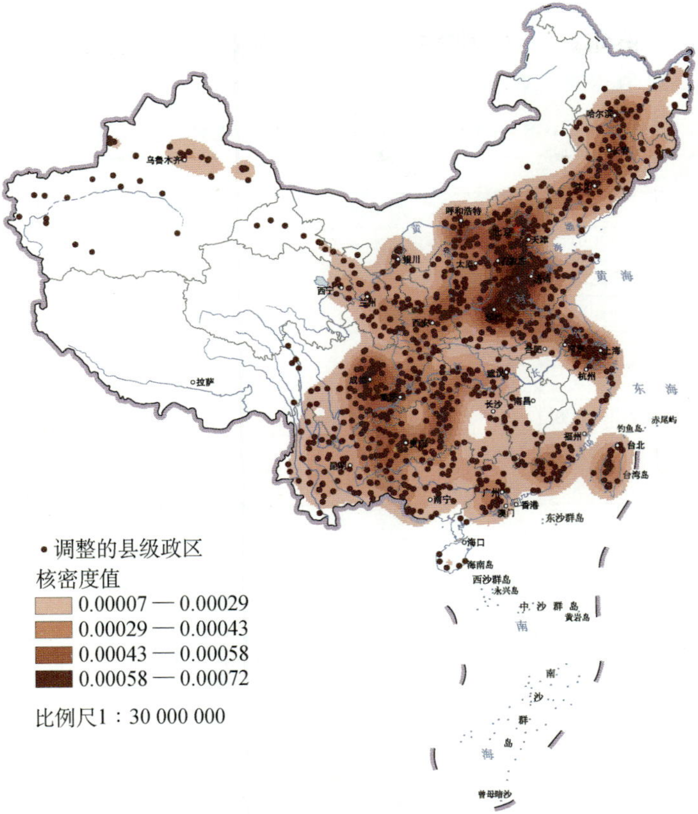

图 8-8　1683—1911 年调整的县级政区空间分布

若以统县政区为单位观测，1683—1911 年，全国共有 37 个统县政区及其辖县从未发生过政区调整①，包括 28 个府和 9 个直隶州，全部是沿袭明代政区而来。在地域分布上，江西、浙江、安徽三省不曾变更的统县政区最多，它们及其辖县的政区结构体系长期保持着高度的稳定性。宏观上可以说，皖南、晋

① 按：不含山西宁武府（宁武府为雍正三年五月置，府下新设宁武、神池、偏关、五寨四县，至清末未变）。

东南、浙江、闽西、江西、鄂西北、雷州半岛等区域是清代地方建置最稳定的地区。具体情形如表 8-3 所示。

表 8-3　1683—1911 年全国不曾变更的统县政区及其辖县

省份	统县政区	所辖县级政区	数量
安徽	安庆府	怀宁、桐城、潜山、太湖、宿松、望江	府五、直隶州三、县三十一
	徽州府	歙县、休宁、婺源、祁门、黟县、绩溪	
	宁国府	宣城、泾县、南陵、宁国、旌德、太平	
	池州府	贵池、青阳、铜陵、石埭、建德、东流	
	太平府	当涂、芜湖、繁昌	
	广德直隶州	建平	
	滁州直隶州	全椒、来安	
	和州直隶州	含山	
山西	沁州直隶州	沁源、武乡	直隶州二、县四
	辽州直隶州	榆社、和顺	
河南	汝州直隶州	鲁山、郏县、宝丰、伊阳	直隶州一、县四
陕西	凤翔府	凤翔、岐山、宝鸡、扶风、郿县、麟游、汧阳、陇州	府一、散州一、县七
浙江	嘉兴府	嘉兴、秀水、嘉善、海盐、石门、平湖、桐乡	府六、县四十四
	绍兴府	山阴、会稽、萧山、诸暨、余姚、上虞、嵊县、新昌	
	金华府	金华、兰溪、东阳、义乌、永康、武义、浦江、汤溪	
	衢州府	西安、龙游、江山、常山、开化	
	严州府	建德、淳安、桐庐、遂安、寿昌、分水	
	处州府	丽水、青田、缙云、松阳、遂昌、龙泉、庆元、云和、宣平、景宁	
福建	汀州府	长汀、宁化、上杭、武平、清流、连城、归化、永定	府三、县十四
	兴化府	莆田、仙游	
	邵武府	邵武、光泽、泰宁、建宁	
江西	饶州府	鄱阳、余干、乐平、浮梁、德兴、安仁、万年	府八、县三十八

续表

省份	统县政区	所辖县级政区	数量
江西	南康府	星子、都昌、建昌、安义	府八、县三十八
	九江府	德化、德安、瑞昌、湖口、彭泽	
	建昌府	南城、新城、南丰、广昌、泸溪	
	抚州府	临川、崇仁、金溪、宜黄、乐安、东乡	
	临江府	清江、新淦、新喻、峡江	
	瑞州府	高安、上高、新昌	
	南安府	大庾、南康、上犹、崇义	
湖北	襄阳府	襄阳、宜城、南漳、枣阳、谷城、光化、均州	府二、散州一、县十二
	郧阳府[1]	郧县、房县、竹山、竹溪、保康、郧西	
湖南	常德府	武陵、桃源、龙阳、沅江	府一、直隶州一、县九
	郴州直隶州	永兴、兴宁、宜章、桂阳、桂东	
广东	雷州府	海康、遂溪、徐闻	府一、直隶州一、县五
	罗定直隶州	东安、西宁	
四川	邛州直隶州	大邑、蒲江	直隶州一、县二
云南	澂江府[2]	河阳、江川、新兴州、路南州	府一、散州二、县二
总计：府二十八、直隶州九、散州四、县一百六十五			

注：[1]顺治十六年（1659），裁府辖上津县，并入郧西县

[2]康熙八年（1669），裁府辖阳宗县，并入河阳县

第四节　县级政区调整的触发条件

清代各级政区的管理属性显著，地方政治安全和统治有效是触发政区调整的首要和决定性因素，统治需求带来的政区设置和县制扩展进程可以快于区域本身开发的速率。如直隶朝阳县直接升府的案例就属于这种情况，朝阳县人口稀少、开发有限，直接升府看似不合常理，不过其地之形势，“边荒辽阔，右

蔽承德，左翊锦新，控制东盟，形势最重”[①]。朝廷从战略角度设府以促进直隶、东北以及蒙地交会地带的开发，其意义不言而喻。土司地区的改土归流和政区一体化进程，也是在朝廷弹压地方和加强集权的驱动下完成的。再比如，看似标准化的“冲繁疲难”制度也有明显的政策倾斜。清朝充分考虑了区域间的差异，有意识地提高了边疆区域包括内地边缘地带州县的等级，以鼓励行政能力较强的官员服务于边疆和艰苦地区，并给予其晋升上的优势。[②]这一点在当今行政区划体系和国家空间治理中也有体现，新疆、西藏、青海等省区的一些兵团设市、口岸设市、撤县设市、撤地区设地级市的行政区划工作，也是国家促进边疆安全、政治稳定与民族团结而实施的战略举措。

而自然地理环境作为政区下垫面，对县级政区的空间分异具有基础性影响。由于气候、海拔、水源、植被、土壤等自然环境要素直接影响着人口聚落的分布，而政区设置的目的在于有效管理人口和其他经济要素，因此政区设置的空间分布与自然地理环境密切相关。在中华文明的演进中，温暖、湿润、低海拔地区（如黄淮海平原、长江中下游平原、四川盆地等）的人口、聚落和政区都相对密集，政区调整和变动也相对频繁。而自然环境的异常变化，尤其是自然灾害的发生会引起政区的被动性调整。清代因自然灾害造成的政区调整集中表现在县级政区的裁撤和治所迁移上。裁县之例，如乾隆十九年（1754），安徽临淮县因频遭水患、城署冲坍，归并凤阳县辖；乾隆二十

① （清）吴廷燮辑：《光绪增改郡县表》，光绪三十二年刻本，第 1a 页。
② 胡恒：《清代政区分等与官僚资源调配的量化分析》，《近代史研究》2019 年第 3 期。

二年（1757）因卫河水溢，直隶魏县城郭被漳水冲塌，经前督臣方观承奏准将魏县裁汰，其地分归大名、元城二县管辖。而宁夏府宝丰、新渠的裁撤则与乾隆三年（1738）的特大地震有关。[①]因自然灾害造成的县级政区治所迁移，清代共 17 例[②]，以水灾为首要因素，其中又以黄淮中下游流域最为严重，如河南荥泽、考城、仪封厅，山东齐东，江苏邳州、沛县等，皆曾因黄河水灾而迁治。比较特殊的，还有江苏金山的迁治（嘉庆元年，1796）是由于“旧署为飓风所毁”，甘肃通渭的迁治（雍正八年，1730）是由于“地震城圮”。

顺应政区层级发展的历史规律，则是触发县级政区调整变动的深层原因。中国的行政区划演进历经 2200 余年，一整套完整的行政区划体系在清代的政区改革中形成，并且更加规范和稳定。从春秋时期开始，中国政区体系经历了从两级制到多级制，再到两级制的两次历史大循环，政区发展的趋势是减少层级。[③]从元明以来的政区演变规律看，政区层级的简化和幅员的缩小趋势，体现了中央集权不断加强的过程。明代改变了元朝政区层级复杂的局面，但仍遗留三级、四级政区层级同时存在的问题，给行政管理带来了诸多不便。清代顺应政区层级的发展规律，继续改革，通过废除属州和设立直隶州，既简化和规范了政区层级，又缩小了府的辖区，改变了明代统县政区幅员普遍过大的状况。此外，明代后期总督巡抚辖区成为实际上的行政区，与两京十三布政使司成为交叉并行的两套高层政区

① 胡恒：《皇权不下县？——清代县辖政区与基层社会治理》，北京：北京师范大学出版社，2015 年。

② 许鹏：《清代政区治所迁徙的初步研究》，《中国历史地理论丛》2006 年第 2 辑。

③ 华林甫：《中国政区层级演变之两大循环说》，《江汉论坛》2014 年第 1 期。

体系，不符合政区管理规律，不利于行政管理。清代将总督巡抚辖区调整到与布政使司相一致，又恢复到单一的政区体系。[①]

同时，在高度集权的传统行政体制运行下，中央统治集团的变化尤其是皇帝的才干谋略和执政理念成为触发政区调整的重要因素，突出表现在中央对行政区划的顶层设计上。顺治和康熙两朝开拓疆土、稳固政权，为雍正朝大规模调整行政区划奠定了良好基础。雍正帝厉行严明高效的行政作风，提高行政效率，加强集权，在行政区划调整和官制改革方面着力最多。雍正帝在中央统治集团层面，与督抚密切配合，对全国各地的行政区划设置进行系统的顶层设计和大规模的行政区划改革，这也是他勤政和完善地方治理体系的重要表现。经过 13 年颇具魄力的密集调整，全国行政区划体系得以趋向成熟。雍正帝在地方行政区划调整和治理优化上的贡献，是其主要政绩之一。[②]而乾隆帝的主要贡献在于西北疆域的拓展，其在新疆地区新设的 11 个政区（8 厅 3 县），成为新疆府厅州县体系的雏形，为后来新疆建省和行政区划一体化奠定了坚实基础。道光以后，皇帝个人的执政魄力、改革决心与朝廷官员的才干都不再如前，地方行政区划设置基本墨守成规。晚清时期，在内外形势的共同刺激下，赵尔丰经营川边、徐世昌开发东北等举措，再次推动了行政区划调整工作的完善。

此外，战争动乱是社会环境变迁的典型表征，边疆局势是刺激政区调整的外部因素。清朝入关之初，民族矛盾尖锐，南明势力尚存，平定三藩，收复台湾，抗击沙俄，屡征准噶尔、青海等战事使顺治帝、康熙帝无暇大规模调适全国行政区划体

---

① 林涓：《政区改革与政府运作（1644—1912）》，昆明：云南大学出版社，2016 年。
② 冯尔康：《雍正传》，北京：人民出版社，2008 年。

系，只能对个别县级政区进行针对性修整。顺治至康熙年间，经过连年战乱，人口大量伤亡，尤其是四川，明代后期人口约500万人，清朝初年仅剩50万人左右。因“地广人稀、政事简少”，顺治至康熙年间，清廷在四川裁并了不少州县。道光以后，外国势力入侵、太平天国运动爆发等使清朝的内忧外患加剧，调整的重心更多在军事和对外关系方面。尤其是咸丰年间，全程伴随与太平天国的战争，还要应对英法联军入侵，因此全国仅有江苏沛县、新疆奇台与宜禾3个县级政区发生调整，都是地方治理出现了亟待解决的矛盾，不得已而为之。咸同年间，边疆危机加剧，东北、西北失去了150多万平方千米的国土，光宣时期，国家领土进一步丧失，列强纷纷在华划分势力范围，刺激光宣两朝不得不加强边疆管控与治理，清廷认识到，攘外须先安内。因此，清末县级政区调整再次进入高峰期，但主要集聚于边疆地区。

总体而言，除了继续推行县制外，简化与明晰政区层级亦是清廷政区调整的重要举措，因属州的集中升级、调整，造成大规模的县级政区改隶。此外，在地方矛盾突出或基层治理对政区提出新需求等特殊情形下，县的裁并、同级变更、迁治、变更专名偶有发生。清代全国县级政区的时空变动具有明显的波动性和地域差异性，触发县级政区调整的因素虽然有诸多方面，但政治因素显然是最根本的，自然地理环境对其形成起基础性作用，政区的自身演变规律是其调整的深层原因。自然灾害、最高统治者与中央统治集团的规划、战争动乱与内外形势的变化，也对政区调整产生了不同程度的影响。无论古今，国家政策法律对行政区划的调整都具有强大的导向性和约束性，如若不能保障中央行政效力与政治稳定，自然条件、经济、交通、社会文化等其他触发条件或影响因素都无从谈起。

第九章

承古接今：清代县级政区调整机制的现实启示

行政区划作为大政国基，从宏观的顶层设计到微观的基层调整，清代在继承明代地方行政制度的基础上，不仅将全国政区体系设置得更加完善，而且有效加强了中央对地方政府的管控力度。总的来说，县制是中国历代地方行政制度的基石，亦因其高度稳定并延续至今，成为政区研究古今无缝衔接的连接点。而清代可谓传统时代县制发展的终点，又开启了近代新的县级组织架构的开端,在历代县制发展中具有承上启下的作用。因此，追溯县制源流、梳理县制演进、展望县制未来，都不能缺少对清代县级政区的结构体系与演变机制的理解。

第一节　清代县政的管理理念

“设官分职”与“体国经野”是行政区划形成的两大方面。在中国传统社会的治理模式下，中央集权的政治力量凌驾于经济、人口、文化等因素之上，因此“设官分职”常常先于“体国经野”。清代亦然，督抚变迁及其辖区确立与“内地十八省”格局的奠定、府同知通判及其辖区确立与厅制的形成、县下佐杂及其辖区升县等，都在一定程度上体现了这样的关系，体现出清代推进地方治理时稳中求进、渐次扩展的特征。

清代的地方治理依政区层级来看，高层政区上逐渐脱离了明代督抚体制的影响，确立了具有自身时代特色的督抚体制，总督、巡抚相互协调又彼此牵制；并将明朝的十五省析置为十八省，促进了总督、巡抚辖区与省域吻合，塑造了稳固的高层政区格局。十八省的格局延续了二百余年，可谓中国历史上持续时间最久、稳定性最强的高层政区体系。15 巡抚 8 总督的体系也从乾隆二十九年（1764）开始保持了近 150 年不变。[①]这充分说明清代高层政区的设计适应了社会发展需求，也为其下辖的统县政区、县级政区优化奠定了稳固的框架。而作为中间环节的统县政区，清代对州制的改革着力最多，集中表现在直隶州的制度运用上。总体上，清代府的管辖幅度一般控制在 12 个县级政区以内，而直隶州的辖县一般不超过 5 个。超出这个限度，一般会将散州、县升为直隶州而将府划小，直隶州则可

---

① 林涓：《清代行政区划变迁研究》，复旦大学博士学位论文，2004 年。

升为府；反之，不足这个数字就会出现府被降为直隶州、直隶州降为散州的情况。可见，直隶州在调节统县政区管辖幅度、优化府县治理空间方面可以颇为灵活地发挥积极作用。因此，一些经济落后、地方偏远的地区，直隶州相比于府，更能有效地提高管理效率，可以解决因府的幅员过大而导致的行政不便，清代在这些地区设置了为数不少的直隶州。雍正二年（1724）对太原府（5 州 20 县）、平阳府（6 州 28 县）的集中调整就是典型案例，将蒲州、解州、绛州等 8 个散州升为直隶州并分县来隶，调整后太原、平阳二府都分别只下辖 1 州 10 县。在县级政区层面上，笔者尝试用 4 个关键词尽可能地概括清代县政的管理理念，也是基层行政调整运作的具体思路。

第一，“明确层级”。明代已经将元代以来的政区复式多级统辖关系进行了初步改革，但还不彻底，三级和四级政区层级结构并存。清代经过雍乾两朝的努力，以县为基础、规整的政区三级制得以确立。三级制政区间的升降调整是因势利导的，以县级政区作为管理地方的行政“起点”，政治、经济、人口、交通等发展条件达到升级标准时，则可升为直隶厅、州甚至直接升府；反过来，地方发展缓慢、交通不便、人口减少等情形也可能导致直隶厅、直隶州等降为县级政区入府。

第二，“权责明晰”。清代州县员额视粮额多寡和事务繁简而定，总体保持官员定额，避免冗官冗费。一县之域，赋役、诉讼、教化、风俗等方方面面都权责明确，管理范围明晰。知县有政绩卓著者，保题注册，可引荐特批为同知、知府，以示鼓励，有旷职者，督抚劾奏，立从黜退，赏罚分明。[①]县级以

① 廖从云：《中国历代县制考》，台北：中华书局，1969 年，第 105 页。

上政区调整则由督抚奏议、朝廷审批，秩序井然。

第三，“因地制宜”。雍正推行的“冲繁疲难”州县分等制度使政区设置和派官选吏都更具针对性。雍正六年（1728），广西布政使金鉷针对当时各省普遍存在的人缺不宜的现象，提出根据各州县区位的冲或僻、政务的繁或简、赋税的完或欠、命盗案件的多或寡等四方面情况，分别定为“冲”“繁”“疲”“难”四个要素，进而按照所占四要素之多寡，将州县缺划分为不同等级。该奏请深得雍正帝赏识，经过三年多的讨论，雍正九年（1731）基于“冲繁疲难”的政区分等制度正式颁布。这套制度标准清晰、可操作性强，实现了中央对基层地方管理的“因地制宜”与“人地相宜”。经过雍正十二年（1734）、乾隆六年（1741）和乾隆十二年（1747）朝廷谕旨下令各省对其“统一调整”，“冲繁疲难”制度得以确定下来，成为划分道、府、厅、州、县官缺等级、决定其选任方式、分配其选任权力的标准，中国传统的地方行政等级制度由此臻于完善。[①]同时，通过前面对清代全国县级政区调整演变的时空分析，我们也更能充分理解“因地制宜”四字的内涵，调整属州、改革卫所、改土归流甚至设分州、分县的过程，充分体现了清朝优化内地治理和“抚远绥疆”并重的理念。从康熙到宣统，九朝政区调整的重点类型和侧重区域都在尽可能地适应地方发展的需求。

第四，“循序渐进”。这从清代简化政区层级、卫所归并州县以及改土归流等改革过程都可得见。比如元代以来的土司制度，其“建立本是一种权宜之计，是中央政府尚无能力采用郡县制直接统治少数民族地区的暂时措施”，虽然在实质上“土司

① 张振国：《论清代“冲繁疲难”制度之调整》，《安徽史学》2014 年第 3 期。

统治是一种半割据状态，与中央集权制是水火不相容的”[①]，但清代对其改造并不追求一蹴而就。康雍时期，随着中央集权的进一步强化，州县地方官员开始在省级流官群体的政治、军事支持下遏制土司势力向毗邻州县辖地的扩张行为，并逐步地收回此前被土司逐渐攫取的土地与户口管理、赋税征收等州县治权。这为朝廷压缩土司领地、将州县治权伸展向土司地区进而争取州县对地方社会控制的主动权奠定了基础。[②]清代以来的改土归流肇始于顺康、集中推行在雍乾、晚清进一步扩展并延续到民国，对少数民族聚居地区的开发与中国统一多民族国家的发展意义重大。

基于对清代县级政区调整的时序变化与空间格局的解析，结合对调整的总体思路以及触发条件（影响因素）的解读，笔者尝试构建了清代县级政区调整格局的形成机制，如图 9-1 所示。

总体上看，本书对县制调整与变革的阐释还主要是在“实”的方面，包括国家政策、辖境范围、距离远近、民族关系、自然灾害等，较为偏重县的“外在”因素。因此，目前本书对县的设置、变革的解释，主要是从官方语境出发，梳理清人特别是督抚奏疏中所讲述的“理由”。事实上，在“虚”的方面，特别是县制发展的“内在性”机制与生活在县域中的“人”的观念、认同等方面也有很密切的关系。想要更好地理解清代县政运作的具体考量，官民的互动关系是不能忽视的一个侧面。尤其是清代（1683—1911 年），全国共新设了多达 432 个县级政区，

① 周振鹤：《中国地方行政制度史》，上海：上海人民出版社，2005 年，第 387—388 页。

② 孟凡松：《赋役制度与政区边界——基于明清湘鄂西地区的考察》，《中国历史地理论丛》2012 年第 2 辑。

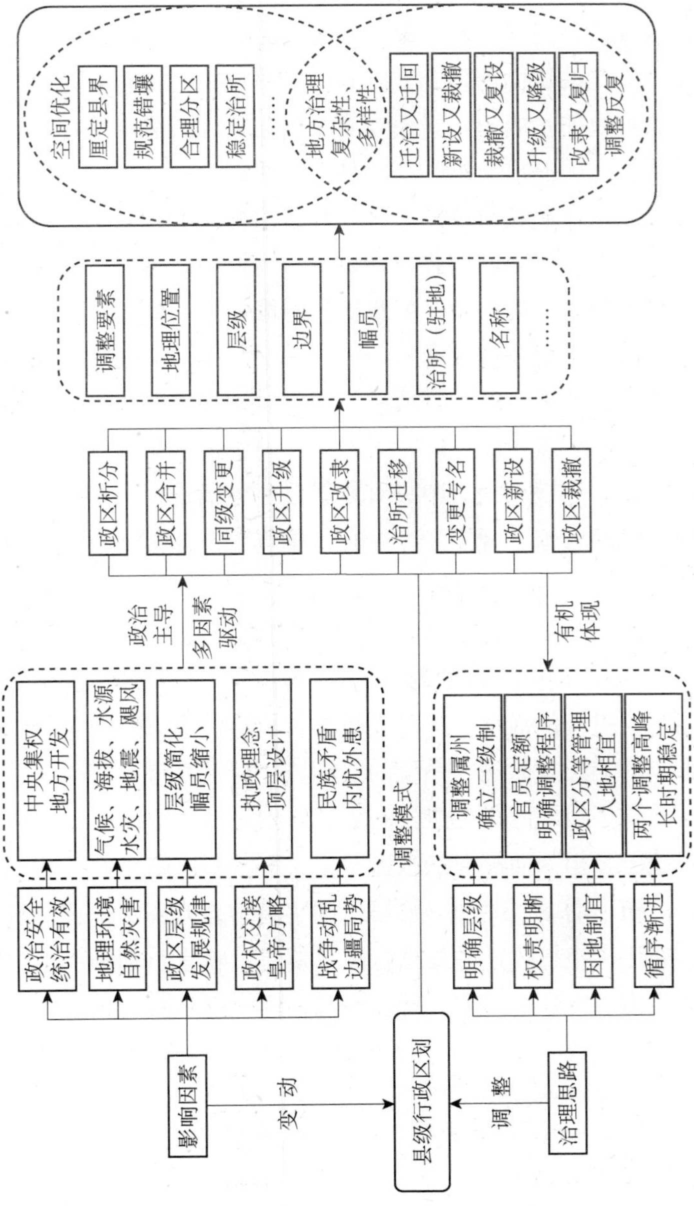

图 9-1　清代县级政区调整格局的形成机制

其中在既往无县地域的新设县占据了相当大比重，因此如何获得新县域民众的认同而使朝廷行政力量得以稳定运行，是县级官员需要解决的重要问题。民众对朝廷的认同首先是文化观念方面的认同，因此出于维护统治秩序的需要，清朝通过对儒家文化的继承来证明其政权的正统性和合法性。而州县官员具有宣理风化、教养万民的职责，通过宣讲《圣谕广训》等为清朝社会治理构建起“大一统”的正统价值观。

中国历代县级政区存在幅员偏小、层级偏多的问题。从政区本身出发，清朝较好地调适了县级政区的规模及其纵向上与统县政区、高层政区的关联，有效地保障了地方行政效率和中央集权。在广袤国土上，中央对县级以上官员进行统一调配，使空间资源和官僚资源融为一个有机整体，发挥其最大价值。费正清曾指出：“中华帝国有一个不可思议的地方，就是它能用一个很小的官员编制，来统治如此众多的人口。”进而他解释道：“政府统治的活动可以区别为两类：一类是往下只到地方县一级的正规官僚机构的活动，另一类是由各地缙绅之家进行领导和施加影响的非正规的网状系统的活动。”[①]也就是说，清代乡绅与广泛的县下组织网络促进了基层地方治理，相对减轻了中央官僚系统的负担。而胡恒从政区等第、官缺和官员调配的流动性出发，指出清朝以“冲繁疲难”四字将千差万别的地理信息加以标准化、指标化，并根据标准化信息，将官员划分为不同的选拔序列，实现了地方督抚、吏部之间合理的权力划分，也使得官员与地理之间达到统治者宣称的“人地相宜”，一定程

① 〔美〕费正清编：《剑桥中国晚清史（1800—1911 年 上卷）》，中国社会科学院历史研究所编译室译，北京：中国社会科学出版社，1993 年，第 22—23、25 页。

度上平衡了“有限政府”与超大规模国家之间的关系[①]，也为我们理解费正清之语提供了一个重要视角。

通过对清代县级政区九种调整模式的梳理，笔者认为，在保证官员定额的前提下，基层政区优化的常态过程，也在有限政府控制超大体量的国家上发挥了关键作用。行政管理的对象是人，清代的政区调整兼有“主动行为”和“被动举措”，但都极具针对性，尤其是县级政区的增置快速适应了人口增长和流动的趋势。例如雍乾时期人口骤增，也是政区改革力度最大的时期；道光以后，东北逐渐开禁，光绪朝进一步在吉林、黑龙江招垦，致使大规模人口涌入东北开荒垦殖，东北成为光宣两朝政区调整最密集的区域。除了新设，县级政区析分、同级变更、升级、改隶等也是舒缓地方矛盾、减小政区间阻隔的平衡策略。总计 911 个发生变动的县级政区如同一块块拼图模块，版图疆域则如同拼图图版，一次次排列组合使拼图的图版形成一种相对稳定的嵌套结构，将超大规模的财赋、人口资源牢牢固定在府厅州县的政区结构体系之内。本书的研究，或可再为费正清的结论阐释提供一点补充。

第二节 演变机制：变与不变之间

从长时段看，清代县级政区调整给地方行政制度带来的变化只是相对的。部分区域政区的增置以及局部政区结构体系的

---

① 胡恒：《清代政区分等与官僚资源调配的量化分析》，《近代史研究》2019 年第 3 期。

改变，是州县本身的“绝对变化”，确保了绵延持久的县制进一步扩展、适应时代发展、保持活力而“相对不变”。从这个意义上说，清代县级政区在成熟的县制体系下表现出一定的弹性，介于变与不变之间，使体制的灵活性与稳定性并存。在“天无二日，地无二主”的观念牵引下，最高统治者追求全国地域能够处于一套统一可控的治理模式下，整体制度设计的背后，决策者的见识在其间有重大影响。而局部调整背后，各省督抚发挥着关键作用，在勘查地方、体察情形的过程中，督抚的视野与才干可能直接影响到行政调整的效果，像鄂尔泰改土归流、赵尔丰经营川边、徐世昌开发东北等可能对区域发展走向产生极其深远的影响。对于地方行政建置，什么时候要改，改动幅度多大，清朝统治者也是在摸索中向前。综合来看，清代对“休养生息”与集中改革的节奏把握是合适的。虽然推进改革会遇到或大或小的阻力，调整有时难以平衡各方利益，甚至偶尔出现反复，但县制的总体扩展毕竟顺应了历史发展潮流，保障了国家一元权力结构的稳定性，促进了中华民族共同体的形成。

近年来，面对国家愈发重视空间治理和区域协调发展的趋势，地理学界指出行政区划本身也是一种重要资源，具有明显的资源属性。[①]这个视角也有助于我们把握传统中国包括清代的政区调整和行政改革的落脚点。政区实体承载的土地、人口、水源、矿产等资源是看得见、摸得着的，但政区调整带来的资源划分与再分配不仅仅是浮在这个表面。在统治者眼里，政区本身作为一种空间资源、组织资源和权力资源，调整过程中为

---

① 王开泳、陈田、刘毅：《“行政区划本身也是一种重要资源”的理论创新与应用》，《地理研究》2019 年第 2 期。

国家疆域奠定、官僚体系稳定和中央集权落实带来的正面作用才是重点所在。

元明清时期，政区调整主要是在省制、县制的大框架下进行修正，或梳理纵向层级，或调节横向政区结构。中国行省制自产生以来已有 700 多年的历史，县制更是绵延 2200 多年，因此任何时期的政区调整都要有历史眼光，历史性原则是中国政区优化改革的重要原则之一。本书的研究是全国尺度，还只是一个宏观意义上的探讨，其实具体每一个区域的发展特征、每一朝的改革思路乃至每一个典型案例反映的治理逻辑，都有进一步挖掘的价值。

清代承古接今，其县级政区建设和改革既延续了传统县制在国家行政中的基础地位，又为民国以后崭新的城市型政区与城市体制诞生奠定了基础，在变与不变间开启了中国政区体系由传统向近现代的转型历程。从 20 世纪 20 年代起，中国的政区类型有了结构性的变化，城市型政区应运而生。清末民国时期，近代意义上的城市开始出现，"市自治制"进一步确立起来，全国范围内出现了越来越多的城市型政区。20 世纪的 100 年，中国在方方面面都发生了巨变。中华人民共和国成立以来，从高层设计到地方干预，各级行政区划的沿袭、新设与调整也经历了一个艰辛的探索过程。尤其是改革开放以来的 40 余年，城市化进程加快，传统的县制与地域型政区受到了前所未有的冲击，对行政区划资源的合理配置与研究提出了更迫切的要求。将其置于长时段的历史周期进行考察，近 40 年来的政区调整与改革可谓"突变"的。城镇化进程、城市发展空间的拓展、人口集聚与增长、交通通信条件的进步、政策影响等是地方行政区划格局发生快速演变的主要驱动因素。[①]不过，从历史经验看，中国各级政区的置废都有特定的原因和背景，任何形式政区的出现与增长、减少与消失都不是突然的。中华人民共和国民政部公开信息显示，2010—2018年，全国撤县设市98例、撤市设区21例。在调整总频次上，8年间全国县级以上政区调整频率高达276次。平均每年调整34.5次，远远高于清代每年6.36次的平均频率。

当然，上述主要驱动因素的变化速度已今非昔比，不过经过中华人民共和国70多年的探索与发展，当今时代毕竟已不是康雍两朝那样开疆拓土、行政定制的时期，如此密集的政区调整是否是优化空间治理的最佳选项，有待进一步评估验证。[②]面对今天的县制调整以及政区改革，如何把握好政区历史积淀与现代化进程的关系、做好“渐变”与“突变”的路径选择，是值得深思的问题。

第三节　古今相通：当代县级政区体系的优化

当今中国在稳定的社会环境下已进入快速发展时期。党的十八届三中全会提出将优化行政区划设置作为全面深化改革的

① 朱建华、陈田、王开泳，等：《改革开放以来中国行政区划格局演变与驱动力分析》，《地理研究》2015年第2期。

② 匡贞胜指出，未来市场配置资源的决定性作用将逐渐显现，解决空间治理问题不一定需要频繁运用政区调整手段。详见匡贞胜：《中国近年来行政区划调整的逻辑何在？——基于EHA-Logistic模型的实证分析》，《公共行政评论》2020年第4期。

重要工作部署。党的十八届五中全会发布了《中共中央关于制定国民经济和社会发展第十三个五年规划的建议》，提出“以市县级行政区为单元，建立由空间规划、用途管制、领导干部自然资源资产离任审计、差异化绩效考核等构成的空间治理体系”。党的十九届四中全会发布的《中共中央关于坚持和完善中国特色社会主义制度 推进国家治理体系和治理能力现代化若干重大问题的决定》进一步指明了“优化行政区划设置”的要求。《2022年新型城镇化和城乡融合发展重点任务》和《关于加强和改进行政区划工作的意见》分别强调“要优化行政区划设置，慎重从严把握撤县（市）改区”“确保行政区划设置和调整同国家发展战略、经济社会发展、国防建设需要相适应”等，集中反映了国家对行政区划优化配置的高度重视，以及通过运用行政区划手段推行区域空间优化重组，进而激发经济发展活力的战略谋划。当前，优化行政区划设置已成为新时代下“推进国家治理体系和治理能力现代化”的重大战略部署，行政区划调整已然成为中国空间治理的重要抓手，是实现区域空间治理的重要手段，成为健全空间治理体系的重要组成部分。

近年来，中央越来越重视发展县域经济，推动“以县城为中心”的城镇化建设，“十四五”规划提出大力发展县域经济，2023年的中央一号文件《中共中央 国务院关于做好2023年全面推进乡村振兴重点工作的意见》中，“县域”一词出现达13次之多。事实上，市县级行政区作为国家优化空间治理体系的基本单元和基础环节，其地位古今不变。在历代中央政府行政区划设置与调整的长时段规律上，周振鹤、华林甫对政区升降模式、层级演变、边界划定原则、渐变与突变的关系等方面已有若干总结，均基于宏观的视角，各成一家之言。本书通过对清代县级政区结构体系与调整机制的梳理，也可以看到清代县级政区的调整机制，为当今市县政区的优化方向提供若干具体启示，下面试从三个主要方面阐述。

（一）简化层级

行政层级决定了国家和地方的关系和管辖幅度的大小。行政层级越多，每个层级政区的管辖幅度越小，中央对地方的掌控力就越强，但同时出现的问题是行政管理效率越低。行省时代以来，元代省下有路、府、州、县，路归省管；府和州有的归路管，有的归省管，还有的州归府管；而县有的归路管，有的归府管，有的归州管。总体上，州的幅员缩小，元贞元年（1295）江南还出现了43个“县升州”的情形，这使元代统县政区一级颇为混乱，其幅员与管辖幅度相差甚远，大的过大、小的过小，不便于管理。对此，明代进行了两方面的整体调整：其一，简化政区层级，将元代的多级制简化为三级与四级混合制；其二，缩小了府的幅员和管辖幅度。清代则进一步简化、明晰了政区层级，使政区恢复了单式的三级制，府的幅员再次得以缩减，这主要是通过增加直隶州的设置实现的。直隶厅、直隶州虽与府同级，但管辖幅度比府要小得多，而且府可下辖散厅、散州、县，直隶厅、直隶州则没有“厅管厅”“州管州”的体制，尤其是直隶厅连县也很少管、一般不领辖县级政区。从历史经验看，简化政区层级、调适统县政区的幅员与管辖幅度是优化政区结构的重要方向。

不论从历史经验还是现状分析，政区层级过多的弊病都很明显。管理层级过多的直接影响是政区管理幅度偏小、行政机构臃肿，进而造成管理效率的低下、权责不清等。[①]1949年以后的中国政区体系，在法理上一直采用“省—县（市）”二级制的提法，不过在实际运行中，省县之间还出现了地区（1970年前称专区）一级；改革开放以来，市管县体制更是成为普遍存在的事实，地级市实实在在地成为介于省县之间的统县政区。此外，以县级政区为起点，当前中国行政区划层级的虚实组合方式有二级制、虚三级制、三级制甚至虚四级制[②]，层次过多且复杂。还有为数不少的“（地级）市管（县级）市”的现象，缺少法律依据。历史上“州辖州”“府管府”的类似情况也出现过，如辽代节度州管辖刺史州、清代奉天省的府管府体制，都已消失。

从整体上看，当前中国县级及以上政区是以三级制为主体，每省所辖地级单位大约十几个，管辖幅度很小，而地级政区下辖的县级政区最多可达24个（河北省保定市）、最少则无下辖县级政区（广东省东莞市、中山市，海南省儋州市，甘肃嘉峪关市），管辖幅度极不平均且总体偏小。因此，减少地级政区、适当提高地级政区管辖幅度并向简化政区层级过渡，已逐渐成为学界共识。从明清之际的政区变革看，清代简化了政区层级，各省的管辖幅度（辖县数量）相比明代也有所增加。而观察中国政区层级循环演变的整体规律[③]，可知目前我们可能正处在第二次大循环的延伸时段，也可能处于第三个大循环的起始点。

① 华林甫等：《中国省制演进与未来》，南京：东南大学出版社，2016年，第163页。

② 例如：新疆维吾尔自治区-伊犁哈萨克自治州-塔城地区-塔城市、乌苏市、沙湾市、额敏县、裕民县、托里县、和布克赛尔蒙古自治县。

③ 华林甫：《中国政区层级演变之两大循环说》，《江汉论坛》2014年第1期。

如果顺应历史潮流，今后的政区改革方向应该是明确的，政区发展的趋势是减少层级，二级制是大势所趋。不过如何来改、具体如何操作值得进一步探讨。周振鹤提出，实行全面二级制的彻底办法是划小省区。[①]粗略估算，如果省区数目增加到四五十个，平均每省也就领辖四五十个县级政区，则地区一级可以省去，也不需再采用市管县的体制。如果朝着这个方向努力，即使有新增的地级市也当以不辖县为宜，这样可减少政区及其组织层级，更好地向省数增加和省区划小过渡。

1980年以来，为了激发地方发展活力、提高行政管理效率，一直有实行省直管县的呼吁。今天安徽、江西、河南、江苏、吉林等地已经有了若干省直管县的制度尝试，尤其是河南省力度较大，县级党委、人大、政协、司法及管理体制等都实施了省直管，避免了省和地级市对试点县（市）双重领导而可能造成的县（市）负担不减反增、行政效率低下的问题。当今县级以上政区层次二、三级并存的局面在短时间内很难改变，像清初在三级、四级制并存的局面下也还偶有新设属州的情况，因此改革不会一蹴而就，不过优化的方向应当是明确的。总体思路是以县级政区为基础，减少政区层级，划小省区、有序推进地市合并、县市合并、县区合并等，进而调适政区的管辖幅度，构建起层级规整、长期稳定的政区体系。同时，顺应政区层级简化的趋势，除了审慎谋划省区划小，降低高层政区的管辖幅度，还可以探索适当合并人口和经济规模较小、行政效率较低的县级政府（如河北平原南部分布密集的小县），以减轻省级政府的管理负担，提高行政效率，促进区域资源优化配置，避免

① 周振鹤：《中国地方行政制度史》，上海：上海人民出版社，2005年，第415页。

重复建设和资源浪费，提升地方治理的整体效能和服务水平。

（二）空间结构优化

政区的“空间结构”是由治所、边界、幅员、城乡关系等诸多要素共同形塑的。每一种要素都要符合行政区划的正常发展机理并共同发挥作用，方能达到空间治理、区域发展的最优效果。反之，如果出现治所过偏甚至寄治、边界不整或形成飞地与插花地、幅员过大或过小、城乡结构名不副实等问题，就可能导致政区发展空间不足、管理不便、效率低下、假性城市化等弊端。

在中国长时段的政区沿革史中，政区寄治并非一种常见而普遍的现象，绝大部分政区的政府驻地都在该政区所管辖的行政区域之内，出现政区寄治的状况往往是特例，原则上有悖于政区发展的正常规律，也与合理的政区空间结构不相符。政区寄治大多是政区调整、突发灾害等变因导致的。以清代的一些政区寄治现象为例，多是不可抗力因素造成的。例如，康熙六年（1667）至乾隆二十五年（1760）安徽布政使驻江宁，是源于高层区划调整、职权分析；直隶张家口厅寄治长城以内万全县境内、独石口厅寄治长城以内赤城县境内，山西的武川直隶厅寄治归化城、五原直隶厅及东胜直隶厅均寄治萨拉齐厅包头镇，都是因政区地处边疆，驻地内向集聚的过渡性举措；安徽的泗州曾寄治盱眙县等，是自然灾害、驻地被毁临时安置性措施；而清初山西大同府因总兵姜瓖据城叛乱而寄治阳和卫城，平定三藩之乱时江西广昌县失陷后暂驻南丰县等，则是因战争、匪患而临时性迁移政区驻地的不得已之为。

近代城市型政区出现以来，因其必然从一般地域型政区中析置，而设市的城区又通常是这个地域中经济发展和开发程度均较高的部分，从而时常导致新设的市与原政区核心区域的重合。因市县同治很可能引发诸多矛盾，民国时市县分治便已成为共识，解决的途径往往是原政区（一般是县）的迁出。《全国内政会议提案（54 号）内政部民政司提议厉行市县分治案》提出市县分治的解决方案，其中就有“县、市划分以后，如原县区域仍属辽阔、不便划并他县时，应准其继续存在，惟须于最近时期内将县政府迁出市区以外，另于新县区适中之地建设新县治”①。不过，因民国时期的设市过程偶有反复，加之中央对地方的管控能力有限，市县分治并未完全实现。与市县同城的寄治县类似的情况，还有附郭县制度。中国古代的统县政区与辖县都是传统的地域型政区，以传统的“城乡合治”为本质特征，二者都使市县（城乡）的空间隶属关系模糊或混乱。只不过附郭县在“城乡合治”的历史时期中是广泛且合理存在的，而寄治县在近代市制推广后是有悖于政区发展规律的矛盾个体。

中华人民共和国成立以来，20 世纪 50 年代曾设置了一大批城市型政区，如县级市、县级镇等。但由于经济发展水平、政府管理策略等因素，这批城市型政区多于短期内又被撤销。自此以后，直到改革开放初期，仍然存在相当规模的城市型政区设置和反复情况，这是政区寄治现象一直存在的背景。统县政区寄治的情况主要是在省辖地区寄治省辖市；而从县级政区层面看，寄治情况主要有两种，一是某县寄治县级市或地级市

① 《全国内政会议提案（54 号）内政部民政司提议厉行市县分治案》，见屈武主编：《国民党政府政治制度档案史料选编・下册》，合肥：安徽教育出版社，1994 年，第 531—532 页。

的市辖区，即寄治县；二是市辖区寄治其他市辖区。无论古今，政区衙署（政府）寄治，都可能导致管理效率下降、办事成本增加、区域管理和群众办事不便等一系列问题，是一种行政资源的低效和浪费。改革开放以来的40余年，由于城市化发展对政区空间结构优化与组织权责细化的要求不断提高，各地对政区寄治现象进行了修正，1979年以来全国出现过的131个寄治政区目前已不足10个，分布于河北、河南、辽宁、黑龙江、新疆等省区，南方省份市县同城中的寄治问题已全部解决。可见，如果政区在演变过程中出现有悖于行政区划设计原理、有碍于行政管理效率的情况，其存续时间不会长久。

在历史政区的空间结构中，点状的“城”与面状的“乡”之间的关系，对当今县级以上政区的改革优化饶有启发。从古代附郭县制度发展的规律和历史经验看，仅仅依靠统县政区城市的发展去实现“以城带乡”是远远不够的。即使是明清时期，出现了许多双附郭县乃至三附郭县，“附郭”城下的县域的开发也极其有限，长期运行的附郭县制度越到后来越成为城市结构扩大化和分区化的束缚。当今，管县的地级市在实质上也是介于省、县之间的地域型政区，其实只有城区本身才是真正的城市，并非整个地级市空间范围都已城市化了；而如火如荼中开展的撤县设市以整县改市为主，县城之外都是广大农村，在城乡空间结构上与县并无实质差别。因此，从历史城乡的管理经验和教训上看，在撤县设市（区）、推动城市化的浪潮中，不能忽视各县的县域治理和县城本身的建设，“撤县”不是实现城市化的真正前提。不宜人为加速城市化运动，地域型政区的改革也不能急于求成，应理性看待地域型政区与城市型政区将长期并存的事实。

历史政区可以传承的优良经验应该借鉴，但不合理的历史遗留问题也迟早要改，如中国历代政区设置与划界中通过“犬牙交错”调节“山川形变”的基本原则。不论是省级政区还是县级政区甚至县下政区，其政区设置和调整都常有打破自然地理单元完整性的“突破”。这种方式在古代确实使政区间起到了相互钳制的作用，减轻了地方割据的风险。尤其是元明时期，将“犬牙相入”原则极端化，无视最重要的几条山川边界——秦岭、淮河、南岭、太行山等的存在，使任何一个行省都不具备完整的形胜之地。明代比元可谓有过之而无不及，如河南有黄河以北之地、贵州北部被四川遵义府插入腹地、南直隶更是径跨长江与淮河两大自然界线等。[①]清代除了将遵义府改属四川以外，延续着这些犬牙边界的不合理之处。要说明的是，省界其实也是由县界、府界构成的，因此也关涉着很多县级政区的边界形态。不过在现代社会，自然地理要素已不再是两地阻隔的主要因素，山川大势对行政区划分割的作用明显减弱，边界不规整甚至出现更极端的飞地、插花地情形，既割裂了经济区内部的客观经济联系，也很不利于各级地方政府的行政管理。因此，对边界遗留不合理因素的改革，也是优化政区空间结构的重要方面之一。

（三）规范县级政区通名

中国历史上，同级政区共用同一个通名是理所当然的，反常的是非同级政区共享同一个通名（如“州管州”“府管府”“市辖市”）。根据中国政区演变的长时段面貌，历代县级政区通名

---

① 华林甫等：《中国省制演进与未来》，南京：东南大学出版社，2016年，第129页。

都以“县”为主，而不同层级的政区很少共享同一个通名。秦朝推广郡县制后，县级单位主要是“县”，边疆地区存有少量的县级政区“道”；《汉书·地理志》记载西汉末年有1314个县，如果加上侯国等县级政区则有1587个，“县”在县级政区中的占比为82.79%。魏晋南北朝也均是“县”占主要部分。隋朝以后到民国时期，“县”的比重也一直保持在85%以上。[①]清代“县”在县级政区中也保持着主体地位。从历史经验看，县级政区中出现过的非“县”的通名，诸如“道”“邑”“侯国”“军”“监”“散厅”“散州”“设治局”等，寿命都不会太长。

当今中国县级行政单位的形式有县、自治县、县级市、旗、自治旗、特区、林区、市辖区8种，已经构成历史上种类最多、规模最大、分布地域最广的县级政区体系。目前全国自治旗仅剩3个，特区和林区分别仅剩1个，旗虽然有49个，但集中分布于内蒙古自治区。因此，有学者提议先将这4种县级政区的通名统一为县或自治县，阻力应该不大。[②]即便如此，全国县级政区还会有县、自治县、县级市、市辖区4种，大的政区通名则还有“县”“市”“区”3个。由于“市”和“区”的概念不清、层次复杂且过于泛滥，当前中国政区通名体系比较混乱，县级政区层面亦然。仅从清代与当今政区通名体系的比较来看，在大的通名（如清代的府厅州县、当今的市区县，不含边疆民族地区的盟旗、土司等管理体制）上，清代的种类比今天还多。不过清代的政区通名都可以体现出明确的层级属性，而且统县

① 华林甫：《以古察今：中国“县级市”通名改革研究》，《中国人民大学学报》2022年第4期。

② 华林甫等：《中国省制演进与未来》，南京：东南大学出版社，2016年，第161页。

政区与县级政区通名不会越级到高层政区使用，因此在通名概念和政区层级表达上，清代比当今更清晰（表 9-1）。

表 9-1　清代与当今的政区通名体系

项目		高层政区通名	统县政区通名	县级政区通名
清代	名称	省	道、府、厅、州	厅、州、县
	对应举例	奉天省	兴东道、成都府、淅川直隶厅、平定直隶州	玉环厅、德庆州、黄安县
当今	名称	省、市、区	市、区、州	市、区、县
	对应举例	河北省、北京市、西藏自治区/香港特别行政区	黄山市、大兴安岭地区、大理白族自治州	海城市、双塔区、冕宁县

由表 9-1 可见，今天“市”“区”的含义广泛，涉及行政区划的所有层次，在通名上体现不出层级属性。这就导致一定数量的县改市、市（县）改区后，通名的混杂现象。暂且不谈“市管县”体制的负面影响，既然“市”本来是管“县”的，撤县设市使“县”的通名直接变成了“市”，其实已经超出了“县”的层级范围。华林甫根据历史经验，将这种做法定义为“越级升格”，也就是越级更换了通名。华林甫提出造成这种情况的根本原因是县的分等制度（县等制度）缺位，因同级升格之路被堵，“县”只能走越级升格之路。①其实历史上的县等制度是很完善的，有丰富经验。据华林甫考证，“越级升格”的做法始于元朝，元朝行省管辖路、府、州，其下都可辖县，其中州管县较为普遍。元贞元年（1295）户口繁多的江南有 43 个“县升州”，由县直升为不辖县的州，政区升格为原先管县的上一级“州”，通过通名升级来表明政区级别的提高。这种“越级升格”很类

① 华林甫：《以古察今：中国“县级市”通名改革研究》，《中国人民大学学报》2022 年第 4 期。

似于当今“县级市”的做法。而清代经历雍乾两朝的政区层级改革，细化了政区分等制度对县级政区的分类管理，并辅之“析分”等做法（如雍正年间的江南分县），阻止“县”越级升格。显然，清代的思路是合理的。

李一飞等从既有县市体系出发，综合考量了人口规模、政区面积、生产总值等现实因素，借鉴历史经验将中国县市分成三等，并初步分析了当今县市等第特征的分异规律。[①]县级政区的分等管理，应该是政区与空间治理优化不可或缺的部分，并有望疏通“县”的升格渠道，逐渐解决目前县级政区通名混杂的问题。至于改革能彻底到何种程度，还需要通盘考虑、制定科学标准来综合评估。

民国以后，随着市制确立与城市型政区逐渐推广，中国“县制”的内涵发生了改变。尤其是改革开放以来的40余年，城镇化的快速发展使县级市、市辖区在县级行政区划体系内占据了越来越高的比重。民国三年（1914）全国县级政区（县、旗）的数目为2032个（含当时外蒙古地区的旗数），其中县1815个。到中华人民共和国成立初期（1951年），县级政区数目大量增加，县2082个，地辖市38个。[②]1978年，全国有县2135个、县级市93个、市辖区488个。2013年时，全国有县1613个、

---

① 李一飞、王开泳、王甫园：《县市分等方法及中国县市等第特征的分异规律》，《地理研究》2020年第4期。

② 范今朝、斯灵芝、蒋瑶璐：《试论“地方（政区）”的文化意蕴与“合法性”意义——以“县”在中国政区体系中的地位和作用为例》，《科学·经济·社会》2011年第4期。

县级市 368 个、市辖区 871 个。[①]而据《中华人民共和国行政区划简册（2021）》，截至 2020 年底的全国政区中，“县”1429 个（含县 1312、自治县 117）、县级市 388 个、市辖区 973 个，“县”在县级政区中的比例为 50.2%，比例即将跌破半数，达到秦汉以来的最低值。

沿革地理框架中，清代“县制”是由县、散厅、散州三种政区形式构成的，“县”始终居于绝对的主体地位。随着时代变迁，在现代政区框架和学科语境下，县级政区中的县级市、市辖区作为城市型政区，已经有很多是“市制”体系内的政区形式了。从这个意义上说，“县级市”的名称是不符合其政区属性的，需要重新界定。如果“县级市”确实是城市化水平较高的城市型政区，那么不应冠以“县”字，应在“市”的分等管理中区分和界定；如果县级市的城市化贡献率并不高（当前大部分县级市实际如此），那么其名称毋宁叫作“市级县”，因为究其本质还是“县”而非“市”，“县级市”应予重新确认或改回为“县”，并依统一标准进行分等。[②]这样可避免县级政区通名越级、混杂的情况。

由于当前市县管理模式、政策与发展空间的差异，全国“县”改市（区）的热度不减。现实情况是，仅 2010—2018 年的 8 年间，全国已有多城迈入“无县时代”，县的数量锐减，总体上，撤县设市、新设地级市多发生在边疆或欠开发地区，而撤县（市）

---

① 朱建华、陈田、王开泳，等：《改革开放以来中国行政区划格局演变与驱动力分析》，《地理研究》2015 年第 2 期。

② 华林甫：《中国政区通名改革研究》，华东师范大学博士后研究工作报告，2002 年。

设区主要发生在重点城市群。清代政区演变颇为稳定的诸多区域，当今因城镇化水平高、人口聚集多，已经成为调整多发的地区，县的数量不断缩减；而新疆、西藏等边疆省份新设地级市很大程度上是国家从战略高度出发，促进政区纵向层级体系完善化的举措。

但不论是大中城市群的城镇化需求还是边疆治理的国家战略，调整带来的结果都是“县”的迅速减少。中国县制之所以能成为持续最久、运作最成熟的地方行政体制，其核心动力是双向的：自上而下的是中央集权的制度设计与统一运作，自下而上的是地方治理的实际需要，也蕴涵着基层民众的乡土记忆和历史认同。中国的“县”具有很强的稳定性，现今仍有约 60 个县沿用秦汉时的县名，表现了“县”作为基层政区强大的生命力。县制之所以能够长久运行，说明其基本符合行政管理规律，作为已实行两千余年的基层政区，其通名“县”应予长期保留，并且应该保持其在基层政区中的主体地位。

“县”可谓又古又新，既是承载着中华文明的历史文化遗产，又必须适应空间治理和区域发展的新需求。“县级政区”的概念之所以能如是表述，前提是“县”必须是其中的主体。那么，中国县制未来该往何处去？调整政区结构以更好地为经济社会发展服务是必要的，但也不应罔顾基层政区发展的历史积淀。目前，一些学者并不担忧“县”的消失[①]，由于管理模式的不同，甚至有一些声音似乎完全把县和城镇化对立了起来（认为

① 张可云：《优化行政区划设置，正确认识撤县设区》，《人民日报》2021 年 2 月 8 日，第 9 版。

“县”就代表农村），实则不然。笔者认为，这其实在一定程度上局限了政区通名上的含义，因为任何政区通名都具有时代意义，就如同历史上的“州”，当今也依然存在，其通名意义和适用模式也不是一成不变的。今后的政区改革，仍然要遵循“因地制宜”的管理理念，基于城镇化发展规律，未来在推进一些城镇化水平高的地区撤县设市（区）的同时，也应适当地给县域的组织机构、县城规划、土地管理、财税金融等方面赋予更大的自主空间，在公共服务资源上，应着力缩小市县差距。短时间内，历史悠久的县不会消失，长远来看，因地制宜、因时制宜的县也不应消失。

总而言之，清代的经验启示我们，任何政区调整优化在因地制宜的同时，都需要秉持循序渐进的理念，改革不应人为制定时间表。不过需要说明的是，学术研究只是从学理出发，根据政区发展的客观规律、历史因素以及现实需求，为改革优化尽可能地提供可资借鉴的经验和可行性方案，而政区调整的实际操作面临的将是更多方的诉求、更复杂的情形。从学术研究层面，行政区划是地理学、历史学、管理学、经济学等多学科共同关注的研究领域。尤其是县级政区在政区层级结构中承上启下，在政区演替过程中承古接今，是国土空间治理优化的主要场域。同时，县域承载着山川、植被、矿产等自然资源以及耕地、人口、交通等社会经济资源，对各种地理资源的统计与分析都需要以政区为单元的时空数据支撑。但目前学界对县级政区长时段调整脉络与演化机理的系统性研究仍然不足，总体上国内对行政区划的研究起步较晚，加之其具有综合性、政策性、敏感性和高层次性等特点，研究尚多有不充分之处。从1992—2022年中国行政区划研究的关键词共现图谱（图9-2）可见，涉及“县”的关键词成为串联政区研究网络的重要枢纽，县域治理是政区研究的重点；在政区演变的视域下，“区划调整”“历史沿革”“制度变迁”“清代”等相关联的关键词虽已有相关探索，但还处于相对零散、不够充分的状态。因此，历史政区研究有必要继续细化对政区地理要素、政区调整机制、政区治理成效等方面的探索，系统总结历史经验，积极融入现实，力求古为今用，为当前及未来的行政区划改革提供参考，并进一步充实历史地理学、政区地理学的相关理论和研究内容。

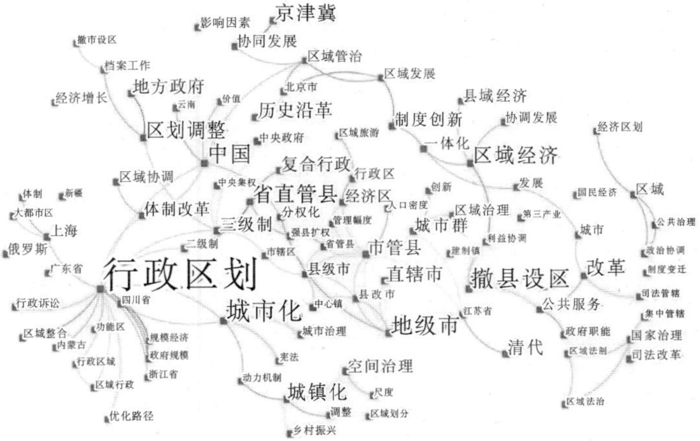

图9-2　1992—2022年中国行政区划研究关键词共现图谱

此外，在倡行全面依法治国的今天，中国行政区划的法治建设还相对滞后，有关行政区划的法律法规还比较零散、不成体系，相互之间不配套、不协调甚至矛盾的现象依然存在。[①]近年来，党中央、国务院与各级地方都愈发重视行政区划的重要作用，“行政区划本身也是一种资源”成为习近平治国理政新理念的一个重要论断。2017 年 11 月 22 日国务院第 193 次常务会议已通过《行政区划管理条例》，2019 年 12 月 3 日中华人民共和国民政部部务会议又通过了《行政区划管理条例实施办法》，行政区划设置和优化改革既是国家事权，又是系统工程，但目前中国还缺少一部国家层面配套的完整的“行政区划法”，政区的调整优化如何能从“有章可循”走向真正的“有法可依”，行政区划法制法规体系的建设还任重而道远。

① 华林甫等：《中国省制演进与未来》，南京：东南大学出版社，2016 年，第 183 页。

附录一　清代全国县级以上政区一览表

附表 1-1　乾隆六十年（1795）全国县级以上政区

高层政区	统县政区	县级政区
直隶	顺天府	大兴、宛平、良乡、固安、永清、东安、香河、三河、武清、宝坻、房山、平谷、文安、大城、保定、顺义、怀柔、密云、宁河、通州、涿州、霸州、昌平州、蓟州
	保定府	清苑、满城、安肃、定兴、新城、雄县、容城、唐县、望都、完县、蠡县、博野、束鹿、高阳、新安、安州、祁州
	承德府	丰宁、建昌、滦平、赤峰、朝阳、平泉州
	永平府	卢龙、迁安、抚宁、昌黎、临榆、乐亭、滦州
	河间府	河间、献县、阜城、肃宁、任邱、交河、宁津、吴桥、东光、故城、景州
	天津府	天津、青县、静海、南皮、盐山、庆云、沧州
	正定府	正定、井陉、获鹿、元氏、灵寿、栾城、平山、阜平、行唐、赞皇、藁城、无极、新乐、晋州
	顺德府	邢台、沙河、南和、任县、内邱、唐山、平乡、巨鹿、广宗
	广平府	永年、曲周、肥乡、鸡泽、广平、成安、威县、邯郸、清河、磁州
	大名府	元城、大名、南乐、清丰、东明、长垣、开州
	宣化府	宣化、赤城、万全、龙门、怀来、怀安、西宁、保安州、延庆州、蔚州
	张家口厅	
	独石口厅	
	多伦诺尔厅	

续表

高层政区	统县政区	县级政区
直隶	遵化直隶州	玉田、丰润
	易州直隶州	涞水、广昌
	冀州直隶州	南宫、新河、枣强、武邑、衡水
	赵州直隶州	柏乡、隆平、高邑、临城、宁晋
	深州直隶州	安平、饶阳、武强
	定州直隶州	深泽、曲阳
	热河副都统	
盛京将军	奉天府	承德、海城、盖平、开原、铁岭、宁海、辽阳州、复州、兴京厅、岫岩厅
	锦州府[1]	锦县、广宁、宁远州、义州
吉林将军	吉林厅	
	阿勒楚喀副都统	
	伯都讷副都统	
	三姓副都统	
	宁古塔副都统	
	吉林副都统	
黑龙江将军	黑龙江副都统	
	墨尔根副都统	
	呼伦贝尔副都统衔总管	
	齐齐哈尔副都统	
	布特哈满洲总管	
	瑷珲副都统	
江苏	江宁府	上元、江宁、句容、溧水、江浦、六合、高淳
	淮安府	山阳、盐城、清河、安东、桃源、阜宁
	扬州府	江都、甘泉、仪征、兴化、宝应、东台、高邮州、泰州
	苏州府	吴县、长洲、元和、昆山、新阳、常熟、昭文、吴江、震泽、太湖厅
	松江府	华亭、娄县、奉贤、上海、南汇、青浦、金山
	徐州府	铜山、萧县、砀山、丰县、沛县、宿迁、睢宁、邳州

续表

高层政区	统县政区	县级政区
江苏	常州府	武进、阳湖、无锡、金匮、江阴、宜兴、荆溪、靖江
	镇江府	丹徒、丹阳、金坛、溧阳
	通州直隶州	如皋、泰兴
	海州直隶州	赣榆、沭阳
	海门直隶厅	
	太仓直隶州	镇洋、崇明、嘉定、宝山
安徽	安庆府	怀宁、桐城、潜山、太湖、宿松、望江
	徽州府	歙县、休宁、婺源、祁门、黟县、绩溪
	宁国府	宣城、宁国、泾县、太平、旌德、南陵
	池州府	贵池、青阳、铜陵、石埭、建德、东流
	太平府	当涂、芜湖、繁昌
	凤阳府	凤阳、凤台、怀远、定远、灵壁、寿州、宿州
	庐州府	合肥、舒城、庐江、巢县、无为州
	颍州府	阜阳、颍上、霍邱、蒙城、太和、亳州
	广德直隶州	建平
	滁州直隶州	全椒、来安
	和州直隶州	含山
	六安直隶州	英山、霍山
	泗州直隶州	盱眙、天长、五河
山西	太原府	阳曲、太原、榆次、太谷、祁县、徐沟、交城、文水、岚县、兴县、岢岚州
	潞安府	长治、长子、屯留、襄垣、潞城、壶关、黎城
	汾州府	汾阳、孝义、平遥、介休、石楼、临县、宁乡、永宁州
	泽州府	凤台、高平、阳城、陵川、沁水
	平阳府	临汾、洪洞、浮山、岳阳、曲沃、翼城、太平、襄陵、汾西、乡宁、吉州
	蒲州府	永济、临晋、虞乡、荣河、猗氏、万泉
	大同府	大同、怀仁、天镇、阳高、广灵、灵邱、山阴、丰镇厅、应州、浑源州
	朔平府	右玉、左云、平鲁、马邑、朔州、宁远厅
	宁武府	宁武、偏关、神池、五寨
	辽州直隶州	和顺、榆社
	代州直隶州	五台、崞县、繁峙

续表

高层政区	统县政区	县级政区
山西	保德直隶州	河曲
	沁州直隶州	沁源、武乡
	平定直隶州	乐平、盂县、寿阳
	霍州直隶州	赵城、灵石
	解州直隶州	安邑、夏县、平陆、芮城
	绛州直隶州	河津、稷山、绛县、闻喜、垣曲
	隰州直隶州	大宁、永和、蒲县
	忻州直隶州	定襄、静乐
	托克托厅	
	和林格尔厅	
	归化城厅	
	清水河厅	
	萨拉齐厅	
山东	济南府	历城、章邱、邹平、淄川、长山、新城、齐河、齐东、济阳、禹城、临邑、陵县、长清、德平、平原、德州
	东昌府	聊城、堂邑、博平、茌平、清平、莘县、冠县、馆陶、恩县、高唐州
	泰安府	泰安、新泰、莱芜、肥城、东阿、平阴、东平州
	武定府	惠民、阳信、海丰、乐陵、青城、商河、利津、沾化、蒲台、滨州
	兖州府	滋阳、曲阜、宁阳、邹县、泗水、滕县、峄县、阳谷、寿张、汶上
	沂州府	兰山、郯城、费县、沂水、蒙阴、日照、莒州
	曹州府	菏泽、曹县、定陶、巨野、范县、观城、朝城、单县、城武、郓城、濮州
	登州府	蓬莱、黄县、福山、栖霞、招远、莱阳、文登、荣成、海阳、宁海州
	莱州府	掖县、潍县、昌邑、高密、即墨、平度州、胶州
	青州府	益都、博山、临淄、博兴、高苑、乐安、寿光、临朐、安邱、昌乐、诸城
	临清直隶州	邱县、武城、夏津
	济宁直隶州	鱼台、嘉祥、金乡
河南	开封府	祥符、陈留、杞县、通许、尉氏、洧川、鄢陵、中牟、兰阳、荥阳、荥泽、汜水、密县、新郑、仪封厅、郑州、禹州

续表

高层政区	统县政区	县级政区
河南	归德府	商邱、宁陵、鹿邑、夏邑、永城、虞城、柘城、睢州
	陈州府	淮宁、商水、西华、项城、沈邱、太康、扶沟
	河南府	洛阳、偃师、巩县、孟津、宜阳、登封、永宁、新安、渑池、嵩县
	彰德府	安阳、汤阴、临漳、林县、内黄、武安、涉县
	卫辉府	汲县、新乡、获嘉、淇县、辉县、延津、浚县、滑县、封邱、考城
	怀庆府	河内、济源、修武、武陟、孟县、温县、原武、阳武
	南阳府	南阳、南召、镇平、唐县、泌阳、桐柏、邓州、内乡、新野、淅川、舞阳、叶县、裕州
	汝宁府	汝阳、正阳、上蔡、新蔡、西平、遂平、确山、罗山、信阳州
	许州直隶州	临颍、襄城、郾城、长葛
	陕州直隶州	灵宝、阌乡、卢氏
	汝州直隶州	鲁山、郏县、宝丰、伊阳
	光州直隶州	光山、固始、息县、商城
陕西	西安府	长安、咸宁、咸阳、兴平、临潼、高陵、鄠县、蓝田、泾阳、三原、盩厔、渭南、富平、醴泉、同官、孝义厅、五郎厅、耀州
	凤翔府	凤翔、岐山、宝鸡、扶风、郿县、麟游、汧阳、陇州
	同州府	大荔、朝邑、郃阳、澄城、韩城、白水、华阴、蒲城、华州、潼关厅
	汉中府	南郑、褒城、城固、洋县、西乡、凤县、沔县、略阳、宁羌州、留坝厅
	兴安府	安康、平利、洵阳、白河、紫阳、石泉、汉阴厅
	延安府	肤施、安塞、甘泉、安定、保安、宜川、延川、延长、定边、靖边
	榆林府	榆林、怀远、神木、府谷、葭州
	乾州直隶州	武功、永寿
	鄜州直隶州	洛川、中部、宜君
	邠州直隶州	三水、淳化、长武
	商州直隶州	商南、镇安、雒南、山阳
	绥德直隶州	米脂、清涧、吴堡
甘肃	兰州府	皋兰、金县、渭源、靖远、河州、狄道州

续表

高层政区	统县政区	县级政区
甘肃	巩昌府	陇西、安定、通渭、漳县、会宁、伏羌、宁远、西和、岷州、洮州厅
	平凉府	平凉、华亭、隆德、静宁州、固原州、盐茶厅
	庆阳府	安化、合水、环县、正宁、宁州
	甘州府	张掖、山丹、抚彝厅
	凉州府	武威、镇番、永昌、平番、古浪、庄浪厅
	宁夏府	宁夏、宁朔、平罗、中卫、灵州
	西宁府	西宁、碾伯、大通、巴燕戎格厅、贵德厅
	镇西府	宜禾、奇台、吐鲁番厅
	哈密直隶厅	
	迪化直隶州	昌吉、阜康、绥来
	秦州直隶州	清水、秦安、礼县、徽县、两当
	阶州直隶州	文县、成县
	泾州直隶州	崇信、灵台、镇原
	安西直隶州	敦煌、玉门
	肃州直隶州	高台
浙江	杭州府	钱塘、仁和、富阳、余杭、临安、於潜、新城、昌化、海宁州
	嘉兴府	嘉兴、秀水、嘉善、海盐、石门、平湖、桐乡
	湖州府	乌程、归安、长兴、德清、武康、安吉、孝丰
	宁波府	鄞县、慈溪、奉化、镇海、象山、定海
	绍兴府	山阴、会稽、萧山、诸暨、余姚、上虞、嵊县、新昌
	台州府	临海、黄岩、天台、仙居、宁海、太平
	金华府	金华、兰溪、东阳、义乌、永康、武义、浦江、汤溪
	衢州府	西安、龙游、常山、江山、开化
	严州府	建德、淳安、桐庐、遂安、寿昌、分水
	温州府	永嘉、乐清、瑞安、平阳、泰顺、玉环厅
	处州府	丽水、青田、缙云、松阳、遂昌、龙泉、庆元、云和、宣平、景宁
福建	福州府	闽县、侯官、长乐、福清、连江、罗源、古田、屏南、闽清、永福
	福宁府	霞浦、福鼎、福安、宁德、寿宁
	延平府	南平、尤溪、沙县、顺昌、将乐、永安

续表

高层政区	统县政区	县级政区
福建	建宁府	建安、瓯宁、浦城、建阳、崇安、松溪、政和
	邵武府	邵武、光泽、泰宁、建宁
	台湾府	台湾、凤山、嘉义、彰化、淡水厅、澎湖厅
	汀州府	长汀、宁化、上杭、武平、清流、连城、归化、永定
	漳州府	龙溪、漳浦、长泰、南靖、平和、诏安、海澄
	兴化府	莆田、仙游
	泉州府	晋江、南安、同安、惠安、安溪、马巷厅
	龙岩直隶州	漳平、宁洋
	永春直隶州	德化、大田
江西	南昌府	南昌、新建、丰城、进贤、奉新、靖安、武宁、宁州
	饶州府	鄱阳、余干、乐平、浮梁、德兴、安仁、万年
	广信府	上饶、玉山、弋阳、贵溪、铅山、广丰、兴安
	南康府	星子、都昌、建昌、安义
	九江府	德化、德安、瑞昌、湖口、彭泽
	建昌府	南城、南丰、新城、广昌、泸溪
	抚州府	临川、崇仁、金溪、宜黄、乐安、东乡
	临江府	清江、新淦、新喻、峡江
	瑞州府	高安、上高、新昌
	袁州府	宜春、分宜、萍乡、万载
	吉安府	庐陵、泰和、吉水、永丰、安福、龙泉、万安、永新、永宁、莲花厅
	赣州府	赣县、雩都、信丰、兴国、会昌、安远、龙南、长宁、定南厅
	南安府	大庾、南康、上犹、崇义
	宁都直隶州	瑞金、石城
湖北	武昌府	江夏、武昌、嘉鱼、蒲圻、咸宁、崇阳、通城、大冶、通山、兴国州
	汉阳府	汉阳、汉川、孝感、黄陂、沔阳州
	黄州府	黄冈、黄安、蕲水、罗田、麻城、广济、黄梅、蕲州
	安陆府	钟祥、京山、潜江、天门
	德安府	安陆、云梦、应城、应山、随州
	荆州府	江陵、公安、石首、监利、松滋、枝江、宜都
	襄阳府	襄阳、宜城、南漳、枣阳、谷城、光化、均州

续表

高层政区	统县政区	县级政区
湖北	郧阳府	郧县、房县、竹山、竹溪、保康、郧西
	宜昌府	东湖、长乐、兴山、巴东、长阳、鹤峰州、归州
	施南府	恩施、宣恩、利川、来凤、咸丰、建始
	荆门直隶州	当阳、远安
湖南	长沙府	长沙、善化、湘潭、湘阴、宁乡、浏阳、醴陵、益阳、湘乡、攸县、安化、茶陵州
	宝庆府	邵阳、城步、新化、新宁、武冈州
	岳州府	巴陵、临湘、华容、平江
	常德府	武陵、桃源、龙阳、沅江
	衡州府	衡阳、清泉、衡山、耒阳、常宁、安仁、酃县
	永州府	零陵、祁阳、东安、宁远、永明、江华、新田、道州
	辰州府	沅陵、泸溪、辰溪、溆浦、乾州厅、凤凰厅、永绥厅
	沅州府	芷江、黔阳、麻阳
	永顺府	永顺、龙山、保靖、桑植
	澧州直隶州	石门、慈利、安乡、安福、永定
	桂阳直隶州	临武、蓝山、嘉禾
	郴州直隶州	永兴、兴宁、宜章、桂阳、桂东
	靖州直隶州	会同、通道、绥宁
广东	广州府	南海、番禺、顺德、东莞、从化、龙门、新宁、增城、香山、新会、三水、清远、新安、花县
	肇庆府	高要、四会、新兴、高明、广宁、恩平、阳江、阳春、开平、封川、开建、鹤山、德庆州
	韶州府	曲江、英德、乐昌、仁化、乳源、翁源
	惠州府	归善、博罗、长宁、永安、海丰、陆丰、龙川、河源、和平、连平州
	潮州府	海阳、潮阳、揭阳、饶平、惠来、大埔、澄海、普宁、丰顺、南澳厅
	高州府	茂名、电白、信宜、吴川、石城、化州
	雷州府	海康、遂溪、徐闻
	廉州府	合浦、灵山、钦州
	琼州府	琼山、澄迈、定安、文昌、会同、乐会、临高、陵水、感恩、昌化、儋州、万州、崖州
	南雄府	保昌、始兴

续表

高层政区	统县政区	县级政区
广东	罗定直隶州	东安、西宁
	连州直隶州	阳山、连山
	嘉应直隶州	兴宁、长乐、平远、镇平
广西	桂林府	临桂、兴安、灵川、阳朔、灌阳、永福、义宁、龙胜厅、全州、永宁州
	平乐府	平乐、恭城、富川、贺县、荔浦、修仁、昭平、永安州
	梧州府	苍梧、藤县、容县、岑溪、怀集
	柳州府	马平、雒容、罗城、柳城、怀远、来宾、融县、象州
	庆远府	宜山、天河、思恩、河池州、东兰州
	思恩府	武缘、迁江、上林、宾州、百色厅
	南宁府	宣化、隆安、永淳、上思州、横州、新宁州
	镇安府	天保、小镇安厅、归顺州
	泗城府	凌云、西林、西隆州
	太平府	崇善、宁明州、明江厅、龙州厅、左州、养利州、永康州
	浔州府	桂平、平南、贵县、武宣
	郁林直隶州	北流、陆川、兴业、博白
四川	成都府	成都、华阳、温江、新繁、金堂、新都、郫县、灌县、崇宁、彭县、双流、新津、什邡、简州、崇庆州、汉州
	重庆府	巴县、江津、长寿、永川、荣昌、綦江、南川、铜梁、大足、壁山、定远、江北厅、合州、涪州
	保宁府	阆中、苍溪、南部、广元、昭化、通江、南江、剑州、巴州
	顺庆府	南充、西充、岳池、营山、仪陇、邻水、大竹、渠县、蓬州、广安州
	叙州府	宜宾、庆符、富顺、南溪、长宁、兴文、隆昌、屏山、高县、筠连、珙县、雷波厅、马边厅
	夔州府	奉节、巫山、云阳、万县、开县、大宁
	龙安府	平武、江油、石泉、彰明
	宁远府	西昌、冕宁、盐源、会理州、越嶲厅
	雅州府	雅安、名山、荥经、芦山、天全州、清溪、打箭炉厅
	嘉定府	乐山、峨眉、洪雅、夹江、犍为、荣县、威远
	潼川府	三台、射洪、盐亭、中江、遂宁、蓬溪、安岳、乐至
	叙永直隶厅	永宁

续表

高层政区	统县政区	县级政区
四川	松潘直隶厅	
	石砫直隶厅	
	杂谷直隶厅	
	懋功直隶厅	
	达州直隶州	东乡、太平、新宁
	邛州直隶州	大邑、蒲江
	绵州直隶州	德阳、安县、绵竹、梓潼
	茂州直隶州	汶川、保县
	眉州直隶州	丹稜、彭山、青神
	资州直隶州	资阳、内江、仁寿、井研
	忠州直隶州	酆都、垫江、梁山
	酉阳直隶州	彭水、黔江、秀山
	泸州直隶州	纳溪、合江、江安
云南	云南府	昆明、富民、宜良、易门、禄丰、罗次、呈贡、嵩明州、晋宁州、安宁州、昆阳州
	大理府	太和、浪穹、云南、赵州、邓川州、宾川州、云龙州
	丽江府	丽江、鹤庆州、剑川州、中甸厅、维西厅
	楚雄府	楚雄、广通、定远、姚州、大姚、南安州、镇南州
	永昌府	保山、永平、龙陵厅、腾越州
	顺宁府	顺宁、缅宁厅、云州
	曲靖府	南宁、平彝、沾益州、陆凉州、罗平州、马龙州、寻甸州、宣威州
	东川府	会泽
	昭通府	恩安、永善、镇雄州、大关厅、鲁甸厅
	澂江府	河阳、江川、新兴州、路南州
	临安府	建水、通海、河西、嶍峨、蒙自、石屏州、阿迷州、宁州
	广南府	宝宁
	开化府	文山
	普洱府	宁洱、威远厅、思茅厅、他郎厅
	永北直隶厅	
	蒙化直隶厅	
	景东直隶厅	

续表

高层政区	统县政区	县级政区
云南	广西直隶州	师宗、弥勒
	元江直隶州	新平
	镇沅直隶州	恩乐
	武定直隶州	元谋、禄劝
贵州	贵阳府	贵筑、贵定、修文、龙里、长寨厅、定番州、广顺州、开州
	安顺府	普定、清镇、安平、郎岱厅、归化厅、镇宁州、永宁州
	都匀府	都匀、清平、荔波、八寨厅、丹江厅、都江厅、麻哈州、独山州
	镇远府	镇远、施秉、天柱、台拱厅、清江厅
	思南府	安化、婺川、印江
	石阡府	龙泉
	思州府	玉屏、青溪
	铜仁府	铜仁、松桃厅
	黎平府	开泰、永从、锦屏、古州厅、下江厅
	大定府	威宁州、平远州、黔西州、毕节、水城厅
	南笼府	普安、安南、永丰州、普安州
	遵义府	遵义、桐梓、绥阳、仁怀、正安州
	平越府	平越、瓮安、余庆、湄潭、黄平州
	仁怀直隶厅	
伊犁将军	乌鲁木齐都统	乌鲁木齐、吐鲁番、巴里坤、古城、库尔喀喇乌苏五领队大臣
	塔尔巴哈台参赞大臣	
	喀什噶尔参赞大臣	喀什噶尔、乌什、英吉沙尔、叶尔羌、和阗、阿克苏、库车、喀喇沙尔八大回城
	伊犁参赞大臣	惠宁城、锡伯营、索伦营、察哈尔、厄鲁特五领队大臣
内蒙古	另行管理体制，不置州县	
外蒙古		
青海		
西藏		

注：[1]锦州府隶于奉天府，附表 1-2 至附表 1-3 同

附表 1-2　道光二十年（1840）全国县级以上政区

高层政区	统县政区	县级政区
直隶	顺天府	大兴、宛平、良乡、固安、永清、东安、香河、通州、三河、武清、宝坻、宁河、昌平州、顺义、密云、怀柔、涿州、房山、霸州、文安、大城、保定、蓟州、平谷
	保定府	清苑、满城、安肃、定兴、新城、唐县、博野、望都、容城、完县、蠡县、雄县、祁州、束鹿、安州、高阳
	承德府	滦平、平泉州、丰宁、朝阳、赤峰、建昌
	永平府	卢龙、迁安、抚宁、昌黎、滦州、乐亭、临榆
	河间府	河间、献县、阜城、肃宁、任邱、交河、宁津、景州、吴桥、东光、故城
	天津府	天津、静海、青县、沧州、南皮、盐山、庆云
	正定府	正定、获鹿、井陉、阜平、栾城、行唐、灵寿、平山、元氏、赞皇、晋州、无极、藁城、新乐
	顺德府	邢台、沙河、南和、平乡、广宗、巨鹿、唐山、内邱、任县
	广平府	永年、曲周、肥乡、鸡泽、广平、邯郸、成安、威县、清河、磁州
	大名府	元城、大名、南乐、清丰、东明、开州、长垣
	宣化府	宣化、赤城、万全、龙门、怀来、蔚州、西宁、怀安、延庆州、保安州
	张家口厅	
	独石口厅	
	多伦诺尔厅	
	遵化直隶州	玉田、丰润
	易州直隶州	涞水、广昌
	冀州直隶州	南宫、新河、枣强、武邑、衡水
	赵州直隶州	柏乡、隆平、高邑、临城、宁晋
	深州直隶州	武强、饶阳、安平
	定州直隶州	曲阳、深泽
盛京将军	奉天府	承德、辽阳州、复州、开原、铁岭、海城、盖平、宁海、兴京厅、岫岩厅、昌图厅、新民厅
	锦州府	锦县、义州、宁远州、广宁
吉林将军	吉林厅	
	长春厅	
	伯都讷厅	

续表

高层政区	统县政区	县级政区
吉林将军	阿勒楚喀副都统	
	宁古塔副都统	
	三姓副都统	
黑龙江将军	黑龙江城	
	墨尔根副都统	
	齐齐哈尔副都统	
	呼伦贝尔副都统衔总管	
	布特哈满州总管	
江苏	江宁府	上元、江宁、句容、溧水、江浦、六合、高淳
	淮安府	山阳、阜宁、盐城、清河、安东、桃源
	扬州府	江都、甘泉、仪征、高邮州、兴化、宝应、泰州、东台
	徐州府	铜山、萧县、砀山、丰县、沛县、邳州、宿迁、睢宁
	苏州府	吴县、长洲、元和、昆山、新阳、常熟、昭文、吴江、震泽、太湖厅
	松江府	华亭、娄县、奉贤、金山、上海、南汇、青浦、川沙厅
	常州府	武进、阳湖、无锡、金匮、江阴、宜兴、荆溪、靖江
	镇江府	丹徒、丹阳、金坛、溧阳
	海门直隶厅	
	通州直隶州	如皋、泰兴
	海州直隶州	赣榆、沭阳
	太仓直隶州	镇洋、崇明、嘉定、宝山
安徽	安庆府	怀宁、桐城、潜山、太湖、宿松、望江
	徽州府	歙县、休宁、婺源、祁门、黟县、绩溪
	宁国府	宣城、宁国、泾县、太平、旌德、南陵
	池州府	贵池、青阳、铜陵、石埭、建德、东流
	太平府	当涂、芜湖、繁昌
	凤阳府	凤阳、怀远、定远、凤台、寿州、宿州、灵壁
	庐州府	合肥、舒城、庐江、巢县、无为州
	颍州府	阜阳、颍上、霍邱、亳州、太和、蒙城

续表

高层政区	统县政区	县级政区
安徽	广德直隶州	建平
	滁州直隶州	全椒、来安
	和州直隶州	含山
	六安直隶州	英山、霍山
	泗州直隶州	盱眙、天长、五河
山西	太原府	阳曲、太原、榆次、太谷、祁县、徐沟、交城、文水、岢岚州、岚县、兴县
	潞安府	长治、长子、屯留、襄垣、潞城、壶关、黎城
	汾州府	汾阳、孝义、平遥、介休、石楼、临县、永宁州、宁乡
	泽州府	凤台、高平、阳城、陵川、沁水
	平阳府	临汾、洪洞、浮山、岳阳、曲沃、翼城、太平、襄陵、乡宁、吉州、汾西
	蒲州府	永济、临晋、虞乡、荣河、猗氏、万泉
	大同府	大同、怀仁、浑源州、应州、山阴、阳高、天镇、广灵、灵邱、丰镇厅
	朔平府	右玉、朔州、左云、平鲁、宁远厅
	宁武府	宁武、偏关、神池、五寨
	辽州直隶州	和顺、榆社
	沁州直隶州	沁源、武乡
	平定直隶州	盂县、寿阳
	霍州直隶州	赵城、灵石
	解州直隶州	安邑、夏县、平陆、芮城
	绛州直隶州	垣曲、闻喜、绛县、稷山、河津
	隰州直隶州	大宁、蒲县、永和
	忻州直隶州	定襄、静乐
	代州直隶州	五台、崞县、繁峙
	保德直隶州	河曲
	归化城厅	
	萨拉齐厅	
	清水河厅	
	托克托厅	
	和林格尔厅	

续表

高层政区	统县政区	县级政区
山东	济南府	历城、章邱、邹平、淄川、长山、新城、齐河、齐东、济阳、禹城、临邑、长清、陵县、德州、德平、平原
	东昌府	聊城、堂邑、博平、茌平、清平、莘县、冠县、馆陶、高唐州、恩县
	泰安府	泰安、肥城、新泰、莱芜、东平州、东阿、平阴
	武定府	惠民、青城、阳信、海丰、乐陵、商河、滨州、利津、沾化、蒲台
	兖州府	滋阳、曲阜、宁阳、邹县、泗水、滕县、峄县、汶上、阳谷、寿张
	沂州府	兰山、郯城、费县、莒州、沂水、蒙阴、日照
	曹州府	菏泽、单县、巨野、郓城、城武、曹县、定陶、濮州、范县、观城、朝城
	登州府	蓬莱、黄县、福山、栖霞、招远、莱阳、宁海州、文登、荣成、海阳
	莱州府	掖县、平度州、潍县、昌邑、胶州、高密、即墨
	青州府	益都、博山、临淄、博兴、高苑、乐安、寿光、昌乐、临朐、安邱、诸城
	临清直隶州	武城、夏津、邱县
	济宁直隶州	金乡、嘉祥、鱼台
河南	开封府	祥符、陈留、杞县、通许、尉氏、洧川、鄢陵、中牟、兰仪、禹州、密县、新郑、郑州、荥泽、荥阳、汜水
	归德府	商邱、宁陵、鹿邑、夏邑、永城、虞城、睢州、柘城
	陈州府	淮宁、商水、西华、项城、沈邱、太康、扶沟
	河南府	洛阳、偃师、宜阳、新安、巩县、孟津、登封、永宁、渑池、嵩县
	彰德府	安阳、临漳、汤阴、林县、武安、涉县、内黄
	卫辉府	汲县、新乡、获嘉、淇县、辉县、延津、浚县、滑县、封邱、考城
	怀庆府	河内、济源、原武、修武、武陟、孟县、温县、阳武
	南阳府	南阳、南召、唐县、泌阳、桐柏、镇平、邓州、内乡、新野、裕州、舞阳、叶县、淅川厅
	汝宁府	汝阳、正阳、上蔡、新蔡、西平、遂平、确山、信阳州、罗山
	许州直隶州	临颍、襄城、郾城、长葛
	陕州直隶州	灵宝、阌乡、卢氏

续表

高层政区	统县政区	县级政区
河南	汝州直隶州	鲁山、郏县、宝丰、伊阳
	光州直隶州	光山、固始、息县、商城
陕西	西安府	长安、咸宁、咸阳、兴平、临潼、高陵、鄠县、蓝田、泾阳、三原、盩厔、渭南、富平、醴泉、耀州、同官、孝义厅、宁陕厅
	凤翔府	凤翔、岐山、宝鸡、扶风、郿县、麟游、汧阳、陇州
	同州府	大荔、朝邑、郃阳、澄城、韩城、华州、华阴、蒲城、白水、潼关厅
	汉中府	南郑、褒城、城固、洋县、西乡、凤县、宁羌州、沔县、略阳、佛坪厅、定远厅、留坝厅
	兴安府	安康、平利、洵阳、白河、紫阳、石泉、汉阴厅、砖坪厅
	延安府	肤施、安塞、甘泉、安定、保安、宜川、延川、延长、定边、靖边
	榆林府	榆林、怀远、葭州、神木、府谷
	乾州直隶州	武功、永寿
	鄜州直隶州	洛川、中部、宜君
	邠州直隶州	三水、淳化、长武
	商州直隶州	镇安、雒南、山阳、商南
	绥德直隶州	米脂、清涧、吴堡
甘肃	兰州府	皋兰、金县、狄道州、渭源、靖远、河州
	巩昌府	陇西、安定、会宁、通渭、宁远、伏羌、西和、岷州、洮州厅
	平凉府	平凉、华亭、静宁州、隆德、固原州、盐茶厅
	庆阳府	安化、合水、环县、正宁、宁州
	甘州府	张掖、山丹、抚彝厅
	凉州府	武威、镇番、永昌、古浪、平番、庄浪厅
	宁夏府	宁夏、宁朔、平罗、灵州、中卫
	西宁府	西宁、碾伯、大通、贵德厅、循化厅、丹噶尔厅、巴燕戎格厅
	镇西府	宜禾、奇台、吐鲁番厅
	哈密直隶厅	
	迪化直隶州	昌吉、阜康、绥来
	秦州直隶州	秦安、清水、礼县、徽县、两当
	阶州直隶州	文县、成县

续表

高层政区	统县政区	县级政区
甘肃	泾州直隶州	崇信、镇原、灵台
	安西直隶州	敦煌、玉门
	肃州直隶州	高台
浙江	杭州府	钱塘、仁和、海宁州、富阳、余杭、临安、於潜、新城、昌化
	嘉兴府	嘉兴、秀水、嘉善、海盐、石门、平湖、桐乡
	湖州府	乌程、归安、长兴、德清、武康、安吉、孝丰
	宁波府	鄞县、镇海、慈溪、奉化、象山、定海
	绍兴府	山阴、会稽、萧山、诸暨、余姚、上虞、嵊县、新昌
	台州府	临海、黄岩、天台、仙居、宁海、太平
	金华府	金华、兰溪、东阳、义乌、永康、武义、浦江、汤溪
	衢州府	西安、龙游、江山、常山、开化
	严州府	建德、淳安、桐庐、遂安、寿昌、分水
	温州府	永嘉、瑞安、乐清、平阳、泰顺、玉环厅
	处州府	丽水、青田、缙云、松阳、遂昌、龙泉、庆元、云和、宣平、景宁
福建	福州府	闽县、侯官、长乐、福清、连江、罗源、古田、屏南、闽清、永福
	福宁府	霞浦、福鼎、福安、宁德、寿宁
	延平府	南平、顺昌、将乐、沙县、永安、尤溪
	建宁府	建安、瓯宁、建阳、崇安、浦城、松溪、政和
	邵武府	邵武、光泽、建宁、泰宁
	台湾府	台湾、凤山、嘉义、彰化、澎湖厅、淡水厅、噶玛兰厅
	汀州府	长汀、宁化、清流、归化、连城、上杭、武平、永定
	漳州府	龙溪、海澄、南靖、漳浦、平和、诏安、长泰、云霄厅
	兴化府	莆田、仙游
	泉州府	晋江、南安、惠安、同安、安溪、马巷厅
	龙岩直隶州	漳平、宁洋
	永春直隶州	德化、大田
江西	南昌府	南昌、新建、丰城、进贤、奉新、靖安、武宁、义宁州
	饶州府	鄱阳、余干、乐平、浮梁、德兴、安仁、万年
	广信府	上饶、玉山、弋阳、贵溪、铅山、广丰、兴安
	南康府	星子、都昌、建昌、安义

续表

高层政区	统县政区	县级政区
江西	九江府	德化、德安、瑞昌、湖口、彭泽
	建昌府	南城、新城、南丰、广昌、泸溪
	抚州府	临川、金溪、崇仁、宜黄、乐安、东乡
	临江府	清江、新淦、新喻、峡江
	瑞州府	高安、新昌、上高
	袁州府	宜春、分宜、萍乡、万载
	吉安府	庐陵、泰和、吉水、永丰、安福、龙泉、万安、永新、永宁、莲花厅
	赣州府	赣县、雩都、信丰、兴国、会昌、安远、长宁、龙南、定南厅
	南安府	大庾、南康、上犹、崇义
	宁都直隶州	瑞金、石城
湖北	武昌府	江夏、武昌、嘉鱼、蒲圻、咸宁、崇阳、通城、大冶、通山、兴国州
	汉阳府	汉阳、汉川、孝感、黄陂、沔阳州
	黄州府	黄冈、黄安、蕲水、罗田、麻城、广济、黄梅、蕲州
	安陆府	钟祥、京山、潜江、天门
	德安府	安陆、云梦、应城、应山、随州
	荆州府	江陵、公安、石首、监利、松滋、枝江、宜都
	襄阳府	襄阳、宜城、南漳、枣阳、谷城、光化、均州
	郧阳府	郧县、房县、竹山、竹溪、保康、郧西
	宜昌府	东湖、长阳、兴山、巴东、长乐、归州、鹤峰州
	施南府	恩施、宣恩、来凤、咸丰、利川、建始
	荆门直隶州	当阳、远安
湖南	长沙府	长沙、善化、湘潭、湘阴、宁乡、浏阳、醴陵、益阳、湘乡、攸县、安化、茶陵州
	宝庆府	邵阳、新化、城步、武冈州、新宁
	岳州府	巴陵、临湘、华容、平江
	常德府	武陵、桃源、龙阳、沅江
	衡州府	衡阳、清泉、衡山、耒阳、常宁、安仁、酃县
	永州府	零陵、祁阳、东安、道州、宁远、永明、江华、新田
	辰州府	沅陵、泸溪、辰溪、溆浦、
	沅州府	芷江、黔阳、麻阳

续表

高层政区	统县政区	县级政区
湖南	永顺府	永顺、龙山、保靖、桑植、古丈坪厅
	乾州直隶厅	
	凤凰直隶厅	
	永绥直隶厅	
	晃州直隶厅	
	澧州直隶州	石门、安乡、慈利、安福、永定
	桂阳直隶州	临武、蓝山、嘉禾
	郴州直隶州	永兴、宜章、兴宁、桂阳、桂东
	靖州直隶州	会同、通道、绥宁
广东	广州府	南海、番禺、顺德、东莞、从化、龙门、新宁、增城、香山、新会、三水、清远、新安、花县
	肇庆府	高要、四会、新兴、恩平、高明、广宁、开平、鹤山、封川、开建、德庆州、阳江、阳春
	韶州府	曲江、乐昌、仁化、乳源、翁源、英德
	惠州府	归善、博罗、长宁、永安、海丰、陆丰、龙川、河源、和平、连平州
	潮州府	海阳、丰顺、潮阳、揭阳、饶平、惠来、大埔、澄海、普宁、南澳厅
	高州府	茂名、电白、信宜、吴川、石城、化州
	雷州府	海康、遂溪、徐闻
	廉州府	合浦、灵山、钦州
	琼州府	琼山、澄迈、定安、文昌、会同、乐会、临高、儋州、崖州、万州、昌化、陵水、感恩
	连山绥瑶直隶厅	
	佛冈直隶厅	
	罗定直隶州	东安、西宁
	南雄直隶州	始兴
	连州直隶州	阳山
	嘉应直隶州	长乐、兴宁、平远、镇平
广西	桂林府	临桂、兴安、灵川、阳朔、永福、义宁、灌阳、永宁州、全州、龙胜厅
	平乐府	平乐、恭城、富川、贺县、荔浦、修仁、昭平、永安州
	梧州府	苍梧、藤县、容县、岑溪、怀集

续表

高层政区	统县政区	县级政区
广西	柳州府	马平、雒容、罗城、柳城、怀远、来宾、融县、象州
	庆远府	宜山、天河、思恩、河池州、东兰州
	思恩府	武缘、迁江、上林、宾州、百色厅
	南宁府	宣化、隆安、永淳、新宁州、横州、上思州
	镇安府	天保、归顺州、小镇安厅
	泗城府	凌云、西林、西隆州
	太平府	崇善、左州、养利州、永康州、宁明州、明江厅、龙州厅
	浔州府	桂平、平南、贵县、武宣
	郁林直隶州	博白、北流、陆川、兴业
四川	成都府	成都、华阳、双流、温江、新繁、金堂、新都、郫县、灌县、彭县、崇宁、简州、崇庆州、新津、汉州、什邡
	重庆府	巴县、江津、长寿、永川、荣昌、綦江、南川、合州、涪州、铜梁、大足、壁山、定远、江北厅
	保宁府	阆中、苍溪、南部、广元、昭化、巴州、通江、南江、剑州
	顺庆府	南充、西充、蓬州、营山、仪陇、广安州、邻水、岳池
	叙州府	宜宾、庆符、富顺、南溪、长宁、高县、筠连、珙县、兴文、隆昌、屏山、马边厅、雷波厅
	夔州府	奉节、巫山、云阳、万县、开县、大宁
	龙安府	平武、江油、石泉、彰明
	宁远府	西昌、冕宁、盐源、会理州、越巂厅
	雅州府	雅安、名山、荥经、芦山、天全州、清溪、打箭炉厅
	嘉定府	乐山、峨眉、洪雅、夹江、犍为、荣县、威远、峨边厅
	潼川府	三台、射洪、盐亭、中江、遂宁、蓬溪、安岳、乐至
	绥定府	达县、东乡、新宁、渠县、大竹、太平、城口厅
	叙永直隶厅	永宁
	松潘直隶厅	
	石砫直隶厅	
	杂谷直隶厅	
	懋功直隶厅	
	邛州直隶州	大邑、蒲江
	绵州直隶州	德阳、安县、绵竹、梓潼、罗江
	茂州直隶州	汶川

续表

高层政区	统县政区	县级政区
四川	眉州直隶州	丹棱、彭山、青神
	资州直隶州	资阳、内江、仁寿、井研
	忠州直隶州	酆都、垫江、梁山
	酉阳直隶州	秀山、黔江、彭水
	泸州直隶州	纳溪、合江、江安
云南	云南府	昆明、富民、宜良、嵩明州、晋宁州、呈贡、安宁州、罗次、禄丰、昆阳州、易门
	大理府	太和、赵州、云南、邓川州、浪穹、宾川州、云龙州
	丽江府	丽江、鹤庆州、剑川州、中甸厅、维西厅
	楚雄府	楚雄、广通、定远、南安州、镇南州、姚州、大姚
	永昌府	保山、永平、龙陵厅、腾越厅
	顺宁府	顺宁、缅宁厅、云州
	曲靖府	南宁、沾益州、陆凉州、罗平州、马龙州、寻甸州、平彝、宣威州
	东川府	会泽、巧家厅
	昭通府	恩安、永善、镇雄州、大关厅、鲁甸厅
	澂江府	河阳、江川、新兴州、路南州
	临安府	建水、石屏州、阿迷州、宁州、通海、河西、嶍峨、蒙自
	广南府	宝宁
	开化府	文山、安平厅
	普洱府	宁洱、威远厅、思茅厅、他郎厅
	永北直隶厅	
	蒙化直隶厅	
	景东直隶厅	
	镇沅直隶厅	
	广西直隶州	师宗、弥勒、邱北
	元江直隶州	新平
	武定直隶州	元谋、禄劝
贵州	贵阳府	贵筑、贵定、龙里、修文、开州、定番州、广顺州、长寨厅
	安顺府	普定、镇宁州、永宁州、清镇、安平、郎岱厅、归化厅
	都匀府	都匀、麻哈州、独山州、清平、荔波、八寨厅、丹江厅、都江厅

续表

高层政区	统县政区	县级政区
贵州	镇远府	镇远、施秉、天柱、黄平州、台拱厅、清江厅
	思南府	安化、婺川、印江
	石阡府	龙泉
	思州府	玉屏、青溪
	铜仁府	铜仁
	黎平府	开泰、永从、古州厅、下江厅、
	大定府	平远州、黔西州、威宁州、毕节、水城厅
	兴义府	贞丰州、普安、安南、兴义
	遵义府	遵义、桐梓、绥阳、正安州、仁怀
	普安直隶厅	
	松桃直隶厅	
	仁怀直隶厅	
	平越直隶州	瓮安、湄潭、余庆
伊犁将军	乌鲁木齐都统	乌鲁木齐、吐鲁番、巴里坤、古城、库尔喀喇乌苏五领队大臣
	塔尔巴哈台参赞大臣	
	喀什噶尔参赞大臣	喀什噶尔、乌什、英吉沙尔、叶尔羌、和阗、阿克苏、库车、喀喇沙尔八大回城
	伊犁参赞大臣	惠宁城、锡伯营、索伦营、察哈尔、厄鲁特五领队大臣
内蒙古	另行管理体制，不置州县	
外蒙古		
青海		
西藏		

附表 1-3　光绪二十年（1894）全国县级以上政区

高层政区	统县政区	县级政区
直隶	顺天府	大兴、宛平、良乡、固安、永清、东安、香河、三河、武清、宝坻、房山、文安、大城、保定、顺义、怀柔、密云、宁河、平谷、通州、涿州、蓟州、霸州、昌平州
	保定府	清苑、满城、安肃、定兴、新城、雄县、容城、唐县、望都、完县、蠡县、博野、束鹿、高阳、祁州、安州
	承德府	滦平、丰宁、建昌、赤峰、朝阳、围场厅、平泉州
	永平府	卢龙、迁安、抚宁、昌黎、乐亭、临榆、滦州

续表

高层政区	统县政区	县级政区
直隶	河间府	河间、献县、阜城、肃宁、任邱、交河、宁津、吴桥、东光、故城、景州
	天津府	天津、青县、静海，南皮、盐山、庆云、沧州
	正定府	正定、井陉、获鹿、元氏、灵寿、栾城、平山、阜平、行唐、赞皇、无极、藁城、新乐、晋州
	顺德府	邢台、沙河、南和、任县、内邱、唐山、平乡、巨鹿、广宗
	广平府	永年、曲周、肥乡、鸡泽、广平、成安、威县、邯郸、清河、磁州
	大名府	元城、大名、南乐、清丰、东明、长垣、开州
	宣化府	宣化、赤城、万全、龙门、怀来、怀安、西宁、保安州、延庆州、蔚州
	张家口厅	
	多伦诺尔厅	
	独石口厅	
	遵化直隶州	玉田、丰润
	易州直隶州	涞水、广昌
	冀州直隶州	南宫、新河、枣强、武邑、衡水
	赵州直隶州	柏乡、隆平、高邑、临城、宁晋
	深州直隶州	武强、饶阳、安平
	定州直隶州	深泽、曲阳
盛京将军	奉天府	承德、海城、盖平、开原、铁岭、辽阳州、复州、新民厅、金州厅、海龙厅
	锦州府	锦县、广宁、宁远州、义州
	昌图府	奉化、怀德、康平
	兴京直隶厅	通化、怀仁
	凤凰直隶厅	安东、宽甸、岫岩州
吉林将军	吉林府	敦化、伊通州
	长春府	农安
	宁古塔副都统	
	三姓副都统	
	阿勒楚喀副都统	

续表

高层政区	统县政区	县级政区
吉林将军	珲春副都统	
		伯都讷厅、双城厅、宾州厅、五常厅
黑龙江将军	黑龙江城副都统	
	齐齐哈尔副都统	
	布特哈副都统	
	墨尔根副都统	
	呼伦贝尔副都统	
	呼兰直隶厅	
	绥化直隶厅	
江苏	江宁府	上元、江宁、句容、溧水、江浦、六合、高淳
	淮安府	山阳、盐城、阜宁、清河、安东、桃源
	扬州府	江都、甘泉、仪征、东台、高邮州、兴化、宝应、泰州
	徐州府	铜山、萧县、砀山、丰县、沛县、宿迁、睢宁、邳州
	苏州府	吴县、长洲、元和、昆山、新阳、常熟、昭文、吴江、震泽、太湖厅
	松江府	华亭、娄县、奉贤、上海、南汇、青浦、金山、川沙厅
	常州府	武进、阳湖、无锡、金匮、江阴、宜兴、荆溪、靖江
	镇江府	丹徒、丹阳、金坛、溧阳
	海门直隶厅	
	通州直隶州	如皋、泰兴
	海州直隶州	赣榆、沭阳
	太仓直隶州	镇洋、崇明、嘉定、宝山
安徽	安庆府	怀宁、桐城、潜山、太湖、宿松、望江
	徽州府	歙县、休宁、婺源、祁门、黟县、绩溪
	宁国府	宣城、宁国、泾县、太平、旌德、南陵
	池州府	贵池、青阳、铜陵、石埭、建德、东流
	太平府	当涂、芜湖、繁昌
	庐州府	合肥、舒城、庐江、无为州、巢县
	凤阳府	凤阳、怀远、定远、灵壁、凤台、寿州、宿州
	颍州府	阜阳、颍上、霍邱、涡阳、亳州、太和、蒙城

续表

高层政区	统县政区	县级政区
安徽	广德直隶州	建平
	滁州直隶州	全椒、来安
	和州直隶州	含山
	泗州直隶州	盱眙、天长、五河
	六安直隶州	英山、霍山
山西	太原府	阳曲、太原、榆次、太谷、祁县、徐沟、交城、文水、岚县、兴县、岢岚州
	平阳府	临汾、洪洞、浮山、岳阳、曲沃、翼城、太平、襄陵、汾西、乡宁、吉州
	潞安府	长治、长子、屯留、襄垣、潞城、壶关、黎城
	汾州府	汾阳、孝义、平遥、介休、石楼、临、宁乡、永宁州
	大同府	大同、怀仁、山阴、广灵、灵邱、天镇、阳高、应州、浑源州
	朔平府	右玉、左云、平鲁、朔州
	宁武府	宁武、偏关、神池、五寨
	泽州府	凤台、高平、阳城、陵川、沁水
	蒲州府	永济、临晋、虞乡、荣河、猗氏、万泉
	沁州直隶州	沁源、武乡
	辽州直隶州	和顺、榆社
	平定直隶州	盂县、寿阳
	忻州直隶州	定襄、静乐
	代州直隶州	五台、崞县、繁峙
	保德直隶州	河曲
	解州直隶州	安邑、夏县、平陆、芮城
	绛州直隶州	稷山、河津、闻喜、绛县、垣曲
	隰州直隶州	大宁、永和、蒲县
	霍州直隶州	赵城、灵石
	和林格尔直隶厅	
	清水河直隶厅	
	托克托直隶厅	
	萨拉齐直隶厅	
	丰镇直隶厅	

续表

高层政区	统县政区	县级政区
山西	宁远直隶厅	
	归化城直隶厅	
山东	济南府	历城、章邱、邹平、淄川、长山、新城、齐河、齐东、济阳、禹城、临邑、长清、陵县、德州、德平、平原
	东昌府	聊城、堂邑、博平、茌平、清平、莘县、冠县、馆陶、恩县、高唐州
	泰安府	泰安、新泰、莱芜、肥城、东平州、东阿、平阴
	武定府	惠民、阳信、海丰、乐陵、青城、商河、滨州、利津、沾化、蒲台
	兖州府	滋阳、曲阜、宁阳、邹县、泗水、滕县、峄县、汶上、阳谷、寿张
	沂州府	兰山、郯城、费县、莒州、沂水、蒙阴、日照
	曹州府	菏泽、曹县、定陶、巨野、濮州、范县、观城、朝城、单县、城武、郓城
	登州府	蓬莱、黄县、福山、栖霞、招远、莱阳、文登、荣成、海阳、宁海州
	莱州府	掖县、平度州、潍县、昌邑、胶州、高密、即墨
	青州府	益都、博山、临淄、博兴、高苑、乐安、寿光、临朐、安邱、昌乐、诸城
	临清直隶州	邱县、武城、夏津
	济宁直隶州	鱼台、嘉祥、金乡
河南	开封府	祥符、陈留、杞县、通许、尉氏、洧川、鄢陵、中牟、兰仪、新郑、密县、荥阳、荥泽、汜水、禹州、郑州
	归德府	商邱、宁陵、鹿邑、夏邑、永城、虞城、考城、柘城、睢州
	彰德府	安阳、汤阴、临漳、林县、内黄、武安、涉县
	卫辉府	汲县、新乡、获嘉、淇县、辉县、延津、浚县、滑县、封邱
	怀庆府	河内、济源、修武、武陟、孟县、温县、原武、阳武
	河南府	洛阳、偃师、巩县、孟津、宜阳、登封、永宁、新安、渑池、嵩县
	南阳府	南阳、南召、镇平、唐县、泌阳、桐柏、内乡、新野、舞阳、叶县、裕州、邓州、淅川厅
	汝宁府	汝阳、正阳、上蔡、新蔡、西平、遂平、确山、罗山、信阳州

续表

高层政区	统县政区	县级政区
河南	陈州府	淮宁、商水、西华、项城、沈邱、太康、扶沟
	汝州直隶州	鲁山、郏县、宝丰、伊阳
	许州直隶州	临颍、郾城、襄城、长葛
	陕州直隶州	灵宝、阌乡、卢氏
	光州直隶州	光山、固始、息县、商城
陕西	西安府	长安、咸宁、咸阳、兴平、临潼、高陵、鄠县、蓝田、泾阳、三原、盩厔、渭南、富平、醴泉、耀州、同官、孝义厅、宁陕厅
	凤翔府	凤翔、岐山、宝鸡、扶风、郿县、麟游、汧阳、陇州
	同州府	大荔、朝邑、郃阳、澄城、韩城，白水、华阴、蒲城、华州、潼关厅
	汉中府	南郑、褒城、城固、洋县、西乡、凤县、沔县、略阳、宁羌州、留坝厅、定远厅、佛坪厅
	兴安府	安康、平利、洵阳、白河、紫阳、石泉、汉阴厅、砖坪厅
	延安府	肤施、安塞、甘泉、安定、保安、宜川、延川、延长、定边、靖边
	榆林府	榆林、怀远、葭州、神木、府谷
	乾州直隶州	武功、永寿
	鄜州直隶州	洛川、中部、宜君
	邠州直隶州	三水、淳化、长武
	商州直隶州	镇安、雒南、山阳、商南
	绥德直隶州	米脂、吴堡、清涧
甘肃	兰州府	皋兰、金县、渭源、靖远、狄道州、河州
	巩昌府	陇西、安定、通渭、会宁、伏羌、宁远、西和、岷州、洮州厅
	平凉府	平凉、华亭、静宁州、隆德
	庆阳府	安化、合水、环县、正宁、宁州
	甘州府	张掖、山丹、抚彝厅
	凉州府	武威、镇番、永昌、平番、古浪、庄浪厅
	宁夏府	宁夏、宁朔、平罗、中卫、灵州、宁灵厅
	西宁府	西宁、碾伯、大通、巴燕戎格厅、贵德厅、循化厅、丹噶尔厅
	化平川直隶厅	
	秦州直隶州	清水、秦安、礼县、徽县、两当

续表

高层政区	统县政区	县级政区
甘肃	阶州直隶州	文县、成县
	泾州直隶州	灵台、崇信、镇原
	固原直隶州	平远、海城
	安西直隶州	玉门、敦煌
	肃州直隶州	高台
浙江	杭州府	钱塘、仁和、富阳、余杭、临安、於潜、新城、昌化、海宁州
	嘉兴府	嘉兴、秀水、嘉善、海盐、石门、平湖、桐乡
	湖州府	乌程、归安、长兴、德清、武康、孝丰、安吉
	宁波府	鄞县、慈溪、奉化、象山、镇海
	绍兴府	山阴、会稽、萧山、诸暨、余姚、上虞、嵊县、新昌
	台州府	临海、黄岩、天台、仙居、宁海、太平
	金华府	金华、兰溪、东阳、义乌、永康、武义、浦江、汤溪
	衢州府	西安、龙游、常山、江山、开化
	严州府	建德、淳安、桐庐、遂安、寿昌、分水
	温州府	永嘉、乐清、瑞安、平阳、泰顺、玉环厅
	处州府	丽水、青田、缙云、松阳、遂昌、龙泉、庆元、云和、宣平、景宁
	定海直隶厅	
福建	福州府	闽县、侯官、长乐、福清、连江、罗源、古田、闽清、永福、屏南
	福宁府	霞浦、福安、宁德、寿宁、福鼎
	延平府	南平、尤溪、沙、顺昌、将乐、永安
	建宁府	瓯宁、建安、浦城、建阳、崇安、松溪、政和
	邵武府	邵武、光泽、泰宁、建宁
	汀州府	长汀、宁化、上杭、武平、清流、连城、归化、永定
	漳州府	龙溪、漳浦、长泰、南靖、平和、诏安、海澄、云霄厅
	兴化府	莆田、仙游
	泉州府	晋江、南安、同安、惠安、安溪、马巷厅
	龙岩直隶州	漳平、宁洋
	永春直隶州	德化、大田
台湾	台北府	淡水、新竹、宜兰、基隆厅
	台湾府	彰化、台湾、云林、苗栗、埔里社厅

续表

高层政区	统县政区	县级政区
台湾	台南府	安平、凤山、嘉义、恒春、澎湖厅
	台东直隶州	
江西	南昌府	南昌、新建、丰城、进贤、奉新、靖安、武宁、义宁州
	饶州府	鄱阳、余干、乐平、浮梁、德兴、安仁、万年
	广信府	上饶、玉山、弋阳、贵溪、铅山、兴安、广丰
	南康府	星子、都昌、建昌、安义
	九江府	德化、德安、瑞昌、湖口、彭泽
	建昌府	南城、南丰、新城、广昌、泸溪
	抚州府	临川、崇仁、金溪、宜黄、乐安、东乡
	临江府	清江、新淦、新喻、峡江
	瑞州府	高安、上高、新昌
	袁州府	宜春、分宜、萍乡、万载
	吉安府	庐陵、泰和、吉水、永丰、安福、龙泉、万安、永新、永宁、莲花厅
	赣州府	赣、雩都、信丰、兴国、会昌、安远、龙南、长宁、定南厅
	南安府	大庾、南康、上犹、崇义
	宁都直隶州	瑞金、石城
湖北	武昌府	江夏、武昌、嘉鱼、蒲圻、咸宁、崇阳、通城、大冶、通山、兴国州
	汉阳府	汉阳、汉川、孝感、黄陂、沔阳州
	黄州府	黄冈、黄安、蕲水、罗田、麻城、广济、黄梅、蕲州
	安陆府	钟祥、京山、潜江、天门
	德安府	安陆、云梦、应城、应山、随州
	荆州府	江陵、公安、石首、监利、松滋、枝江、宜都
	襄阳府	襄阳、宜城、南漳、枣阳、谷城、光化、均州
	郧阳府	郧县、房县、竹山、竹溪、保康、郧西
	宜昌府	东湖、长乐、长阳、兴山、巴东、鹤峰州、归州
	施南府	恩施、宣恩、利川、来凤、咸丰、建始
	荆门直隶州	当阳、远安
湖南	长沙府	长沙、善化、湘潭、湘阴、宁乡、浏阳、醴陵、益阳、湘乡、攸县、安化、茶陵州

续表

高层政区	统县政区	县级政区
湖南	宝庆府	邵阳、城步、新化、新宁、武冈州
	岳州府	巴陵、临湘、华容、平江
	常德府	武陵、桃源、龙阳、沅江
	衡州府	衡阳、清泉、衡山、耒阳、常宁、安仁、酃县
	永州府	零陵、祁阳、东安、宁远、永明、江华、新田、道州
	辰州府	沅陵、泸溪、辰溪、溆浦
	沅州府	芷江、黔阳、麻阳
	永顺府	永顺、龙山、保靖、桑植、古丈坪厅
	乾州直隶厅	
	凤凰直隶厅	
	永绥直隶厅	
	南洲直隶厅	
	晃州直隶厅	
	澧州直隶州	石门、慈利、安乡、安福、永定
	桂阳直隶州	临武、蓝山、嘉禾
	郴州直隶州	永兴、兴宁、宜章、桂阳、桂东
	靖州直隶州	会同、通道、绥宁
广东	广州府	南海、番禺、顺德、东莞、从化、龙门、新宁、增城、香山、新会、三水、清远、新安、花县
	肇庆府	高要、四会、新兴、高明、广宁、恩平、阳春、封川、开建、德庆州
	韶州府	曲江、英德、乐昌、仁化、乳源、翁源
	惠州府	归善、博罗、长宁、永安、海丰、龙川、河源、和平、陆丰、连平州
	潮州府	海阳、丰顺、潮阳、揭阳、饶平、惠来、大埔、澄海、普宁、南澳厅
	高州府	茂名、电白、信宜、吴川、石城、化州
	雷州府	海康、遂溪、徐闻
	廉州府	合浦、灵山
	琼州府	琼山、澄迈、定安、文昌、会同、乐会、临高、昌化、陵水、感恩、儋州、万州、崖州
	佛冈直隶厅	
	赤溪直隶厅	

续表

高层政区	统县政区	县级政区
广东	连山绥瑶直隶厅	
	阳江直隶厅	
	罗定直隶州	东安、西宁
	南雄直隶州	始兴
	连州直隶州	阳山
	嘉应直隶州	长乐、兴宁、平远、镇平
	钦州直隶州	防城
广西	桂林府	临桂、兴安、灵川、阳朔、灌阳、永福、义宁、全州、永宁州、龙胜厅
	平乐府	平乐、恭城、富川、贺县、荔浦、修仁、昭平、永安州
	梧州府	苍梧、藤县、容县、岑溪、怀集
	柳州府	马平、雒容、罗城、柳城、怀远、来宾、融县、象州
	庆远府	宜山、天河、思恩、河池州、东兰州、
	浔州府	桂平、平南、贵县、武宣
	思恩府	武缘、迁江、上林、宾州、那马厅
	南宁府	宣化、隆安、永淳、新宁州、横州
	镇安府	天保、奉议州
	泗城府	凌云、西林、西隆州
	太平府	崇善、左州、养利州、永康州、宁明州、明江厅、龙州厅
	百色直隶厅	恩隆
	上思直隶厅	
	郁林直隶州	博白、北流、陆川、兴业
	归顺直隶州	镇边
四川	成都府	成都、华阳、双流、温江、新繁、金堂、新都、郫县、灌县、彭县、崇宁、简州、崇庆州、新津、汉州、什邡
	重庆府	巴县、江津、长寿、永川、荣昌、綦江、南川、合州、涪州、铜梁、大足、璧山、定远、江北厅
	保宁府	阆中、苍溪、南部、广元、昭化、巴州、通江、南江、剑州
	顺庆府	南充、西充、蓬州、营山、仪陇、广安州、邻水、岳池
	叙州府	宜宾、庆符、富顺、南溪、长宁、高县、筠连、珙县、兴文、隆昌、屏山、马边厅、雷波厅

续表

高层政区	统县政区	县级政区
四川	夔州府	奉节、巫山、云阳、万县、开县、大宁
	龙安府	平武、江油、石泉、彰明
	宁远府	西昌、冕宁、盐源、会理州、越巂厅
	雅州府	雅安、名山、荥经、芦山、天全州、清溪、打箭炉厅
	嘉定府	乐山、峨眉、洪雅、夹江、犍为、荣县、威远、峨边厅
	潼川府	三台、射洪、盐亭、中江、遂宁、蓬溪、安岳、乐至
	绥定府	达县、东乡、新宁、渠县、大竹、太平、城口厅
	叙永直隶厅	永宁
	松潘直隶厅	
	石砫直隶厅	
	杂谷直隶厅	
	懋功直隶厅	
	邛州直隶州	大邑、蒲江
	绵州直隶州	德阳、安县、绵竹、梓潼、罗江
	茂州直隶州	汶川
	眉州直隶州	丹棱、彭山、青神
	资州直隶州	资阳、内江、仁寿、井研
	忠州直隶州	酆都、垫江、梁山
	酉阳直隶州	秀山、黔江、彭水
	泸州直隶州	纳溪、合江、江安
云南	云南府	昆明、富民、宜良、嵩明州、晋宁州、呈贡、安宁州、罗次、禄丰、昆阳州、易门
	大理府	太和、赵州、云南、邓川州、浪穹、宾川州、云龙州
	丽江府	丽江、鹤庆州、剑川州、中甸厅、维西厅
	楚雄府	楚雄、广通、定远、南安州、镇南州、姚州、大姚
	永昌府	保山、永平、龙陵厅、腾越厅
	顺宁府	顺宁、缅宁厅、云州
	曲靖府	南宁、沾益州、陆凉州、罗平州、马龙州、寻甸州、平彝、宣威州
	东川府	会泽、巧家厅
	昭通府	恩安、永善、镇雄州、大关厅、鲁甸厅
	澂江府	河阳、江川、新兴州、路南州

续表

高层政区	统县政区	县级政区
云南	临安府	建水、石屏州、阿迷州、宁州、通海、河西、嶍峨、蒙自
	广南府	宝宁
	开化府	文山、安平厅
	普洱府	宁洱、威远厅、思茅厅、他郎厅
	永北直隶厅	
	蒙化直隶厅	
	景东直隶厅	
	镇沅直隶厅	
	镇边直隶厅	
	武定直隶州	元谋、禄劝
	广西直隶州	师宗、弥勒、邱北
	元江直隶州	新平
贵州	贵阳府	贵筑、贵定、龙里、修文、开州、定番州、广顺州、罗斛厅
	安顺府	普定、镇宁州、永宁州、清镇、安平、郎岱厅、归化厅
	都匀府	都匀、麻哈州、独山州、清平、荔波、八寨厅、丹江厅、都江厅
	镇远府	镇远、施秉、天柱、黄平州、台拱厅、清江厅
	思南府	安化、婺川、印江
	石阡府	龙泉
	思州府	玉屏、青溪
	铜仁府	铜仁
	黎平府	开泰、永从、古州厅、下江厅、
	大定府	平远州、黔西州、威宁州、毕节、水城厅
	兴义府	贞丰州、普安、安南、兴义
	遵义府	遵义、桐梓、绥阳、正安州、仁怀
	松桃直隶厅	
	普安直隶厅	
	仁怀直隶厅	
	平越直隶州	瓮安、湄潭、余庆
新疆	迪化府	迪化、昌吉、绥来、阜康、奇台
	伊犁府	绥定、宁远

续表

高层政区	统县政区	县级政区
新疆	吐鲁番直隶厅	
	镇西直隶厅	
	哈密直隶厅	
	库尔喀喇乌苏直隶厅	
	精河直隶厅	
	塔尔巴哈台直隶厅	
	乌什直隶厅	
	库车直隶厅	
	喀喇沙尔直隶厅	
	英吉沙尔直隶厅	
	玛喇巴什直隶厅	
	温宿直隶州	拜城
	疏勒直隶州	疏附
	莎车直隶州	叶城
	和阗直隶州	于阗
内蒙古	另行管理体制，不置州县	
外蒙古		
青海		
西藏		

附表 1-4　宣统三年（1911）全国县级以上政区

高层政区	统县政区	县级政区
直隶	顺天府	大兴、宛平、良乡、固安、永清、东安、香河、通州、三河、武清、宝坻、宁河、昌平州、顺义、密云、怀柔、涿州、房山、霸州、文安、大城、保定、蓟州、平谷
	保定府	清苑、满城、安肃、定兴、新城、唐县、博野、望都、容城、完县、蠡县、雄县、祁州、束鹿、安州、高阳
	承德府	滦平、平泉州、丰宁、隆化
	永平府	卢龙、迁安、抚宁、昌黎、滦州、乐亭、临榆

续表

高层政区	统县政区	县级政区
直隶	河间府	河间、献县、阜城、肃宁、任邱、交河、宁津、景州、吴桥、东光、故城
	天津府	天津、静海、青县、沧州、南皮、盐山、庆云
	正定府	正定、获鹿、井陉、阜平、栾城、行唐、灵寿、平山、元氏、赞皇、晋州、无极、藁城、新乐
	顺德府	邢台、沙河、南和、平乡、广宗、巨鹿、唐山、内邱、任县
	广平府	永年、曲周、肥乡、鸡泽、广平、邯郸、成安、威县、清河、磁州
	大名府	元城、大名、南乐、清丰、东明、开州、长垣
	宣化府	宣化、赤城、万全、龙门、怀来、蔚州、西宁、怀安、延庆州、保安州、围场厅
	朝阳府	建昌、阜新、建平、绥东
	遵化直隶州	玉田、丰润
	易州直隶州	涞水、广昌
	冀州直隶州	南宫、新河、枣强、武邑、衡水
	赵州直隶州	柏乡、隆平、高邑、临城、宁晋
	深州直隶州	武强、饶阳、安平
	定州直隶州	曲阳、深泽
	赤峰直隶州	林西、开鲁
	张家口厅	
	独石口厅	
	多伦诺尔厅	
奉天	奉天府	承德、辽阳州、复州、抚顺、开原、铁岭、海城、盖平、辽中、本溪、金州厅
	锦州府	锦县、锦西厅、盘山厅、义州、宁远州、广宁、绥中
	新民府	镇安、彰武
	兴京府	通化、怀仁、辑安、临江
	长白府	安图、抚松
	海龙府	东平、西丰、西安、柳河
	昌图府	辽源州、奉化、怀德、康平
	洮南府	靖安、开通、安广、醴泉、镇东
	法库直隶厅	

续表

高层政区	统县政区	县级政区
奉天	营口直隶厅	
	凤凰直隶厅	岫岩州、安东、宽甸
	庄河直隶厅	
	辉南直隶厅	
吉林	吉林府[1]	
	长春府	
	新城府	
	双城府	
	宾州府	
	五常府	
	延吉府	
	宁安府	
	依兰府	
	临江府	
	密山府	
	榆树直隶厅	
	伊通直隶州	
	西南路道[2]	濛江州、农安、长岭、桦甸、磐石、舒兰、德惠、双阳
	西北路道	滨江厅、长寿、阿城
	东南路道	珲春厅、东宁厅、敦化、穆稜、额穆、汪清、和龙
	东北路道	虎林厅、绥远州、方正、桦川、富锦、饶河
黑龙江	龙江府	
	呼兰府	巴彦州、兰西、木兰
	绥化府	余庆
	海伦府	青冈、拜泉
	嫩江府	
	黑河府	
	胪滨府	
	兴东道	大通、汤原
	瑷珲直隶厅	
	呼伦直隶厅	
	讷河直隶厅	

续表

<table>
<tr><th>高层政区</th><th>统县政区</th><th>县级政区</th></tr>
<tr><td rowspan="3">黑龙江</td><td>肇州直隶厅</td><td></td></tr>
<tr><td>大赉直隶厅</td><td></td></tr>
<tr><td>安达直隶厅</td><td></td></tr>
<tr><td rowspan="12">江苏</td><td>江宁府</td><td>上元、江宁、句容、溧水、江浦、六合、高淳</td></tr>
<tr><td>淮安府</td><td>山阳、阜宁、盐城、清河、安东、桃源</td></tr>
<tr><td>扬州府</td><td>江都、甘泉、扬子、高邮州、兴化、宝应、泰州、东台</td></tr>
<tr><td>苏州府</td><td>吴县、长洲、元和、昆山、新阳、常熟、昭文、吴江、震泽、太湖厅、靖湖厅</td></tr>
<tr><td>松江府</td><td>华亭、娄县、奉贤、金山、上海、南汇、青浦、川沙厅</td></tr>
<tr><td>徐州府</td><td>铜山、萧县、砀山、丰县、沛县、邳州、宿迁、睢宁</td></tr>
<tr><td>常州府</td><td>武进、阳湖、无锡、金匮、江阴、宜兴、荆溪、靖江</td></tr>
<tr><td>镇江府</td><td>丹徒、丹阳、金坛、溧阳、太平厅</td></tr>
<tr><td>海门直隶厅</td><td></td></tr>
<tr><td>通州直隶州</td><td>如皋、泰兴</td></tr>
<tr><td>海州直隶州</td><td>赣榆、沭阳</td></tr>
<tr><td>太仓直隶州</td><td>镇洋、崇明、嘉定、宝山</td></tr>
<tr><td rowspan="13">安徽</td><td>安庆府</td><td>怀宁、桐城、潜山、太湖、宿松、望江</td></tr>
<tr><td>徽州府</td><td>歙县、休宁、婺源、祁门、黟县、绩溪</td></tr>
<tr><td>宁国府</td><td>宣城、宁国、泾县、太平、旌德、南陵</td></tr>
<tr><td>池州府</td><td>贵池、青阳、铜陵、石埭、建德、东流</td></tr>
<tr><td>太平府</td><td>当涂、芜湖、繁昌</td></tr>
<tr><td>凤阳府</td><td>凤阳、怀远、定远、凤台、寿州、宿州、灵璧</td></tr>
<tr><td>庐州府</td><td>合肥、舒城、庐江、巢县、无为州</td></tr>
<tr><td>颍州府</td><td>阜阳、颍上、霍邱、亳州、涡阳、太和、蒙城</td></tr>
<tr><td>广德直隶州</td><td>建平</td></tr>
<tr><td>滁州直隶州</td><td>全椒、来安</td></tr>
<tr><td>和州直隶州</td><td>含山</td></tr>
<tr><td>六安直隶州</td><td>英山、霍山</td></tr>
<tr><td>泗州直隶州</td><td>盱眙、天长、五河</td></tr>
<tr><td rowspan="2">山西</td><td>太原府</td><td>阳曲、太原、榆次、太谷、祁县、徐沟、交城、文水、岢岚州、岚县、兴县</td></tr>
<tr><td>潞安府</td><td>长治、长子、屯留、襄垣、潞城、壶关、黎城</td></tr>
</table>

续表

高层政区	统县政区	县级政区
山西	汾州府	汾阳、孝义、平遥、介休、石楼、临县、永宁州、宁乡
	泽州府	凤台、高平、阳城、陵川、沁水
	平阳府	临汾、洪洞、浮山、岳阳、曲沃、翼城、太平、襄陵、乡宁、吉州
	蒲州府	永济、临晋、虞乡、荣河、猗氏、万泉
	大同府	大同、怀仁、浑源州、应州、山阴、阳高、天镇、广灵、灵邱
	朔平府	右玉、朔州、左云、平鲁
	宁武府	宁武、偏关、神池、五寨
	辽州直隶州	和顺、榆社
	沁州直隶州	沁源、武乡
	平定直隶州	盂县、寿阳
	霍州直隶州	赵城、灵石、汾西
	解州直隶州	安邑、夏县、平陆、芮城
	绛州直隶州	垣曲、闻喜、绛县、稷山、河津
	隰州直隶州	大宁、蒲县、永和
	忻州直隶州	定襄、静乐
	代州直隶州	五台、崞县、繁峙
	保德直隶州	河曲
	归化城直隶厅	
	萨拉齐直隶厅	
	清水河直隶厅	
	丰镇直隶厅	
	托克托直隶厅	
	宁远直隶厅	
	和林格尔直隶厅	
	兴和直隶厅	
	陶林直隶厅	
	武川直隶厅	
	五原直隶厅	
	东胜直隶厅	

续表

高层政区	统县政区	县级政区
山东	济南府	历城、章邱、邹平、淄川、长山、新城、齐河、齐东、济阳、禹城、临邑、长清、陵县、德州、德平、平原
	东昌府	聊城、堂邑、博平、茌平、清平、莘县、冠县、馆陶、高唐州、恩县
	泰安府	泰安、肥城、新泰、莱芜、东平州、东阿、平阴
	武定府	惠民、青城、阳信、海丰、乐陵、商河、滨州、利津、沾化、蒲台
	兖州府	滋阳、曲阜、宁阳、邹县、泗水、滕县、峄县、汶上、阳谷、寿张
	沂州府	兰山、郯城、费县、莒州、沂水、蒙阴、日照
	曹州府	菏泽、单县、巨野、郓城、城武、曹县、定陶、濮州、范县、观城、朝城
	登州府	蓬莱、黄县、福山、栖霞、招远、莱阳、宁海州、文登、荣成、海阳
	莱州府	掖县、平度州、潍县、昌邑
	青州府	益都、博山、临淄、博兴、高苑、乐安、寿光、昌乐、临朐、安邱、诸城
	临清直隶州	武城、夏津、邱县
	济宁直隶州	金乡、嘉祥、鱼台
	胶州直隶州	高密、即墨
河南	开封府	祥符、陈留、杞县、通许、尉氏、洧川、鄢陵、中牟、兰封、禹州、密县、新郑
	归德府	商邱、宁陵、鹿邑、夏邑、永城、虞城、睢州、考城、柘城
	陈州府	怀宁、商水、西华、项城、沈邱、太康、扶沟
	河南府	洛阳、偃师、宜阳、新安、巩县、孟津、登封、永宁、渑池、嵩县
	彰德府	安阳、临漳、汤阴、林县、武安、涉县、内黄
	卫辉府	汲县、新乡、获嘉、淇县、辉县、延津、浚县、滑县、封邱
	怀庆府	河内、济源、原武、修武、武陟、孟县、温县、阳武
	南阳府	南阳、南召、唐县、泌阳、桐柏、镇平、邓州、内乡、新野、裕州、舞阳、叶县
	汝宁府	汝阳、正阳、上蔡、新蔡、西平、遂平、确山、信阳州、罗山

续表

高层政区	统县政区	县级政区
河南	淅川直隶厅	
	许州直隶州	临颍、襄城、郾城、长葛
	郑州直隶州	荥泽、荥阳、汜水
	陕州直隶州	灵宝、阌乡、卢氏
	汝州直隶州	鲁山、郏县、宝丰、伊阳
	光州直隶州	光山、固始、息县、商城
陕西	西安府	长安、咸宁、咸阳、兴平、临潼、高陵、鄠县、蓝田、泾阳、三原、盩厔、渭南、富平、醴泉、耀州、同官、孝义厅、宁陕厅
	凤翔府	凤翔、岐山、宝鸡、扶风、郿县、麟游、汧阳、陇州
	同州府	大荔、朝邑、郃阳、澄城、韩城、华州、华阴、蒲城、白水、潼关厅
	汉中府	南郑、褒城、城固、洋县、西乡、凤县、宁羌州、沔县、略阳、佛坪厅、定远厅、留坝厅
	兴安府	安康、平利、洵阳、白河、紫阳、石泉、汉阴厅、砖坪厅
	延安府	肤施、安塞、甘泉、安定、保安、宜川、延川、延长、定边、靖边
	榆林府	榆林、怀远、葭州、神木、府谷
	乾州直隶州	武功、永寿
	鄜州直隶州	洛川、中部、宜君
	邠州直隶州	三水、淳化、长武
	商州直隶州	镇安、雒南、山阳、商南
	绥德直隶州	米脂、清涧、吴堡
甘肃	兰州府	皋兰、金县、狄道州、渭源、靖远、河州
	巩昌府	陇西、安定、会宁、通渭、宁远、伏羌、西和、岷州、洮州厅
	平凉府	平凉、华亭、静宁州、隆德
	庆阳府	安化、合水、环县、正宁、宁州
	甘州府	张掖、山丹、抚彝厅
	凉州府	武威、镇番、永昌、古浪、平番、庄浪厅
	宁夏府	宁夏、宁朔、平罗、灵州、中卫、宁灵厅
	西宁府	西宁、碾伯、大通、贵德厅、循化厅、丹噶尔厅、巴燕戎格厅

续表

高层政区	统县政区	县级政区
甘肃	化平川直隶厅	
	秦州直隶州	秦安、清水、礼县、徽县、两当
	阶州直隶州	文县、成县
	泾州直隶州	崇信、镇原、灵台
	固原直隶州	平远、海城
	安西直隶州	敦煌、玉门
	肃州直隶州	高台
浙江	杭州府	钱塘、仁和、海宁州、富阳、余杭、临安、於潜、新城、昌化
	嘉兴府	嘉兴、秀水、嘉善、海盐、石门、平湖、桐乡
	湖州府	乌程、归安、长兴、德清、武康、安吉、孝丰
	宁波府	鄞县、镇海、慈溪、奉化、象山、南田厅
	绍兴府	山阴、会稽、萧山、诸暨、余姚、上虞、嵊县、新昌
	台州府	临海、黄岩、天台、仙居、宁海、太平
	金华府	金华、兰溪、东阳、义乌、永康、武义、浦江、汤溪
	衢州府	西安、龙游、江山、常山、开化
	严州府	建德、淳安、桐庐、遂安、寿昌、分水
	温州府	永嘉、瑞安、乐清、平阳、泰顺、玉环厅
	处州府	丽水、青田、缙云、松阳、遂昌、龙泉、庆元、云和、宣平、景宁
	定海直隶厅	
福建	福州府	闽县、侯官、长乐、福清、连江、罗源、古田、屏南、闽清、永福
	福宁府	霞浦、福鼎、福安、宁德、寿宁
	延平府	南平、顺昌、将乐、沙、永安、尤溪
	建宁府	建安、瓯宁、建阳、崇安、浦城、松溪、政和
	邵武府	邵武、光泽、建宁、泰宁
	汀州府	长汀、宁化、清流、归化、连城、上杭、武平、永定
	漳州府	龙溪、海澄、南靖、漳浦、平和、诏安、长泰、云霄厅
	兴化府	莆田、仙游
	泉州府	晋江、南安、惠安、同安、安溪、马巷厅
	龙岩直隶州	漳平、宁洋
	永春直隶州	德化、大田

续表

高层政区	统县政区	县级政区
台湾	割予日本	
江西	南昌府	南昌、新建、丰城、进贤、奉新、靖安、武宁、义宁州、铜鼓厅
	饶州府	鄱阳、余干、乐平、浮梁、德兴、安仁、万年
	广信府	上饶、玉山、弋阳、贵溪、铅山、广丰、兴安
	南康府	星子、都昌、建昌、安义
	九江府	德化、德安、瑞昌、湖口、彭泽
	建昌府	南城、新城、南丰、广昌、泸溪
	抚州府	临川、金溪、崇仁、宜黄、乐安、东乡
	临江府	清江、新淦、新喻、峡江
	瑞州府	高安、新昌、上高
	袁州府	宜春、分宜、萍乡、万载、上栗市厅
	吉安府	庐陵、泰和、吉水、永丰、安福、龙泉、万安、永新、永宁、莲花厅
	赣州府	赣县、雩都、信丰、兴国、会昌、安远、长宁、龙南、定南厅、虔南厅
	南安府	大庾、南康、上犹、崇义
	宁都直隶州	瑞金、石城
湖北	武昌府	江夏、武昌、嘉鱼、蒲圻、咸宁、崇阳、通城、大冶、通山、兴国州
	汉阳府	汉阳、汉川、孝感、黄陂、沔阳州、夏口厅
	黄州府	黄冈、黄安、蕲水、罗田、麻城、广济、黄梅、蕲州
	安陆府	钟祥、京山、潜江、天门
	德安府	安陆、云梦、应城、应山、随州
	荆州府	江陵、公安、石首、监利、松滋、枝江、宜都
	襄阳府	襄阳、宜城、南漳、枣阳、谷城、光化、均州
	郧阳府	郧县、房县、竹山、竹溪、保康、郧西
	宜昌府	东湖、长阳、兴山、巴东、长乐、归州
	施南府	恩施、宣恩、来凤、咸丰、利川、建始
	鹤峰直隶厅	
	荆门直隶州	当阳、远安
湖南	长沙府	长沙、善化、湘潭、株洲厅、湘阴、宁乡、浏阳、醴陵、益阳、湘乡、攸县、安化、茶陵州

续表

高层政区	统县政区	县级政区
湖南	宝庆府	邵阳、新化、城步、武冈州、新宁
	岳州府	巴陵、临湘、华容、平江
	常德府	武陵、桃源、龙阳、沅江
	衡阳府	衡阳、清泉、衡山、耒阳、常宁、安仁、酃县
	永州府	零陵、祁阳、东安、道州、宁远、永明、江华、新田
	辰州府	沅陵、泸溪、辰溪、溆浦、
	沅州府	芷江、黔阳、麻阳
	永顺府	永顺、龙山、保靖、桑植、古丈坪厅
	南洲直隶厅	
	乾州直隶厅	
	凤凰直隶厅	
	永绥直隶厅	
	晃州直隶厅	
	澧州直隶州	石门、安乡、慈利、安福、永定
	桂阳直隶州	临武、蓝山、嘉禾
	郴州直隶州	永兴、宜章、兴宁、桂阳、桂东
	靖州直隶州	会同、通道、绥宁
广东	广州府	南海、番禺、顺德、东莞、从化、龙门、新宁、增城、香山、新会、三水、清远、新安、花县
	肇庆府	高要、四会、新兴、恩平、高明、广宁、开平、鹤山、封川、开建、德庆州
	韶州府	曲江、乐昌、仁化、乳源、翁源、英德
	惠州府	归善、博罗、长宁、永安、海丰、陆丰、龙川、河源、和平、连平州
	潮州府	海阳、丰顺、潮阳、揭阳、饶平、惠来、大埔、澄海、普宁、南澳厅
	高州府	茂名、电白、信宜、吴川、石城、化州
	雷州府	海康、遂溪、徐闻
	廉州府	合浦、灵山
	琼州府	琼山、澄迈、定安、文昌、会同、乐会、临高、儋州
	连山绥瑶直隶厅	
	佛冈直隶厅	

续表

高层政区	统县政区	县级政区
广东	赤溪直隶厅	
	罗定直隶州	东安、西宁
	南雄直隶州	始兴
	连州直隶州	阳山
	嘉应直隶州	长乐、兴宁、平远、镇平
	阳江直隶州	阳春
	钦州直隶州	防城
	崖州直隶州	感恩、昌化、陵水、万县
广西	桂林府	临桂、兴安、灵川、阳朔、永福、义宁、灌阳、永宁州、全州、龙胜厅、中渡厅
	平乐府	平乐、恭城、富川、贺县、荔浦、修仁、昭平、永安州、信都厅
	梧州府	苍梧、藤县、容县、岑溪、怀集
	柳州府	马平、雒容、罗城、柳城、怀远、来宾、融县、象州
	庆远府	宜山、天河、思恩、河池州、东兰州、安化厅
	浔州府	桂平、平南、贵县、武宣
	思恩府	武缘、迁江、上林、宾州、那马厅
	南宁府	宣化、隆安、永淳、新宁州、横州
	镇安府	天保、奉议州
	泗城府	凌云、西林、西隆州
	太平府	崇善、左州、养利州、永康州、宁明州、明江厅、龙州厅、凭祥厅
	百色直隶厅	恩隆
	上思直隶厅	
	郁林直隶州	博白、北流、陆川、兴业
	归顺直隶州	镇边
四川	成都府	成都、华阳、双流、温江、新繁、金堂、新都、郫县、灌县、彭县、崇宁、简州、崇庆州、新津、汉州、什邡
	重庆府	巴县、江津、长寿、永川、荣昌、綦江、南川、合州、涪州、铜梁、大足、璧山、定远、江北厅
	保宁府	阆中、苍溪、南部、广元、昭化、巴州、通江、南江、剑州
	顺庆府	南充、西充、蓬州、营山、宜陇、广安州、邻水、岳池

续表

高层政区	统县政区	县级政区
四川	叙州府	宜宾、庆符、富顺、南溪、长宁、高县、筠连、珙县、兴文、隆昌、屏山、马边厅、雷波厅
	夔州府	奉节、巫山、云阳、万县、开县、大宁
	龙安府	平武、江油、石泉、彰明
	宁远府	西昌、冕宁、盐源、昭觉、会理州、盐边厅、越嶲厅
	雅州府	雅安、名山、荥经、芦山、天全州、清溪
	嘉定府	乐山、峨眉、洪雅、夹江、犍为、荣县、威远、峨边厅
	潼川府	三台、射洪、盐亭、中江、遂宁、蓬溪、安岳、乐至
	绥定府	达县、东乡、新宁、渠县、大竹、太平、城口厅
	康定府	里化厅、河口、稻成
	巴安府	三坝厅、盐井、定乡
	登科府	德化州、石渠、白玉州、同普
	松潘直隶厅	
	石砫直隶厅	
	杂谷直隶厅	
	懋功直隶厅	
	邛州直隶州	大邑、蒲江
	绵州直隶州	德阳、安县、绵竹、梓潼、罗江
	茂州直隶州	汶川
	眉州直隶州	丹稜、彭山、青神
	资州直隶州	资阳、内江、仁寿、井研
	忠州直隶州	酆都、垫江、梁山
	酉阳直隶州	秀山、黔江、彭水
	泸州直隶州	纳溪、合江、江安
	永宁直隶州	古蔺、古宋
云南	云南府	昆明、富民、宜良、嵩明州、晋宁州、呈贡、安宁州、罗次、禄丰、昆阳州、易门
	大理府	太和、赵州、云南、邓川州、浪穹、宾川州、云龙州
	丽江府	丽江、鹤庆州、剑川州、中甸厅、维西厅
	楚雄府	楚雄、广通、定远、南安州、镇南州、姚州、大姚
	永昌府	保山、永平、龙陵厅、腾越厅、永康州
	顺宁府	顺宁、缅宁厅、云州

续表

高层政区	统县政区	县级政区
云南	曲靖府	南宁、沾益州、陆凉州、罗平州、马龙州、寻甸州、平彝、宣威州
	东川府	会泽、巧家厅
	昭通府	恩安、大关厅、鲁甸厅、靖江、永善
	澂江府	河阳、江川、新兴州、路南州
	临安府	建水、石屏州、阿迷州、宁州、通海、河西、嶍峨、蒙自、个旧厅
	广南府	宝宁、富州厅
	开化府	文山、安平厅
	普洱府	宁洱、威远厅、思茅厅、他郎厅
	永北直隶厅	华坪
	蒙化直隶厅	
	景东直隶厅	
	镇沅直隶厅	
	镇边直隶厅	
	镇雄直隶州	彝良
	广西直隶州	师宗、弥勒、邱北
	武定直隶州	元谋、禄劝
	元江直隶州	新平
贵州	贵阳府	贵筑、贵定、龙里、修文、开州、定番州、广顺州、罗斛厅
	安顺府	普定、镇宁州、永宁州、清镇、安平、郎岱厅、归化厅
	都匀府	都匀、麻哈州、独山州、清平、荔波、八寨厅、丹江厅、都江厅
	镇远府	镇远、施秉、天柱、黄平州、台拱厅、清江厅
	思南府	安化、婺川、印江
	石阡府	龙泉
	思州府	玉屏、青溪
	铜仁府	铜仁
	黎平府	开泰、永从、古州厅、下江厅
	大定府	平远州、黔西州、威宁州、毕节、水城厅
	兴义府	贞丰州、普安、安南、兴义、盘州厅
	遵义府	遵义、桐梓、绥阳、正安州、仁怀、赤水厅

续表

高层政区	统县政区	县级政区
贵州	松桃直隶厅	
	平越直隶州	瓮安、湄潭、余庆
新疆	迪化府	迪化、昌吉、绥来、阜康、孚远、奇台
	伊犁府	绥定、宁远
	温宿府	温宿、拜城
	焉耆府	新平、轮台、婼羌
	疏勒府	疏附、伽师
	莎车府	叶城、皮山、巴楚州、蒲犁厅
	吐鲁番直隶厅	鄯善
	镇西直隶厅	
	哈密直隶厅	
	库尔喀喇乌苏直隶厅	
	精河直隶厅	
	塔尔巴哈台直隶厅	
	乌什直隶厅	
	英吉沙尔直隶厅	
	库车直隶州	沙雅
	和阗直隶州	洛浦、于阗
内蒙古	另行管理体制，不置州县	
外蒙古		
青海		
西藏		

注：[1]宣统元年（1909）吉林政区改革，吉林省府级政区不辖县，仅示该处地方紧要

[2]清末吉林省有四道：西南路道驻长春府、西北路道驻滨江厅、东南路道驻珲春厅、东北路道驻依兰府

附录二　本书作者发表的相关论文

（1）赵逸才、王开泳、赵彪，等：《过去2200年中国县级政区设置的时空过程与格局》，《地理学报》2024年第4期。

（2）赵逸才：《分疆画界：清代县级政区的析分与界线划定》，《历史地理研究》2023年第1期。

（3）赵逸才：《中国附郭县制度的两种特殊形态》，《文史哲》2022年第5期。

（4）赵逸才、王开泳：《清代县级政区的调整模式》，《中国历史地理论丛》2022年第4辑。

（5）赵逸才、王开泳、华林甫，等：《清代县级行政区划调整的时空变动与演化机理》，《地理学报》2022年第12期。

（6）赵彪、王开泳、赵逸才：《中国县级以上行政中心迁移的特征、效应及其影响因素》，《地理科学进展》2022年第2期。

（7）赵逸才、王开泳：《清代县级政区的设治理念、治所迁移规律与经验借鉴》，《中国名城》2021年第10期。

（8）赵逸才：《清末奉天、锦州二府的县级政区格局及其边界形态》，《清史研究》2020年第5期。

（9）赵逸才：《中国市县空间隶属关系的历史启示与改革优化》，《地理研究》2019年第8期。

主要参考文献

甲、基本史料

一、正史、政书、实录

《汉书》，北京：中华书局，1962 年。

《隋书》，北京：中华书局，1973 年。

《旧唐书》，北京：中华书局，1975 年。

《新唐书》，北京：中华书局，1975 年。

《金史》，北京：中华书局，1975 年。

《元史》，北京：中华书局，1976 年。

《明史》，北京：中华书局，1974 年。

《清史稿》，北京：中华书局，1977 年。

《大清光绪新法令》，上海商务印书馆铅印本，宣统元年。

《大清会典（雍正朝）》，见《近代中国史料丛刊》第 78 辑，台北：文海出版社，1995 年。

《明实录》，“中央研究院”历史语言研究所校印本，上海：上海书店影印，1982 年。

《钦定大清会典事例（嘉庆朝）》，见《近代中国史料丛刊》第 66 辑，台北：文海出版社，1991 年。

《钦定大清会典则例》，见《景印文渊阁四库全书》第 620 册，台北：商务印书馆，1986 年。
《钦定皇朝通典（二）》，见《景印文渊阁四库全书》第 643 册，台北：商务印书馆，1986 年。
《钦定皇朝通志》，见《景印文渊阁四库全书》第 644 册，台北：商务印书馆，1986 年。
《钦定皇朝文献通考》，见《景印文渊阁四库全书》第 636 册，台北：商务印书馆，1986 年。
《清国史》第 3 册《地理志》，北京：中华书局，1993 年。
《清会典事例》，北京：中华书局，1991 年。
《清实录》，据中国第一历史档案馆、故宫博物院图书馆、北京大学图书馆所藏宫中原写本影印本，北京：中华书局，1985—1987 年。
《世宗宪皇帝朱批谕旨》，见《景印文渊阁四库全书》第 416 册，台北：商务印书馆，1986 年。
（明）李化龙撰：《平播全书》，清光绪畿辅丛书本。
（明）解缙等奉敕纂：《永乐大典》，北京：中华书局，1986 年。
（清）陈梦雷编，（清）蒋廷锡校订：《古今图书集成》之《方舆汇编》，北京：中华书局，成都：巴蜀书社影印本，1985 年。
（清）丁宝桢撰：《丁文诚公奏稿》，光绪二十五年补刻本。
（清）鄂尔泰等纂：《八旗通志初集》，见《中国史学丛书续编》第 20 册，台北：学生书局，1968 年。
（清）鄂尔泰撰：《鄂尔泰奏稿》，清钞本。
（清）孙嘉淦撰：《孙文定公奏疏》，清敦和堂刻本。
（清）陶有容、彭焯修，（清）杨德明、严宗六纂：光绪《续修正安州志》，光绪三年刻本。
（清）王先谦辑：《东华续录 • 乾隆八十七》，光绪十年长沙王氏刻本。
（清）允禄等编：雍正《上谕内阁》，见《景印文渊阁四库全书》第 414—

415 册，台北：商务印书馆，1986 年。
故宫博物院明清档案部编：《清末筹备立宪档案史料》，北京：中华书局，1979 年。
刘锦藻：《清朝续文献通考》，民国景十通本，上海：商务印书馆，1936 年。

二、地理总志、地方志

雍正《云南通志》，见《景印文渊阁四库全书》第 569—570 册，台北：商务印书馆，1986 年。
《嘉庆重修一统志》，四部丛刊本。
《中国方志丛书》，台北：成文出版社，1966—1985 年。
（唐）李吉甫撰，贺次君点校：《元和郡县图志》，北京：中华书局，1983 年。
（宋）宋敏求撰：《长安志》，见《景印文渊阁四库全书》第 587 册，台北：商务印书馆，1986 年。
（宋）乐史撰，王文楚等点校：《太平寰宇记》，北京：中华书局，2007 年。
（宋）王象之编著，赵一生点校：《舆地纪胜》，杭州：浙江古籍出版社，2012 年。
（明）李贤等撰：《大明一统志》，西安：三秦出版社，1990 年。
（清）长顺、讷钦修，（清）李桂林、顾云纂：光绪《吉林通志》，光绪二十六年刻本。
（清）常明等修，（清）杨芳灿等纂：嘉庆《四川通志》，嘉庆二十一年刻本。
（清）崔晓然、曾云章修，（清）杨笃纂：光绪《潞城县志》，光绪十年刻本。
（清）杜冠英、胥寿荣主修，（清）吕鸿焘总纂：光绪《玉环厅志》，见《玉环古志》整理委员会编：《玉环古志》，北京：中华书局，2000 年。
（清）鄂尔泰等修，（清）靖道谟等纂：乾隆《贵州通志》，乾隆六年刻，嘉庆修补本。

（清）顾炎武撰，谭其骧、王文楚等点校：《肇域志》，上海：上海古籍出版社，2004 年。
（清）顾祖禹撰，贺次君、施和金点校：《读史方舆纪要》，北京：中华书局，2005 年。
（清）顾炎武撰，黄坤等校点：《天下郡国利病书》，上海：上海古籍出版社，2012 年。
（清）和珅等奉敕撰：《钦定大清一统志》，《景印文渊阁四库全书》史部第 474—483 册，台北：商务印书馆，1986 年。
（清）和珅、梁国治奉敕撰：《钦定热河志（一）》，《景印文渊阁四库全书》史部第 495 册，台北：商务印书馆，1986 年。
（清）洪汝冲修，（清）白永贞编：《辽阳乡土志》，光绪三十四年铅印本。
（清）蒋廷锡等奉敕纂修：《大清一统志》，乾隆九年武英殿刻本。
（清）李光祚修，（清）顾诒禄等纂：乾隆《长洲县志》，乾隆十八年刻本。
（清）李鸿章、张树声主修，（清）黄彭年纂：光绪《畿辅通志》，光绪十年刻本。
（清）李丕煜修，（清）陈文达、李钦文纂：康熙《凤山县志》，康熙五十九年刻本。
（清）李其昌纂修：《莲花厅志》，乾隆二十五年刻本。
（清）刘建封修，（清）吴元瑞纂：《安图县志》，宣统二年稿本。
（清）庆霖等修，（清）戚学标等纂：嘉庆《太平县志》，光绪二十二年刻本。
（清）田征葵纂修：《奉天锦州府锦县乡土志》，宣统二年抄本。
（清）吴大镛修，（清）王仲甡纂：《续修元城县志》，同治十一年刻本。
（清）吴宗焯等修，（清）温仲和纂：光绪《嘉应州志》，民国二十二年刻本。
（清）萧雨春编：《广宁县乡土志》，光绪三十三年抄本。

（清）徐世昌编纂，李澍田等点校：《东三省政略》，长春：吉林文史出版社，1989年。
（清）杨同桂、秦世铨等纂：《吉林舆地略》，光绪二十四年石印本。
（清）曾晖春修：《义宁州志》，道光四年刻本。
（清）张凤台编撰，黄甲元、李若迁校注：《长白汇征录》，长春：吉林文史出版社，1987年。
（清）张坦熊修纂：雍正《特开玉环志》，见《玉环古志》整理委员会编：《玉环古志》，北京：中华书局，2000年。
（清）郑珍、莫友芝纂：《遵义府志》上册，遵义：遵义市地方志编纂委员会办公室，1986年。
（清）周元文修，（清）陈璸纂：康熙《台湾府志》，康熙刻本。
（清）周钟瑄修，（清）陈梦林、李钦文纂：康熙《诸罗县志》，康熙五十六年刻本。
程廷恒修，张素纂：《复县志略》，民国九年石印本。
辽宁省图书馆编：《东北乡土志丛编》，沈阳：辽宁省图书馆，1985年。
吕耀钤等修，吕芝延等纂：《南田县志》，民国十九年铅印本。
缪学贤、戴修鹏编绘：《吉林省全图》，吉林民政司署，1912年。
商务印书馆编：《大清帝国全图》第三版，上海：商务印书馆，光绪三十四年。
上海市地方志办公室编：《上海乡镇旧志丛书》第13册，上海：上海社会科学院出版社，2006年。
象山县志编纂委员会编：《象山县志》，杭州：浙江人民出版社，1988年。
徐维淮修，李植嘉纂：《辽中县志》，民国十九年铅印本。
于书云修，赵锡蕃纂：《沛县志》，民国九年铅印本。

三、其他古人著书

（汉）许慎撰，（清）段玉裁注：《说文解字注》（第二版），上海：上海古籍出版社，1988 年。
（唐）皇甫湜撰：《皇甫持正文集》，四部丛刊景宋本。
（宋）吕陶：《净德集》，见《景印文渊阁四库全书》集部第 1098 册，台北：商务印书馆，1986 年。
（清）包世臣撰，李星点校：《包世臣全集》，合肥：黄山书社，1997 年。
（清）福格撰，汪北平点校：《听雨丛谈》，北京：中华书局，1984 年。
（清）贺长龄、魏源等编：《清经世文编》，北京：中华书局，1992 年。
（清）黄六鸿：《福惠全书》，光绪十九年文昌会馆刻本。
（清）蓝鼎元撰，蒋炳钊、王钿点校：《鹿洲全集》，厦门：厦门大学出版社，1995 年。
（清）李调元撰：《出口程记》，见王云五主编：《丛书集成初编》，上海：商务印书馆，1936 年。
（清）杞庐主人撰：《时务通考》，光绪二十三年点石斋石印本。
（清）邵之棠辑：《皇朝经世文统编》，光绪二十七年上海宝善斋石印本。
（清）沈兆禔撰：《吉林纪事诗》，见钱仲联主编：《清诗纪事·光绪宣统朝卷》，南京：凤凰出版社，2004 年。
（清）盛康辑：《清经世文续编》，光绪二十三年武进盛氏思补楼刻本。
（清）魏源：《魏源全集》，长沙：岳麓书社，2004 年。
（清）薛允升撰：《读例存疑》，光绪三十一年京师刊本。
（清）姚莹撰：《康辅纪行》，同治刻本。
金芝山校点：《戴复古诗集》，杭州：浙江古籍出版社，1992 年。

乙、近今论著

（依出版或发表时间先后排列）

一、专著

赵泉澄：《清代地理沿革表》，北京：中华书局，1955 年。

徐世昌撰：《退耕堂政书》，见沈云龙编：《近代中国史料丛刊》第 23 辑，台北：文海出版社，1968 年。
廖从云：《中国历代县制考》，台北：中华书局，1969 年。
梁方仲编著：《中国历代户口、田地、田赋统计》，上海：上海人民出版社，1980 年。
钱实甫编：《清代职官年表》，北京：中华书局，1980 年。
刘慧娟、郑谭毅、李志白编：《东北市县沿革及地名由来》，长春：长春市图书馆，1984 年。
周振鹤：《西汉政区地理》，北京：人民出版社，1987 年。
张晋藩主编：《中国古代行政管理体制研究》，北京：光明日报出版社，1988 年。
牛平汉主编：《清代政区沿革综表》，北京：中国地图出版社，1990 年。
周振鹤：《体国经野之道——新角度下的中国行政区划沿革史》，香港：中华书局，1990 年。
佟佳江：《清史稿订误》，长春：吉林大学出版社，1991 年。
龚荫：《中国土司制度》，昆明：云南民族出版社，1992 年。
华东师范大学中国行政区划研究中心、华东师范大学图书馆编：《中国行政区划文献目录》，上海：华东师范大学出版社，1992 年。
〔美〕费正清编：《剑桥中国晚清史（1800—1911 年　上卷）》，中国社会科学院历史研究所编译室译，北京：中国社会科学出版社，1993 年。
靳尔刚、张文范主编：《行政区划与地名管理》，北京：中国社会出版社，1996 年。
靳润成：《明朝总督巡抚辖区研究》，天津：天津古籍出版社，1996 年。
刘君德、靳润成、周克瑜主编：《中国行政区划的理论与实践》，上海：华东师范大学出版社，1996 年。
北京图书馆善本特藏部舆图组编：《舆图要录——北京图书馆藏 6827 种中

外文古旧地图目录》，北京：北京图书馆出版社，1997年。
李如龙：《汉语地名学论稿》，上海：上海教育出版社，1998年。
冯尔康：《雍正传》，上海：上海三联书店，1999年。
刘君德等编著：《中国政区地理》，北京：科学出版社，1999年。
熊希龄撰：《东三省移民开垦意见书》，见李兴盛、马秀娟主编：《黑水丛书·程德全守江奏稿（外十九种）》（下），哈尔滨：黑龙江人民出版社，1999年。
马大正主编：《中国边疆经略史》，郑州：中州古籍出版社，2000年。
邹逸麟主编：《中国历史人文地理》，北京：科学出版社，2001年。
冯贤亮：《明清江南地区的环境变动与社会控制》，上海：上海人民出版社，2002年。
任乃强、任新建：《四川州县建置沿革图说》，成都：巴蜀书社、成都地图出版社，2002年。
柏桦：《明代州县政治体制研究》，北京：中国社会科学出版社，2003年。
瞿同祖：《清代地方政府》，范忠信等译，北京：法律出版社，2003年。
魏光奇：《官治与自治——20世纪上半期的中国县制》，北京：商务印书馆，2004年。
周振鹤：《中国地方行政制度史》，上海：上海人民出版社，2005年。
何朝辉：《明代县政研究》，北京：北京大学出版社，2006年。
浦善新：《中国行政区划改革研究》，北京：商务印书馆，2006年。
张在普编著：《中国近现代政区沿革表（1820—2004）》（修订本），福州：福建省地图出版社，2006年。
华林甫：《中国地名学源流》，北京：人民出版社，2010年。
史卫东等：《中国"统县政区"和"县辖政区"的历史发展与当代改革》，南京：东南大学出版社，2010年。
万昌华：《秦汉以来地方行政研究》，济南：齐鲁书社，2010年。

魏光奇：《有法与无法：清代的州县制度及其运作》，北京：商务印书馆，2010年。
韩光辉：《宋辽金元建制城市研究》，北京：北京大学出版社，2011年。
谭其骧：《长水集》，北京：人民出版社，2011年。
贺曲夫：《县下辖市与推进自治：我国县辖政区的发展与改革研究》，北京：中国经济出版社，2012年。
庞乃明：《〈明史·地理志〉疑误考正》，北京：社会科学文献出版社，2012年。
冯贤亮：《明清江南的州县行政与地方社会研究》，上海：上海古籍出版社，2015年。
胡恒：《皇权不下县？——清代县辖政区与基层社会治理》，北京：北京师范大学出版社，2015年。
华林甫、李诚、周磊：《德国普鲁士文化遗产图书馆藏晚清直隶山东县级舆图整理与研究》，济南：齐鲁书社，2015年。
刘君德、范今朝：《中国市制的历史演变与当代改革》，南京：东南大学出版社，2015年。
华林甫，等：《中国省制演进与未来》，南京：东南大学出版社，2016年。
刘洋：《清代基层权力与社会治理研究》，北京：科学出版社，2016年。
王亚民：《清末乡村管理思想历史演变研究》，北京：中国社会科学出版社，2016年。
傅林祥、郑宝恒：《中国行政区划通史·中华民国卷》，上海：复旦大学出版社，2017年。
傅林祥、林涓、任玉雪，等：《中国行政区划通史·清代卷》，上海：复旦大学出版社，2017年。
郭红、靳润成：《中国行政区划通史·明代卷》，上海：复旦大学出版社，2017年。
雷家宏：《中国古代的乡里生活》，北京：商务印书馆，2017年。

毛亦可：《清代卫所归并州县研究》，北京：社会科学文献出版社，2018 年。
高茂兵：《府的沿革地理研究》，桂林：广西师范大学出版社，2020 年。
徐建平：《中国近现代行政区域划界研究》，上海：复旦大学出版社，2020 年。

二、论文

1）专题论文

金祖孟：《中国政区命名之分类研究》，《地理学报》1943 年第 10 卷。
黄盛璋：《清代四川西北省界及其引起的黄河流经四川问题》，《四川大学学报（社会科学版）》1957 年第 1 期。
〔日〕川胜守：《浙江嘉兴府的嵌田问题》，《史学杂志》第 82 编第 4 号，1973 年。
赵希鼎：《清代各省的政治制度》，见河南大学历史系编：《唐宋元明清史论集》，开封：河南大学学报编辑部，1984 年。
毕建宏：《清代州县行政研究》，《中国史研究》1991 年第 3 期。
华国樑：《论雍正年间的政区变动》，《苏州大学学报（哲学社会科学版）》1991 年第 3 期。
谭其骧：《历史上的中国和中国历代疆域》，《中国边疆史地研究》1991 年第 1 期。
靳生禾、师道刚：《中国古地理文献中地方等第刍议》，见中国地理学会历史地理专业委员会《历史地理》编辑委员会编：《历史地理》第十辑，上海：上海人民出版社，1992 年。
华林甫：《我国古代的双附郭县》，《中国方域：行政区划与地名》1993 年第 6 期。
刘铮云：《“冲、繁、疲、难”：清代道府厅州县等级初探》，《“中央研究院”历史语言研究所集刊》第 64 本第 1 分，1993 年。
冯春生：《我国历史上数县同治一城现象之探讨》，《浙江师大学报（社会科学版)》1995 年第 6 期。

李尚英:《雍正行政区域的变化》,见《商鸿逵教授逝世十周年纪念论文集》编委会编:《商鸿逵教授逝世十周年纪念论文集》,北京:北京大学出版社,1995 年。

〔日〕真水康树:《雍正年间的直隶州政策》,《历史档案》1995 年第 3 期。

鲁西奇:《历史地理研究中的“区域”问题》,《武汉大学学报(哲学社会科学版)》1996 年第 6 期。

郑秦:《清代县制研究》,《清史研究》1996 年第 4 期。

韩光辉:《清雍正年间的政区勘界》,《中国方域:行政区划与地名》1997 年第 4 期。

周振鹤:《县制起源三阶段说》,《中国历史地理论丛》1997 年第 3 辑。

周振鹤:《中国历史上行政区划幅员的伸缩变化》,《中国方域:行政区划与地名》1997 年第 1—2 期。

周振鹤:《中国历代行政区划与自然地理区划的关系》,见《庆祝杨向奎先生教研六十年论文集》编委会编:《庆祝杨向奎先生教研六十年论文集》,石家庄:河北教育出版社,1998 年。

韩光辉:《论中国元代建制城市》,见中国地理学会历史地理专业委员会《历史地理》编辑委员会编:《历史地理》第十六辑,上海:上海人民出版社,2000 年。

陈瑛、汤建中:《市县同城:从分治到合并——以常州和武进为例》,《城市问题》2001 年第 5 期。

华林甫:《清代考据学派的地名学成就》,见李国章、赵昌平主编:《中华文史论丛》2001 年第 2 辑,上海:上海古籍出版社,2001 年。

李伯重:《工业发展与城市变化:明中叶至清中叶的苏州(上)》,《清史研究》2001 年第 3 期。

李凤珍:《清朝对西藏与四川、青海、云南行政分界的勘定》,《西藏研究》

2001 年第 1 期。
周振鹤：《行政区划史研究的基本概念与学术用语刍议》，《复旦学报（社会科学版）》2001 年第 3 期。
李细珠：《试论清末新政时期政区变革的几个问题》，《近代史研究》2003 年第 2 期。
陶玉坤：《从光绪朱批奏折看〈吉林通志〉的创修》，《北方文物》2003 年第 4 期。
张伟然：《谭其骧先生的五星级文章及学术活性》，《社会科学论坛》2005 年第 3 期。
侯甬坚：《从习惯线到法定线：我国政区界线性质的变迁》，《江汉论坛》2006 年第 1 期。
胡英泽：《河道变动与界的表达——以清代至民国的山、陕滩案为中心》，《中国社会历史评论》2006 年刊。
华林甫、成崇德：《中国历代分省模式探讨》，《中国人民大学学报》2006 年第 4 期。
许鹏：《清代政区治所迁徙的初步研究》，《中国历史地理论丛》2006 年第 2 辑。
郭润涛：《明朝“州”的建设与特点》，见王天有、徐凯主编：《纪念许大龄教授诞辰八十五周年学术论文集》，北京：北京大学出版社，2007 年。
谢湜：《清代江南苏松常三府的分县和并县研究》，见中国地理学会历史地理专业委员会《历史地理》编辑委员会编：《历史地理》第二十二辑，上海：上海人民出版社，2007 年。
郭声波、王开队：《由虚到实：唐宋以来川云贵交界区犬牙相入政区格局的形成》，《江汉论坛》2008 年第 1 期。
韩昭庆：《清初贵州政区的改制及影响（1644—1735 年）》，见中国地理学会历史地理专业委员会《历史地理》编辑委员会编：《历史地理》第二十三辑，上海：上海人民出版社，2008年。
华林甫：《关于编绘〈清史地图集〉的建议》，见陕西师范大学中国历史地理研究所西北历史环境与经济社会发展中心编：《历史地理学研究的新探索与新动向（004）》，西安：三秦出版社，2008年。
徐建平：《湖滩争夺与省界成型——以皖北青冢湖为例》，《中国历史地理论丛》2008年第3辑。
张研：《清代县以下行政区划》，《安徽史学》2009年第1期。
范金民：《政繁赋重，划界分疆：清代雍正年间江苏升州析县之考察》，《社会科学》2010年第5期。
傅林祥：《清初直隶州的推广与行政层级的简化》，《历史档案》2010年第4期。
吉祥：《“城-乡”交互视角下附郭县的历史审视——以〈邗江县志（1988～2000）〉为样本的附郭县政区志分析》，《中国地方志》2010年第8期。
靳润成、于双远：《清代苏州府城市型政区的特点及局限》，《天津师范大学学报（社会科学版）》2010年第3期。
刘灵坪：《清代南澳厅考》，见中国地理学会历史地理专业委员会《历史地理》编辑委员会编：《历史地理》第二十四辑，上海：上海人民出版社，2010年。
邹逸麟：《论清一代关于疆土版图观念的嬗变》，见中国地理学会历史地理专业委员会《历史地理》编辑委员会编：《历史地理》第二十四辑，上海：上海人民出版社，2010年。
董枫：《清代府县级行政单位划等问题的再审视——以乾嘉时期浙江省县级单位划等情况的探讨为例》，见中国地理学会历史地理专业委员会《历史地理》编辑委员会编：《历史地理》第二十五辑，上海：上海人民出版社，2011年。
范今朝、斯灵芝、蒋瑶璐：《试论“地方（政区）”的文化意蕴与“合法性”

意义——以“县”在中国政区体系中的地位和作用为例》，《科学·经济·社会》2011年第4期。
韩光辉、林玉军、魏丹：《论中国古代城市管理制度的演变和建制城市的形成》，《清华大学学报（哲学社会科学版）》2011年第4期。
胡恒：《关于清代县的裁撤的考察——以山西四县为中心》，《清史研究》2011年第2期。
冀满红、张远刚：《民国初年地方行政制度的调整》，《历史教学》2011年第10期。
李新贵、王亚勇：《清代化平川厅厅治溯源研究》，《中国历史地理论丛》2011年第3辑。
王晗：《界的动与静：清至民国时期蒙陕边界的形成过程研究》，见中国地理学会历史地理专业委员会《历史地理》编辑委员会编：《历史地理》第二十五辑，上海：上海人民出版社，2011年。
张振国：《清代道、府、厅、州、县等级制度的确定》，见朱诚如、王天有主编：《明清论丛》第十一辑，北京：故宫出版社，2011年。
冯玉新：《清代阿拉善蒙古与甘州、凉州二府的划界纷争及边界调整》，《中国历史地理论丛》2012年第4辑。
何丽：《明清柳州“城—郭”民族空间的分布与演化》，《广西民族研究》2012年第3期。
华林甫、高茂兵、卢祥亮：《论清末民初政区剧变及其现实意义》，见中国人民大学清史研究所：《清帝逊位与民国肇建一百周年国际学术研讨会论文集》，2012年。
华林甫：《清前期“属州”考》，见刘凤云、董建中、刘文鹏编：《清代政治与国家认同》上册，北京：社会科学文献出版社，2012年。
李大海：《近代靖边县治迁徙再研究——陕北沿边地方政区治所与城址选择关系的个案讨论》，《中国历史地理论丛》2012年第2辑。

胡恒：《厅制起源及其在清代的演变》，《文史》2013 年第 2 辑。
胡乐伟、吴宏岐：《论中国市辖区形成的历史过程》，《陕西师范大学学报（哲学社会科学版）》2013 年第 5 期。
周振鹤：《范式的转换——沿革地理－政区地理－政治地理的进程》，《华中师范大学学报（人文社会科学版）》2013 年第 1 期。
华林甫：《中国政区层级演变之两大循环说》，《江汉论坛》2014 年第 1 期。
李灵琴：《清代附郭县与其进士分布的特征分析》，《福建信息技术教育》2014 年第 2 期。
鲁靖康：《清代新疆行省体制下政区建置的几个问题》，《西域研究》2014 年第 2 期。
张振国：《论清代"冲繁疲难"制度之调整》，《安徽史学》2014 年第 3 期。
朱江琳：《元代"散州"名实考》，《中国历史地理论丛》2014 年第 2 辑。
谢湜：《14—18 世纪浙南的海疆经略、海岛社会与闽粤移民——以乐清湾为中心》，《学术研究》2015 年第 1 期。
张振国：《论清代官不久任与"冲繁疲难"缺分之调整——以乾隆十二年为中心》，见朱诚如、徐凯主编：《明清论丛》第十五辑，北京：故宫出版社，2015 年。
朱建华、陈田、王开泳，等：《改革开放以来中国行政区划格局演变与驱动力分析》，《地理研究》2015 年第 2 期。
郭声波：《历史政治地理常用概念标准化举要》，《中国历史地理论丛》2017 年第 1 辑。
李大海：《"属州视县，直隶州视府"：明清州制新解》，《清史研究》2017 年第 2 期。
张海鹏：《清代府县历史研究大有可为》，《人民日报》2017 年 1 月 11 日，第 7 版。
黄忠鑫：《明清婺源乡村行政组织的空间组合机制》，《中国历史地理论丛》

2018 年第 3 辑。
李诚：《置县存废下的博弈与妥协——以清代以来魏县、大名、元城三县行政关系为例》，《中国地方志》2018 年第 2 期。
王开泳、陈田：《行政区划研究的地理学支撑与展望》，《地理学报》2018 年第 4 期。
傅林祥：《清代盛京等省的“城守”与“城”》，《史学集刊》2019 年第 4 期。
胡恒：《清代政区分等与官僚资源调配的量化分析》，《近代史研究》2019 年第 3 期。
王开泳、陈田、刘毅：《“行政区划本身也是一种重要资源”的理论创新与应用》，《地理研究》2019 年第 2 期。
郗玉松：《遵义府划归贵州时间考》，《中国史研究》2019 年第 2 期。
胡恒、陈必佳、康文林：《清代知府选任的空间与量化分析——以政区分等、〈缙绅录〉数据库为中心》，（香港）《新亚学报》2020 年第 37 卷。
华林甫：《清朝政区边界复原与清史地理再现——〈清史地图集〉的编绘实践》，《清史研究》2020 年第 5 期。
匡贞胜：《中国近年来行政区划调整的逻辑何在？——基于 EHA-Logistic 模型的实证分析》，《公共行政评论》2020 年第 4 期。
刘云刚、王丰龙：《城镇化中的行政区划理论问题刍议》，《中国名城》2020 年第 10 期。
徐勇：《“郡县制”“封建制”的历史纠缠与斗争：以关系叠加为视角》，《南国学术》2020 年第 2 期。
张可云、李晨：《新中国 70 年行政区划调整的历程、特征与展望》，《社会科学辑刊》2021 年第 1 期。
2）学位论文
任玉雪：《清代东北地方行政制度研究》，复旦大学博士学位论文，2003 年。
史卫东：《省制以来统县政区发展研究》，华东师范大学博士学位论文，

2006年。
于双远:《清代江南市镇空间管理模式初探》,天津师范大学硕士学位论文,2007年。
李大海:《政区变动与地方社会构建关系研究——以明清民国时期陕西地区为中心》,陕西师范大学博士学位论文,2009年。
傅林祥:《清代地方行政制度专题研究》,复旦大学博士学位论文,2010年。
刘旭辉:《清末长江三峡地区重庆府属州、厅、县界线复原研究》,西南大学硕士学位论文,2010年。
沈桂钊:《晚清夔州府各县界线研究》,西南大学硕士学位论文,2010年。
冯玉新:《界域变动与地方社会——以明清民国时期黄河上游农牧交错带为中心》,陕西师范大学博士学位论文,2011年。
王义:《明清湖北县级政区变动研究》,江西师范大学硕士学位论文,2012年。
卢祥亮:《清代道的制度变革与地理要素研究》,中国人民大学博士学位论文,2013年。
施剑:《清代浙江省政区边界研究》,中国人民大学博士学位论文,2014年。
夏建立:《清代直隶北部政区边界研究》,中国人民大学硕士学位论文,2014年。
朱波:《清代海岛厅县政治地理研究》,中央民族大学硕士学位论文,2015年。
聂迅:《清代滇东南边疆民族地区国家治理的区域演进与历史进程研究》,云南大学博士学位论文,2016年。
赵旭腾:《清代钱塘江流域边界管理研究》,中国人民大学硕士学位论文,2016年。
尹文瑜:《清代县级政区专名探析》,中国人民大学硕士学位论文,2018年。
庄晨曦:《清代江苏南部县界研究》,中国人民大学硕士学位论文,2018年。
彭文萍:《遵义改隶贵州的原因及其影响研究》,贵州师范大学硕士学位论文，2019 年。
张一弛：《内阁制度与清前期政治》，中国人民大学博士学位论文，2020 年。

丙、其他

一、历史地图集

《广东历史地图集》编辑委员会编：《广东历史地图集》，广州：广东省地图出版社，1995 年。
福建省地方志编纂委员会：《福建省历史地图集》，福州：福建省地图出版社，2004 年。
郭沫若主编：《中国史稿地图集》（上、下），北京：中国地图出版社，1990 年。
侯仁之主编：《北京历史地图集》，北京：北京出版社，1988 年。
华林甫主编：《清史地图集》，北京：中国地图出版社，2024 年。
山东省历史地图集编纂委员会编：《山东省历史地图集》，济南：山东省地图出版社，2014 年。
山西省地图集编纂委员会编制：《山西省历史地图集》，北京：中国地图出版社，2000 年。
陕西省文物局编：《陕西省历史地图集》，西安：西安地图出版社，2016 年。
史念海主编：《西安历史地图集》，西安：西安地图出版社，1996 年。
谭其骧主编：《中国历史地图集》（第 1—8 册），北京：中国地图出版社，1982 年、1987 年。
周振鹤主编：《上海历史地图集》，上海：上海人民出版社，1999 年。

二、今地图集

杜秀荣、唐建军主编：《中国地图集》，北京：中国地图出版社，2004 年。

总参谋部测绘局编：《中华人民共和国地图集（新世纪版）》，北京：星球地图出版社，2006 年。

三、工具书

戴均良等主编：《中国古今地名大词典》（全三册），上海：上海辞书出版社，2005 年。

史为乐主编：《中国历史地名大辞典》（上、下），北京：中国社会科学出版社，2005 年。

中华人民共和国民政部编：《中华人民共和国行政区划简册（2020）》，北京：中国地图出版社，2020 年。

四、未刊资料

吉林省档案馆、吉林省社会科学历史所编：《清代吉林档案史料选编·上谕奏折》，内部发行，1981 年。

中国第一历史档案馆藏雍正朝、乾隆朝、嘉庆朝、道光朝、咸丰朝、同治朝、光绪朝、宣统朝录副奏折（片）、朱批奏折。

中国国家图书馆藏：宣统《奉天省全图》，索书号：241/1911-3。

邹逸麟主持：国家清史纂修工程《清史·地理志》，待刊。

后　记

面对学术领域越来越专门化的学术著作，大家往往很喜欢翻阅后记，但我确实不是一个擅长吐露心声之人。呈现在读者面前的这本小书是基于我的博士论文完成的，听老师们说，很多学者一生学术水准的巅峰就在博士论文了。我因此常感不安，反思自己粗疏的博士论文能否够得上进入学界的“敲门砖”。2021 年夏天博士毕业至今已近四年，我一直想继续完善博士论文，但读史料和深化思考的时间较少，而且其中的不少章节也已经陆续发表，只得略作修改和串联，基本呈现博士论文的本来面貌。因为有《地理学报》《文史哲》《地理研究》《中国历史地理论丛》《历史地理研究》等期刊责编老师们的辛勤付出，本书的不少章节增色不少，特此感谢。

时光飞逝如电，从 2010 年进入大学历史学专业学习，转眼已是 15 个春秋，2014 年硕士开始进入历史地理专业也已逾十年。史海浩瀚，大地无言，徜徉其中常常感到个人的渺小。尤其是脱胎于传统沿革地理的历史政区地理是一门十分窄而专的学问，想要做深做好更是不易，虽然思考良久，也不敢说初窥门径。“板凳要坐十年冷”说来轻松，真正的践行者却不多，业师华林甫教授总是用最笨最慢的功夫，做最扎实专深的学问，产生最持久的学术影响。华老师协助邹逸麟编纂国家清史纂修工程《清史·地理志》、主编《清史地图集》都是十年以上的大工程，我也有幸在其中接受了严格的学术训练，从毛头小子转变成一个愿意认真做事的人。我很幸运，既可以浸润在自己热爱的专业领域中，又有名师指点而少走许多弯路。这些年来，中国人民大学历史地理学研究中心的丁超、胡恒、萧凌波、刘新光、李静等老师一直对我倍加关照，指导关怀我学习生活的每一个环节，温暖人心。同时，我也见证着师门的不断壮大，与诸位优秀同门共同学习成长，这些在我的学生时代里镌刻了许多愉快记忆。

因为参加国家清史纂修工程《清史•地理志》与《清史地图集》的缘故，我有幸结识了课题组中邹逸麟、傅林祥、杨伟兵、段伟、孙喆、杨煜达、孙景超、任玉雪、郭红等诸位老师。邹先生温文尔雅，深邃谦和，满足了我对学术大家的所有想象。课题组老师们都是真正的清史地理专家，给予我莫大的帮助和激励。经华老师推荐，2021年夏天我进入中国科学院地理科学与资源研究所陈田、王开泳两位老师领衔的课题组进行博士后研究，在那段艰难时期，王老师全力支持我，使我可以在这里心无旁骛地触摸到现代地理学的前沿视角，一些以往的研究设想得以用地理学方法呈现。孙冬虎、仲伟民、何书金、夏明方、张萍老师指导过我的博士论文或博士后出站答辩，本书基于博士论文和博士后出站报告的一些修订，深受老师们的启发。

本科毕业十年多，我仍时常怀念那段青葱岁月，我一直觉得自己在东北师范大学接受了最好的本科教育，那是师大历史系名家云集的时代。感谢韩宾娜教授长期以来的默默支持，让我的学习和研究生涯充满一种使命感，总是鞭策自己要做出点名堂来。本科七舍616的五位兄弟，虽然散落天南海北，但我们一直相互扶持、默默鼓励。感谢新加坡国立大学许齐雄教授，让我见识到外面更广阔的天地，许老师扎实深邃的学术积累与乐天派的人格魅力，使我认识到如何快乐地做研究。读书时代，因个人学问浅薄、积累不足，我对中国人民大学清史研究所的黄兴涛、杨念群、夏明方、朱浒、曹新宇、刘文鹏等老师总是敬而远之，不敢求教，有赖各位老师鼎力支持，2023年我得以回到中国人民大学清史研究所工作，心中感激无以言表。学术生涯起步阶段，张伟然、余新忠、王社教、张莉、龚胜生、何凡能、李大海、孙靖国等老师的关怀与提携，也为我的前行增添了许多动力，感恩难以言尽，只能铭记于心。

2020年在新加坡留学期间，姥姥去世，给了我很大的打击。大学以后，家乡渐成故里。每次离家返校，姥姥在院子里目送我的画面常在脑海里闪烁不停，一想到姥姥守望的眼神终未盼得我学成尽孝，就有无限酸楚。妈妈已经退休多年，但因这几年家里的变故而更加辛苦，但她仍不遗余力地照顾好家庭，盼我安心。我虽不是胸无大志之人，但缺乏经济基础，负笈留京又谈何容易，三年光景已在京城搬家辗转四次，家人的善解人意和默默支持使我总是过意不去。年岁渐长，看淡了很多年少时想追求的事，更看重了一些值得珍视的人，时过境迁，他们总在身边。一篇后记充满致谢，不免落于俗套，但我还是愿意让这些真心话肆意流淌。

本书收入“中国政区通名研究丛书”，这套丛书来源于华林甫老师多年前的宏大设想，近年高茂兵、胡恒老师关于“府”“厅”的专著已出版问世。中国历史上存在过的“郡”“州”“道”“路”“省”“府”“厅”“军”“监”“县”，乃至“市”“区”等政区通名，每一个通名背后都蕴含着一套复杂的制度逻辑，其中“县”无疑是中国之治最基础、最重要也最成功的制度设计。华老师将“县”的选题交给我，因其时空尺度宏大、资料丰富，个人学力所限，我只能先从清代做起，自知远未达到华老师的选题设想和追求。希望未来能够继续深入思考与实践，以此为基础上溯下延，真正完成贯通式的中国县制研究。

当然，笔者学识有限，书中难免会有不足之处。历史政区地理研究略显枯燥乏味，受众面较小，感谢愿意翻开这本书的读者朋友，敬请不吝赐正！

按照“中国人民大学历史地理学丛书”规划，本书被编为甲种第十四号。

赵逸才

2025年4月20日于人民大学人文楼